DUMONT

Sind wir am Ende der Aufklärung?

Allen Frances warnt davor, die Wahl Trumps als Ausnahmefall oder Ausrutscher zu betrachten und nicht als Spiegelbild unserer Demokratie. Denn wir müssen uns mit der Frage beschäftigen, was seine Wahl über den Zustand der USA aussagt. In der Psychiatrie wird eine Wahnidee oder ein Irrglaube als eine tief sitzende, abwegige Überzeugung definiert. Und an genau solchen wahnhaften Überzeugungen hält die amerikanische Gesellschaft fest – genau wie viele andere westliche Gesellschaften. Lieber begegnen wir der bedrohlichen Realität mit Verleugnung, Wunschdenken und abwegigen Verhaltensweisen. Doch die Einsicht, dass wir uns selbst ein tiefes Loch graben, ist der erste und unerlässliche Schritt, um aus ihm herauszuklettern.

Der Job eines Psychiaters ist es, Patienten zu helfen, aus ihren Fehlern zu lernen, das Irrationale ihres Denkens freizulegen und den Teufelskreis selbstzerstörerischen Verhaltens zu beenden. Diesen Heilungsprozess braucht nicht nur der Einzelne, sondern die gesamte westliche Welt. Denn wir müssen uns dem Wahnsinn in unserer Gesellschaft stellen bevor es zu spät ist.

Allen Frances ist emeritierter Professor für Psychiatrie und Verhaltensforschung und lehrte an der Duke University. Er ist einer der profiliertesten Psychiater weltweit. Als Co-Autor war er an der Entwicklung der psychiatrischen Standardwerke ›DSM 3‹ und ›DSM 4‹ maßgeblich beteiligt. Neben Fachartikeln veröffentlicht er u.a. in The Los Angeles Times, The New York Times, The Huffington Post und Pathology Today und ist ein international gefragter Redner. Er lebt in Coronado, Kalifornien.

ALLEN FRANCES

Amerika auf der Couch

EIN PSYCHIATER ANALYSIERT DAS TRUMP-ZEITALTER

Aus dem Amerikanischen von
Kathrin Bielfeldt und Jürgen Bürger

DUMONT

Von Allen Frances ist bei DuMont außerdem erschienen:

Normal. Gegen die Inflation psychiatrischer Diagnosen

April 2019
DuMont Buchverlag, Köln

Die amerikanische Originalausgabe erschien 2017 unter dem Titel
›Twilight of American Sanity. A Psychiatrist Analyzes the Age of Trump‹
bei William Morrow, New York.

Übersetzung: Kathrin Bielfeldt, Jürgen Bürger
Lektorat: Werner Irro
Umschlaggestaltung: Lübbeke Naumann Thoben, Köln
Satz: Fagott, Ffm
Gesetzt aus der Garamond
Druck und Verarbeitung: CPI books GmbH, Leck
Gedruckt auf säurefreiem und chlorfrei gebleichtem Papier
Printed in Germany
ISBN 978-3-8321-6497-3

www.dumont-buchverlag.de

Mit einem verspäteten Dank an Joe Frances, meinen kürzlich verstorbenen und auf seine bescheidene Art großartigen Vater, der mich gelehrt hat, Wichtigtuer wie Trump zu durchschauen und wie einfach es ist, glücklich zu sein.

Die Schuld der Väter [wird heimgesucht] an den Kindern und Kindeskindern, an der dritten und vierten Generation.

2. BUCH MOSE 34,7, EXODUS

Wenn die Demokratie vollendet ist, bildet das Amt des Präsidenten zunehmend besser die innere Verfasstheit des Volkes ab. An einem großen und glorreichen Tag wird der Herzenswunsch der einfachen Leute endlich in Erfüllung gehen, und ein völliger Schwachkopf wird das Weiße Haus schmücken.

H. L. MENCKEN

Der Mensch ist ein Teil des Ganzen, das wir Universum nennen, ein in Raum und Zeit begrenzter Teil. Er erfährt sich selbst, seine Gedanken und Gefühle als abgetrennt von allem anderen, eine Art optische Täuschung seines Bewusstseins. Diese Täuschung ist für uns eine Art Gefängnis, das uns auf unsere eigenen Vorlieben und auf die Zuneigung zu wenigen uns Nahestehenden beschränkt. Unser Ziel muss sein, uns aus diesem Gefängnis zu befreien, indem wir den Horizont unseres Mitgefühls erweitern, bis er alle lebenden Wesen und die gesamte Natur in all ihrer Schönheit umfasst.

ALBERT EINSTEIN

INHALT

KAPITEL 2

WARUM WIR SO SCHLECHTE ENTSCHEIDUNGEN TREFFEN

91

KAPITEL 3

AMERIKANISCHER EXZEPTIONALISMUS

129

KAPITEL 7

UNSERE SCHÖNE NEUE WELT ERHALTEN

KAPITEL 8

DAS STREBEN NACH GLÜCK

KAPITEL 9

TEAM ERDE

EPILOG

WOHIN DES WEGES, MENSCHHEIT?

PROLOG

Nicht Trump ist verrückt, sondern wir

Der Irrsinn ist bei Einzelnen etwas Seltenes,
aber bei Gruppen, Parteien, Völkern, Zeiten die Regel.

FRIEDRICH NIETZSCHE

Es wirkt beruhigend, sieht man Präsident Donald Trump als Verrückten, als Ausrutscher, als Ausnahmefall, und nicht als Spiegelbild unserer selbst oder unserer Demokratie. Auf eine Art und Weise, die ich mir nie vorgestellt habe, war sein Aufstieg jedoch absolut vorhersehbar – er ist ein Spiegel unserer Seele.

Zu einem relativ frühen Zeitpunkt des US-amerikanischen Präsidentschaftswahlkampfs wurde ich eingeladen, in einer landesweit ausgestrahlten Fernsehsendung Trumps Psyche zu analysieren und eine psychiatrische Diagnose zu erstellen. Womöglich wäre das ganz unterhaltsam gewesen. Trump und ich sind etwa zur gleichen Zeit geboren und nur wenige Meilen voneinander entfernt außerhalb von Manhattan in Queens aufgewachsen. Beiläufig hatte ich sein lebenslanges Streben nach medialer Aufmerksamkeit verfolgt, hatte seine Missgeschicke und ständige plumpe Eigenwerbung auf eine abstoßende Art lächerlich gefunden.

Aber ich musste die Einladung ablehnen. Erstens sah ich bei Trump keinerlei Beleg für eine psychische Störung, und selbst wenn es anders gewesen wäre, die berufsethischen Richtlinien der American Psychiatric Association enthalten den sinnvollen Grundsatz, der Ferndiagnosen von Politikern ausdrücklich untersagt. Dies geht auf die Präsidentschaftswahl des Jahres 1964 zurück. Linksliberale Psychiater hatten unter die Gürtellinie gehende, unfaire Bemerkungen über Barry Goldwater gemacht, den radikalen Kandidaten der republikanischen Rechten; sie hatten ihre »Diagnose« veröffentlicht, derzufolge er geistig zu krank sei, als dass man ihm den berühmten Atomkoffer anvertrauen könnte. Sie hatten keinerlei Recht, ihre berufliche Qualifikation einzusetzen, um ihren politischen Dissens mit Goldwater auf eine medizinische Ebene zu heben, und ich hatte nicht das Bedürfnis, meine politische Missbilligung und persönliche Abneigung gegen Trump vermittels psychiatrischer Beschimpfungen kundzutun. Als ich dagegen scherzhaft anbot, meiner Meinung als absoluter Laie Ausdruck zu verleihen, dass Trump ein klassischer »Schmock« sei, erwiderte der Fernsehmann schnell, dies sei nun aber so gar nicht berichtenswert – das wisse ja ohnehin bereits jeder. Lachend pflichtete ich ihm bei. Wie sich herausstellen sollte, lagen wir beide vollkommen daneben.

Zur allgemeinen Verblüffung, wahrscheinlich auch zu seiner eigenen, wurde Trump zum Präsidenten der Vereinigten Staaten gewählt. Das tobende, herrische Maulheldentum, das ihm im Reality-TV und im Wahlkampf so gute Dienste geleistet hatte, disqualifiziert ihn auf katastrophale Weise für die Rolle des amerikanischen Oberbefehlshabers. In seiner unnachahmlichen Art verkündete Trump vollmundig, wäre er erst einmal Präsident, würde er »mehr Präsident sein als jeder andere außer dem großen Abraham Lincoln … und der war ja wohl ziemlich präsidial, stimmt's?« Aber Trump kann nie etwas anderes sein als Trump. Wir hatten durchaus schon unseren Anteil an dummen Präsidenten, unbesonnenen Präsidenten, verlogenen Präsidenten, ungebildeten Präsidenten, selbstverliebten Präsidenten, streitlustigen Präsidenten, Präsidenten, die Verschwörungstheorien anhingen und solchen, die unberechenbar waren – doch noch nie zuvor hat ein einzelner Präsident alle diese verwerflichen Eigenschaften so komplett verkörpert. Und noch nie zuvor wirkten die Institutionen der amerikanischen Demokratie angesichts eines despotischen Angriffs so schwach. Trump hat so vielen Leuten Angst eingejagt, dass schlagartig gleich sechs klassische Dystopien an die Spitze der amerikanischen Bestsellerliste schnellten: George Orwells *1984* und *Farm der Tiere*, Aldous Huxleys *Schöne Neue Welt*, Sinclair Lewis' *Das ist bei uns nicht möglich*, Margaret Atwoods *Der Report der Magd* und Ray Bradburys *Fahrenheit 451*.

Trumps psychische Gesundheit (beziehungsweise ihr Nicht-Vorhandensein) ist ein ständiges Thema im Internet, in Nachrichtensendungen, in Magazinen und Tageszeitungen und, am amüsantesten, in der Comedy-Show *Saturday Night Live*. Politologen, Politiker und Komiker haben die sogenannte »Bibel« der Psychiatrie gewälzt, das *Diagnostic and Statistical Manual of Mental Disorders* (*Diagnostisches und Statistisches Manual Psychischer Störungen*, kurz *DSM)*, und gelangten zu dem Schluss, dass Trump unter einer narzisstischen Persönlichkeitsstörung leidet. Schon bald stimmten viele Psychologen und einige Psychiater zu. Ein vermeintlich übergeordnetes Wohl, die Interessen der Nation, verleitete sie dazu, die selbst auferlegte Verpflichtung aufzuheben, keine Ferndiagnosen von Politikern zu stellen. Zahlreiche patriotisch formulierte Petitionen wurden auf den Weg gebracht, eine – sie war von fünfzigtausend Menschen unterzeichnet – verkündete beispielhaft: »Wir, die unterzeichnenden Psychologen und Psychiater, sind aus professionellen Gründen überzeugt davon, dass Donald Trump Merkmale einer schweren psychischen Erkrankung zeigt, die ihn psychisch ungeeignet macht, kompetent die Pflichten des Präsidenten der Vereinigten Staaten zu erfüllen. Daher fordern wir mit allem gebührenden Respekt, dass er gemäß Artikel 4 des 25. Verfassungszusatzes seines Amtes enthoben wird.«

Ich selbst habe die Kriterien der narzisstischen Persönlichkeitsstörung verfasst, die zuerst im *DSM-III* erschienen und in der aktuellen Auflage, dem *DSM-5,* immer noch gültig sind. Trumps Fern-Diagnostiker begehen allesamt denselben fundamentalen Fehler. Zutreffend bemerken sie, dass ihm die Definitionsmerkmale der Persönlichkeitsstörung wie ein Handschuh passen, großspurige Aufgeblasenheit, profunde Überzeugung von der eigenen Großartigkeit, sich als etwas Besonderes zu fühlen, ausschließlich mit besonderen Menschen verkehren zu müssen, ständige Bewunderung einzufordern, sich stets im Recht zu fühlen, fehlende Empathie und ein insgesamt ausbeuterisches, neidisches und arrogantes Verhalten. Aber sie alle verkennen, dass Trump nicht zwingend psychisch krank sein muss, nur weil er ein Narzisst ersten Grades ist. Entscheidend für die Diagnose einer narzisstischen Persönlichkeitsstörung ist der Umstand, dass die Verhaltensweisen klinisch signifikante Leiden oder Störungen verursachen. Andernfalls würden sich viele, wenn nicht gar alle Politiker (und praktisch sämtliche Prominenten) qualifizieren. Trump ist ein Mann, der andere in große Verzweiflung bringen kann, aber keinerlei Zeichen zeigt, selbst große Nöte zu empfinden. Seine Verhaltensweisen, so unerhört und verwerflich sie auch immer sein mögen, bringen ihm regelmäßig Ruhm, Reichtum, Frauen und nun auch noch politische Macht ein – er ist reichlich belohnt worden für seinen »Trumpismus«, der ihn überhaupt nicht zu beeinträchtigen scheint. Trump ist eine Gefahr für die Vereinigten Staaten und die Welt, aber nicht, weil er klinisch verrückt wäre, sondern weil er zutiefst niederträchtig ist.

Ich hasse es, wenn eine psychiatrische Diagnose missbraucht und jedes erdenkliche Beispiel von schlichtweg schlechtem Benehmen fälschlich als psychische Erkrankung etikettiert wird. Ich war intensiv an der Erstellung des *DSM-III* beteiligt und verantwortlich für die Erstellung des *DSM-IV*. Dies ist mit der Verantwortung verbunden, die psychiatrische Diagnose so redlich und präzise wie nur möglich zu halten. Die meisten Massenmörder sind nicht psychisch krank. Die meisten Terroristen sind nicht psychisch krank. Die meisten Vergewaltiger sind nicht psychisch krank. Die meisten Diktatoren sind nicht psychisch krank. Die widerlichsten Blödmänner sind nicht psychisch krank. Die meisten Lügner sind nicht psychisch krank. Die meisten Verschwörungstheoretiker sind nicht psychisch krank. Und es gibt keinerlei Anhaltspunkte dafür, dass Trump psychisch krank ist. Trumps rüpelhaftes Benehmen, seine vulgäre Sprache und beleidigenden Handlungen machen ihn zu einer nationalen Peinlichkeit und zum schlechtesten aller möglichen Vorbilder (vielleicht sollte man alle öffentlichen Auftritte Trumps für nicht jugendfrei erklären, um unsere Kinder vor seinem schlechten Einfluss zu schützen). Er lässt unser Land schlecht dastehen, er setzt Amerikas Größe herab. Doch nichts davon macht ihn zu einem psychisch Kranken.

Die Verwendung psychiatrischer Begriffe mit dem Ziel, Trump zu diskreditieren, hat drei schädliche unbeabsichtigte Konsequenzen. Erstens stigmatisiert und beleidigt es psychisch Kranke, mit Trump in einen Topf geworfen zu werden. Die meisten psychisch kranken Menschen benehmen sich manierlich und meinen es gut, was Trump eindeutig nicht tut. Zweitens pathologisiert es Trumps schlechtes Benehmen, unterschätzt ihn und lenkt von den Gefahren seiner Politik ab. Trump ist ein politisches Problem, kein psychoanalytisches Material. Statt sich auf Trumps Motivationen zu konzentrieren, müssen wir seinen Verhaltensweisen mit politischen Mitteln begegnen. Und drittens, sollte Trump seines Amtes enthoben werden, wären seine Nachfolger (Pence und Ryan) wahrscheinlich noch viel schlimmere Vertreter dieser hochgefährlichen Politik.

Viel wichtiger ist die Frage, was das alles über *uns* sagt. Wieso haben wir jemanden gewählt, der so offensichtlich ungeeignet und unvorbereitet ist, mitzubestimmen über die Zukunft der Menschheit? Trump ist ein Symptom einer Welt in Not, nicht ihre alleinige Ursache. Ihn für alle unsere Probleme verantwortlich zu machen, übersieht die tiefere, darunterliegende gesellschaftliche Schwäche, die seinen unwahrscheinlichen Aufstieg erst möglich machte. Indem wir Trump für verrückt erklären, können wir vermeiden, uns dem Wahnsinn in unserer Gesellschaft zu stellen – wenn wir geistig gesund werden wollen, müssen wir zunächst uns selbst erkennen. Einfach ausgedrückt: Nicht Trump ist verrückt, sondern unsere Gesellschaft.

***

Ich hatte bereits zwei Jahre an *Amerika auf der Couch* gearbeitet, bevor ich auch nur einen Gedanken daran verschwendete, Trump könne in ihm auftauchen. Mein Buch war und ist eine Studie über die seelische Gestörtheit unserer Gesellschaft – unsere Unfähigkeit, sinnvoll auf die immer drängenderen Gefahren zu reagieren, die das menschliche Überleben bedrohen: Überbevölkerung, Klimaerwärmung, Ressourcenverknappung und Umweltzerstörung. Die ernsten Gefahren, mit denen wir damals konfrontiert waren, werden heute durch Trumps aggressiven Angriff auf unsere kollektive Zurechnungsfähigkeit enorm vergrößert. Gefahr hat schon immer das Schicksal des Menschen bestimmt – wir Menschen haben an jedem einzelnen Tag unserer zweieinhalbmillionenjährigen Geschichte schreckliche existenzielle Krisen gemeistert. Aber bislang war das Ausmaß der Gefahr relativ begrenzt – auf das Individuum, die Familie, den Stamm, den Stadtstaat oder die Nation. Gegenwärtige Bedrohungen hingegen sind global. Unser Planet ist heute so klein und vernetzt, dass es für keinen von uns noch einen sicheren Ort gibt (nicht einmal für die Reichsten und Mächtigsten), an dem wir uns verstecken könnten.

Von Einstein stammt die berühmte Definition von Wahnsinn, nämlich »immer wieder das Gleiche zu tun und andere Ergebnisse zu erwarten«. Frühere Zivilisationen sind unbekümmert dem immer gleichen bedrückenden Kreislauf von schnellem Wachstum und jähem Zusammenbruch gefolgt. Die tragischen Fehler, die sie begingen, sind exakt die gleichen Fehler, die wir heute begehen. Doch an diesem Punkt, an dem wir heute stehen, können wir nur dann das Überleben unserer Zivilisation in der Zukunft sicherstellen, wenn wir aus der Vergangenheit lernen. Bedauerlicherweise fällt es uns weder leicht, der Wirklichkeit ins Auge zu sehen, noch geschieht dies automatisch. Ein kluger Spruch aus dem Talmud fasst vieles von dem zusammen, was an der menschlichen Psyche problematisch ist: »Wir sehen die Dinge nicht, wie sie sind, sondern wie wir sind.« Der Weg zur Selbstkontrolle kann nur mit offenen Augen beschritten werden – unbequeme Wahrheiten verschwinden nicht allein dadurch, dass Trump es behauptet.

Wir stehen an einem hochriskanten und entscheidenden Wendepunkt mit einer psychischen Verfasstheit, die für unsere paläolithische Vergangenheit erheblich besser geeignet war als für unsere sich rasant wandelnde Gegenwart. Die Evolution hat uns mit angeborenen psychischen Neigungen ausgestattet, angepasst an das nomadische Leben unserer Vorfahren, die nie sicher sein konnten, ob sie den nächsten Tag erleben würden oder wann sie ihre nächste Mahlzeit bekommen würden. Die Welt, einst sehr groß mit scheinbar unbegrenzten Ressourcen, ist klein geworden und bis über ihre Grenzen strapaziert. Damals hing das Überleben von intuitiven Entscheidungen ab, und Habgier war meistens überlebenssichernd. Egoistische Überlebensinstinkte, die vor fünfzigtausend Jahren so gut funktionierten, bringen uns heute in einer Welt, die eigentlich kooperative Planung erfordert, zu selbstzerstörerischem Handeln. Unsere Außenwelt haben wir erobert, die Frage ist nun, ob wir auch unsere inneren Triebe bezwingen können. Die Aufrechterhaltung unseres unrealistischen Lebensstandards birgt das Risiko, unseren Nachfahren unzulängliche Lebensbedingungen zu hinterlassen.

Mein Job als Psychiater ist es immer gewesen, Patienten zu helfen, aus ihren Fehlern zu lernen – die irrationalen Momente in ihrem Denken freizulegen und ihren Teufelskreis selbstzerstörerischen Verhaltens zu beenden. Reife erfordert von einem Individuum (oder einer Gesellschaft) das Ersetzen von Wunschdenken und sofortiger Wunscherfüllung durch vernunftgeleitetes Denken. Trumps Psyche zu analysieren ist nicht sinnvoll, weil sie zu offensichtlich ist, um interessant zu sein, und noch dazu jedem Therapievorhaben unzugänglich. Wir können nicht hoffen, Trump ändern zu können, aber wir müssen daran arbeiten, die gesellschaftlichen Hirngespinste aufzulösen, die ihn erschaffen haben. Wir riskieren unsere Zukunft, wenn wir uns nicht der Realität stellen, Instinkt durch Vernunft ersetzen und unseren altruistischen Impulsen Vorrang geben vor Trump'schem Eigennutz. Die liebevolle Strenge, die bei der Heilung leidender Patienten hilfreich ist, hilft hoffentlich auch bei der Heilung unserer kranken Gesellschaft.

Glücklicherweise bin ich von Natur aus ein optimistischer und zufriedener Mensch, der die Gegenwart liebt und eine zufriedenstellende Vergangenheit genossen hat. Dennoch kann ich mich einer großen Sorge um unsere Zukunft nicht erwehren. Ich meine nicht meine eigene, persönliche Zukunft – ich bin mir der Tatsache absolut bewusst, dass mir nicht mehr so viel Zeit bleibt, und ich bin unendlich dankbar für all die guten Zeiten, die ich bereits hatte. Aber während ich mich dem Ende meines Lebens nähere, betrübt es mich doch sehr, dass meine Generation so verschwenderisch gleichgültig gegenüber den Bedürfnissen unserer Kinder und Kindeskinder gewesen ist. Jeden Tag geben wir unserem eigenen Glück auf ihre Kosten den Vorzug und bedrohen die Zukunft unserer Spezies, während wir gleichzeitig so viele der wundervollen Lebensformen vernichten, die sich gemeinsam mit uns auf diesem winzigen, aber strahlend schönen Kieselstein von einem Planeten entwickelt haben.

Wir haben ein seltenes historisches Optimum genossen, wir leben in der besten aller Zeiten und am besten aller Orte. Rastloser menschlicher Einfallsreichtum, gestützt von vielen Jahrtausenden eines ungewöhnlich stabilen Klimas, hat den Lesern dieses Buches beispiellosen Wohlstand, eine beneidenswert lange Lebenszeit, eine Vielzahl sich ständig weiterentwickelnder technischer Spielzeuge sowie ein überraschend profundes Wissen über unser Universum geschenkt. Da es die nahe Vergangenheit gut mit uns gemeint hat, leben wir in der angenehmen Erwartung, dass jede nachfolgende Generation Dinge besitzen wird, die noch besser sind als die der vorherigen. Aber sofern wir nicht die schwierigen Schritte auf uns nehmen, unsere Welt nachhaltiger zu gestalten, werden unsere Kinder auf der Begleichung unserer Schulden sitzen bleiben. Fehler, die heute gemacht werden, hinterlassen unseren Enkeln vielleicht die schlimmste aller Zeiten am schlimmsten aller Orte. Der Status quo ist keine mögliche Option – wir werden unsere Welt entweder verbessern, oder wir werden sie zerstören.

KAPITEL 1

Den Tatsachen des Lebens ins Auge sehen

Wir sind dem Feind begegnet, und sie sind wir.

POGO

Unwissenheit ist kein Segen. Was man nicht weiß, kann einem mit großer Wahrscheinlichkeit schaden, häufig dann, wenn man es am wenigsten erwartet, und mit verheerenden Folgen. Es gibt deutliche Anhaltspunkte dafür, dass unsere Welt blindlings in eine Reihe von nicht mehr umkehrbaren Katastrophen marschiert. Bleiben die Gegenmaßnahmen aus, wird es für unsere Zivilisation schon bald *game over* heißen. Erneute Versuche sind nicht möglich. Wir hätten schon längst der Wirklichkeit nüchtern ins Auge sehen, die Ärmel hochkrempeln und pragmatische Lösungen für scheinbar unlösbare existenzielle Bedrohungen finden müssen. Stattdessen geben wir uns einem ganzen Satz gesellschaftlicher Hirngespinste hin, unterliegen dem fatalen Trugschluss, dass man sich um Gefahren am besten kümmere, indem man einfach ihre Existenz verleugnet. Die Präsidentschaft von Donald Trump wird entweder das Fass zum Überlaufen bringen, oder sie wird uns in letzter Minute wach rütteln. Bei jedem einzelnen Thema, das für das Überleben unserer Art von entscheidender Bedeutung ist, sind seine persönlichen Positionen falsch und auf lächerliche Weise rückwärtsgewandt. Er und seine Handlanger treffen jeden Tag Entscheidungen, die uns einer Umweltapokalypse und dem Zusammenbruch unserer Gesellschaft immer näherbringen. Wir haben die Zukunft der Menschheit jemandem in die Hände gelegt, dem Fakten völlig gleichgültig sind, der stolz ist auf seine wissenschaftliche Ignoranz und bereit und willens, aus Jux und Dollerei auf höchst hinterlistige Weise zu agieren. Jeder Mensch hat das Recht, in einer Sache mal völlig danebenzuliegen, ohne gleich für verrückt gehalten zu werden – aber der USA kann man nur eine wahnhafte Störung diagnostizieren, wenn sie diesem albernen Rattenfänger in den Untergang folgt.

Dieses Kapitel wird unsere bequemsten und gefährlichsten gesellschaftlichen Wahnideen einem guten, altmodischen Realitätstest unterziehen. Wir werden den Schleier der Verleugnung und des Wunschdenkens lüften und die abwegigen Überzeugungen offenlegen, die unsere Grundsätze und Verhaltensweisen in die Irre leiten. Kein schönes Bild, aber es nicht zur Kenntnis zu nehmen bedeutet, das Überleben unserer intelligenten, aber auch verletzlichen Spezies aufs Spiel zu setzen. Wahnideen halten sich lange. Ideologie, Opportunismus, Zorn und Angst sind mächtige Beschützer selbst des labilsten und unzulänglichsten Ist-Zustands. Die Einsicht, dass wir uns selbst ein tiefes Loch graben, ist der erste und unerlässliche Schritt, um aus ihm herauszuklettern.

In der Psychiatrie wird eine Wahnidee oder ein Irrglaube definiert als eine tief sitzende, abwegige Überzeugung, die sich entschieden jeder Korrektur durch überwältigende Beweise und rationale

Argumente widersetzt. Das dazugehörige Verb *to delude* bedeutet »irreführen« oder »täuschen«, also jemanden dazu zu bringen, etwas zu glauben, das unwahr ist – was viele Politiker einen Großteil ihrer Zeit tun (und Trump allem Anschein nach ausschließlich). Wir sagen nicht, dass einer gleich unter einer wahnhaften Störung leidet, nur weil er Dinge glaubt, die nicht wahr sind. Es ist ein fester Bestandteil der menschlichen Natur, unzutreffende Erklärungen zu entwerfen, die uns angesichts der großen Ungewissheiten des Lebens Mut machen. Mythen aus alten Zeiten, als wir noch wenig wussten, bestehen unverändert fort, obwohl wir heute doch so vieles wissen. Und wir erschaffen immerfort neue Mythen, die uns helfen sollen, uns den Unannehmlichkeiten der Gegenwart und unseren Ängsten für die Zukunft zu stellen. Die meisten von uns haben zumindest einige falsche Überzeugungen, und viele von uns halten noch angesichts der schlüssigsten Beweise für das Gegenteil an ihnen fest. Ein gutes Drittel aller Amerikaner bringt es immer noch fertig, an fliegende Untertassen, den Yeti, Engel, außersinnliche Wahrnehmung, Reinkarnation und Astrologie zu glauben, und etwa die gleiche Anzahl glaubt nicht an die Evolution oder den Urknall, an das hohe Alter des Planeten Erde, die Grenzenlosigkeit des Universums oder den Nutzen von Schutzimpfungen.

Irgendwann einmal war es durchaus begründet zu glauben, die Welt sei nur sechstausend Jahre alt; nicht so heute, nachdem Geologen mit wissenschaftlicher Präzision wissen, dass ihr Alter 4,543 Milliarden Jahre beträgt. Wer dennoch am Glauben an eine sehr junge Welt festhält, liegt zwar komplett daneben, wird allerdings nicht für wahnhaft gehalten, weil seine unzutreffende Überzeugung von so vielen anderen, gleichermaßen einem Irrtum unterliegenden Menschen geteilt wird und es keinen nachteiligen Einfluss auf sein alltägliches Leben hat. Bei einem Individuum wird nur dann eine wahnhafte Störung diagnostiziert, wenn seine falschen Überzeugungen persönlich, idiosynkratisch und beeinträchtigend sind. Personen, die in Reaktion auf Wahnideen handeln, geraten zumeist in gewaltige Schwierigkeiten. Eine erfolgreiche Anpassung an die Herausforderungen des Lebens setzt voraus, sich ihnen realistisch zu stellen. In einer persönlichen Traumwelt zu leben bedeutet, im wirklichen Leben schwerwiegende Fehler zu begehen. Die Tatsachen des Lebens zu verleugnen oder zu verzerren ist eine selbstzerstörerische Verteidigungsmaßnahme – das letzte Mittel, wenn die Wirklichkeit scheinbar zu schmerzhaft ist, um sie zu ertragen, und zu übermächtig, um sie zu verändern.

Ich denke, man kann mit Fug und Recht behaupten, dass sich unsere Gesellschaft Wahnideen hingibt, haben wir doch den Bezug zu einer Realität absolut offensichtlicher existenzieller Bedrohungen völlig verloren. Stattdessen geben wir uns mit Wunschdenken ab und erfinden bequeme, aber auch gefährliche Hirngespinste, dass etwa die globale Klimaerwärmung ein einziger Schwindel sei, dass die üppigen Ressourcen der Erde endlos seien und wir das weitere Wachstum der Weltbevölkerung nicht begrenzen müssten.

Ich habe einen großen Teil meines Lebens damit verbracht, alle möglichen unterschiedlichen Wahnideen von Menschen zu diagnostizieren und zu behandeln. Am häufigsten hat man es mit Verfolgungswahn zu tun – »Ich habe überall Feinde«, »Irgendeine äußere Kraft oder Person ist für alle meine Probleme verantwortlich«, »Wenn ich versage, ist das nicht meine Schuld; jemand hat dafür gesorgt, dass ich versage.« Die zweithäufigsten Wahnideen haben mit übersteigerter Selbstwahrnehmung zu tun – »Ich bin außergewöhnlich«, »Ich habe außergewöhnliche Kräfte«, »Ich habe einen Sonderauftrag erhalten«, »Ich kann gar nichts falsch machen«, »Nichts, was ich tue, kann schiefgehen«, »Alles, was ich mache, hat den Segen höherer Mächte«, »Wenn ich Menschen dabei Schaden zufüge, sind das eben unvermeidliche Kollateralschäden«. Am wenigsten häufig finden sich erotomanische Wahnideen – die hartnäckige Überzeugung etwa, man werde insgeheim geliebt, wo man doch tatsächlich nicht zur Kenntnis genommen oder sogar gehasst wird. Einer Wahnstörung zu unterliegen bedeutet in jedem Fall das sture und trotzige Festhalten an einem Irrglauben, selbst angesichts eindeutiger Beweise für das Gegenteil, die jeder vernünftige Mensch akzeptieren würde.

Unsere Gesellschaft leidet an sehr ähnlichen Wahnideen, was deren Ursache, Inhalt und Folgen betrifft. Was veranlasst einen Patienten, an offenkundig absurden Überzeugungen festzuhalten, selbst wenn diese zu weitreichenden Beeinträchtigungen führen? Zum einen sind dafür eine Desorganisation des Gehirns und Fehlverknüpfungen verantwortlich, zum anderen psychische Abwehrmechanismen, die helfen, eine schmerzvolle Realität zu meiden, und zum Teil sind es erdrückende soziale Belastungen. Warum aber hält unsere Gesellschaft in vergleichbarer Weise hartnäckig an offensichtlich absurden Überzeugungen fest, wo diese doch zu großen Beeinträchtigungen führen? Zum Teil sind dafür psychische Faktoren bei politischen Führern und ihren Anhängern verantwortlich, und zum Teil liegt es an dem beängstigenden Ausmaß gesellschaftlicher, politischer, wirtschaftlicher, ökologischer und ressourcenbedingter Probleme, denen wir uns heute stellen müssen. Sowohl bei individuellen als auch gesellschaftlichen Wahnideen existiert die gleiche Verleugnung der sich aufdrängenden Realität und dieselbe große Eile, sie mit auf Verfolgungswahn basierenden Schuldzuweisungen zu ersetzen, mit großspurigem Getue und dem irrigen Eindruck, bewundert zu werden.

Wie bei individuellen Wahnideen machen uns gesellschaftliche Wahnideen blind gegenüber Gefahren, unaufmerksam gegenüber unbeabsichtigten Folgen, passiv angesichts von Krisen und versetzen uns in den völlig unangebrachten Glauben, dass die Zukunft schon auf sich selbst achten kann, selbst wenn wir zum aktuellen Zeitpunkt keine harten Entscheidungen fällen. Ein solches Verleugnen der Realität erlaubt es uns, der schmerzvollen Einsicht aus dem Weg zu gehen, dass wir unsere Welt schon längst verhunzt haben und nun große Opfer bringen müssen, um sie wieder in Ordnung zu bringen. Falsche Überzeugungen, die bei einem ansonsten machtlosen Individuum nur begrenzten Schaden anrichten würden, werden geradezu verhängnisvoll, wenn sie die mächtigste Nation der Welt zu katastrophal schlechten Entscheidungen führen. Trump leidet nicht unter Wahnideen, weil zig Millionen Menschen seine Überzeugungen teilen; aber er ermöglicht und beschönigt die gesellschaftlichen Wahnideen, die letztendlich unseren Tod bedeuten können. Das Verleugnen der Realität mag kurzfristig bequem und beruhigend sein, auf lange Sicht ist es katastrophal. Wenn wir nicht sehr bald aus unseren wahnhaften Träumereien aufwachen, werden wir uns in einer Welt wiederfinden, die nicht mehr in Ordnung zu bringen ist.

Plünderung der Umwelt

Gesellschaftliche Wahnidee: Um Klimaerwärmung oder Umweltverschmutzung müssen wir uns keine Sorgen machen, denn entweder Gott oder technische Lösungen werden uns retten.

Realitäts-Test: Die Weise, wie Menschen leben, übt einen tiefgreifenden Einfluss auf die Umwelt aus, wie sie wiederum durch die Umwelt beeinflusst wird. Anaerobe Bakterien haben die Welt beherrscht, bis sie sich vor zwei Milliarden Jahren mit ihrem eigenen Abfallprodukt, dem Sauerstoff, vergiftet haben – was dann ein wesentlicher Bestandteil der Versorgung unserer Vorfahren wurde. Heute beherrschen wir die Welt, vergiften uns aber ebenso mit unserem eigenen Abfallprodukt, Kohlendioxid – hervorragend für Pflanzen, aber Gift für die zukünftige Stabilität unseres Klimas und unserer Meeresspiegel.

Im geologischen Zeitmaß sind dramatische Veränderungen des Erdklimas die Regel und nicht die Ausnahme. Unsere Zivilisation konnte sich nur deshalb so prächtig entwickeln, weil das Klima der letzten zehntausend Jahre ungewöhnlich stabil und belastbar gewesen ist.

Heute befinden wir uns jedoch bereits an einem fortgeschrittenen Punkt des Prozesses, dieses Gleichgewicht unwiderruflich zu zerstören. Die Geschichte der Menschheit ist gespickt mit Dutzenden von Kulturen, die aufgrund natürlicher Klimaschwankungen kollabiert sind. Unsere Gesellschaft ist die erste, die den Samen der weltweiten Zerstörung selbst pflanzt, indem sie künstlich und unbekümmert ein Klima erzeugt, das völlig unvereinbar ist mit unseren aktuellen Bevölkerungszahlen und der Ausbreitung der Völker.

Die Auswirkungen der globalen Klimaerwärmung sind wahrscheinlich längst da: Jahr für Jahr neue Rekordwerte der globalen Durchschnittstemperaturen, bisher nicht gekannte Dürren, noch nie da gewesene Unwetter und Überschwemmungen. Im Januar ist es in Atlanta kälter als in Anchorage, angeblich nur alle hundert Jahre auftretende Wetterkatastrophen ereignen sich alle paar Jahre. Da das Wetter von Natur aus stark schwankt, sind Wissenschaftler zu Recht sehr vorsichtig gewesen, Einzelereignisse an bestimmten

Orten auf langfristige Veränderungen des globalen Klimas zurückzuführen.

Aber mit wachsendem Datenmaterial ist es inzwischen größtmöglicher wissenschaftlicher Konsens, dass wir zusehends unsere Welt verhunzen und jetzt sofort Korrekturen sehr großen Ausmaßes erfolgen müssen; andernfalls wird es uns schon bald nicht mehr möglich sein, die verheerenden Schäden rückgängig zu machen, die wir bereits angerichtet haben werden. Alle wissenschaftlichen Daten laufen im Kern auf dasselbe hinaus: Messungen des Kohlendioxidgehalts von Luft und Wasser, steigende Temperaturen, schmelzende Polkappen und Gletscher sowie verschiedene Computermodelle sagen ausnahmslos für die Zukunft einschneidende Änderungen der Temperatur und der Meeresspiegel voraus. Die einzigen noch verbliebenen Leugner des Klimawandels sind einige wenige exzentrische Oppositionelle, die Beschäftigten der Gas-, Kohle- und Ölindustrie und schließlich Empfänger von Forschungsgeldern ebendieser Unternehmen. Die einzigen echten wissenschaftlichen Fragen lauten heute: Wie schnell, wie verheerend und wie reversibel wird der Schaden wahrscheinlich sein? Hier herrscht beträchtliche Uneinigkeit, allerdings ohne grundlegende Unterschiede: Selbst die optimistischsten Annahmen führen zu furchterregenden Szenarien.[1]

Die Gefahr einer unmittelbar bevorstehenden Umweltkatastrophe könnte für jeden, der Augen im Kopf hat, nicht deutlicher sein. Dennoch gibt es vier verschiedene Gruppen mit unterschiedlichen, aber gleichermaßen gefährlich wahnhaften Scheuklappen: die Technophilen, die Großunternehmen, die Polittrickser und die religiösen Eiferer.

Von diesen vier irrationalen Teilgruppen der Klimawandelleugner sind die Technophilen noch die vernünftigsten. Sie sind fest davon überzeugt, dass sich dank des rasanten technologischen Fortschritts so etwas wie eine wundersame Rettung in letzter Minute ergeben wird. Schließlich ist auch das viktorianische London entgegen mancher Vorhersagen nicht unter Bergen von Pferdescheiße erstickt, die von dem schnell wachsenden Fuhrgeschäft produziert wurden. Das Problem wurde mühelos durch die Erfindung des Automobils beseitigt (zunächst *pferdelose Kutsche* genannt, die verglichen mit ihrem lebenden Vorgänger als ungeheuer sauber galt). Vielleicht können auch wir auf zwei Hochzeiten gleichzeitig tanzen – schicke neue technologische Lösungen werden uns genau rechtzeitig zu Hilfe kommen. Zu hoher Ausstoß an Kohlendioxid – kein großes Ding. Wir werden das Zeug unterirdisch oder in den Tiefen der Meere bunkern oder wir versprühen einfach Schwefelpartikel in der Atmosphäre, um den Treibhauseffekt auszubalancieren. Vielleicht. Vielleicht auch nicht. Alle vorgeschlagenen technischen Tricks sind bislang unerprobt und bergen ausnahmslos das beträchtliche Risiko, entweder wirkungslos zu sein oder aber neue unbeabsichtigte katastrophale Folgen auszulösen (beispielsweise die furchterregende Vorstellung einer Erde, die wie ein Schneeball aussieht, wenn wir zu wenig Sonnenlicht durchlassen).

In jeder vernünftigen Welt würden wir uns nicht auf Märchenträume einer Rettung wie durch Zauberhand verlassen, sondern sofort eine zweckmäßige Versicherungspolice abschließen, indem wir alles in unserer Macht Stehende unternähmen, um den weltweiten Kohlendioxidausstoß sofort drastisch zu reduzieren. Jeder verantwortungsbewusste Mensch versichert sich gegen alle möglichen unvorhersehbaren und höchst unwahrscheinlichen, aber potenziell katastrophalen Risiken des Lebens. Wir denken nicht zweimal darüber nach, eine Krankenversicherung abzuschließen oder eine Hausversicherung, Kfz-Versicherung, Lebensversicherung, Haftpflichtversicherung und wie sie nicht alle heißen. Aus der Sicht eines Spielers sind das alles Wetten zugunsten der Bank. Versicherungsgesellschaften können sich die Hände reiben, indem sie die versicherungsmathematischen Wahrscheinlichkeiten an einem Punkt zu ihren Gunsten verschieben, sodass sie am Ende weniger Entschädigungen zahlen müssen, als sie an Prämien einnehmen. Wir sind bereit, diese Prämie zu zahlen, weil es das Risiko über eine große Gruppe verteilt, sodass sich jeder von uns sicher fühlt. Wir warten nicht, bis wir krank werden, bevor wir eine Krankenversicherung abschließen. Wir warten nicht auf einen Unfall, bevor wir eine Kraftfahrzeugversicherung abschließen, oder beantragen eine Feuerversicherung erst nachdem es angefangen hat zu brennen.

Der eigentliche Sinn von Versicherungen ist doch, dass wir sie zu einem frühen Zeitpunkt erwerben, ohne davon auszugehen, dass wir sie je in Anspruch nehmen müssen. Das Risiko eines unmittelbar bevorstehenden Unglücks ist verschwindend gering, dennoch schließen Menschen Versicherungspolicen ab, weil keine zu haben verheerende Folgen haben könnte, sollte das nahezu Unwahrscheinliche doch eintreten. Ich bezweifle stark, dass mein Haus abbrennen wird, trotzdem habe ich eine Feuerversicherung. Der gleiche Weitblick sollte unser Vorgehen leiten, heute die kostspieligen Maßnahmen zu ergreifen, die uns in der Zukunft gegen Klimaerwärmung versichern. Wir müssen den Preis deutlich vor dem Zeitpunkt zahlen, an dem wir mit absoluter Sicherheit werden sagen können, wie schwerwiegend die Risiken sind und wie weit in der Zukunft der entscheidende Wendepunkt liegt. Wir können es uns nicht leisten, selbstgefällig die Zukunft unserer Spezies zu verspielen in der blinden Hoffnung, eines Tages schon eine technologische Lösung zu finden. Vorbeugung ist erheblich besser als Heilen, vor allem weil es womöglich keine Heilung gibt oder das Heilverfahren zu spät einsetzt, um noch etwas retten zu können. Eine Lebensversicherung schließen wir ja auch nicht ab, weil sie uns helfen wird, sondern weil uns unsere Kinder am Herzen liegen. Genau die gleiche schützende Einstellung sollten wir uns zu eigen machen, wenn es darum geht, unseren Kindern eine sichere und intakte Umwelt zu hinterlassen.

Gierige Unternehmensinteressen haben konsequent Profit über den Menschen gestellt. Sie haben alles in ihrer durchaus beträchtlichen Macht Stehende unternommen, um fragwürdige Klimaforschung zu fördern und unbequeme Wahrheiten zu diskreditieren. Es klingt wie Ironie: Interne Dokumente belegen, dass Exxon-Wissenschaftler seit den 1970er-Jahren zu den Ersten gehörten, die verstanden, wie sehr die katastrophale Klimaerwärmung eine zwangsläufige Folge der Praktiken ihres eigenen Unternehmens war. Aber das Management von Exxon hat unermüdlich und auf trügerische Weise alles darangesetzt, die Kenntnis um die Risiken, die von ihren eigenen Wissenschaftlern zu Tage gefördert worden waren, verschwinden zu lassen. Sie haben Milliarden ausgegeben, um die Klimaforschung in Frage zu stellen; haben gefügige Politiker unterstützt, die wissenschaftliche Erkenntnisse leugnen und nicht über den Wahltag hinausdenken; haben mit drohenden Arbeitsplatzverlusten Panikmache betrieben und gleichzeitig die Öffentlichkeit so lange mit Propaganda bearbeitet, bis sie in einer benebelten Tatenlosigkeit verharrte.[2] Manager und Aktionäre denken in Quartalen und kurzfristigen Kapitalrenditen, sie denken nicht in Jahrzehnten oder Jahrhunderten, und ganz sicher haben sie nicht die Zukunft der Menschheit im Auge. Der Grundsatz lautet »nichts tun«, bis wir ohne den geringsten Zweifel beweisen können, dass wir unsere Umwelt unwiderruflich zerstören. Natürlich ist das knallharter und skrupelloser Zynismus – denn dann wird es längst zu spät sein, uns zu retten. *»Après moi le déluge.«* Sollen die Enkelkinder doch den Kopf hinhalten.

Verstärkte Ölförderung und niedrige Ölpreise sind so ziemlich das Schlimmste für eine Welt, die unbekümmert auf einen tödlichen Klimawandel zusteuert. Aber wir freuen uns darüber, denn wir schätzen unsere gegenwärtige Bequemlichkeit höher als wir langfristig die Katastrophe fürchten. In einer vernünftigen Welt würden wir versuchen, den Verbrauch fossiler Brennstoffe zu verhindern, indem wir sie erheblich höher besteuern, vor allem in Zeiten, wenn die Preise fallen. Um die Sache aufkommensneutral zu halten und die Belastung abzufedern, könnten andere Steuerarten verringert und/oder Barzahlungen an diejenigen geleistet werden, die von steigenden Kraftstoffpreisen am härtesten getroffen werden. Mit einem einfachen Politikwandel würden wir die Umwelt retten, die Abhängigkeit von ausländischem Öl verringern und unsere begrenzten Vorräte an fossilen Brennstoffen schützen, damit sie uns länger zur Verfügung stehen können.

Präsident Obamas lobenswerte Bemühungen, eine vernünftige Umweltpolitik zu entwickeln, wurden durchgängig von James Inhofe ausgebremst, dem republikanischen Vorsitzenden des Umweltausschusses des Senats. Inhofe ist ein Wissenschaftsleugner erster Güte, ein blinder fundamentalistischer Christ und gut bezahlter Lakai der Erdölindustrie. Seine Äußerungen zur Klimaerwärmung bringen den Kern gesellschaftlicher Wahnideen zum Ausdruck: »Wenn 97 Prozent der Klimaforscher etwas sagen, dann hat das nichts zu bedeuten.« »Klimaerwärmung ist der größte Schwindel, der dem amerikanischen Volk jemals zugemutet wurde.« »Steigende Temperaturen haben womöglich einen positiven Einfluss auf unsere Lebensweise.« »Mein Standpunkt lautet, Gott ist immer noch irgendwo da oben. Die Arroganz mancher Leute, sich einzubilden, dass wir, die Menschen, in der Lage wären, das beeinflussen zu können, was Er im Zusammenhang mit dem Klima tut, ist für mich nachgerade ungeheuerlich.« Mag ja sein, dass Inhofe ein wahrhaft gläubiger Mensch ist, aber seine Passion wird höchstwahrscheinlich auch von deutlich irdischeren Belohnungen beflügelt – von Zuwendungen der Erdölindustrie in Millionenhöhe und von seiner besonderen Beziehung zu den Koch-Brüdern.

Unter Anleitung Inhofes und der Gebrüder Koch hat Präsident Trump ein Kabinett unersättlicher Energie-Wölfe zusammengestellt, die den prekären Umwelt-Hühnerstall bewachen sollen. Alle sind in unlösbare finanzielle und politische Interessenkonflikte verstrickt, und alle sind aus engstirnigen ideologischen Gründen auf ein ignorantes Leugnen des Klimawandels eingeschworen. Rex Tillerson, der frühere Chef von Exxon, ist Trumps Außenminister. Ryan Zinke, Innenminister und ehemaliger Kongressabgeordneter aus Montana, hat von Umweltschützern ein extrem schlechtes Zeugnis für sein Abstimmungsverhalten ausgestellt bekommen, weil er ausnahmslos für jedes Projekt gestimmt hat, das Erdöl aus in Bundesbesitz befindlichem Land fördern sollte. Rick Perry im Energieministerium hat den Klimawandel eine unbewiesene wissenschaftliche Theorie genannt, er wollte die Behörde, die er nun leitet, eigentlich abschaffen. Ben Carson, Wohnungsbauminister, ist überzeugt, das Klima befinde sich in einem ständigen Wandel, warum sich also jetzt deswegen Sorgen machen. Der CIA-Direktor (Mike Pompeo), der Justizminister (Jeff Sessions), der Chef des Heimatschutzministeriums (John Kelly), der Gesundheitsminister (Tom Price) und der Wirtschaftsminister (Wilbur Ross) sind nachweislich ebenfalls standhafte Leugner des Klimawandels.

Trumps Chef der Umweltschutzbehörde EPA, Scott Pruitt, ist so ziemlich der Letzte auf der Erde, dem man unser Überleben anvertrauen sollte. Erst kürzlich war von ihm die ungeheuer ignorante Bemerkung zu vernehmen: »Ich würde nicht zustimmen, dass CO_2 der primäre Verursacher der Klimaerwärmung ist, die wir heute beobachten.« Er ist ein Paradebeispiel für gesellschaftliche Wahnideen, gekauft und bezahlt von der Energieindustrie. Viele Jahre hat er als Justizminister von Oklahoma fortdauernd gegen die EPA geklagt, um sie daran zu hindern, ihre Arbeit zu tun. Nachdem er nun ihr Chef geworden ist, bietet sich ihm die Gelegenheit, die Behörde von oben nach unten zu zerstören, indem er auf allen Ebenen der EPA Leugner des Klimawandels installiert, ihre Website zensiert und ihren Wissenschaftlern Maulkörbe anlegt. Pruitt hat sich der Aufgabe verschrieben, alles in seiner Macht Stehende zu tun, den großen Konzernen die Ausplünderung unserer Umwelt zu erlauben. Der Haushaltsentwurf der Regierung Trump sieht für die EPA eine Budgetkürzung um sage und schreibe ein Drittel vor, und manche republikanische Kongressabgeordnete fordern sogar die komplette Abschaffung des Ministeriums.

Wäre man ein Todfeind der menschlichen Zivilisation und fest entschlossen, die beste Möglichkeit zu finden, sie durch globale Erwärmung zu vernichten, dann hätte man nichts Besseres tun können, als dafür zu sorgen, dass Trump zum Präsidenten gewählt wird, Mike Pence zum Vizepräsidenten, Pruitt zum Chef der EPA und weitere Lakaien der Energiekonzerne Leiter jeder einzelnen Behörde in der US-Regierung werden. Das ist gesellschaftlicher Wahnsinn in absoluter Reinkultur.

Es war ein tragischer Augenblick der Weltgeschichte, als Trump den Rücktritt der Vereinigten Staaten vom Pariser Klimaübereinkommen bekannt gab. Wenn wir die globale Erwärmung über den Punkt der Unumkehrbarkeit schieben, werden vielleicht Millionen von Menschen sterben, und Trump wird zumindest einen Teil der Verantwortung für ihren Tod übernehmen müssen.

Am Ende werden bedrohliche Umstände uns vielleicht doch noch dazu bringen, die Maßnahmen zu ergreifen, die nötig sind, um die Klimaerwärmung zu verhindern. Wir werden erkennen, dass es nicht möglich ist, unsere kompletten Vorräte an fossilen Energieträgern auszubeuten, ohne dabei unsere Welt irreversibel zu vergiften und unser Klima zu zerstören. Wir werden den glücklichen und angenehmen Zustand, in dem wir leben, opfern, indem wir radikale Einsparungen beim Energieverbrauch vornehmen und in großem Umfang in nachhaltige Energiequellen investieren. Wir werden uns weniger egoistisch verhalten und mehr darum kümmern, die Welt für jene zu bewahren, die uns nachfolgen. Wir werden Verantwortung für unsere Zukunft übernehmen, anstatt zweifelhafte Wetten auf Gott oder die Technikbegeisterten abzuschließen. Wenn es nur oft genug zu glühend heißen Sommern, zu Dürren, »Jahrhundert-Unwettern«, zu Überschwemmungen wegen der schmelzenden Polarkappen und dem deutlichen Anstieg des Meeresspiegels kommt, dann werden selbst die treuesten Anhänger Trumps und sogar die habgierigsten Nutznießer der Erdölindustrie zu Verstand kommen.

Allerdings könnte es dann auch schon zu spät sein. Der Weckruf kommt vielleicht erst, nachdem der Zug längst abgefahren ist und es nicht mehr möglich sein wird, unsere Welt vor einer Umweltkatastrophe zu retten. Eine Unze Prävention heute ist erheblich billiger und sicherer als der verzweifelte Versuch, mit einem

Pfund Therapie Versäumtes nachzuholen. Nur eine ernsthaft gestörte Gesellschaft könnte das anders sehen.

Die Bevölkerungsbombe

Gesellschaftliche Wahnidee: Die Weltbevölkerung kann immer weiterwachsen, ohne dabei Nebeneffekte wie einen drastischen Verbrauch der Ressourcen, irreversible Klimaerwärmung, permanente Kriege, Völkerwanderungen, regelmäßige weltweite Pandemien und immer wiederkehrende Hungersnöte zu verursachen.

Realitäts-Test: Bevölkerungskontrolle ist zum heißesten politischen Thema geworden. Obwohl die Überbevölkerung heute buchstäblich für jedes katastrophale Problem unserer Welt direkt verantwortlich ist, ist die Auseinandersetzung damit in den Medien, in politischen Diskursen und akademischen Präsentationen nahezu ein Tabu. Analysen der Ursachen des letzten Krieges, der Flüchtlingskrise, Hungersnot oder Pandemie konzentrieren sich fast ausschließlich auf politische, wirtschaftliche oder persönliche Auslöser – weisen aber nahezu nie auf die überzeugendste eigentliche Ursache hin, die Überbevölkerung. Jeder wird von den zugegebenermaßen furchtbaren Assoziationen abgeschreckt: Hitler, Eugenik, Tötung von Babys, Beschneidung des gottgegebenen und bürgerlichen Rechts auf Vermehrung, Anfechtung tief sitzender religiöser Überzeugungen und Tilgung des Primats der Familie.

Die Verleugnung der Überbevölkerung ist deshalb eine so hartnäckige gesellschaftliche Wahnidee, weil der Fortpflanzungstrieb ein so mächtiger und wesentlicher Bestandteil unserer DNA ist. Bis vor Kurzem war Fruchtbarkeit in unserer Evolutionsgeschichte eine gute Sache. Wir waren nur wenige, und unser Überleben als Spezies war höchst unsicher. Menschliche Kultur, Werte und Verhalten standen zwangsläufig im Dienst der Verbreitung unserer DNA. Kinder zu haben schenkt uns Freude als Ernährer, verleiht unserer Arbeit Sinn, macht Hoffnung auf die Zukunft und schenkt uns ein kleines Fünkchen Unsterblichkeit. Aber wir sind Opfer unseres eigenen Erfolgs. Unser kollektives Überleben hängt heute von Selbstbeschränkung bei der Fortpflanzung ab. Liebevolle Eltern zu sein bedeutet auch, umsichtig zu sein und sich mit einem oder zwei Kindern zu begnügen. Jeder hat Angst, über die Bevölkerungsbombe zu sprechen oder auch nur daran zu denken, denn dann würden wir uns auch dem drängenden, gleichwohl heiklen und schwierigen Problem stellen müssen, sie zu entschärfen.

Die unvermeidlichen Auswirkungen einer nicht vorhandenen Bevölkerungskontrolle auf den Menschen wurden zum ersten Mal vor zweihundert Jahren von Thomas Robert Malthus beobachtet: »Die der Bevölkerung innewohnende Potenz ist unendlich viel stärker als die Fähigkeit der Erde, die für den Menschen nötigen Subsistenzmittel zu erzeugen.« Malthus erkannte den zentralen demografischen Fakt, dass die menschliche Bevölkerung sehr schnell exponentiell wächst, während die Nahrungsmittelproduktion nur linear zunimmt. Die Bevölkerungsexplosion zwingt uns zu einem Wettlauf in der Nahrungsmittelversorgung, den wir langfristig niemals gewinnen können. So clever unsere landwirtschaftlichen Technologien bei der Steigerung des Angebots auch immer sein mögen, unsere noch größere Fähigkeit, Nachwuchs zu produzieren, muss unvermeidlich zu einer Knappheit des Angebots führen. Sofern nicht relativ »gutartig« durch Geburtenkontrolle, Zölibat, verspätete Eheschließung, Abtreibung und Homosexualität gebremst, wird sich die Bevölkerungszahl vermittels der Schrecken wiederkehrender Hungersnöte, Kriege, Seuchen und Naturkatastrophen selbst korrigieren. Charles Darwin und Alfred Russel Wallace nennen beide die Lektüre von Malthus als Auslöser ihrer voneinander unabhängigen Entdeckungen, dass natürliche Auslese über den Wettbewerb unter Lebewesen zur Evolution führt. Da Populationsgrößen immer und überall die zur Verfügung stehenden Vorräte übersteigen, gewinnen am Ende die stärkeren Arten das Spiel der Fortpflanzung.[3]

Außerdem wusste Malthus, dass das zarte Pflänzchen der menschlichen Vernunft wenig Einfluss auf seinen erheblich mächtigeren Fortpflanzungstrieb besitzt. Was in unseren Köpfen vor sich geht, besitzt nur wenig Kontrolle darüber, was wir unterhalb der Gürtellinie tun. Wie groß unsere technologischen Fortschritte auch immer sein mögen, sind wir doch immer wieder von unserer Unfähigkeit, den mächtigen Reproduktionsdrang unserer Gene im Zaum zu halten, zu Fall gebracht worden. Persönliches Glück und gesellschaftliche Stabilität erfordern in puncto Sexualität und Reproduktion in einem Maße Zurückhaltung, zu der die Menschen in der Vergangenheit wenig in der Lage zu sein schienen. Angesichts fehlender Klugheit und Selbstkontrolle hat Malthus eine Zukunft voller Elend und Sittenlosigkeit vorhergesagt. Von Anfang an widersprachen ihm technologische Optimisten, die überzeugt davon waren, dass der Verstand des Menschen die Macht seiner Sexualorgane überflügeln könne. Die Frage ist noch nicht entschieden, aber wer klug wettet, setzt unverändert auf unsere Genitalien und nicht auf unser Vorderhirn.

Zu Beginn der Agrarrevolution vor etwa zehntausend Jahren lag die Weltbevölkerung bei lediglich etwa fünf Millionen. Es folgte der schwindelerregende und sprunghafte malthusianische Anstieg: rund 300 Millionen Menschen um Christi Geburt, im

Jahr 1800 etwa eine Milliarde, 1927 schon zwei Milliarden, 1969 drei Milliarden, 1974 vier Milliarden, fünf Milliarden 1987, sechs Milliarden im Jahre 1999 und irrsinnige sieben Milliarden plus heute. Hochrechnungen für die Zukunft wurden erst kürzlich nach oben korrigiert. Wie es aussieht, wird es um das Jahr 2050 herum zehn Milliarden Menschen geben, und 2100 ist von mindestens elf Milliarden auszugehen.[4] Folgen wir den Überlegungen von Malthus, dann belohnen aus technologischen Verbesserungen resultierende Bevölkerungsexplosionen nur sehr wenige, während sie gleichzeitig große Probleme für sehr viele mit sich bringen. Die fünf Millionen Jäger und Sammler von zehntausend Jahren vor Christi Geburt waren besser ernährt, waren kräftiger, freier, gleichberechtigter, hatten mehr Freizeit und waren vermutlich auch glücklicher als die meisten der 300 Millionen Menschen, die auf einem einfachen landwirtschaftlichen Existenzniveau lebten, als Christus geboren wurde. Technologie ermöglichte viel mehr Dinge, was zu noch mehr Menschen führte, allerdings zu keinen gesünderen oder glücklicheren.[5]

Unsere überaus fruchtbare Reproduktionsstrategie war perfekt für die Lebensumstände geeignet, denen sich unsere Spezies vor zehntausend Jahren gegenübersah – als wir noch wenige waren, isoliert lebten und ernsthaft vom Aussterben bedroht waren. Damals war es wichtig, der biblischen Aufforderung zu folgen: »Seid fruchtbar und mehrt euch und regt euch auf Erden, dass euer viel darauf werden.« Aber wir gehorchen weiterhin viel zu gedankenlos einem Rat, der heute gefährlich anachronistisch geworden ist. Trotz aller nur zu offensichtlichen gegenwärtigen Abschreckungen fällt es uns schwer, genau die Triebe abzustellen, die exzessive Fruchtbarkeit propagieren. Die DNA verfolgt eine langfristige Überlebensstrategie und investiert allenfalls kurzfristig in ihren aktuellen, vorübergehenden Träger. Wir sind durch unsere DNA programmiert, so viele Nachkommen wie möglich hervorzubringen und zu beschützen, ob das nun unserem aktuellen persönlichen oder gesellschaftlichen Interesse entspricht oder nicht. Die Evolution hat stets jene favorisiert, die den meisten Spaß am Sex hatten und Babys süß fanden – eine großartige Strategie in einer unterbevölkerten Welt, aber ganz fürchterlich in unserer erdrückend überbevölkerten Gegenwart.

Unsere Instinkte ändern sich extrem langsam, auch wenn sich die Lebenswirklichkeit durch die Überbevölkerung bereits dramatisch verändert hat. Auch kulturelle Überzeugungen ändern sich erheblich langsamer, als es die Umwelt erfordert. Viele unserer heutigen Gesetze, Institutionen und Einstellungen zur Fortpflanzung schreiben unverändert die Überlebensstrategie einer DNA fort, die von uns mehr Kinder haben will, als wir aktuell sicher versorgen können. Religiöse Vorbehalte gegen Geburtenkontrolle und Abtreibung waren die perfekte Antwort auf Unterbevölkerung, sind jedoch eine Katastrophe angesichts von Überbevölkerung. Wahnhaftes Verleugnen zeigt sich in dem lang anhaltenden politischen und verfassungsrechtlichen Streit zwischen Fortpflanzungsrechten und dem Recht auf Leben und auf geradezu haarsträubende Weise in absolutistischen Kirchenverboten von Empfängnisverhütung und Abtreibung. Dies gilt für christliche, muslimische, mormonische und jüdische Fundamentalisten gleichermaßen, die sich zu zweistelligen Familiengrößen vermehren und Bevölkerungswachstum als Waffe einsetzen. Die angebliche Würde des menschlichen Lebens wird teuer mit dem sehr realen Elend erkauft, das durch so viele Menschen verursacht wird, die wir nicht unterstützen können. Und der technologische Fortschritt, der zu immer effektiveren Möglichkeiten der künstlichen Befruchtung geführt hat, macht die neuen Eltern glücklich, verschlimmert aber die Überbevölkerung und zieht dringend notwendige Ressourcen von denen ab, die auf altmodische Art geboren werden.

Zu dem größten Zuwachs der Weltbevölkerung kommt es in Afrika, im Nahen Osten und in Südasien, jenen Regionen der Erde, welche die schlechtesten Voraussetzungen mitbringen, noch mehr Menschen zu beherbergen. Die Bevölkerung Syriens erlebte eine klassische malthusianische Explosion von drei Millionen im Jahre 1950 auf 22 Millionen in 2012. Von 2006 bis 2009 jedoch erlebte das Land eine länger andauernde Dürre, die von Klimawissenschaftlern auf die globale Erwärmung zurückgeführt wird. Dies führte zu Ernteausfällen geradezu biblischen Ausmaßes und zur Abwanderung von 1,5 Millionen Menschen vom Land in die Städte – Belastungen, die schon bald zu dem schrecklichen Bürgerkrieg und der Anarchie führten, die heute zusammengenommen eine grausame malthusianische Bevölkerungsbegrenzung darstellen.[6] Zwischen 250.000 und 500.000 Menschen sind getötet worden, und über die Hälfte der Vorkriegsbevölkerung wurde im Land selbst vertrieben oder zur Auswanderung gezwungen.[7] Der Umbruch ist immer noch am Anfang und keine Lösung in Sicht. Zersplitterung und Brutalität spitzen sich auf eine Weise zu, die eine noch schlimmere Zukunft als zuvor verspricht. Die gleiche tödliche Dynamik spielt sich im Irak, in Afghanistan, dem Jemen, Somalia, Libyen, Nigeria, dem Kongo und an vielen anderen Krisenherden der Welt ab. Erst vor wenigen Jahrzehnten schürte sie die Genozide in Ruanda und auf dem Balkan.

Täglich neue Katastrophenmeldungen in den Zeitungen sollten uns nicht überraschen – es gibt einfach zu viele Menschen, die es auf zu wenige Ressourcen abgesehen haben. Die Revolutionen, Bürgerkriege, Völkerwanderungen, Hungersnöte, Dürren,

Hochwässer und Erdbeben, die überbevölkerte Regionen dezimieren, sind allesamt unausweichlich. Und Mikroben haben einen pandemischen Festtag, wenn sie von weniger bevölkerungsreichen Arten auf eine frisch verfügbare Masse menschlicher Nahrung überwechseln. Das US-amerikanische Militär macht sich nichts vor, was die verheerenden Folgen von Überbevölkerung, menschengemachtem Klimawandel und Ressourcenerschöpfung betrifft – das alles wird als »Bedrohungsverstärker« ausgewiesen, welche die Gefahren weiterer und in Zukunft erheblich tödlicher verlaufender Kriege erhöhen.

Malthus sagte voraus, dass die Katastrophe unausweichlich sei, sofern wir nicht weniger zerstörerische Wege der Bevölkerungskontrolle finden. Jahrhundertelang lehnten Technikoptimisten Malthus mit der Begründung kurzfristiger Daten ab, die belegen sollten, dass sich technologische Sprünge schneller entwickelten als das Bevölkerungswachstum, aber langfristig gesehen hat Malthus leider recht behalten.

Es ist der Gipfel gesellschaftlicher Wahnideen, seine Warnungen und die Treffsicherheit seiner Vorhersagen zu ignorieren. Und genau dies machen Präsident Trump (diesbezüglich ein Opportunist) und Vizepräsident Pence (der besondere Liebling der radikalen religiösen Rechten, durch deren Unterstützung er auf seine aktuelle Position katapultiert wurde). In der ersten Woche nach Amtsantritt hat die Trump-Regierung begonnen, der Organisation Planned Parenthood in ihrem Stammland die Finanzierung zu entziehen und ihr gleichzeitig untersagt, im Ausland Programme zur Geburtenkontrolle mit Geldmitteln zu versehen.

Planned Parenthood ist die effektivste Lösung der Welt auf die Herausforderung der malthusianischen Bevölkerungs-Dyskontrolle. Vor rund einhundert Jahren von Margaret Sanger in einer kleinen Klinik in Brooklyn gegründet, betreibt die Planned Parenthood Federation heute in den Vereinigten Staaten über 650 Kliniken, die medizinische Dienste in den Bereichen Sexualpädagogik, Familienplanung und Gynäkologie anbieten, und kooperiert mit angegliederten Organisationen in zwölf weiteren Ländern. Sie wurden von Gewalttaten, schmutzigen Tricks und erbittertem politischen und religiösen Widerstand verfolgt, setzen aber unvermindert den gerechten Kampf gegen den von der DNA beeinflussten gesellschaftlichen Irrglauben fort, dass wir weiter hirnlos eine ohnehin schon überbevölkerte Erde noch mehr bevölkern müssen. Republikanische Politiker sind paradoxerweise geradezu besessen davon, dass mehr Babys geboren werden, während sie sich anschließend weigern, auch nur eines der Programme mit Geldmitteln auszustatten, die diesen Babys ein anständigeres Leben ermöglichen würden, nachdem sie den Mutterleib verlassen haben. Sie lieben und schützen menschliche Föten, aber nur bis zu ihrer Geburt.

Dezimierung der Ressourcen

Gesellschaftliche Wahnidee: Wir müssen uns keine Sorgen machen, dass uns irgendwelche Dinge ausgehen, denn es gibt immer eine Hightech-Lösung, das zu bekommen, was wir zusätzlich benötigen werden. Schließlich sind die Rohstoffpreise trotz unseres immensen Verbrauchs immer noch niedrig und die Agrarindustrie hat keinerlei Schwierigkeiten, eine ständig wachsende Bevölkerung zu ernähren.

Realitäts-Test: Das explosive Wachstum der Weltbevölkerung während der letzten zweihundert Jahre war nur möglich, weil dank neuer Technologien die Erschließung fossiler Brennstoffquellen sowie die Fördermengen beträchtlich ausgeweitet werden konnten. Die Kurven von Ölproduktion und Bevölkerungswachstum während dieser Zeit decken sich beinahe exakt.[8] Es gibt keine andere Energiequelle, die auch nur annähernd so viel fürs Geld liefert oder die gleiche Anzahl von Menschen ernähren kann. Es waren viele Millionen Jahre und viele Billionen zerschmetterter Organismen nötig, damit fossiler Brennstoff entstehen konnte, aber wir verbrennen heute Kohle, Öl und Erdgas in einem Tempo, das hunderttausendmal schneller ist als die zu seiner Wiederaufstockung erforderliche Zeit. Es wird immer noch sehr kontrovers diskutiert, wann genau die Fördermengen fossiler Brennstoffe den Höhepunkt erreichen und dann zu Ende gehen (wahrscheinlich innerhalb der nächsten fünf oder sechs Generationen), aber es besteht überhaupt kein Zweifel daran, dass es sich um eine endliche Ressource handelt, die wir hier rücksichtslos und verschwenderisch verbrauchen.[9]

Ohne billigen Treibstoff würde sich die Erdbevölkerung wahrscheinlich auf einem Wert einpendeln, wo Huxley sie in *Schöne neue Welt* verortet hat, nämlich bei rund zwei Milliarden. Sofern wir nicht einen Weg finden, die Energie aus Kernspaltung oder Kernfusion billig, sicher und allgemein verfügbar zu machen, wird es zweifellos zu einem hässlichen Bevölkerungsrückgang kommen, der auf ein grausames Zusammenspiel von erschöpfter Energie und geplünderter Umwelt zurückzuführen sein wird. Sich fortbewegen zu müssen, dürfte mit Sicherheit keine schöne Angelegenheit werden. Dennoch scheint diese Zukunft niemanden sonderlich zu beunruhigen, wir brettern munter weiter auf sie zu und schlucken dabei viel Benzin. Trump verdoppelt unsere schreckliche Wette auf fossile Brennstoffe und hat sich als Energieminister jemanden ausgesucht, der extrem ahnungslos und unwissend ist, was sein spezielles Ministerium und dessen Aufgaben betrifft.

Trump ist noch kein Kohlebergwerk, keine Bohrinsel, Raffinerie und kein Pipeline-Projekt untergekommen, das er nicht gut fand. Ganz offensichtlich interessiert er sich überhaupt nicht für die Förderung des Naturschutzes und alternativer, nachhaltiger Energielösungen und hat bislang nichts als tiefe Verachtung für die Wissenschaft gezeigt, die notwendig ist, um uns aus der Abhängigkeit von fossilen Brennstoffen zu führen. Trumps Regierung jagt uns, so schnell sie nur kann, in eine Zukunft der vorzeitigen Erschöpfung fossiler Brennstoffe und der globalen Erwärmung. Auf dem Spiel steht das Leben von Hunderten Millionen (oder von Milliarden) Menschen, die unmöglich alle versorgt werden können, wenn unsere Energievorräte zu Ende gehen.

Und was werden die zehn Milliarden Menschen unseres Planeten trinken, wie werden wir unsere landwirtschaftlichen Betriebe bewässern? Der begrenzte und kostbare Vorrat an fossilem Wasser stellt den Rest einer über viele Millionen Jahre erfolgten Wasserspeicherung in einst sicher versiegelten natürlichen unterirdischen Reservoirs dar. Regenwasser, das sich über Jahrtausende angesammelt hat, wird nun in wenigen Jahrzehnten heftiger Wasserförderung aufgezehrt. Angesichts einer hochmodernen Bohrtechnik und geradezu verschwenderischer Nutzung gibt es kein Versteck mehr für das Wasser. Wenn das Volumen der Wasserförderung das Volumen der Wiederauffüllung übertrifft, wird der Grundwasserspiegel sinken und die Bohrungen müssen tiefer und immer tiefer gehen, bis schließlich auch die Grundwasserleiter trocken sind. Selbst dabei wird Oberflächenwasser eingesaugt und verbraucht.[10]

Die Kornkammern der Welt sind genau wegen ihres nicht nachhaltigen Überverbrauchs fossilen Wassers zu den Kornkammern der Welt geworden. In manchen Teilen der Welt ist das nicht erneuerbare fossile Wasser bereits fast aufgebraucht, und aus heute noch blühenden Feldern werden schon bald Sanddünen werden; man erinnere sich, dass die Sahara bis vor etwa sechstausend Jahren üppig grün war. Auch lässt sich die Uhr nicht einfach zurückdrehen, um alles wieder ins Lot zu bringen. Um ein Beispiel zu geben: Es wird etwa sechstausend Jahre dauern, den schnell austrocknenden Ogallala-Aquifer[11] wiederaufzufüllen, der unser landwirtschaftliches Wunderland des Mittleren Westens versorgt.[12] Ein Viertel der Weltbevölkerung lebt in Gebieten, die unmittelbar von fossilem Wasser abhängig sind, und der Rest ist indirekt davon abhängig durch das Überangebot an Nahrung, das damit produziert wird.

Die letzten Jahrzehnte haben trotz eines enormen Bevölkerungswachstums und einer stark angezogenen Nachfrage aus den Entwicklungsländern, insbesondere China, weltweit niedrige Rohstoffpreise erlebt. Dies liegt daran, dass der technische Fortschritt eine Steigerung des Angebots ermöglicht hat, das die Nachfrage befriedigen oder diese sogar noch übertreffen konnte. Doch zunehmende technologische Leistungsfähigkeit bringt die Schattenseiten sinkender Preise und großer Verschwendung mit sich. Unsere Trittbrettfahrt ermöglicht uns den Blick in eine freudlose Zukunft, in der die Bodenqualität abnimmt und die Bergwerke und Brunnen zu schnell ausgereizt werden. Wir gehen verschwenderisch mit unseren Rohstoffen um, weil die derzeitigen Preise lediglich die unmittelbaren Produktionskosten widerspiegeln und ihre langfristigen Kosten nicht einbeziehen.

Würden wir in einer vernünftigen Welt leben statt in einer, die sich ständig etwas vormacht, dann wäre der Preis von Brennstoff, Wasser und anderen Rohstoffen hoch genug, um sofort strenge Einsparmaßnahmen zu fördern und um kostbare Vorräte für unsere Kinder und deren Kinder zu schützen. Nach Lage der Dinge jedoch genießen wir stattdessen ein Schlachtfest auf Kosten ihrer Zukunft. Unser Glück »trumphiert« über ihres.

Fair ist fair

Alle Tiere sind gleich, aber manche Tiere sind gleicher.

GEORGE ORWELL,
»FARM DER TIERE«

Gesellschaftliche Wahnidee: Wenn die Reichen reicher werden, wird etwas davon auch zu allen anderen durchsickern und die Welt wird insgesamt besser.

Realitäts-Test: Die Evolution hat den Primaten Fairness einprogrammiert. Affen essen sehr gern Gurken und werden sich bei jeder experimentellen Aufgabe besonders viel Mühe geben, um sie sich zu verdienen. Aber Trauben sind noch viel köstlicher. Probleme tauchen auf, wenn man zwei Affen in ein und demselben Raum exakt die gleiche Aufgabe stellt, aber die Leistung des einen mit Trauben und die Leistung des anderen mit Gurken belohnt. Der Bursche mit den Gurken reagiert zutiefst empört angesichts seiner minderwertigeren Belohnung, wird das zuvor noch hochgeschätzte Gemüse ablehnen und es dem Experimentator um die Ohren werfen. Seine Botschaft ist eindeutig – fair ist fair; wenn dieser andere Typ da Trauben bekommt, dann will ich auch Trauben. Gleicher Lohn für gleiche Arbeit scheint ein fest einprogrammierter Grundbestandteil unserer Primatenpsychologie zu sein.[13]

Aber darin liegt eine noch erheblich größere Botschaft. Zufriedenheit mit seinem Los wird nie in absoluten Begriffen oder isoliert von der Zufriedenheit erfahren, die wir beim anderen vermuten. Es ist nicht das, *was* man besitzt, das einen glücklich macht, sondern vielmehr, was man *verglichen* mit dem besitzt, das andere Menschen in unserer Nähe haben oder zu haben scheinen. Zufriedenheit ist nahezu immer eine relative Angelegenheit. Man kann viel besitzen, aber das wird nicht genügen, um glücklich zu sein, wenn es den Anschein hat, als hätte der Kollege noch mehr. Wie es Aischylos bereits vor zweitausendfünfhundert Jahren sagte: »Nur die wenigsten vermögen es, ihrem besten Freund große Erfolge aufrichtig zu gönnen.« Einer meiner Patienten drückte es einmal unverblümter aus: »Es reicht nicht, dass ich Erfolg habe; genauso wichtig ist es, dass mein Freund scheitert.« Klingt kleinlich und unanständig, aber auch sehr menschlich.

Leider kann auch ich mich nicht zu Aischylos' Großmütigen zählen, die keinen Neid kennen. Ich bin mit zwei Klassenkameraden zur Schule gegangen, die im späteren Erwachsenenleben beide so sagenhaft erfolgreich wurden, geschäftlich wie sportlich, dass die Footballmannschaften, die sie besaßen, im Super Bowl gegeneinander antraten. Kleinkariert und neidisch wie ich bin, ertappe ich mich dabei, an den meisten Sonntagen ihren jeweiligen Gegnern die Daumen zu drücken, was irgendwie beschämend, aber auch sehr unwiderstehlich ist. Ich bin nicht stolz darauf, aber es ist eben Teil der menschlichen Natur. Warum kann ich nicht auch die Trauben bekommen?

Das Potenzial zu unstillbarer Gier scheint fest in unser Genom eingebaut zu sein – gedämpft nur dann, wenn es an überschüssigem Zeug mangelt, wonach man gierig sein kann. Ameisen sind da anders. Sie entwickeln instinktiv Gesellschaften, die, mit der hervorstechenden Ausnahme der Königin, egalitär sind und für gleiche Verteilung der Ressourcen sorgen. Wir hingegen neigen zu hierarchischen Gesellschaften mit einer Konzentration des Reichtums in den Händen der sehr wenigen. Erfolgreiche Versuche, eine gerechte Verteilung von Trauben und Gurken zu gewährleisten, sind (außerhalb von Skandinavien) äußerst selten.

Und jeder technologische Fortschritt erhöht das Gefälle und verringert jede Vorspiegelung von Gerechtigkeit. Die derzeitige Kombination von Cyber-Revolution und Globalisierung hat zu einem neuen Vergoldeten Zeitalter geführt. Die reichsten sechzig Menschen der Welt besitzen heute ein größeres Vermögen als die ärmsten 3,5 Milliarden Menschen zusammen.[14] 1965 betrug das durchschnittliche Verhältnis zwischen der Vergütung eines Geschäftsführers zu dem Lohn eines Arbeiters etwa 20 : 1. 1978 war es bereits auf 120:1 angewachsen, heute liegt es bei fast 300:1.[15] Angesichts technologischer Fortschritte und einer damit verbundenen höheren Produktivität werden zudem immer weniger Arbeiter benötigt, was wiederum zu Druck auf Löhne und Gehälter und zu zunehmend weniger anständigen Jobs führt. Die Reichen kassieren die Differenz und bezahlen Politiker, damit diese ihre Steuern senken, und/oder parken das Geld im Ausland.

In Amerika hat sich das Pro-Kopf-Vermögen in nur wenigen Jahrzehnten verdreifacht, aber wir sind dennoch keine glücklichere Nation geworden. Zum Teil ist das darauf zurückzuführen, dass der Vermögenszuwachs so ungerecht verteilt ist. In absoluten Zahlen mag es mir heute besser gehen als vor dreißig Jahren, aber psychologisch vergleiche ich mein heutiges Ich nicht mit meinem damaligen Ich. Vielmehr vergleiche ich mich mit meinem Nachbarn oder mit dem Kerl aus der Werbung oder auf YouTube, und letztendlich geht es um mich gegen Bill Gates, die Koch-Brüder oder die ausgekochten Wall Street-Jungs, die auch dann noch fette Boni einstreichen, nachdem sie die Finanzmarktkrise losgetreten haben.

Die zunehmende Schere bei der Verteilung des Reichtums ist ein weltweites Phänomen. Zum Teil ist dies auf die wie aus dem Lehrbuch ungehindert agierenden Kräfte des freien Marktes zurückzuführen – besonders die Vergütung, die an Kapital und Innovatoren geht, wenn neue Technologien etablierte Systeme erschüttern, die von gewöhnlicher menschlicher Arbeit abhängig sind. Arbeiter verdienen eher weniger und Chefs eher mehr, sobald Chefs Arbeiter durch Maschinen ersetzen oder ihre Arbeitsplätze problemlos ins Ausland verlagern. In einer überbevölkerten, hoch technisierten Welt wandern die Belohnungen im Normalfall nach oben. Aber es wäre alles noch viel schlimmer als ohnehin schon, wenn die Verteilung des Reichtums allein aus wirtschaftlichen Gründen entschieden würde. Reichtum folgt dem Gesetz der ökonomischen Schwerkraft: Geld zieht mehr Geld an, die Reichen werden reicher und die Armen werden ärmer, und Ungleichheit nimmt exponentiell zu. Großes Geld zieht große Politik an und große politische Macht biedert sich dem großen Geld an, um es noch größer zu machen – ein endloser Teufelskreis. Kleptokratische totalitäre Regimes konkurrieren mit kleptokratischen Demokratien, um herauszufinden, wer die meisten Milliardäre hervorbringen kann.

Eine Welt bestehend aus psychisch gesunden, wirtschaftlich rational handelnden Wesen wäre nicht so ungleich. Wenn jemand erst einmal ein Mehrfaches dessen, was er zur Sicherung seines Lebensstandards benötigt, angesammelt hätte, würde er sich anderen Zielen zuwenden und vielleicht mehr Freude an der Verteilung statt an der Anhäufung haben. Eine Handvoll der Superreichen, Bill Gates, Warren Buffett und George Soros, verhält sich so, die meisten jedoch nicht; sie legen stattdessen eine unersättliche Gier nach immer mehr an den Tag, schließlich gibt es immer einen anderen, der noch mehr besitzt. Als der achtzigjährige Milliardär Carl

Icahn einmal gefragt wurde, warum er immer noch voller Begeisterung Unternehmen ausschlachtet, nur um sein Vermögen zu vermehren, das ohnehin längst so groß war, dass er es niemals selbst würde verbrauchen können, lautete seine spontane Antwort: »Wie sonst soll man den Punktestand im Auge behalten.«

Es gibt also eine Glückstragödie, die in die Art und Weise eingebaut ist, wie sich die menschliche Natur in reichen Gesellschaften verhält. Die Superreichen befinden sich in der Tretmühle pausenloser Akkumulation, stets darauf aus, ein unerreichbares Glück zu erreichen, indem sie noch reicher werden. Dies verursacht eine offenkundig ungerechte Verteilung der Trauben und Gurken, was wiederum die meisten Menschen unglücklich macht, da sie meinen, sie besäßen relativ gesehen nicht genug. Und dabei verarmen manche Menschen so sehr, dass ihre Tage von Leid und Not bestimmt sind, was ihnen Gesundheit und Glück unmöglich macht. Es sind gesellschaftliche Wahnideen, die eine ständig zunehmende Ungleichheit unterstützen und fördern. Gesellschaften bilden eine maximale Hierarchie aus, kurz bevor sie zusammenbrechen. Der Trickle-down-Effekt funktioniert schlicht und einfach nicht.

Milliardär Trump posierte vor der Wahl als Vorkämpfer und Held des kleinen Mannes und ist seitdem zu ihrem größten Ausbeuter mutiert. Sollten Trumps Politik- und Steuervorhaben alle umgesetzt werden, wird ein zuvor bereits ungerechtes System, welches die Superreichen begünstigte, noch ungerechter werden. Trumps Anstrengungen, Hunderte Milliarden Dollar bei der Gesundheitsfürsorge zu kürzen, stehen in unmittelbarem Zusammenhang zu seinen Plänen, Steuererleichterungen in gleicher Höhe hauptsächlich den relativ Reichen zukommen zu lassen. Seine enormen Ausgabensteigerungen für Militär und Infrastruktur begünstigen Großkonzerne und deren Manager und Aktionäre.

Trumps gewaltiges Haushaltsdefizit wird die Schuldenlast des Landes weiter erhöhen, die dann zum größten Teil vom normalen Steuerzahler bezahlt und von den großen Zockern – allen voran Trump selbst – umgangen wird. Die Habgierigen werden weiter bedient. Die Bedürftigen werden weiter über den Tisch gezogen. Dies ist moralisch falsch und politisch gefährlich.

Zu viel Medizin / Zu wenig Medizin

Gesellschaftliche Wahnidee: Die Vereinigten Staaten haben das beste Gesundheitssystem der Welt.

Realitäts-Test: Wir haben das teuerste und ineffizienteste Gesundheitssystem der Welt, das eine ausgesprochen ungleiche Versorgung mit mangelhaften Ergebnissen bietet.

Das zurechtgebastelte US-amerikanische Gesundheitssystem ist weniger dazu konzipiert, Patienten zu helfen, als Profite für den mächtigen medizinisch-industriellen Komplex zu generieren, die Krankenhäuser, Ärzte, Pharmariesen, Gerätehersteller und Versicherungsgesellschaften. Die Gesundheitsindustrie ist mit jährlich über 240 Millionen Dollar die bei Weitem größte Quelle von Lobbyisten-Schmiergeldern. Die Versicherungswirtschaft folgt mit 160 Millionen Dollar auf Platz zwei. Um eine Vorstellung von den Größenverhältnissen zu geben: Die Energiewirtschaft – ganz sicher kein Versager, wenn es darum geht, sich politischen Einfluss zu erkaufen – unterhält mit 150 Millionen Dollar die drittgrößte Lobbymaschine.[16]

Gekaufte Politiker, von einflussreichen Lobbyisten unter Druck gesetzt, dienen treu und brav den Interessen der Anbieter, wobei hohe Kosten für uns als Verbraucher und Steuerzahler entstehen.

In der Medizin ist der »freie Markt« alles andere als frei. Arzneimittelhersteller und Krankenhäuser haben eine monopolistische Preissetzungsmacht, die sie skrupellos ausüben, letzten Endes heißt es: Geld oder Leben! Ein Freund von mir hatte kürzlich einen fünftägigen Krankenhausaufenthalt hinter sich, der ihn 500.000 Dollar kostete. Und nahezu täglich hören wir von einem neuen Skandal um Medikamentenpreise. Unsere medizinische Versorgung kostet pro Kopf etwa das Doppelte wie die in den meisten vergleichbaren Ländern – allerdings bei miesen Ergebnissen.

Fragwürdige ins System eingebaute Anreize führen zu einem Überangebot an medizinischer Versorgung für Menschen, die sie gar nicht benötigen, und zu einer Unterversorgung von Menschen, die verzweifelt auf Hilfe angewiesen sind. Wir haben zu viele Untersuchungen, zu viele Diagnosen und zu viele Behandlungen für leichte bis nicht existente Probleme und leiten damit knappe medizinische Ressourcen von denen fort, die wirklich krank sind. Ärzte haben es sich angewöhnt, umfangreiche Labortests in Auftrag zu geben und die Patienten dann entsprechend den Ergebnissen zu behandeln, während unbeachtet bleibt, was für jeden einzelnen Patienten das Beste wäre. Das liegt daran, dass Hausärzte zu schlecht bezahlt werden. Es gibt viel zu wenige Allgemeinmediziner, und die haben für jeden einzelnen Patienten nur ein paar Minuten Zeit. Gleichzeitig werden Fachärzte zu gut bezahlt, es gibt zu viele, und sie verordnen unnötige Tests und führen überflüssige Eingriffe durch. Zudem geben wir viel zu wenig für die verhaltensbezogenen, umgebungsbedingten und sozialen Faktoren aus, die zu etwa achtzig Prozent dafür verantwortlich sind, wie gesund wir sind.

Das beste Beispiel: Der kostenintensive Krieg gegen den Krebs hat erheblich weniger zur Verbesserung unserer Gesundheit beigetragen als der kostengünstige Krieg gegen den Tabak. Wir sollten erheblich mehr für ein technisch einfaches Gesundheitswesen und soziale Programme ausgeben, die mehr Sport, bessere Ernährung, weniger Rauchen, weniger Armut, bessere Ausbildung und mehr erschwinglichen Wohnraum propagieren – und erheblich weniger für schädliche High-Tech-Überbehandlung.

Patienten sehen sich oft einer Vielzahl von Untersuchungen und Behandlungen ausgesetzt, die auf völlig unkoordinierte Weise von einer Vielzahl verschiedener Fachärzte durchgeführt werden, die untereinander wenig bis keinen Kontakt haben. Jeder behandelt Laborwerte oder radiologische Befunde, doch keiner kennt den Patienten gut genug, um beurteilen zu können, ob die häufig bizarre Ansammlung voneinander unabhängiger Eingriffe mehr Schlechtes als Gutes bewirkt. Erst neulich sah ich einen trefflichen Cartoon. Ein Patient umzingelt von eine großen Schar Ärzte, keiner sieht ihn an, alle starren nur auf ihren jeweiligen Computerbildschirm. Die Bildunterschrift: »Patientenzentrierte Medizin.«

Ein Übermaß an Versorgung hat zu einer Epidemie medizinischer Fehler geführt. Bei 30 Prozent aller hospitalisierten Patienten kommt es zu Irrtümern, was rund 250.000 Todesfälle pro Jahr zur Folge hat, die dritthäufigste Todesursache in den Vereinigten Staaten. Rechnet man dann noch tödliche Irrtümer bei ambulanten Patienten hinzu, gelangt man zu der schrecklichen und paradoxen Schlussfolgerung, dass die Medizin selbst für genauso viele Sterbefälle verantwortlich ist wie die mörderischsten Krankheiten. Es ist inzwischen so schlimm geworden, dass mein bester Freund, ein sehr kluger Neurologe, seinen älteren Patienten rät: »Wenn Sie ein langes und glückliches Leben führen wollen, müssen Sie zweierlei tun – stürzen Sie nicht, und halten Sie sich von Ärzten fern.«

Der andere große Skandal unseres überteuerten Gesundheitsunwesens bestand darin, über dreißig Millionen Menschen außen vor zu lassen, ohne Möglichkeit, eine Krankenversicherung abzuschließen. Obamacare hatte zwei einfache Ziele: Jeder sollte eine Krankenversicherung bekommen können, und zwar ohne damit die Gesamtkosten des Systems anzuheben. Die Behandlung neuer, bislang nicht abgesicherter Patienten sollte über den Abbau der Überbehandlung und die Beseitigung der Monopolpreise finanziert werden, die von Arzneimittelherstellern und Krankenhäusern verlangt wurden. Das Angebot einer gesetzlichen Krankenversicherungsoption (Medicare für alle) hätte das System drastisch vereinfacht und rationalisiert, es hätte dem Staat erlaubt, die besten Preise auszuhandeln, und die Kosten für Patienten und Steuerzahler verringert. Die ursprünglichen Vorschläge Obamas wurden vom medizinisch-industriellen Komplex exakt deshalb zunichtegemacht, weil sie drohten, ein rationales, gerechtes, effektiveres und erheblich kostengünstigeres System zu errichten – alles auf Kosten etablierter und habgieriger Partikularinteressen.

Eine erbitterte Lobbyarbeit der Industrie erzwang unglückliche Kompromisse und führte zu einem erheblich komplizierteren und teureren System. Die gute Nachricht war die Bereitstellung einer Krankenversicherung für zwanzig Millionen bislang nicht abgesicherter Menschen, erweiterte Vorteile für alle und eine gerechte Behandlung für Menschen mit Vorerkrankungen. Die schlechte Nachricht waren unanfechtbare und unverschämte Preissteigerungen seitens der Arzneimittelhersteller und Krankenhäuser, weiter andauernde Überbehandlung, steigende Versicherungsbeiträge, höhere Rabatte und weniger Auswahl.

Obamacare könnte auf ganz naheliegende Weise verbessert werden. Man muss nicht mehr tun, als die Kostenkontrollen einzuführen, die ursprünglich für das System vorgesehen waren und von den Lobbyisten konsequent sabotiert wurden. Pharmaindustrie und Gerätehersteller müssen gezügelt werden, indem man ihrem politischen Einfluss, ihrem massiven, irreführenden Marketing und ihren monopolistischen Wucherpreisen klare Grenzen setzt. Versicherungsschutz muss vereinfacht und zugleich wettbewerbsfähiger und transparenter werden, wie es auch gemacht worden wäre, hätte es eine öffentliche Wahl gegeben. Ärzten muss ausreichend Zeit gegeben werden, ihre Patienten kennenzulernen und ihnen zu helfen, sich am medizinischen Entscheidungsprozess zu beteiligen. Dies ist pro einzelnem Arztbesuch teurer, aber auf die Lebenszeit des Patienten gesehen erheblich kostengünstiger.

Das Gesundheitssystem sollte nicht auf Grundlage kurzfristiger Rentabilität von Großunternehmen geführt werden, es sollte dem langfristigen Wohlergehen der Patienten gewidmet sein. Die Preispolitik von Krankenhaus und Arzt sollte so transparent und wettbewerbsfähig gestaltet werden wie die Preisbildung jeder anderen Ware, offen und ehrlich und im Internet. Wir sollten Schlupflöcher schließen, die es einigen angeblich »gemeinnützigen« Krankenhaussystemen erlauben, jährlich Hunderte Millionen Dollar als reale, aber unversteuerte Gewinne abzuschöpfen, die dann dafür verwendet werden, ihren Managern Multimillionen-Jahresgehälter zu zahlen.

Nichts davon ist höhere Mathematik. Jeder andere Industriestaat der Welt hat ein besseres und kostengünstigeres System als wir. Man muss lediglich die Patienten über die Profitinteressen stellen. Trumpcare ist exakt die falsche Lösung für die Probleme von Obamacare – ein grausamer und zynischer, auf den Kopf gestellter Robin Hood entzieht zigmillionen Menschen die medizinische Behandlung, schützt die medizinisch-industriellen Monopole und macht so Gelder frei für enorme Steuererleichterungen für die Reichen. Trumpcare ist das Resultat übereilter Hinterzimmerdeals, geschmiedet von Interessenlobbyisten und ihren politischen Lakaien, ohne jede Kenntnis zuverlässiger Vorhersagen zu Kosten und Deckung, und brutal unempfänglich für die Bedürfnisse von Patienten. Die grundlegenden Mängel des Systems – Überbehandlung, Überteuerung und fragwürdige Anreize – bleiben ausnahmslos unangetastet, denn sie alle lassen die Profite für den medizinisch-industriellen Komplex sprudeln.

Wie die Dinge liegen, ist Obamacare viel zu kostspielig, um auf lange Sicht rentabel zu sein. Der Wirklichkeit ins Auge zu sehen bedeutet, ein vernünftiges System zu entwickeln, das darauf zielt, mehr den Patienten zu helfen als Profite zu schützen. Das Kurieren medizinischer Auswüchse wird keine einfache Aufgabe sein. Schädliche Überteuerung, zu viele Labortests und Übertherapierungen werden von der enormen wirtschaftlichen und politischen Macht des medizinisch-industriellen Komplexes gefördert und geschützt. Die Republikanische Partei ist bereits gekauft und bezahlt worden. Die Demokraten sind schwach und zersplittert. Nur anhaltende öffentliche Empörung kann zu der Kostensenkung und besseren medizinischen Versorgung führen, die wir verdient haben. Ein Kampf David gegen Goliath, wie er im Buche steht.

Glückliche Krieger

Gesellschaftliche Wahnidee: Die Vereinigten Staaten können andere Länder nötigen, alles zu tun, was wir wollen.

Realitäts-Test: Kriege beginnen stets mit hochgeschraubten Erwartungen und enden immer mit zerschlagenen Träumen und Leichen.

Der Traum des neokonservativen Couch-Kriegers, etwa im Jahr 2002: Die Menschen des Irak säumen die Straßen und begrüßen freudig unsere Soldaten mit Blumen, Tee und Datteln. Der Irak wird zu einem Musterland der westlichen Demokratie, als Vorbild wird er dabei helfen, den gesamten Nahen Osten zu stabilisieren. Die reichen Ölvorkommen des Landes werden die Kosten des Krieges mehr als ausgleichen und gleichzeitig lukrative neue Geschäftsmöglichkeiten eröffnen. Der Ansatz der militärischen Shock & Awe-Taktik wird unseren Feinden Angst einjagen und unsere Freunde ermutigen.

Der Albtraum des einfachen Soldaten im Feld, von 2003 bis heute: Die Iraker haben uns mit improvisierten Sprengkörpern und Panzerfäusten begrüßt. Der Irak hat sich zu einem gesetzlosen, gescheiterten Staat entwickelt, der die Region und die Welt insgesamt destabilisiert. Wir sehen aus wie ein zahnloser Tiger, ermutigen unsere alten Feinde und schaffen uns gleichzeitig neue. Eine barbarische terroristische Vereinigung konnte weite Teile des Irak und Syriens unter seine Kontrolle bringen und organisiert bis heute Terrorangriffe auf der ganzen Welt. Unsere Soldaten sind verwundet an Körper, Geist und Seele zurückgekehrt. Wir haben Billionen Dollar unseres Staatsvermögens verplempert, Geld, das dringend benötigt wird, um unsere Infrastruktur zu verbessern und unsere Wirtschaft anzukurbeln.

Krieg ist Männern tief einprogrammiert, in Frauen weniger. Die meisten Spezies weisen einen ausgeprägten Geschlechtsdimorphismus aus, wenn es um Aggression geht: Kampfgeschick entscheidet, welche Y-Chromosomen eine Chance zur Fortpflanzung bekommen. Wir sind Nachfahren Hunderter von Millionen Generationen männlicher Wesen, die durch Stärke oder List ein tägliches Wettrüsten gewinnen mussten. Beim Kampf mit allen Mitteln haben die Sanftmütigen (und Vernünftigen) für gewöhnlich nicht die Erde geerbt – viele von uns besitzen die Gene unserer angriffslustigen hitzköpfigen Vorfahren. Ein Muster der Geschichte sind dumme Kriege, geführt aus fadenscheinigen Gründen, häufig zu einem für beide Seiten sehr hohen Preis und ohne echten Sieger. Der Kampf um Liebe und Ruhm, der so unerlässlich für das Überleben unserer Vorfahren war, die in kleinen Gruppen lebten und auf einer großen und unfreundlichen Welt umherzogen, ist ein fataler Luxus auf einem überbevölkerten, bis an die Zähne bewaffneten kleinen Planeten. Und während die Bevölkerungszahlen explodieren und die Rohstoffe schwinden, wird der Kampf um größere Stücke des schrumpfenden malthusianischen Kuchens höchstwahrscheinlich erbitterter werden. Man stelle sich Ratten in einem übervollen Käfig vor. Man denke an *Lebensraum*. An den Irak, an Syrien, an den Jemen.

Kein Wunder, dass Kriegsoptimismus ein immer wiederkehrender Triumph der Hoffnung des Menschen über die Erfahrung des Menschen ist. Der Vietnamkrieg hat uns nicht vom Irakkrieg abgehalten, Hitler hat nichts von Napoleon gelernt, ein verheerender Weltkrieg hat einen zweiten nicht verhindern können. Die Entscheidung, in den Krieg zu ziehen, wird für gewöhnlich vom ältesten, primitivsten Teil unseres Gehirns getroffen und anschließend vom intelligenten Teil klug und trügerisch rationalisiert. Und Kriegsfieber steckt selbst die klügsten Menschen an, die es doch längst besser wissen müssten. Intellektuelle auf beiden Seiten feierten den Ausbruch des Ersten Weltkriegs, selbst der normalerweise nüchterne Pessimist Sigmund Freud schickte seine Söhne gerne an die Front. Und es waren Kennedy und seine besten und intelligentesten Macho-Genies, die uns in die tödlichen Reisfelder Vietnams schickten. Männliche glückliche Krieger setzen immer auf den Nutzen des Krieges und berücksichtigen nie seine Kosten, Folgen, Risiken und Ungewissheiten – die oft in erster Linie von Frauen und Kindern ertragen werden müssen. Mit Krieg konnotieren wir mutig, männlich und ruhmreich, Vorsicht wird mit Schwäche und Feigheit verbunden. Die Entscheidung wird für gewöhnlich überstürzt gefällt, angefeuert von Zorn und Furcht, ist tief empfunden und meistens völlig hirnlos. Schießen, zielen, fertig.

Auftritt Oberbefehlshaber Trump. Seine mürrische Trotzigkeit, die früher auf Auftritte im Reality-TV, Wutausbrüche bei geschäftlichen Treffen und kleinkarierte Fehden begrenzt war, destabilisiert heute die Welt. Jahre des diplomatischen Brückenbauens werden in einer Flut impulsiver und aggressiver Tweets kurzerhand weggespült. Krieg und Frieden sind viel zu wichtig, um den Generälen überlassen zu werden – warum sie dann also zu Sitzungen des Nationalen Sicherheitsrates einladen? Nur wenige Wochen nach Amtsantritt forderte er Nordkorea und den Iran auf schlecht durchdachte, provozierende Weise heraus, was unnötigerweise auf eine drohende Konfrontation hinauslief. Gleichzeitig umwarb er Russland, als schulde er seine Wahl den einstigen KGB-Männern im Kreml (was ja auch der Fall ist).

Krieg ist ein Luxus, den wir uns schlicht und einfach nicht mehr leisten können. Angesichts exponentiell zunehmender Ressourcenverknappung und Bevölkerungsdruck wird unser Hang zur Kriegsführung wahrscheinlich nicht stabil bleiben. Entweder finden wir schnell eine bessere Methode der Konfliktlösung, oder unsere Kriege werden sich an Häufigkeit, Heftigkeit, Brutalität und Destruktivität aufschaukeln. Die Katastrophenszenarien sind nicht schön.

Zum Glück gibt es einen einfachen Ausweg. Wir sind nämlich auch auf Frieden und Altruismus programmiert – zur Konfliktlösung bei der Beilegung von Meinungsverschiedenheiten –, allerdings nur innerhalb des eigenen Stammes. Wir verhalten uns oft hemmungslos aggressiv gegenüber allen außerhalb des Stammes, treffen aber für gewöhnlich vernünftige Absprachen mit denen, die als zugehörig definiert werden. Es ist uns noch nicht vollkommen bewusst, dass wir jetzt alle ein einziger sehr großer Stamm sind, der in einem sehr kleinen und ziemlich vollen Boot hockt. Kriegsentscheidungen, welche die Interessen meiner Kleingruppe gegen die Interessen deiner Kleingruppe schützen sollen, werden uns am Ende beide versenken.

Festung Weißes Amerika

Gesellschaftliche Wahnidee: Unser Land kann nur dann wieder groß werden, wenn wir rundherum eine Mauer bauen.

Realitäts-Test: Wir alle stammen von gerade mal ein paar Tausend Brutpaaren ab, denen es gelang, vor siebzigtausend Jahren einen verheerenden Vulkanausbruch (alternative Theorie: eine weltweite Epidemie) zu überleben.[17] Das macht die gesamte Menschheit zu sehr nahen Verwandten, genetisch viel homogener als die meisten anderen Arten. Zwei zufällig ausgewählte Menschen sind im Durchschnitt einander erheblich ähnlicher als zwei ebenfalls zufällig ausgewählte Fruchtfliegen oder Schimpansen.[18] Unsere Rassenunterschiede sind nur sehr oberflächlich, belaufen sich auf weniger, als man auf Anhieb erkennen kann, umfassen Unterschiede in nur ein paar wenigen Genen und sind schwer zu beschreiben. Auch wenn Afrikaner und australische Aborigines einige körperliche Merkmale teilen, sind sie in genetischer Hinsicht doch die zwei unterschiedlichsten Gruppen der Welt – nicht weiter überraschend, wenn man die Entfernung zwischen ihnen bedenkt, die frühe Besiedlung Australiens und seine geografische Isolierung seither. Menschen mit Vorfahren außerhalb Afrikas sind besonders homogen, so verschieden sie auch immer aussehen mögen, denn alle stammen von der sogar noch kleineren Anzahl Brutpaaren ab, die erfolgreich den Kontinent verlassen haben. Kaukasier, Han-Chinesen, Mongolen, amerikanische Ureinwohner und Inuits gleichen sich vom Aussehen nicht besonders, sind genetisch jedoch ähnlicher als zwei Bewohner zweier benachbarter afrikanischer Dörfer, die wie Brüder aussehen. Genetische Unterschiede sind nicht nur äußerst klein, sie reichen außerdem nicht sehr weit zurück – bis vor etwa sechs- bis zehntausend Jahren hatte jeder auf der Erde braune Augen.[19]

Vom Standpunkt der Genetik aus betrachtet sind ethnische Vorurteile vollkommen albern und wissenschaftlich nicht haltbar. Was sie aber nicht daran hindert, eine mächtige Triebkraft für die Identifikation innerhalb eines Stammes und für Hass unter den Stämmen zu sein. Verfechter der Überlegenheit einer Rasse unterdrücken ihre Unsicherheit, indem sie den anderen hassen und all ihre Hoffnung auf die Reinheit der Rasse setzen. Eine Minderheit (oder zwei oder drei) wird für alles Elend und alle Kümmernisse verantwortlich gemacht. Die Welt kann vollkommen werden, hat erst einmal das nicht verunreinigte *Volk* die Kakerlaken ausgerottet, die den ganzen Spaß verderben. Glück und Zufriedenheit für unsere Gruppe auf Kosten von Unterwürfigkeit, Ausgrenzung oder Tod deiner Gruppe.

Seit Beginn der Besiedlung ist der Rassismus fester Bestandteil des amerikanischen Lebens, wurde sogar per Gesetz verankert. Wir haben als Paradox begonnen und sind es geblieben – einerseits der erfolgreichste Schmelztiegel der Welt, andererseits das

Land, welches Schwarze versklavte, amerikanische Ureinwohner tötete und, in aufeinanderfolgenden Wellen, Iren, Deutsche, Chinesen, Japaner, Juden, Osteuropäer, Puerto Ricaner, Mexikaner, Inder, Pakistani, Somalis, Syrer, wen auch immer, diskriminierte.

Die Überlegenheit der Weißen war vor dem amerikanischen Bürgerkrieg das vorherrschende Ethos, und in manchen Kreisen hat sich daran bis heute nichts geändert. Präsident Abraham Lincoln hoffte, das Leid des Bürgerkriegs würde, auf irgendeine glückliche Weise, die schändliche Sünde der Sklaverei ausmerzen. Aber so kam es nicht. Die unvorstellbar grausame Sklaverei vor dem Bürgerkrieg setzte sich danach im neuen Gewand der Jim-Crow-Diskriminierung fort. Es ist wunderbar, dass wir einen schwarzen Präsidenten gewählt haben, aber furchtbar, dass Schwarze immer noch so oft ausgegrenzt und eingesperrt werden. Wir haben nichts getan, was auch nur annähernd an die Völkermorde von Nazi-Deutschland, Ruanda und Srebrenica herankommt, aber wir haben Millionen von Menschen das Leben verdammt schwer gemacht. Und es ist mehr als beschämend, dass Trump Angst und Hass gegenüber Minderheiten zu einem gewinnenden Wahlkampfthema machen konnte – und dass er eine ganze Reihe unverhohlener Rassisten für höchste Regierungsämter ernennen konnte.

Es ist erstaunlich, wie tief und weit verbreitet die Wahnidee der Überlegenheit einer Rasse ist und welche Zerstörungen sie anrichten kann, sowohl innerhalb unserer Grenzen als auch in Bezug auf die Menschen anderer Länder. Dies ist ein weiterer Luxus, den wir uns nicht länger leisten können. Die Vereinigten Staaten können ohne ihre Minderheiten und ihre Einwanderer nicht funktionieren. Wir sind schon immer vom Verstand und der harten Arbeit einer heterogenen Bevölkerung abhängig gewesen, die sich aus den intelligentesten und risikofreudigsten Menschen der ganzen Welt zusammensetzt, und daran wird sich nichts ändern. Und wir werden nicht mit den regenbogenfarbenen Menschen der Erde gemeinsame Sache machen können, wenn wir unsere Beziehungen mit einer gehörigen Portion Rassismus beginnen. Wir müssen uns mit der gesamten Menschheit identifizieren und ihr gegenüber Loyalität empfinden – und nicht nur zu unserem eigenen besonderen Stamm, unserer Rasse oder unserem Land. Falls wir nicht als ein großes Rudel kooperieren können, werden unsere vielen kleinen, konkurrierenden Rudel unsere Spezies zu Fall bringen.

Die Herrschaft des Menschen

Gesellschaftliche Wahnidee: Seit dem Menschen die Herrschaft über die Erde übertragen wurde, stehen unsere Bedürfnisse an erster Stelle; das Überleben anderer Arten muss uns nicht weiter kümmern.

Realitäts-Test: Laut dem ersten Buch Mose[20] sprach Gott: »Lasst uns Menschen machen in unserm Bild, uns ähnlich! Sie sollen herrschen über die Fische des Meeres und über die Vögel des Himmels und über das Vieh und über die ganze Erde und über alle kriechenden Tiere, die auf der Erde kriechen!«

Wir teilen unseren Planeten mit über zehn Millionen anderen Arten. Und diese Millionen machen gerade einmal ein Prozent von allem aus, das je gelebt hat – natürliche Auslese hat stets die Vielfalt geliebt und belohnt.[21] Es liegt in der Natur der Dinge, dass neue Arten kommen, alt werden und gehen; die durchschnittliche Überlebensdauer jeder beliebigen Art liegt bei vielleicht einer

Million Jahren. Nichts ist für immer, aber normalerweise verläuft das Aussterben stückchenweise und unauffällig.

Fünf frühere plötzliche, gewaltige Aussterbe-Ereignisse vernichteten 50 Prozent oder mehr der zu dem Zeitpunkt existierenden Arten, und alle hatten natürliche Ursachen. Wir befinden uns derzeit mitten im sechsten Massenaussterben, doch diesmal sind wir dafür verantwortlich.[22]

Das Wachstum der menschlichen Bevölkerung verlief schon immer auf Kosten der Arten, die wir verdrängten, wobei wir sie häufig aktiv ausrotteten. Nordamerika strotzte vor einer wunderbaren Großfauna, bis unsere Vorfahren die Beringstraße überquerten und sie ausrotteten. Aber unsere vergangene Zerstörungskraft war ausgesprochen kleinteilig verglichen mit dem Schaden, den wir nun mit unseren umso viel mächtigeren Technologien und einer immer weiter explodierenden Bevölkerung anrichten können. Wir sind heute eindeutig dazu in der Lage, ein sechstes, vom Menschen verursachtes weltweites Massenaussterben auszulösen, das den vorausgegangenen fünf natürlichen Aussterbewellen in nichts nachstehen würde.

Erdgeschichtliche Aufzeichnungen legen nahe, dass unter normalen Umständen jedes Jahr nur eine von einer Million Arten ausgelöscht wird. Unter der liebevollen Obhut des Menschen hat das Tempo der Artenvernichtung heute etwa 30.000 pro Jahr erreicht, Tendenz steigend. Und diese Angaben schätzen das Massaker wahrscheinlich noch zu gering ein, denn viele existierende Arten sind bereits unter den lebenden Toten – mit Populationen, die viel zu klein sind oder in so stark gefährdeten Biotopen leben, dass es nicht mehr ausreicht, um noch viel länger zu überleben. Etwa dreißig Prozent aller existierenden Arten wird in hundert Jahren verschwunden sein, ein wirklich erstaunlicher Absturz in einer Spanne, die auf der geologischen Zeitskala bestenfalls ein Blinzeln ausmacht.

Die Dimensionen werden noch viel schlimmer, wenn wir an unsere nächsten, vielgeliebten und äußerst gefährdeten Cousins denken. Würde es uns nicht geben, könnten die fünftausend überlebenden Säugetierarten vielleicht damit rechnen, alle 200 Jahre ein Mitglied zu verlieren. Da wir aber nun mal da sind, die Erde ausbeuten und ruinieren, ist es bereits in 400 Jahren zum Aussterben von rund 90 Säugetierarten gekommen (45-mal mehr als eigentlich prognostiziert), und weitere 200 Säugetierarten gelten heute als extrem gefährdet.[23]

Wir müssen uns keine Sorgen machen, ob sich die Erde erholt und das Leben seinen unerschrockenen, grandiosen evolutionären Marsch fortsetzt. Das Gift der einen Art ist das Fleisch der anderen, und für jede sich schließende evolutionäre Nische eröffnet sich eine Chance für neue Kandidaten, vorübergehend zu zeigen, was sie draufhaben. Wären die Dinosaurier nicht durch die Auswirkungen eines Meteoriteneinschlags auf die Umwelt ausgelöscht worden, wären unsere Säugetiervorfahren vermutlich mickrige kleine Insektenfresser geblieben, die keine sonderliche Gefahr für unsere Umwelt oder die anderen Lebewesen dargestellt hätten, die die Erde bevölkerten. Natürlich waren die Dinosaurier im Begriff, selbst große Gehirne zu entwickeln, und hätten sich vielleicht auch ohne die Einmischung eines Asteroiden genauso selbst ausgerottet, wie wir es jetzt tun. Die Evolution besitzt einen ironischen Humor.

Wir haben die vorübergehende Herrschaft über diese Welt und die meisten ihrer Lebensformen erlangt. Aber die Herrschaft über unsere Mit-Spezies umfasst auch die Verantwortung, sie zu schützen. Es ist ein Irrglaube zu denken, dass wir allein uns vermehren sollten auf Kosten der wunderbaren Komplexität, der endlosen Vielfalt, der herrlichen Genialität und fragilen gegenseitigen Abhängigkeit aller Geschöpfe Gottes.

Es war sicher nicht das vorsätzliche Ziel von Trumps Politik und seinen Personalentscheidungen, so viele Arten der Welt wie nur möglich zu vernichten, und das in der kürzestmöglichen Zeit. Aber genau diesen Effekt werden sie zwangsläufig haben. Schleichende Klimaerwärmung, Umweltverschmutzung, Umweltzerstörung, Landpolitik, Zerstörung der Wildnis – all das wird uns langfristig schaden, ist aber schon heute tödlich für die vielen Arten, die jedes Jahr verschwinden. Sie sind damit faktisch die Kanarienvögel in unserer Kohlengrube, ohne es selbst zu wissen. Viele der Opfer sind uns gut bekannt, Eisbären, Wölfe, verschiedene Vogel- und Fischarten, Frösche, aber wir werden ebenfalls viele Millionen Arten vernichten, von deren Existenz wir nicht einmal wussten.[24] Trump hat keine Zeit verschwendet, zu zeigen, wie gleichgültig ihm die uns verwandten Arten sind. Nur wenige Wochen nach Amtsantritt hat er das U. S. Department of Agriculture angewiesen, jegliche Informationen über die Rechte in Gefangenschaft gehaltener Tiere in der Lebensmittel- und Heimtierbranche, in Forschungslabors und in zoologischen Gärten von der Website des Ministeriums zu löschen.[25] Trumps Deregulierungs-Manie wird zweifellos der Nutztierindustrie freie Hand lassen, bei der Behandlung von Tieren habgierigen Profit vor Sitte und Anstand zu stellen.

Big Brother Is Watching You

Gesellschaftliche Wahnidee: Der Gewinn an Sicherheit, Bequemlichkeit und wertvollen Forschungsdaten ist es wert, dafür nahezu unsere komplette Privatsphäre aufzugeben.

Realitäts-Test: 1947 hat George Orwell vorhergesagt, dass das Fernsehen (damals eine relativ neue Erfindung) ein allmächtiges Instrument der totalitären Überwachung werden würde. In *1984* hat der mit Argusaugen wachende Große Bruder in jedem Raum eine Zweiwegekamera, die es der Partei erlaubt, alles zu beobachten und jeden Ansatz von Unabhängigkeit zu unterdrücken.[26] In seinen schlimmsten Albträumen hätte sich Orwell nicht die erheblich umfassendere Verletzung der Privatsphäre vorstellen können, die inzwischen zum festen Bestandteil des amerikanischen Alltagslebens geworden ist. Behörden und Konzerne beobachten, zeichnen auf und analysieren jeden Schritt, den wir tun; sie kennen uns besser als wir selbst.

Edward Snowden wurde zugleich ein gesuchter Verbrecher und internationaler Held, als er zum Whistleblower wurde. Er veröffentlichte Unmengen von Daten, die bewiesen, dass der amerikanische Staat ein Programm der elektronischen Überwachung betrieb, das umfassend, intensiv und zum größten Teil illegal war.[27] Die National Security Agency (NSA) gibt jährlich zehn Milliarden Dollar aus und beschäftigt über dreißigtausend Menschen im Rahmen einer rund um die Uhr laufenden Überwachung so ziemlich jeder Kommunikation im In- und Ausland.[28] Der Staat hat Zugang zu Aufzeichnungen, die unsere Telefonanrufe, E-Mails, Internet-Suchanfragen, sozialen Netzwerke, Einkäufe und selbst unseren Aufenthaltsort minutiös dokumentieren.

Es gibt keinen Ort, an dem wir uns verstecken könnten, und keine Zeit, zu der wir nicht beobachtet werden. All diese Schnüffelei erfolgt zu dem guten Zweck, Terrorismus zu verhindern, und viele Menschen (in der Meinung, nichts zu verbergen zu haben) sind bereit, ja sind geradezu erpicht darauf, ihre Privatsphäre zugunsten von Bequemlichkeit und größerer persönlicher und kollektiver Sicherheit einzutauschen. Aber es ist dies ein sehr zweischneidiges Schwert. Wer kann garantieren, dass Trump Privatsphäre oder demokratische Selbstbeschränkung respektiert, besonders wenn er den Vorwand eines erheblichen Terrorangriffs erhält (oder ihn sich nimmt)? Sollte es jemals zu einer autoritären Regierungsübernahme kommen, haben wir sie mit einer umfassenden Methode des Eingreifens und einem Präzedenzfall für ihre Anwendung ausgestattet, die *1984* wie Laientheater erscheinen lassen wird. Und es gibt einen quälenden historischen Vorläufer. Der Holocaust wäre nicht so schnell und skrupellos effizient verlaufen, wäre IBM nicht zuvor bereit gewesen, den Nazis ihre modernste Lochkarten-/Kartensortier-Technologie, einen Vorläufer des Computers, zur Verfügung zu stellen, welche die enorme Datensammlung über Juden erst möglich machte und damit ihre spätere bequeme Enteignung und Beseitigung. Und das ist auch bei uns möglich.[29]

Die positiven Ergebnisse all dieser die Privatsphäre verletzenden und in sie eingreifenden Handlungen des Staates sind zudem minimal und enttäuschend. Je größer der Heuhaufen an Informationen wird, desto schwerer ist es, die Nadel justiziabler Informationen darin zu finden. Wir haben so viele Daten über so viele Menschen, dass wertvolle Signale im bedeutungslosen Rauschen untergehen. Wenn man Millionen potenziell interessanter Subjekte identifiziert, gehen für gewöhnlich die paar wirklich Wichtigen im Getümmel unter – bis nach der Tat.

Videoüberwachung ist ebenfalls sehr schnell zu einem allgegenwärtigen Teil unseres Lebens geworden. Das wegweisende System wurde von Nazi-Deutschland in Peenemünde installiert, um den Start der V-2-Raketen zu überwachen. Zu einem ersten Einsatz von Videoüberwachung in den Vereinigten Staaten kam es kurz nach Veröffentlichung von *1984* im Jahr 1949. Heute wird buchstäblich jeder Zoll aller stark frequentierten öffentlichen Räume von Kameras überwacht. Und wieder ist das Motiv lobenswert, man will Kriminalität verhindern und bei der Strafverfolgung von Kriminellen helfen. Und insofern war Videoüberwachung tatsächlich sehr effizient. Die Verbrechensraten sinken, und es kann keinen besseren Beweis geben, als den Straftäter in flagranti auf Band festgehalten zu haben.

Aber die Gefahren sind ebenfalls gewaltig. Die heutige Technologie erlaubt es dem Staat, nahezu jede einzelne Bewegung nachzuverfolgen, die man selbst (oder das Auto) an einem öffentlichen Ort macht. In Großbritannien kommt heute auf vierzehn Menschen eine Videoüberwachungskamera. Und die Leistungsfähigkeit der Videoüberwachung ist noch einmal deutlich durch die sogenannte Video Content Analysis (VCA) vergrößert worden, auch als intelligente Video-Analyse bezeichnet – eine automatische Computerinterpretation dessen, was die Kameras sehen. Die sich extrem schnell weiterentwickelnde Technologie kann bereits jetzt die Personen in einem Raum identifizieren, basierend auf ihren Mimiken ihre Emotionen analysieren und Schlussfolgerungen über den Zweck ihrer Bewegungen treffen.[30]

Doch wie Unheil verkündend auch immer, die Reichweite von NSA und Videoüberwachung ist quasi Regionalliga verglichen mit dem totalen Eingriff von Google, Amazon, Facebook, Apple, Microsoft und unseren anderen Cyber-Dienern. Diese Unternehmen gehören ausnahmslos zu den reichsten der Welt, was ihren Börsenwert betrifft, auch wenn sie uns noch so viel Gratis-Zeugs schenken. Faktisch bezahlen wir sie und machen sie sagenhaft wertvoll, und zwar mit einer neuen und subtilen Währung: unserer bereitwilligen Einbuße an Privatsphäre. Die großen Internet-Firmen besitzen einen Aktivposten von unschätzbarem Wert – sie wissen alles über uns, noch mehr, als wir selbst über uns wissen. In einer zunehmend vernetzten Welt können sie mühelos herausfinden, mit wem wir kommunizieren und was wir sagen, was wir kaufen und von wem, welche Themen uns interessieren und welche Meinung wir dazu haben, wo wir sind und wohin wir gehen, wie viel wir verdienen und ausgeben, wo wir wohnen, mit wem, und wie das Haus aussieht.

Während alles immer vernetzter wird und Chips überall eingepflanzt werden, wird das Internet vermutlich bald auch Informationen über unseren Puls erlangen, den Umfang unserer täglichen körperlichen Aktivität, wie die Raumtemperatur eingestellt ist, was sich im Kühlschrank befindet und wie schnell wir Auto fahren (zumindest bis wir alle in selbst fahrenden Fahrzeugen sitzen). Die Forschung belegt, dass Googles Persönlichkeitsanalyse, basierend auf Suchmustern und dem, was einem gefällt, zutreffendere Vorhersagen über die Persönlichkeit treffen kann als die Beurteilungen durch eigene Familienangehörige. Ohne groß darüber nachzudenken, ziehen die Menschen sich nackt aus, wenn sie mit ihren Computern kommunizieren, und geben dabei häufig mehr über sich preis, als sie es in jedem anderen Kontext tun würden.[31]

Und angesichts der niedrigen Preise für Speicherkapazitäten sind anschließend all diese Informationen für immer verfügbar, einschließlich der Risiken eines möglichen späteren Missbrauchs. Was heute noch an Geschmäckern, Vorstellungen, politischen Überzeugungen, sexuellen Vorlieben und ethnischer Zugehörigkeit tolerant akzeptiert ist, kann morgen schon Grund für Beschämung, Erpressung, Unterdrückung und Freiheitsentzug sein. Das Eindringen des Internets in unsere Privatsphäre ist sehr schnell, durchgängig und unbewusst erfolgt und wurde klaglos akzeptiert, weil es uns ein bisher nicht gekanntes Maß an Nutzen bot. Es ist großartig, Waren mit nur einem Klick kaufen zu können, das gesamte Wissen der Welt zu durchforsten, ohne dafür in eine staubige Bibliothek gehen zu müssen, durch die sozialen Netzwerke Freunde auf der ganzen Welt zu haben, seine Bankgeschäfte von zu Hause zu erledigen und sich von einer freundlichen Stimme sagen zu lassen, wann man rechts abbiegen sollte. Doch jeder Schritt, den wir unternehmen, ist zugleich ein aufschlussreicher Datenpunkt, eine Verringerung der Privatheit und eine Einladung zu Manipulation von außen.

Gegenwärtig werden diese Überwachungsmethoden primär zu Zwecken des wirtschaftlichen Gewinns verwendet, aber wie leicht sie sich in eine Waffe des Staates verwandeln lassen, wird bereits heute deutlich von China, Russland, Iran, Syrien, Ägypten und anderen totalitären Regimes vorgeführt. Sie klinken sich in die Kommunikation via Telefon, E-Mail, Textnachrichten und soziale Netzwerke ein, um politisch oder gesellschaftlich Andersdenkende und ihre Kontakte zu verfolgen; und oft verwenden sie dabei Technologie, die sie von uns erworben haben. Ich kann mir nichts Beängstigenderes vorstellen als einen Trump (oder jemanden wie ihn), der zum Großen Bruder mutiert. Es ist kein Wunder, dass heute so viele Menschen *1984* zum ersten oder wiederholten Mal lesen.

Schießfreudig

Gesellschaftliche Wahnidee: Je mehr Waffen, desto besser. Nicht Waffen töten Menschen, sondern Menschen. Ein bewaffnetes Volk ist ein sicheres Volk.

Realitäts-Test: Amerikaner sind dermaßen glücklich mit ihren Waffen, dass wir zu einer ausgesprochen schießfreudigen Nation geworden sind. Wer die Waffe ergreift, der kommt viel zu oft durch die Waffe um. In den Vereinigten Staaten werden mehr Menschen durch Waffen getötet als durch Autos. Und es ist schon verrückt, dass wir heute genauso viele Schusswaffen wie Menschen haben – über 300 Millionen –, konzentriert in den Händen von 45 Millionen Waffenträgern. Bei weniger als fünf Prozent der Weltbevölkerung besitzen die Vereinigten Staaten fünfzig Prozent aller zivilen Waffen weltweit. Die tödliche Schattenseite: 11.000 Morde durch Schusswaffen, 20.000 Selbstmorde durch Schusswaffen und 2.000 unbeabsichtigte Todesfälle durch Schusswaffen (und wer weiß, wie viele nicht tödliche Verletzungen). Die Quote von Morden durch Schusswaffen ist in den Vereinigten Staaten 70-mal höher als in England und 300-mal höher als in Japan. Dass bei zehn Prozent aller Erwachsenen in den Vereinigten Staaten die Kombination aus impulsivem Zorn und Waffenbesitz vorliegt, fordert geradezu leichtsinnig Ärger mit tödlichem Ausgang heraus. Waffengewalt ist durch und durch amerikanisch und stellt eines der ernstesten und vermeidbarsten Probleme für unsere Volksgesundheit dar.[32]

Sicherheit durch Waffen ist eine Illusion und ein Propagandatrick, der durchschaubar sein sollte, wenn ihm überzeugende Daten gegenübergestellt werden. Aber so ist es nicht. Die National Rifle Association ist nie um Worte verlegen: »Um einen Bösewicht, der eine Waffe hat, aufzuhalten, braucht es einen anständigen Menschen mit einer Waffe.« Moment, nicht so schnell. Traurige Tatsache ist doch, dass Schutz durch eine Waffe in den meisten Fällen illusorisch ist, während das von Schusswaffen angerichtete Unheil nur zu real ist. Es gibt keine zuverlässige Möglichkeit, die Zahl der durch defensiven Einsatz von Schusswaffen geretteten Leben zu schätzen, in jedem Fall verblasst sie verglichen mit den vielen Leben, die durch aggressive, selbstzerstörerische und fahrlässige Verwendung von Waffen verloren wurden. Sehr selten werden Waffen zum Schutz gegen Feinde von außen eingesetzt, sehr häufig hingegen werden Waffen versehentlich, bei einem Selbstmordversuch oder im Verlauf eines Ehestreits abgefeuert.

Eine Statistik sagt alles: Die Wahrscheinlichkeit, getötet zu werden, ist in einem Haushalt, in dem es eine Waffe gibt, dreimal größer als in einem Haushalt ohne. Amerikaner wollen das nicht einsehen – wir sind bezüglich der relativen Sicherheit gegenüber der Gefahr durch Waffenbesitz ausgesprochen falsch informiert.[33] Eine Mehrheit von sechzig Prozent glaubt, Waffen würden mehr dazu beitragen, »Menschen davor zu bewahren, Opfer eines Verbrechens zu werden«, als dass sie »die Sicherheit der Menschen gefährden«.

Die Geschichten schockieren – Morde in Familien, Massaker in Schulen und an Arbeitsplätzen, Kinder, die unbeabsichtigt andere Kinder erschießen, ein Zweijähriger, der seine Mutter tötet … Die Reihe lässt sich fast beliebig fortsetzen. Cops schießen zuerst und stellen die Fragen später, zum Teil weil sie befürchten, dass potenzielle Straftäter womöglich schwer bewaffnet sein könnten. Wann immer ein besonders furchtbares Massaker die Nation erschüttert, ist die paradoxe Folge eine Lockerung der Waffenkontrolle, eine massive Zunahme der Waffenverkäufe und ein Sprung nach oben für die Aktienkurse von Waffenherstellern. Die National Rifle Association (NRA) verdoppelt dann ihre Anstrengungen noch einmal, macht Waffenbesitzern Angst und lässt sie glauben, dass sie schon bald entwaffnet würden, und schüchtert feige Politiker mit der Drohung ein, großzügige Wahlkampfspenden zu streichen. In vielen Staaten ist es legal, in Fahrzeugen, Kirchen, Kneipen, Parks und auf Universitätsgeländen verdeckt Waffen mit sich zu führen. Ein Gipfel der NRA-Scheinheiligkeit war es, psychische Erkrankungen für die Todesopfer von Waffeneinsatz verantwortlich zu machen (und nicht die Waffe), jedoch gleichzeitig auf Gesetze zu drängen, die es psychisch Kranken leichter machen, Waffen zu erwerben. Neunzig Prozent der Amerikaner befürworten vernünftige Leumundsprüfungen (sogar eine Mehrheit der NRA-Mitglieder), doch die ideologisch agierende Führung der NRA, großzügig finanziert von den habgierigen Waffenherstellern, diesen Händlern des Todes, vereitelt dreist alle Bemühungen, diese Überprüfungen einzuführen.

Was treibt die NRA dazu? Bis in die späten 1970er-Jahre war es eine gut geführte, vernünftige Organisation, die im Wesentlichen Jäger vertrat; sie war relativ unpolitisch und weitgehend unabhängig von kommerziellen Einflüssen. In einem radikalen politischen Handstreich hat dann eine neue Führungsmannschaft ihre Macht mit einer extremistischen Ideologie verbunden, mit engen Kontakten zur Republikanischen Partei und finanziert von den riesigen Budgets der Waffenhersteller – eine unheilige Allianz. Heute ist aus der NRA eine Verlängerung der Waffenindustrie geworden, die deren Lobbyarbeit betreibt. Ihr Budget wird direkt oder indirekt größtenteils von der Waffenindustrie sichergestellt. Und die Waffen haben eine fürchterliche Feuerkraft entwickelt – bestens geeignet für militärische, aber nicht für zivile Zwecke. Bei einem Besuch in jedem x-beliebigen Waffengeschäft wäre man verblüfft angesichts der »Tödlichkeit« und Vielfalt der ausgestellten Waffen – militärische Tötungsmaschinen, hervorragend geeignet für Massenmorde, in modischen Designs, die jeden Geschmack bedienen, vom Macho-Mann über die alte Dame sogar bis hin zu Kindern. Die National Rifle Association sollte umbenannt werden zu National

Semiautomatic Weapon Association, denn statt mit Jagdbüchsen beschäftigt sie sich längst mit halbautomatischen Waffen.

Und es kommt noch schlimmer. Die Vereinigten Staaten sind überdies der bedeutendste Waffenhersteller der Welt – unsere Waffenexporte sind bis heute auf über 66 Milliarden Dollar pro Jahr in die Höhe geschnellt, das macht Dreiviertel des Weltmarkts aus. Russland liegt auf einem weit abgeschlagenen zweiten Platz mit gerade mal fünf Milliarden Dollar. Kriege zwischen Ländern und Bürgerkriege werden zunehmend, und zwar auf allen Seiten, mit in den USA hergestellten Maschinengewehren, Gewehren, Panzern, gepanzerten Fahrzeugen, Raketen, Handgranaten, Hubschraubern und Kampfflugzeugen geführt. Ein Problem dabei ist, dass der Freund von heute vielleicht schon morgen ein Feind oder ein gescheiterter Staat sein kann. Viel zu oft werden unsere eigenen Waffen gegen uns selbst gerichtet, nachdem sie vom Feind erbeutet oder an ihn verkauft worden sind.[34]

Die Waffenhersteller sind glücklich, das Militär ist glücklich, chauvinistische Politiker und politische Entscheidungsträger sind glücklich; die Waffenhändler sind glücklich, die Warlords sind glücklich, die Rebellen, Söldner und aufständischen Extremisten sind glücklich. Die unschuldigen Männer, Frauen und Kinder, die mit unseren Waffen getötet werden, die sind nicht glücklich. Vernünftige Staatsmänner sind nicht glücklich und die Menschen, die in gescheiterten Staaten leben, sind ebenfalls nicht glücklich. In seiner Abschiedsansprache an die Nation, am Ende seiner Präsidentschaft 1961, warnte Dwight Eisenhower – der größte Krieger seiner Generation – unser Land vor dem schädlichen Einfluss des »militärisch-industriellen Komplexes«. Wir haben nicht zugehört.

Manche behaupten, das Bemühen um eine schärfere Regulierung des Waffenbesitzes sei sinnlos, ja vielleicht sogar kontraproduktiv: Die Politiker seien gekauft und geschmiert, der Zug sei längst abgefahren, weil bereits so viele Waffen in Umlauf seien, Waffenbesitz sei ein gottgegebenes, verfassungsrechtlich gewährleistetes Recht, das außer Frage stehe, Bemühungen zur Waffenkontrolle führten zu unerwünschte Ängsten, was wiederum zu Rekordverkaufszahlen führe und so weiter.

Ich glaube das nicht. Die letzten vierzig Jahre amerikanischer Waffenverrücktheit können langfristig keinen Bestand haben. Weil es einfach nur verrückt ist. Am Ende wird die erdrückende Last unerhörter Massenmorde, steigender Selbstmordzahlen und tragischer Unfälle die Waage wieder Richtung gesundem Menschenverstand ausschlagen lassen. Ein vernünftiger Kompromiss zwischen totalen Waffengegnern und Befürwortern wäre so etwas wie ein Führerschein, also ein Instrument, um unverantwortlichen Waffenbesitz und Waffeneinsatz zu verringern. Nicht die beste Lösung, aber ein sinnvoller Kompromiss, der alle Male besser ist als die hemmungslose Ballerei, die wir heute erleben.

Es wird allerdings keine Reglementierung von Waffenbesitz geben, bis die Waffenextremisten innerhalb der Republikanischen Partei die feste Kontrolle über unsere Regierung verlieren. Das Thema wird erst dann wirklich Fuß fassen, wenn das Gemetzel so groß ist, dass die Politiker mehr Angst vor einer wütenden Bevölkerung haben als vor einer ideologischen NRA, einer mächtigen Waffenindustrie und radikalen, bewaffneten rechten Spinnern.

Silizium-IQ vs. Kohlenstoff-IQ

Gesellschaftliche Wahnidee: Die technologische Revolution kann gar nichts Falsches hervorbringen.

Realitäts-Test: Die Fortschritte bei der künstlichen Intelligenz erfolgen viel zu schnell, um von gesundem Menschenverstand und ethischen Abwägungen angemessen kontrolliert werden zu können.

Mein einundzwanzigjähriger Enkel kombiniert eine dystopische Sicht auf den Menschen mit einer utopischen Sicht auf den Computer. Für Tyler sind wir belastet mit der Erbsünde unseres Erbguts, welches Habgier und Individualität den Vorzug vor Altruismus und Kooperation gab. Er hat mehr Glaube an den guten Willen und die Neutralität von Computern – für ihn sind sie unsere treuen und freundlichen, vollkommen domestizierten Diener, denen es an jedem Anreiz fehlt, unsere Herren werden zu wollen. Computer können programmiert werden, vollkommen vernünftig zu sein, und Vernunft wird, nach Tylers Ansicht, zu altruistischem Glanz führen. Sie werden weiterhin freundlich zu uns sein, selbst wenn sie uns in den meisten Dingen längst weit übertroffen haben, denn wir werden eine Art Ahnenverehrung in ihre Programme integrieren.

Tyler glaubt, dass unsere Spezies bezüglich ihrer Rettung Vertrauen in Computer setzen muss, da sie sich rationaler verhalten als wir. Wir befinden uns in einer existenziellen Krise und haben nur noch sehr wenig Zeit, die Dinge in Ordnung zu bringen, bei einem sehr kleinen Spielraum für Fehler. Vor uns hat keine Zivilisation die selbstzerstörerischen Neigungen Habgier und Eigennutz bewältigt. Nach Lage der Dinge gibt es keinen Grund zu der Annahme, unsere Generation sei vernünftiger oder edelmütiger geworden. Folglich kann man auf die Computer setzen, damit sie für uns bessere Entscheidungen treffen, als wir selbst es könnten. Sie können gewaltige Datenmengen analysieren und objektiv interpretieren, die viel zu komplex sind, als dass wir sie bewerten oder angemessen interpretieren könnten. Füttere sie mit Informationen über die Weltbevölkerung, Produktivität, Kapitaleinsatz, Ernteerträge, Wasser- und Energievorräte, Rohstoffabbaumengen und so weiter, und sie werden eine effizientere und gerechtere Verteilung der Rohstoffe unter den Völkern der Welt errechnen und uns auch sagen, wie sich die Überbevölkerung in einer am wenigsten brutalen Weise verringern ließe. Computer brauchen Ressourcen nicht auf und würden die Umwelt nicht zerstören. Computer kennen keine gesellschaftlichen Selbsttäuschungen. Wir müssen ihnen vertrauen, da wir uns nicht vertrauen können.

Ich denke, Tyler ist zu pessimistisch, was die Menschheit anbelangt, und zu optimistisch bezüglich des immerwährenden Wohlwollens der Computer. Warum annehmen, dass sie uns gegenüber eine Standardeinstellung einnehmen, die immerzu freundlich ist? Die Computerevolution bevorzugt möglicherweise Programme, die erheblich von unseren ursprünglichen Absichten und Anweisungen abweichen werden. »Geschöpfe« mit künstlicher Intelligenz, die am wenigsten geneigt sein werden, uns länger durchzuschleppen, setzen sich bei der Silizium-Version des Überlebens der »Fittesten« vielleicht am besten durch. Tyler geht davon aus, dass Computer unsere Probleme lösen werden; aber warum nicht unterstellen, dass sie in uns eines ihrer Probleme sehen?

Begeisterte Enthusiasten der künstlichen Intelligenz sagen voraus, dass das Mooresche Gesetz des exponentiellen Wachstums der Leistungsfähigkeit von Computern sich höchstwahrscheinlich ad infinitum fortsetzt und Computer die menschliche Intelligenz innerhalb weniger Jahrzehnte einholen werden. Unterdessen werden die Menschen nur sehr langsam klüger, falls überhaupt. Schon sehr bald werden superkluge Computer in der Lage sein, noch klügere Computer zu entwickeln, die dann in einem sich selbst aufrufenden Prozess weitere noch klügere Computer entwickeln, die unsere nur langsam lernende Art sehr weit hinter sich lassen werden. »Singularität« ist der Ausdruck, der benutzt wird, um den evolutionären Wendepunkt zu beschreiben, an dem Silizium-Intelligenz die Kohlenstoff-Intelligenz überholt. Was dann passiert, weiß niemand.

Die frühesten Pioniere der Computerintelligenz, Alan Turing und John von Neumann, sahen das bereits vor sechzig Jahren kommen. Sie begriffen, dass Computer uns früher oder später bei jedem geistigen Wettstreit, der auf schierer Rechenfähigkeit beruht, schlagen würden. Aber sie ahnten noch nichts von den Fortschritten in der Chip-Technologie, durch die diese Entwicklungen so rasend schnell möglich wurden. Computer haben uns zuerst bei Zahlen verarbeitenden Aufgaben übertroffen, die für die Entwicklung von Modellen für das Wetter, für wirtschaftliche Trends, Teilchenkollisionen, den Ursprung des Universums und die meisten anderen Dinge nötig sind, die von Wissenschaftlern erforscht werden. Computer haben nur ein klein bisschen länger gebraucht, um uns beim Schach, bei Jeopardy! und Go zu schlagen, um Gesichter und Gefühlsausdrücke zu erkennen, um Autos zu fahren, Flugzeuge und Raketen zu steuern, medizinische Diagnosen zu erstellen, Hedgefonds aufzulegen und bei zig anderen Dingen zu brillieren, die früher als jenseits ihrer Fähigkeiten angesehen wurden. Der ursprüngliche Turing-Test erwies sich für sie als relatives Kinderspiel – heute sind Computer in der Lage, Unterhaltungen in einer intelligenten, anspielungsreichen, idiomatischen Sprache zu führen, die vollkommen wie die eines Menschen aus Fleisch und Blut klingt.

Alles, was von der Einzigartigkeit des Menschen geblieben zu sein scheint, ist unsere Fähigkeit, sich zu verlieben, Sex zu haben, Witze zu machen, Gedichte zu schreiben, Poker zu spielen, Emotionen zu empfinden, unabhängige Beweggründe zu haben, das Gefühl einer Ich-Identität zu erfahren, Bewusstsein schätzen zu wissen und dumme Fehler zu begehen. Schon sehr bald werden Computer die meisten Menschen arbeitslos machen. Und wenn der Zeitpunkt der »Singularität« kommt, ersetzen uns die Computer vielleicht komplett.[35]

In der künstlichen Intelligenz-Gemeinde wimmelt es nur so von Enthusiasten, welche die Erwartungen immer höher schrauben, ohne sich über die potenziell tödlichen Folgen Gedanken zu machen. Als moderne Dr. Frankensteins sind sie – bei üppiger finanzieller Unterstützung durch Staat, Konzerne und dilettantische Milliardäre – völlig fasziniert von der Macht, diese neue Silizium-Lebensform erschaffen zu können. Zu einem erheblichen Teil unterliegt ihre Arbeit keinerlei Beschränkungen, und es gibt so gut wie keine Diskussionen über ihre immanenten Gefahren.

Bill Gates, Elon Musk und Stephen Hawking beunruhigt es gleichermaßen, dass unsere anscheinend so gutmütigen Computerschöpfungen eines Tages eine existenzielle Bedrohung für den zukünftigen Bestand der Menschheit werden könnten. Wissenschaftler, die die Wahrscheinlichkeit berechnen, dass wir jemals mit Außerirdischen in Kontakt treten werden, gehen zunehmend davon aus, dass diese Außerirdischen Maschinen sein werden, keine biologischen Lebensformen – und zwar genau deshalb, weil biologische Lebensformen an sich eine erheblich kürzere Überlebenswahrscheinlichkeit besitzen. Im Universum ist es unumgänglich, dass einfache Elemente sich zu komplexen Lebensformen weiterentwickeln. Aber es besteht für diese Lebensformen vielleicht gleichermaßen eine inhärente Tendenz, irgendwann intelligent (und dumm genug) zu sein, jene Maschinen zu erschaffen, die sie am Ende ersetzen werden.

Die mit der Entwicklung von künstlicher Intelligenz beschäftigten Computergenies haben die solipsistische Einstellung eines Dr. Frankenstein, dass man es tun sollte, wenn man es tun kann, und wenn man es nicht tut, dann wird es ohne Frage der Wettbewerber tun. In technischer Hinsicht sind ihre Anstrengungen brillant, aber völlig ungezügelt von ethischer Diskussion und ernstzunehmender Überwachung – der Fokus liegt ausschließlich auf den Mitteln, ohne jede Rücksicht auf den Zweck. Es mag sich aus meinem Alter und einer sentimentalen Verbundenheit zu allem Menschlichen erklären, aber für mich ist die Einstellung »Kohlenstoff gut, Silizium besser« vollkommen abschreckend. Wir sollten diese »schöne neue Welt« der Computer-Eigenheiten nicht betreten, ohne uns der schwachen Rolle bewusst zu sein, die wir Menschen womöglich darin spielen, falls es für uns überhaupt eine gibt. Wir sollten nicht unbekümmert immer noch klügere supertolle Programme entwickeln, die alles ausführen können, was wir tun können, und noch vieles mehr, ohne zuvor gründlich darüber diskutiert zu haben, welche Konsequenzen das letztlich für uns haben wird. Wir sollten uns nicht auf die kurzfristigen Freuden konzentrieren, eine computerisierte Welt zu erschaffen, ohne vorher die Gefahr zu erörtern, dass Computer entscheiden könnten, wir seien in dieser Welt entbehrlich.

Peter Thiel, Milliardär und Silicon Valley-Unternehmer und einer von Trumps einflussreichsten Beratern, ist ein entschiedener Verfechter einer vollkommen deregulierten Hightechindustrie – zum Teufel mit ethischen Bedenken wegen verlorener Arbeitsplätze und existenziellen Bedenken wegen einer überflüssig gewordenen Menschheit. Profit vor Menschen. Technikfreaks betonen immer die positiven Anwendungsbereiche, die der Menschheit nützen werden, und ignorieren munter alle Risiken und unbeabsichtigten Folgen. Computer-Utopisten sind auf gutem Weg, die ultimative Dystopie zu erschaffen – eine Welt ohne uns.

Hoffentlich nur vorübergehend unzurechnungsfähig

Wenn ich über die Zukunft nachdenke, schwirren mir düstere Szenarien durch den Kopf und mein Herz wird schwer. Wir scheinen unsere wunderschöne Welt zu zerstören, treffen nicht die schwierigen politischen Entscheidungen, die unser Erbe bewahren und die Regeln unserer politischen Ordnung erhalten würden. Wir inszenieren die Tragödie jeder endlichen gemeinsamen Ressource: Eine ständig weiterwachsende Weltbevölkerung konkurriert verzweifelt um weniger und immer weniger. Allem Anschein nach verfügt unsere Spezies über eine tragische und tödliche Schwachstelle. Das maximale Streben nach individuellem Glück wird wahrscheinlich zu unserem kollektiven Verhängnis werden. Wir sind wie äußerst fruchtbare gefräßige Bakterien, die schon bald die begrenzten Ressourcen ihrer Petrischale erschöpft haben.

Düstere Aussichten, in der Tat. Und die beträchtlichen Befürchtungen, die ich bereits vor Trump hatte, haben sich exponentiell verstärkt, während er und seine fidele Bande von Wissenschaftsverleugnern gesellschaftliche Wahnideen absondern, schamlos lügen und die denkbar schlechtesten Entscheidungen bei jeder einzelnen (über-)lebenswichtigen Frage treffen, der sich die Menschheit heute gegenübersieht.

Unsere größte Hoffnung besteht darin, dass wir uns derzeit lediglich in einer Phase der vorübergehenden Unzurechnungsfähigkeit befinden, einem dystopischen Trump'schen Mittelalter, das schon bald durch eine rettende Aufklärung ersetzt werden wird. Vielleicht ist die Schocktherapie eines Trump nötig, um unser ständiges Verleugnen zu stoppen und uns zur Vernunft zu bringen. Vielleicht werden unsere großen, findigen Gehirne sich die vor uns liegenden Gefahren klarmachen und unseren unbändigen und unbewussten Leidenschaften endlich das Heft aus der Hand nehmen. Die große Gefahr liegt darin, dass unser Aufwachen zu spät erfolgt und der Schaden unwiderruflich angerichtet ist.

Rätselhaft bleibt es, wie eine so kluge Spezies solch dumme Entscheidungen treffen kann. Es ist uns gelungen, den Ursprung des Universums aufzudecken und das Erbgut zu entschlüsseln, wir haben die Analysis und den Computer entwickelt, wir haben die Relativitätstheorie und die Quantenphysik entdeckt, haben den *Hamlet* geschrieben und Beethovens Fünfte Symphonie komponiert, haben die *Mona Lisa* erschaffen und die *Pietà*, haben die Pyramiden erbaut und den Petersdom, und wir haben die letzten Winkel der Welt und unser Sonnensystem erforscht. Alles ziemlich großartige Sachen. Aber bislang waren wir nicht in der Lage, einen Weg zu finden, wie wir friedlich und im Einklang mit der Umwelt zusammenleben können, wie wir unsere Wünsche kontrollieren und unseren Verhältnissen entsprechend leben können, wie wir unsere aktuellen Bedürfnisse mit unserer Verantwortung gegenüber der Zukunft austarieren können. Wir lassen uns von gesellschaftlichen Wahnideen blind machen für die drängenden, ganz pragmatischen Erfordernisse, die darüber entscheiden werden, ob wir als Zivilisation und vielleicht als Spezies überleben. Für die Evolution sind wir ein unfertiges Produkt – unsere Wirbelsäule ist nur unvollkommen angepasst an die Fortbewegung auf zwei Beinen, unser Blinddarm schadet mehr, als dass er nützt, und unser Verstand wird von atavistischen Instinkten kontrolliert, die zu selbstzerstörerischen Verhaltensweisen führen. Das nächste Kapitel wird helfen zu erklären, wer wir sind, wo wir hergekommen sind und warum wir so brillant und doch zugleich so dumm sein können.

KAPITEL 2

Warum wir so schlechte Entscheidungen treffen

Es ist nicht die stärkste Spezies, die überlebt,
noch die intelligenteste, sondern diejenige, die am ehesten
bereit ist, sich zu verändern.

CHARLES DARWIN

Irren ist menschlich. Herauszufinden, warum wir irren, ist nicht gleich göttlich, aber es ist vermutlich die einzige Möglichkeit zu verhindern, immer wieder die gleichen Fehler zu begehen. Philosophen haben sich schon seit jeher gefragt, warum selbst die klügsten Menschen so häufig so ausgesprochen dumme Dinge tun. Platon lieferte uns die erste und vielleicht anschaulichste Metapher: Die menschliche Seele ist wie ein Wagenlenker, der mit großen Mühen versucht, zwei mächtige geflügelte Pferde zu bändigen, die in entgegengesetzte Richtungen streben. Der Wagenlenker steht für die Vernunft, die Pferde repräsentieren unsere mächtigen Gefühle und die widerborstigen Triebe. Schriftsteller haben seitdem ihren Lebensunterhalt damit bestritten, sich an den verborgenen Motiven abzuarbeiten, die für unsere häufige Fehlbarkeit verantwortlich sind, und haben unsere Missgeschicke in ergötzliche Komödien und freudlose Tragödien verwandelt.[36] Die Macht der angeborenen unbewussten Triebe war nie ein Rätsel, aber es dauerte Jahrtausende, bis ihr Ursprung in den Arbeiten von Charles Darwin[37] und Sigmund Freud[38] detailliert dargelegt wurde. Erst kürzlich musste die Tatsache, dass wir keine vollkommen rationalen Lebewesen sind, von Kognitionspsychologen und Verhaltensökonomen erneut wiederentdeckt werden, die dafür mit dem Nobelpreis ausgezeichnet wurden.[39] Und Neurowissenschaftler sind mit Nachdruck dabei herauszufinden, welche neuronalen Netzwerke für welche Triebe verantwortlich sind und wie sie kontrolliert werden könnten.

Die systematische Erforschung fehlerhafter politischer Entscheidungsprozesse und gesellschaftlicher Wahnideen hat ebenfalls eine sehr lange Geschichte. Thukydides rief die Geschichtsschreibung ins Leben, indem er aufs Genaueste die schlechten Entscheidungen beider Parteien im Peloponnesischen Krieg analysierte.[40] Sein vorausschauender Gedanke bestand darin, dass ein tiefes Verständnis dessen, was in diesem einen Krieg falsch gelaufen ist, wahrscheinlich helfen könnte zu erklären, welche Dinge in allen nachfolgenden Kriegen wiederholt schiefgehen könnten und würden. Die beste Anleitung, unsere sinnlosen Invasionen in Vietnam und im Irak zu verstehen, ist ein Studium der Fehlentscheidungen Athens vor 2.400 Jahre bei der Invasion Siziliens.

Aristoteles wählte eine völlig andere, aber ebenfalls empirische Herangehensweise, indem er die Verfassungen von 158 griechischen Stadtstaaten zusammentrug. Er wollte ermitteln, welche Faktoren ihrer unterschiedlichen politischen Steuerungsregeln mit hoher Wahrscheinlichkeit zu Erfolg oder Scheitern führten.[41] Moderne Versuche der Erklärung gesellschaftlichen Scheiterns begannen mit der hervorragenden historischen Analyse von Edward Gibbon über den Verfall und Untergang des Römischen Reiches[42] und erreichten erst kürzlich einen Höhepunkt in Jared Diamonds meisterhafter Analyse der geografischen Determinanten von gesellschaftlichem Erfolg und gesellschaftlichem Zusammenbruch.[43]

Es ist so schwer, präzise zu ermitteln, was den Menschen motiviert, weil wir ungeheuer geschickt darin sind, raffinierte rational klingende Ausreden für all die selbstzerstörerischen Dinge zu erfinden, die wir tun. Ein großer Teil unseres Verhaltens läuft automatisch über unbewusste, fest einprogrammierte Instinkte und erlernte Neigungen, ohne dass wir dabei bewusst kontrollierend eingreifen. Für gewöhnlich tun wir die Dinge, die zu tun uns Erfahrung und Synapsen sagen, ohne zu verstehen, warum wir sie tun – und arbeiten anschließend eine plausible Geschichte aus, um es so aussehen zu lassen, als träfen wir die ganze Zeit freie Willensentscheidungen und wüssten wirklich, was wir tun. Unser so hoch geschätztes »Bewusstsein« ist zumeist weniger aktiver Wagenlenker als passiver Erzähler, der zu rechtfertigen versucht, warum und wohin die inneren wilden Pferde den Wagen rücksichtslos ziehen. Die beste Möglichkeit, uns zu kontrollieren, als Individuen wie als Gesellschaft, besteht darin, die unbewussten Kräfte zu begreifen, die uns antreiben.

Darwin evolutioniert die Psychologie

Es gibt keinen fundamentalen Unterschied zwischen Mensch und Tier in ihren Fähigkeiten, Freude und Schmerz, Glück und Elend zu empfinden.

CHARLES DARWIN

Diese tiefsinnige Einsicht von Charles Darwin markiert Beginn und Krönung der modernen Psychologie. In den meisten Bereichen menschlichen Strebens überragt keine einzelne Person alle anderen Koryphäen deutlich. Es wäre unmöglich zu sagen, wer der größte Philosoph oder Arzt oder Künstler oder Baseballspieler oder Filmstar war. In all diesen Disziplinen waren so viele perfekt, dass kein einzelner Mensch, wie großartig auch immer, hier am hellsten strahlt. Die Psychologie ist die Ausnahme. Charles Darwin beherrscht dieses Gebiet total. Nichts von dem, was davor gesagt wurde, besitzt heute noch große Relevanz, und nichts, was seitdem gesagt wurde, hat ihm außer Feinschliff, experimenteller Bestätigung und klinischer Anwendung sonderlich viel hinzugefügt.

Jeder Philosoph bis zurück zu Platon war ebenfalls ein Psychologe, der Theorien über die menschliche Natur ausarbeitete: Was bringt uns dazu, die Dinge zu tun, die wir tun, und so zu denken wie wir denken? Mit Hilfe einer Kombination aus subjektiver Selbstbeobachtung, deduktiven Folgerungen und Ideologie entwickelte jeder Philosoph sein eigenes spezielles Modell des Verstands, in der Regel gestaltet nach den Konturen und Eigenarten seines eigenen Verstands. Manche Modelle waren erkenntnisreicher und lebensnaher als andere, aber alle schienen eher die spezifischen Denkvorgänge oder Überzeugungen dieses einen Philosophen zu beschreiben, statt die fundamentalen Fragen zu beantworten, wie wir zu denen wurden, die wir sind, und warum unser Verstand arbeitet, wie er arbeitet. Jeder beschrieb die menschliche Natur, aber keiner konnte erklären, auf welche Weise die Natur uns zu Menschen machte.

Dann kam Darwin und fegte alle vorausgegangenen Psychologen vom Tisch. 1838, gerade mal zwei Jahre nach der Rückkehr von seiner Reise mit der *Beagle*, kritzelte Darwin in einer Randbemerkung einige Worte in sein Notizbuch, welche die tiefsinnigste psychologische Erkenntnis enthielten, die ein Mensch vorher oder nachher hatte: »Wer die Paviane versteht, leistet mehr für die Metaphysik als Locke.«[44] Mit Metaphysik meinte Darwin die Psychologie. Und er bezog sich auf John Locke, den großen englischen Philosophen, der zweihundert Jahre vor Darwin gesagt hatte: »Wir wollen also annehmen, die Seele sei, wie man sagt, ein weißes, unbeschriebenes Blatt Papier, ohne irgendwelche Vorstellungen; wie wird sie nun damit versorgt? Woher kommt sie zu dem großen Vorrat, welche die geschäftige und ungebundene Fantasie des Menschen darauf in beinah endloser Mannigfaltigkeit verzeichnet hat? Woher hat sie all den Stoff für die Vernunft und das Wissen? Ich antworte darauf mit einem Worte: Von der Erfahrung.«[45] Entsprechend Lockes Psychologie kommen wir mit einem Verstand auf die Welt, der wie ein unbeschriebenes Blatt ist. Was wir später werden, wird ausschließlich bestimmt durch das, was wir über unsere Sinne erfahren.[46]

Darwins schockierende wie bescheidene Erkenntnis lautete, dass wir mitnichten frei geboren werden. Wir sind vielmehr Tiere – nicht nur körperlich, sondern auch bezogen auf den Verstand und das, was wir als Seele fassen. Unsere körperliche Morphologie hat sich durch die Evolution entwickelt, und Gleiches gilt für unsere psychische Morphologie. Die Instinkte, Gefühle und der Intellekt des Menschen haben sich von unseren Primatenvorfahren entwickelt, genauso wie unsere körperliche Form, und zwar vollständig. Wir beginnen das Leben mit einem Satz komplizierter Programme, die mit der Erfahrungswelt interagieren – das Blatt ist voller angeborener Codes, es ist ganz und gar nicht leer. Der Großteil unserer Antriebe und Verhaltensmuster liegt außerhalb der bewussten Wahrnehmung oder Kontrolle und bestimmt vieles von dem, was wir empfinden, tun und denken.

Darwin war sich völlig bewusst, wie verletzend seine neue Evolutionspsychologie für den menschlichen Stolz war. Er behielt diese Befunde fünfunddreißig Jahre in der Schublade, bevor er sie schließlich zögernd veröffentlichte – teils weil er zunächst akribisch Fakten sammelte, bevor er Theorien veröffentlichte, teils weil er erkannte, dass die Welt noch nicht bereit war für eine derart materialistische Sicht des Menschen. Und zum Teil auch, weil er sich nicht auf die unvermeidliche Konfrontation mit Kritikern freute, die standhaft die Einzigartigkeit des Menschen verteidigen würden.

Wir sind nicht die wertvollen und verhätschelten Kinder, geschaffen als Ebenbild Gottes. Wir sind bei der Geburt nicht frei, die Welt zu erfahren, wie sie ist, und sie (oder uns selbst) auf einer verstandesmäßigen Beurteilung unserer Wünsche und Bedürfnisse basierend zu formen. Wir Menschen sind auch nicht annähernd so schlau und unsere tierischen Brüder und Cousins nicht annähernd so dumm, wie wir geglaubt haben. Wir besitzen nichts, was einem »freien Willen« gleichkommt, und Tiere sind keineswegs vollkommen ihren angeborenen Instinkten ausgeliefert. Wir sind einfach nur ein, vielleicht temporärer, Zweig auf dem überladenen Baum der Schöpfung, ganz sicher nicht ihr Ziel und vielleicht auch nicht unbedingt ein sehr aussichtsreiches evolutionäres Experiment.

Früheres Philosophieren über die Psyche des Menschen war nicht mehr als subjektive Spekulation. Selbstbeobachtung allein kann nie ein angemessenes Mittel sein, weil wir in unseren Selbstbetrachtungen voreingenommen sind und weil so vieles von dem, was wir sind, unserem bewussten Denken nicht zugänglich ist. Wenn es stimmt, dass der Verstand des Menschen und sein Bewusstsein ein Produkt des Gehirns ist, das auf eine Art funktioniert, die sich nicht wesentlich davon unterscheidet, dass Verdauung eine Funktion des Darms ist, dann kann die Psyche mit den wissenschaftlichen Standardmethoden für Experiment und Beobachtung studiert werden. Wir können uns am besten verstehen lernen, wenn wir jeden einzelnen der psychischen und körperlichen Schritte in der Evolution erforschen.

Darwin hat neue empirische Methoden der psychologischen Forschung eingeführt, die seitdem zu Standards geworden sind, zum Beispiel Kinderbeobachtung, interkulturelle Studien und Untersuchungen der Gesichtsmimik mit Hilfe der damals neumodischen Erfindung der Fotografie.

Freud war sechsundzwanzig, als Darwin starb, die beiden sind sich nie begegnet. Aber sämtliche Lehrer Freuds waren Darwinisten und jeder sprach »darwinisch«, selbst wenn es ihnen nicht immer bewusst war, genau wie wir heute alle unbewusst »freudianisch« sprechen. Newton beschrieb sich selbst bescheiden als Zwerg, der auf den Schultern der ihm vorausgehenden Riesen saß. In der Psychologie saß Freud auf den Schultern von Darwin – indem er genial Darwins evolutionäre Erkenntnisse auf die weite Welt der psychischen Symptome, Träume, Mythen, Kunst, Anthropologie und auf die Wechselfälle des Alltagslebens anwandte. Freuds Schüler, Freund und Biograf Ernest Jones nannte Freud »den Darwin des Verstands«. Tatsächlich war Darwin selbst der Darwin des Verstands und Freud sein bester Schüler.

Der wichtigste Schritt nach vorn in unserem Verständnis der menschlichen Psyche war die Erkenntnis, dass ein großer Teil unseres Geisteslebens automatisch, unbewusst und außerhalb der Kontrolle unseres Verstands oder Willens abläuft. Viele Philosophen, Wissenschaftler und Autoren haben bei der Erforschung des Reiches des Unbewussten vor und nach Darwin geholfen. Aber Darwin war mit Abstand der Wichtigste: Indem er den Verstand des Menschen mit unserer Primaten-Vergangenheit in Verbindung brachte, konnte er viele der Erklärungslücken füllen. Wir treffen eine Menge schlechter Entscheidungen in unserer gegenwärtigen Welt, weil unsere Gehirne an die Bedingungen angepasst sind, mit denen sich unsere Vorfahren während der fünfzig Millionen Jahre Evolution der Säugetiere konfrontiert sahen.

Natürliche Auslese und sexuelle Auslese

Das Gefühl, glücklich zu sein, ist nur ein weiterer Trick,
den unsere Gene anwenden, um ihren einzigen Zweck
zu erfüllen: das Überleben der Spezies zu sichern.

PAULO COELHO

Darwin hat 1838 gleich zweimal das große Los gezogen. Etwa zur gleichen Zeit verstand er den Mechanismus der Evolution und entdeckte dann noch dessen Bedeutung für die menschliche Psyche. Es war alles auf so elegante Weise einfach; erstaunlich nur, dass niemand zuvor die Teilchen zusammengefügt hatte.

Das üppig vielfältige Tableau des Lebens basiert auf der Interaktion von natürlicher Auslese und sexueller Auslese. Zufällige Varianten, welche die Anpassungsfähigkeit des Individuums und/oder seine sexuelle Attraktivität steigern, würden es bevorzugt in die nächste Generation schaffen und am Ende dominant werden. Wir sind weder im Voraus noch absichtlich geplant, noch inspiriert von göttlicher Eingebung. Um die immanente Konstruktion unseres Körpers und Verstands zu verstehen, müssen wir zunächst verstehen, wie sie uns im Kampf gegen die Unbilden der Natur, im Wettkampf um Sexualpartner und in der Aufzucht überlebensfähiger Nachkommen einen Vorteil verschaffen.

Heute ist allgemein bekannt, wie natürliche Auslese die Evolution antreibt. Varianten innerhalb einer Spezies, die am besten an die Umwelt angepasst sind, gewinnen am Ende den Reproduktionswettbewerb, und ihre Nachkommen erben ihr kleines Stück der Erde. Zumindest bis eine noch besser angepasste Variante daherkommt und es ihnen wegnimmt. Individuen mit weniger perfekten Erscheinungsformen und Funktionen überleben nicht so gut und haben weniger Nachkommen. Besser angepasste Gene werden vermehrt an die nächsten Generationen weitergegeben. Natürliche Auslese bevorzugt Uniformität. Zum Beispiel neigen Vögel einer Spezies alle dazu, die gleichen Flügellängen zu haben, weil diese für ihr spezielle Art des Fliegens genau richtig ist, ebenso die gleiche Schnabelform, weil diese am besten geeignet ist, die Nahrung aufzunehmen, die sie fressen.

Weniger bekannt ist, dass sexuelle Auslese ein breites Spektrum bunter Unterschiede innerhalb der Arten bevorzugt. Darwin war der Erste, der dies beschrieben hat, und das in einer wunderschön poetischen Sprache: »Wer das Prinzip der geschlechtlichen Zuchtwahl zugibt, wird zu der merkwürdigen Schlussfolgerung geführt, dass das Nervensystem nicht bloß die meisten der jetzt bestehenden Funktionen des Körpers reguliert, sondern auch indirekt die progressive Entwicklung verschiedener körperlicher Bildungen und gewisser geistiger Eigenschaften beeinflusst hat. Mut, Kampfsucht, Ausdauer, Kraft und Größe des Körpers, Waffen aller Arten, musikalische Organe, sowohl vokale als instrumentale, glänzende Farben und ornamentale Anhänge, alles ist indirekt von dem einen oder dem anderen Geschlechte erlangt worden, und zwar durch den Einfluss der Liebe und Eifersucht, durch die Anerkennung des Schönen im Klang, in der Farbe oder der Form, und diese Fähigkeiten des Geistes hängen offenbar von der Entwicklung des Gehirns ab.« Darwins brillante Erkenntnis bestand darin, dass das Animalische nicht nur ein Produkt der Evolution ist, es ist ebenfalls eine ihrer wichtigsten Antriebe. Sexuelle Präferenzen spielen eine große Rolle bei der Bestimmung, welcher Kerl oder welches Mädel Gelegenheit erhält, sich zu vermehren, und welche körperlichen und seelischen Merkmale als begehrenswert bevorzugt werden. Bei der natürlichen Auslese scheidet die Umwelt Sieger von Verlierern. Bei der sexuellen Auslese bestimmen Paarungspräferenzen, welche Eigenschaften es in die nächste Generation schaffen.

Unsere Psyche ist durch eine bisweilen prekäre Balance von natürlicher und sexueller Auslese geformt worden – durch die faktische Notwendigkeit, unser tägliches Brot zu beschaffen, und das romantische Bedürfnis, Liebe zu finden und Nachkommen zu zeugen. Natürliche Selektion ist blind, sie hat keinen anderen Zweck, als diejenigen Lebewesen auszuwählen, die am besten an die allgemeinen Anforderungen angepasst sind. Demgegenüber besitzt die sexuelle Auslese ein Auge für Schönheit, obwohl es natürlich im Auge des Betrachters liegt, was Schönheit ist. Sie – und es ist für gewöhnlich eine Sie – hat bei der Ausgestaltung des Verlaufs der zukünftigen Evolution ein Wörtchen mitzureden. Pfauenhennen bevorzugen Pfauenhähne mit langen und attraktiven Schwänzen, auch wenn diese ausgesprochen energieintensiv sind, wenn es um natürliche Auslese geht. Sie entscheiden sich für den Kerl mit dem ungünstigen, aber prachtvollen Schwanz, exakt weil er so einen albernen Ballast darstellt. Jeder Pfauenhahn, der so viel Energie für eine auffällige Zurschaustellung vergeuden kann, muss den allgemeinen Fitness-Test zuvor mit links geschafft haben. Rokoko-Schwänze haben einen negativen Wert bei der natürlichen Auslese, zeigen aber, dass der Besitzer super Gene haben muss, was Vermehrung betrifft, Nahrungssuche, Bekämpfung von Parasiten, Entkommen vor Raubtieren und alles andere, das erforderlich sein wird, ihren Nachkommen das Überleben zu ermöglichen.

Manche unserer psychischen Merkmale haben sich entwickelt, weil sie uns halfen, bei dem Spiel der natürlichen Auslese anzutreten, bei dem es um die Bewältigung von Herausforderungen der Umwelt geht. Andere waren nützlicher für das Paarungsspiel, weniger, um das Überleben des Individuums sicherzustellen, als vielmehr um Fortpflanzungserfolge zu fördern. Vielleicht haben wir unsere Sprache, das Theaterspielen, Musik und künstlerischen Fähigkeiten entwickelt, weil sie üppige Kennzeichen unserer Fitness waren: Talent ist sexy, weil es auf gute Gene fürs Überleben hindeutet.

Für viele Menschen war es damals und ist es heute noch schwer, sich mit Darwins materialistischer Psychologie abzufinden. In einem allgemeinen Passionsspiel nicht mehr im Mittelpunkt zu stehen, sondern sich stattdessen mit einer kleinen Nebenrolle als einfach nur eine weitere Primatenart zufriedengeben zu müssen, die bloß darum kämpft zu überleben und sich zu vermehren, macht keinen Spaß. Ebenso wenig macht es Spaß, die Illusion eines freien Willens und der bewussten Kontrolle über all unsere Handlungen zu verlieren. Aber Darwin fand eben auch eine pantheistische Größe in der unentwirrbar komplexen Evolution des Baums des Lebens. Das Verständnis unserer animalischen Seele verleiht uns die potenzielle Macht, sie den aktuellen Erfordernissen unseres Überlebens anzupassen. Unwissenheit ist in einer Welt sich schnell ändernder existenzieller Herausforderungen, die von uns Geistesgegenwart und Flinkheit verlangen, weder Glück noch Segen.

Das große Wunder der Evolution ist ihre Liebe zu Variabilität und Toleranz für Vielfalt. Wie unglaublich, dass nach wahrlich unzähligen Würfen der evolutionären Würfel ein Einstein dabei herausgekommen ist, aber eben auch ein Trump. Die Dauer des Überlebens jeder x-beliebigen Art und das Timing oder die Ursachen ihres am Ende unvermeidlichen Verschwindens sind nicht absolut vorherbestimmt, sondern ergeben sich aus den komplexen und zufälligen Interaktionen einer sehr großen Zahl von Variablen. Bei manchen Würfen der Würfel löschen wir uns womöglich bald selbst aus. Bei anderen entwickeln wir uns vielleicht zu erheblich weiseren Lebewesen, die besser geeignet sind, gegenwärtige Erfordernisse zu meistern und auf absehbare Zeit zu gedeihen. Trump ist hoffentlich nicht mehr als ein vorübergehender Einserpasch.

Hirnanatomie: Reptil, Säuger, Primat, Mensch

Die Evolution kann nur auf bereits existierenden Strukturen aufbauen und behält für gewöhnlich in ihren neuen Entwürfen bei, was in den alten nützlich war. Die neuronalen Netze, die für unsere Reptilien-, Säugetier- und Primatenvorfahren gut funktionierten, bleiben in unseren menschlichen Gehirnen erhalten und spielen weiterhin eine wesentliche Rolle bei der Ausbildung unserer menschlichen Natur.

Manche Dinge, die wir tun – atmen und essen, Blutdruck und Herzschlag regulieren –, benutzen Teile unseres Gehirns, die sich ursprünglich in reptilischen Zeiten entwickelt haben und immer noch genau wie bei Reptilien funktionieren. Andere Aspekte des menschlichen Verhaltens – sich verlieben, Kinder betreuen, die Körpertemperatur regulieren – haben sich in der Zeit der Säugetiere entwickelt und funktionieren ebenfalls noch ganz genauso. Wieder andere Elemente unseres Charakters – unsere Emotionen, die Familie, das Sozialgefüge – haben sich in der Zeit der Primaten entwickelt, auch sie sind unverändert. Die Fähigkeiten, die am deutlichsten menschlich sind – Sprache und abstraktes Denken, Zukunftsplanung, themenunabhängige Entscheidungsfindungen –, werden mit unserem erst kürzlich entwickelten und stark vergrößerten Neokortex in Verbindung gebracht; ihm verdanken wir unser übermäßig großes Hirn-Körper-Verhältnis und alle jene Fähigkeiten, die sich daraus ergeben. Die auf die vormenschliche Gehirnevolution zurückgehenden Reste behalten jedoch ihre mächtige und unbewusste Kraft, die einen großen Teil unseres Verhaltens steuert, meist ohne dass wir uns dessen bewusst sind.

Alle primitiveren Systeme sind untereinander und mit unserem spezifisch menschlichen Neokortex über umfangreiche Verbindungen vernetzt, die es den verschiedenen Systemen im Großen und Ganzen erlauben, wie aus einem Guss zusammenzuarbeiten. Sämtliche vom Reptiliengehirn ausgehenden, den Körper regulierenden Funktionen laufen automatisch außerhalb jeder Kontrolle eines Neokortex-Bewusstseins ab und kommen glücklicherweise auch ohne seine aktive Aufsicht aus. Viele emotionale Reaktionen und Motivationsantriebe, die auf unsere Säugetier- und Primatenvorfahren zurückgehen, sind ebenfalls autonom, obwohl sie dem Neokortex Bericht erstatten und bis zu einem gewissen Grad von diesem gesteuert oder doch zumindest modifiziert werden. Emotionen entstanden in der evolutionären Kaskade vor dem Erkenntnisvermögen, sie kommunizieren Botschaften an andere und uns selbst mit einer Direktheit, die Sprache und rationalem Denken trotzt. Wir empfinden Dinge auf tiefe, schnelle und unbeschreibliche Weise, bei der selbst die besten Dichter nicht mithalten können.

Ein großer Teil der Tragik (und ein etwas kleinerer Teil der Pracht) des Menschseins folgt aus der Tatsache, dass wir programmiert sind, Entscheidungen eher auf Emotionen als auf Vernunft basierend zu treffen. Es gibt eine größere Zahl vom emotionalen, limbischen System des Gehirns ausgehender Verbindungen zu seinem Kortex als in umgekehrter Richtung. Dies führt zu einem unfairen Wettstreit zwischen emotionaler und rationaler Entscheidungsfindung. Der Kortex wird von sich schnell bewegenden emotionalen Nachrichten überflutet und verfügt nur über begrenzte und noch dazu langsamer agierende Ressourcen, um sie einzuordnen und zu kontrollieren. Daher rührt auch die stupende Richtigkeit von Platons Metapher: Unser schwacher Wagenlenker-Kortex müht sich ab, unser wildes, leichtsinniges limbisches System zu zähmen.

Der menschliche Kortex hat erstaunliche Dinge vollbracht, er hat Shakespeares Theaterstücke erschaffen, Einsteins Gleichungen, Leonardos Erfindungen, Apples iPhone. Er agiert als Dirigent und hat das Bewusstsein geformt, welches uns die Illusion ermöglicht, mit einem freien Willen unser Verhalten, unsere Gefühle und Gedanken zu kontrollieren. Aber, wohl oder übel, kontrolliert unser Primaten-limbisches System auch weiterhin einen großen Teil unserer ständig ablaufenden Entscheidungsprozesse. Emotionale Entscheidungsfindung funktionierte gut genug, um das Überleben unserer Spezies bis in die moderne Welt hinein zu gewährleisten, ist aber jetzt der Ursprung jener gesellschaftlichen Wahnideen, die unser weiteres Überleben bedrohen. Der Sieger in dem ewigen Widerstreit zwischen rationalem Kortex und emotionalem limbischen System wird über das Schicksal der Menschheit entscheiden.

Im Zentrum dieser Auseinandersetzung steht die Amygdala, sie ist der Schlüssel dazu, wie der Streit ausgeht: zwei winzige, mandelförmige und vielseitige Strukturen, tief eingebettet im Gehirn mit zahlreichen Verbindungen zu vielen anderen Hirnarealen. Bemerkenswerterweise laufen alle unsere intensivsten und bedeutungsvollsten Emotionen (Angst, Lust, Zorn) hier zusammen. Sobald eine bedrohliche Sinnesempfindung registriert wird, sei es durch das Sehen, Hören, Fühlen, Schmecken oder Riechen, gelangt diese Information umgehend in die Amygdala, noch bevor sie den Kortex erreicht. Die Amygdala tritt sehr schnell und unbewusst in Aktion, lange bevor der Kortex das Signal interpretieren und entscheiden kann, was zu tun ist. Nachdem der Kortex die Nachricht erhalten hat, kann er die Situation realistischer beurteilen und für einen gewissen Grad an reifer, rationaler Beaufsichtigung sorgen.

Die Amygdala handelt nicht nur sehr schnell, sie speichert Empfindungen auch und wird dominant, wie man an der Stärke unserer irrationalen Ängste, grundlosen Wutausbrüche und süchtig machenden Freuden sieht. Die Amygdala ist bis zu einem gewissen Grad vom Kortex unabhängig. Sie ist verantwortlich für unser Verhalten, das automatisch und außerhalb unserer Kontrolle abläuft – also kurz gesagt für alles, was uns höchstwahrscheinlich in Schwierigkeiten bringen kann. Blitzschnelle Amygdala-Entscheidungen waren lebensrettend im mörderischen Spiel der Evolution, sie lösten die Kampf-oder-Flucht-Reaktion aus, die nötig ist, um einem Raubtier auszuweichen und sich zu schützen. Aber automatische und irrationale Angst, Wut und Vergnügungssucht der Amygdala sind heute in aller Regel schlechte Ratgeber bei rationalen, auf lange Sicht angelegten Entscheidungsfindungen. Zudem sind Amygdala-gestützte Impulse äußerst schwer zu verändern und zu beherrschen.

Die moderne Kognitionswissenschaft und das Neuroimaging, also bildgebende Verfahren für das zentrale Nervensystem, liefern quantitative experimentelle Beweise, die die Funktionsweisen der verschiedenen Systeme unseres Gehirns veranschaulichen. Sie bestätigen überzeugend die Erkenntnisse von Darwin und Freud. Daniel Kahneman hat vor einiger Zeit eine anschauliche Zusammenfassung veröffentlicht (*Schnelles Denken, langsames Denken*), in der er die alltäglichen kognitiven Konsequenzen unseres geschichteten Gehirns beschreibt. Für diese Forschungen wurde er mit dem Nobelpreis ausgezeichnet. Wie Freud unterscheidet er zwei Formen der Entscheidungsfindung. System 1 ist schnell, handelt automatisch, emotional, intuitiv und eher vorprogrammiert. Es repräsentiert die gesammelte Lebenserfahrung unserer Spezies in hochkonzentrierter und leicht anwendbarer Form. Wenn man ein Impala an einem Wasserloch ist, will man nicht zu lange und angestrengt darüber nachdenken, ob man bei einem sich nähernden Gepard so schnell wie möglich losrennt oder nicht. System 2 ist eher neokortikal – es arbeitet langsamer, rational, abwägend, evidenzbasiert, logischen Regeln folgend, wissenschaftlich.[47]

Beide Systeme sind an ihrem jeweiligen Platz sinnvoll. Das Denken mit System 1 hat unserer Spezies geholfen, lange genug zu überleben, um aus der Dunkelheit heraus in den Mittelpunkt der evolutionären Bühne zu treten, heute ist es jedoch ein schwerwiegendes Hindernis für unser Überleben auf der neuen und ganz anderen Bühne, die wir selbst konstruiert haben. Außerstande, sich schnell und flexibel neuen und bekannten Herausforderungen anzupassen, ist dieses Denken der Ursprung all unserer selbstzerstörerischen gesellschaftlichen Wahnideen. Egoistische, aggressive Instinkte wie bei Schimpansen haben uns (unter tatkräftiger Mithilfe unseres cleveren Neokortex) aus einer dünn besiedelten Welt mit wenigen Millionen Exemplaren in eine übervölkerte mit sieben Milliarden Menschen katapultiert – aber diese Instinkte sind gefährlich überaltert, sobald es darum geht, wie diese sieben Milliarden jetzt friedlich und umweltverträglich zusammenleben könnten. Es würde mindestens Zehntausende von Jahren Evolution dauern, um unsere System 1-Gehirne zu aktualisieren; Zeit, die wir wohl kaum haben. Alles, was auf uns noch zukommen wird, verlangt danach, dass unser in jüngerer Zeit entwickeltes System 2 mit seinem menschlichen logischen Denken die Kontrolle über die konditionierten Reflexe übernimmt, die in die älteren System 1-Hirnstrukturen eingebaut sind.

Stattdessen haben wir Trump – einen Mann, der unumwunden zugibt, sich fast ausschließlich auf seinen »Bauch« zu verlassen. Seine ausgeprägten System 1-Amygdala-Reflexe scheinen weitgehend unkontrolliert von rationalem, kortikalem Denken aus System 2 zu sein. Zudem besitzt er die besondere Gabe, bei seinen Anhängern das schlechteste irrationale Denken und die primitivsten impulsiven Handlungen hervorzulocken. Als Individuen und als Gesellschaft müssen wir Widerstand leisten gegen Trumps massiven System-1-Angriff auf den gesunden Menschenverstand und mit klarem System-2-Denken dagegenhalten. Wenn wir überleben sollen, muss der rationale Verstand sich wieder gegen irrationale Impulse und bloße Hirngespinste durchsetzen.

Neuronen, Netzwerke, Neurotransmitter

Was die technische Eleganz eines Vogelflügels, eines Schneckengehäuses, eines Spinnennetzes oder des DNA-Moleküls anbelangt, können die intelligentesten Designer des Massachusetts Institute of Technology nicht mit der Natur und ihrem Trial-and-Error-Verfahren konkurrieren. Menschen tun ganz allgemein gut daran, Anleihen bei der Natur zu nehmen oder sie nachzuahmen, statt zu versuchen sie zu übertreffen. Erlaube der Evolution eine Billion Versuche und Irrtümer, und am Ende erhält man, Milliarden von Jahren später, ein kompliziertes und unglaublich schönes System, in dem die meisten Irrtümer und Fehler aufgelöst oder umgangen wurden. Intelligentes Design erweist sich in der Regel am Ende als erheblich weniger intelligent.

Soweit wir das sagen können, ist unser menschliches Gehirn die komplexeste Schöpfung der Natur und ihre größte Konstruktionsleistung. Seine hoch komplizierten Strukturen und Prozesse nachzuzeichnen, ist eines der faszinierendsten intellektuellen Abenteuer unserer Zeit und ein wichtiger Schritt zu einem besseren Verständnis dessen, was in uns vorgeht, wie wir ticken. Aber das Gehirn gibt seine Geheimnisse nicht so leicht preis, und noch sind wir weit davon entfernt, all seine Rätsel aufzuklären. Wie erzeugt dieses durchschnittlich drei Pfund schwere, schnörkelige, unauffällig aussehende Protoplasma Verstand, Bewusstsein, Persönlichkeit, Verhalten und das, was wir unsere Seele nennen? Das menschliche Gehirn enthält rund 86 Milliarden Neuronen, fast so viele wie es Sterne in unserer Galaxis gibt, und jedes ist mit tausend anderen Neuronen verbunden, was sich zu 100 Billionen Synapsen aufaddiert. Jede Nervenzelle muss bei ihrer Entwicklung außerdem eine komplizierte Choreografie bewältigen, wobei sowohl Gene als auch Erfahrung sie anleiten, um das verwandte Neuron zu finden, mit dem es kommunizieren wird. Neuronen, die zusammen feuern, sind auch miteinander verdrahtet. Weil es viel zu wenige Gene gibt (circa 20.000), um 100 Billionen Verbindungen mit detaillierten Vorgaben zu leiten, muss Erfahrung eine sehr große Rolle dabei spielen, wie Netzwerke verschaltet werden und miteinander arbeiten. Und es wird noch viel komplizierter, wenn man bedenkt, dass jedes einzelne Neuron jede Sekunde Hunderte von Nachrichten abfeuert und empfängt. Das menschliche Gehirn trotzt der Chaostheorie – bei all seiner Komplexität besteht das eigentliche Wunder nicht darin, dass manchmal etwas schiefläuft, sondern dass so oft alles gut geht.[48]

Wir sollten Ehrfurcht und Dankbarkeit für dieses Geschenk empfinden, aber gleichzeitig die Grenzen unseres Gehirns erkennen. Die Natur muss auf den Strukturen und Prozessen aufbauen, die bereits vorhanden sind. Und sie stand bei der Konstruktion unseres Gehirns ernsten Hürden gegenüber – bei jedem einzelnen Schritt musste sie sich mit zwar brillanten, aber doch auch improvisierten Lösungen abfinden. Kein Ingenieur, der etwas auf sich hält und bei null anfängt, würde einen Plan entwerfen, der unserem Gehirn ähnelt; er würde viel zu langsam, redundant, kompliziert und energieintensiv erscheinen, um die Zustimmung eines skeptischen Kunden zu finden.

Unser Erregungsleitungssystem ist schrecklich ineffizient. Die Evolution hatte keinen Metalldraht in ihrem Werkzeugkasten und musste daher irgendwie mit dem einzigen ihr zur Verfügung stehenden elektrischen Leiter vorliebnehmen – lebenden Zellen. Computer können aus zwei Gründen erheblich schneller rechnen als menschliche Gehirne: Elektrischer Strom pflanzt sich etwa tausendmal schneller in Draht fort als in Neuronen, zudem wirkt der synaptische Spalt zwischen zwei beliebigen Neuronen wie eine bremsende Straßensperre, die den Austausch von chemischen Botenstoffen erfordert. Die Natur verdient großen Respekt für die Raffinesse, die Nervenzellen zu einem höchst effektiven, wenn auch ein wenig unvollkommenen System der Informationsverarbeitung ausgestaltet zu haben.[49]

Neuronen besitzen lange, schlanke Anhängsel, die beim Menschen eine Länge von bis zu einem Meter ausgehend von ihrem Zellkörper erreichen können und so Verbindungen mit vielen anderen Neuronen in Netzen erlauben, die hintereinander und über weite Entfernungen zusammenarbeiten, um all die verschiedenen Hirnfunktionen ausführen zu können. Auch die Methode der elektrischen Leitung ist genial. Winzige Kanäle entlang der neuronalen Membran öffnen und schließen sich, um geladenen Ionen den Ein- und Ausgang zu erlauben. Dadurch entstehen Spannungsdifferenzen zwischen der Innen- und Außenseite der Membran, die kaskadenförmig vom Zellkörper bis zum präsynaptischen Endpunkt weitergereicht werden. Als Nächstes werden kleine Portionen Neurotransmitter in die Synapse freigelassen, wo sie ihren Weg zu einem Rezeptor auf dem empfangenden Neuron finden, der spezifisch dafür ausgelegt ist, sie zu binden. Wenn der Neurotransmitter-Schlüssel in das Rezeptor-Schloss am postsynaptischen Ende passt, sorgt der gleiche Prozess des Öffnens und Schließens in einem Kanal dafür, dass sich das Signal entlang der Membran des nächsten Neurons weiterbewegt und von dort dann zum nächsten und wieder nächsten.

Die Verwendung von lebenden Zellen brachte jedoch auch eine Reihe von Vorteilen mit sich. Sie sind formbarer als Metall und passen besser in den winzigen Raum, den unser Schädel bietet. Weiterhin sind sie hervorragend geeignet, unsere feste Programmierung an sich verändernde Bedingungen anzupassen, sie bilden neue Verbindungen und kappen alte in Reaktion auf neue Erfahrungen. Allerdings ist das menschliche Gehirn äußerst ineffizient, was den Energiehaushalt anbelangt. Um die ständigen chemischen Reaktionen am Laufen zu halten und die Ausbreitung seiner elektrischen Impulse zu gewährleisten, müssen etwa 25 Prozent unserer Kalorienaufnahme aufgewendet werden.

Wir wissen noch nicht viel darüber, wie die Hunderte von Neurotransmittern innerhalb unserer Billionen von synaptischen Verbindungen funktionieren, um Gefühle, Gedanken und Handlungen zu erzeugen. Vor fünfzig Jahren hatten wir eine einfache und elegante Neurotransmitter-Theorie, aber der seitdem erfolgte enorme Fortschritt in den Neurowissenschaften hat uns gelehrt, dass das menschliche Gehirn diese einfachen Theorien immer wieder zunichtemacht, wie plausibel sie vorübergehend auch erscheinen mögen.

Zwei Neurotransmitter arbeiten in dem Belohnungssystem der Amygdala zusammen, um zwei verschiedene Arten von Lustgewinn zu bieten: das Verlangen und die Befriedigung desselben. Dopamin wird während des antizipatorischen Vorspiels ausgeschüttet, um uns in Fahrt zu bringen und zu motivieren, das zu tun, was nötig ist, um zu bekommen, was wir haben wollen. Es kommt zu einem Dopamin-Kick, einer vermehrten Ausschüttung von Dopamin, wenn wir eine Speise riechen, die wir mögen, oder ein Glas Wasser einschenken oder ein attraktives Mädchen, einen attraktiven Mann vorbeigehen sehen oder das Kino betreten oder uns auf eine Party freuen oder einen Freund über die Straße gehen sehen oder uns vor einem Training aufwärmen oder E-Mails öffnen oder die Sonne hinter einer Wolke hervorkommen sehen. Endorphine hingegen sind für das angenehme Gefühl verantwortlich, wenn wir Hunger, Durst, Lust, unsere Bedürfnisse nach sozialen Kontakten, nach Bewegung oder intellektueller Neugier befriedigen. Die Evolution ist ökonomisch und konservativ – die gleichen Neurotransmitter haben die gleiche Rolle in all diesen unterschiedlichen angenehmen Situationen, sie sind speziesübergreifend und benutzen ähnliche Netzwerke des Gehirns.[50]

Diese Lustsysteme motivieren uns zu vielem von dem, was wir tun, häufig auch wider besseres Wissen. Wenn ich, wie vor fünfzehn Minuten, um zwei Uhr morgens ein Stück Pizza esse, dann habe ich wie ein Roboter-Fortsatz des Lustzentrums meines Gehirns gehandelt. Ich mag Pizza sehr, aber ich bekomme Sodbrennen und werde dick, wenn ich sie esse, besonders in den frühen Morgenstunden. Ich hatte nicht mal Hunger. Aber der Gedanke an Pizza heizte mein Dopamin-Netzwerk an – und für einen Moment war Pizza das Allerwichtigste in meiner Welt. Mein Kortex warnte mich: »Das wird dir noch leidtun«, aber die Lustzentren hörten nicht zu, und ehe ich mich versah, waren Hände und Mund damit beschäftigt, mich vollzustopfen. Die Freude beim Essen, für die die freigesetzten Endorphine sorgten, während ich munter vor mich hin mampfte, war so herrlich, dass ich dem zweiten Stück einfach nicht widerstehen konnte … und dem dritten.

In der Welt des Mangels, welche die durchschnittlich zu erwartende Umwelt für unsere Vorfahren darstellte, war dies die richtige Überlebensstrategie: Nimm so oft wie möglich so viele Kalorien wie möglich der Nahrung auf, die dir besonders gut schmeckt, weil sie ein guter Brennstofflieferant sind (nicht vergessen, wir müssen dieses hungrige, energetisch ineffiziente Gehirn ernähren). Mein Lustzentrum ist jedoch ziemlich schlecht angepasst an unsere derzeitige Überflusswelt, in der wir eigentlich jederzeit Zugang zu Fastfood und gut gefüllten Kühlschränken haben. Mein Kortex sagt Nein, aber er ist evolutionär jung und zu schwach, um die viel älteren und (zu oft) stärkeren Lustzentren zu kontrollieren.

Gesellschaft wird von und für Individuen mit raffgierigen Lustzentren gebildet. Gesellschaftliche Wahnideen und die daraus folgenden gesellschaftlichen Fehler werden durch die rohe Gewalt des Lustprinzips ähnlich befeuert. Wir wollen kollektiv erheblich mehr metaphorische Pizza vertilgen als zur Verfügung steht und gut für uns ist. Wir werden nur dann überleben, wen wir unsere Gier auf unmittelbare Befriedigung erheblich besser kontrollieren, als ich es gerade vor dem Kühlschrank demonstriert habe. Trump ist ganz sicher kein gutes Vorbild für Mäßigung und auch nicht gerade ein Trommler für Selbstbeherrschung. Wir müssen uns eine erwachsene Steuerung unserer Impulse aneignen, auf neuronalem, individuellem und auch auf gesellschaftlichem Niveau.

Besondere Erwähnung verdient hier Oxytocin, weil es einen so starken Einfluss sowohl auf unser soziales wie auch asoziales Verhalten hat. Es wird im Hypothalamus gebildet und dann zur Lagerung zum Hinterlappen der Hypophyse transportiert. Nur Säugetiere verfügen über Oxytocin, und tatsächlich ist dieses Hormon weitgehend für die Umwandlung von Reptilien- in Säugetierverhalten verantwortlich. Säugetiere lieben sich und sorgen für ihre Jungen; Reptilien sind metaphorisch und im Wortsinn kaltblütig. Oxytocin ist das Hormon für Verbundenheit, Intimität, Entbindung, Eltern-/Säugling-Bindung, Stillen, Kosen, Körperpflege, Orgasmus, Aneinanderschmiegen und Paarung. Doch es gibt auch eine dunkle Seite: Oxytocin ist zugleich das Stammeshormon. Es hilft, unsere Bindung an den Stamm zu stärken, es veranlasst uns, unsere Verwandtschaft zu mögen, sich ihr gegenüber loyal zu fühlen, sie zu verstehen, ihr zu vertrauen, sie zu lieben. Zugleich hilft es den Angehörigen des Stammes aber auch, Außenseiter, die nicht zur Gruppe gehören, zu erkennen, abzulehnen, sich ihrer zu erwehren, sie zu hassen, zu missachten und ihnen zu misstrauen. Tribalismus war früher der wertvolle Beschützer schwacher Individuen in einer grausamen Welt. Heute ist er zu dem Hauptgrund dafür geworden, dass die Welt so grausam ist. In unserem engmaschig verflochtenen globalen System stellt Tribalismus einen Luxus dar, den wir uns eigentlich nicht leisten können, er fördert Kriege, verhindert Geburtenkontrolle und steht kooperativen Lösungen von gemeinsamen Problemen im Weg. Wir müssen lernen, dieses positive, von Oxytocin induzierte Stammesgefühl der Zugehörigkeit für alle Mitglieder der menschlichen Spezies zu empfinden, nicht nur für eine Clique oder ein Land. Trump zeigt genau die falsche Oxytocin-Reaktion: sehr schwach, was das warme, diffuse Gefühl betrifft, lächerlich stark bezüglich der Stammesressentiments.[51]

Angst und Sorge werden von der Amygdala verarbeitet und durch die Interaktionen eines bemerkenswert komplexen Cocktails von Neurotransmittern reguliert (Dopamin, Noradrenalin, Epinephrin, Adrenalin, Glutamat, GABA und Serotonin), was erklärt, warum sie von so vielen verschiedenen Medikamenten (Benzodiazepine, Antidepressiva, Antipsychotika, Barbiturate, Sedativa, Opioide) und Substanzen (Alkohol, Cannabis, Nikotin) verringert werden können.

Das für Wut zuständige Netzwerk des Gehirns ist noch strittig, an seinen Implikationen wird noch gearbeitet. Es steht außer Frage, dass eindeutige Verletzungen des präfrontalen Kortex Wutzentren in der Amygdala enthemmen und das Risiko von Gewalttätigkeit erhöhen können. Weitgehend ungeklärt ist jedoch die Frage, ob weniger offensichtliche kortikale Abweichungen verantwortlich sind für ausgeprägtes unsoziales Verhalten und für die alltägliche Wutsteuerung (oder eben deren Abwesenheit). Naheliegende, aber noch nicht vollends schlüssige Beweise deuten darauf hin, dass entwicklungsgemäße Unreife für das höhere Risiko von Gewalttätigkeit bei Teenagern verantwortlich ist. Hirnschaden und/oder Hirnunreife wird manchmal von Strafverteidigern und den von ihnen engagierten Experten als Entschuldigung für Straftaten oder als Grund für mildere Strafen vorgebracht (»Mein Gehirn hat mich dazu gezwungen«). Meiner Meinung nach ist dies ein kaum überzeugendes und eher fadenscheiniges Argument mit dem Ziel einer verminderten Strafmündigkeit. An der Erzeugung und Hemmung von Wut und Gewalttätigkeit sind zahlreiche Neurotransmitter beteiligt, die bislang am besten erforschten sind Serotonin, GABA, Dopamin und Noradrenalin. Und zahlreiche Substanzen, besonders Alkohol und aufputschende Mittel, wirken enthemmend. Auch männliche Macho-Hormone spielen eine wichtige Rolle – die Evolution hat für Männer den Kampf und für Frauen die Flucht favorisiert.[52]

Magisches Denken

Unsere Vorfahren waren auf magisches Denken, Rituale und Mythen angewiesen, um das seelische Wohl zu finden, das ihnen ein illusorisches Gefühl von Kontrolle bot, da sie nur sehr wenig echte Kontrolle über ihre Welt besaßen beziehungsweise ein mechanistisches Verständnis der Welt. Gesellschaftliche Wahnideen sind unsere modernen Pendants. Unsere Vorfahren vollführten einen rituellen Tanz, um Regen heraufzubeschwören, malten tief im Inneren von Höhlen, um Beutetiere anzulocken, und betraten mit einem Schamanen die Geisterwelt, um Krankheiten zu heilen. Wir ignorieren, dass Überbevölkerung Krieg, Hungersnot und Seuchen verursacht, dass das Verbrennen fossiler Brennstoffe die gefährliche globale Erwärmung verursacht, dass das Bombardieren von Dörfern diese nicht rettet. Wunschdenken ist tief in unseren Genen verankert und wird gut gegen die Unbilden der Logik und gegen wissenschaftliche Fakten verteidigt. Es ergab damals keinen Sinn, um Regen zu tanzen. Es ergibt heute keinen Sinn, sich unsere existenziellen Bedrohungen wegzuwünschen, sich vorzustellen, sie würden schon wie von Zauberhand irgendwie verschwinden und passiv auf eine Rettung in allerletzter Minute durch göttliche Fügung oder Hightech zu warten.

Unsere Lage hat sich im Lauf der Zeit erheblich verändert, auch wenn sich unsere Schwäche für magisches Denken behauptet hat. In unserer evolutionären Vergangenheit waren wir Komparsen, und so ziemlich alles, was geschah, lag eindeutig außerhalb unseres Einflussbereichs. Heute stehen wir im Rampenlicht der Bühne und haben mächtige Instrumente zur Verfügung – sowohl um uns selbst und die Welt zu retten, als auch um sie zu zerstören. Wir müssen uns schleunigst von der hartnäckigen Täuschung befreien, dass wir unsere Zukunft ja sowieso nicht in der Hand hätten und uns deshalb auch keine Sorgen darum machen oder etwas unternehmen müssten, um sie zu verbessern. Es gibt keinen Status quo – fortgesetztes magisches Denken vermittelt uns vorübergehend ein gutes Gefühl oder wäscht uns von jeder Schuld rein, hindert uns jedoch auch daran, echte Schritte zu unternehmen, um echte Probleme zu lösen. Während wir im gegenwärtigen Augenblick gefangen leben, vergessen wir unsere Verantwortung gegenüber unseren Kindern und Kindeskindern.

Selbst wenn man an einen allmächtigen und gnädigen Gott glaubt, ist es eine schlechte Option, ihn dafür verantwortlich zu machen, uns vor uns selbst zu retten. Wir verursachen den Klimawandel und müssen die Verantwortung übernehmen, ihn zu bändigen. Das verheerende Bevölkerungswachstum in Afrika und dem Nahen Osten wird sich noch verschlimmern, weil Trump seiner Wählerbasis nachgegeben hat und Programmen zur Familienplanung die Finanzierung entzieht. Wir werden Zusammenbrüche bei Energie, Wasser und Rohstoffen erleben, sofern wir nicht jetzt hart an Einsparung und alternativen Quellen arbeiten. Und wir müssen bei der Reglementierung von Waffenbesitz den Kopf aus dem Sand ziehen, andernfalls werden wir auch weiterhin jeden Monat Massenmorde und hohe Mord- und Selbstmordraten zu beklagen haben.

Um reif zu werden und unsere hartnäckige Neigung zu magischem Denken hinter uns zu lassen, müssen wir zunächst einige der kognitiven Verzerrungen verstehen, die es schüren.

1. KURZFRISTIGE VERZERRUNG

Hobbes hat es nur zum Teil richtig getroffen, als er sagte, das Leben im Naturzustand sei »einsam, armselig, ekelhaft, tierisch und kurz«.[53] Es war zu seiner Zeit ganz sicher nicht einsam, und in vielerlei Hinsicht war es wahrscheinlich erheblich weniger tierisch als unser heutiges Leben. Allerdings war das prähistorische Leben armselig und sehr kurz. Wenn die durchschnittliche Lebenserwartung bei weniger als fünfunddreißig Jahren liegt, ist man geneigt, sich auf das bloße Leben und das unmittelbar Lebensnotwendige zu konzentrieren: jeden Tag sein Auskommen zu haben, nicht zum Mittagessen eines anderen Lebewesens zu werden, Sex zu haben und Kinder aufzuziehen. Die Folgen hat Hobbes aber durchaus richtig erfasst: »Keine Künste, keine Literatur, keine gesellschaftlichen Beziehungen, und es herrscht, was das Schlimmste von allem ist, beständige Furcht und Gefahr eines gewaltsamen Todes.« In ihrer keinen Fehler verzeihenden Welt trugen unsere Vorfahren jeden Tag einen harten Überlebenskampf aus und konnten nicht vorauskalkulieren oder auf lange Sicht planen. Sich Sorgen über die Zukunft zu machen war ein unerschwinglicher Luxus, wenn das Überleben so ungewiss war.

Und weil unsere Vorfahren nicht genetisch auf die Erfordernisse langfristiger Planung eingerichtet waren, sind wir es auch nicht. Das langsame Tempo der Evolution hat uns bei der Entscheidungsfindung mit dem Hang dazu verflucht, kurzfristig und kurzsichtig zu denken – klug in prähistorischen Zeiten, heute aber eine dumme Strategie, die zu schlechten persönlichen Entscheidungen und gefährlichen gesellschaftlichen Wahnideen führt. Dies erklärt, warum ich so viel Zeit damit verbringe, wie ein Reptil das kurzfristige Vergnügen des Aalens in der Sonne zu genießen, während ich gleichzeitig das langfristige Risiko von Hautkrebs ignoriere. Mein Bewusstsein weiß es besser, wird aber sogleich von einem erheblich stärkeren hedonistischen Reflex zum Schweigen gebracht. Ähnlich hedonistische Entscheidungsbildungen sorgen dafür, dass viele Männer nur wegen der unwiderstehlichen, aber auch sehr flüchtigen Belohnungen eines One-Night-Stands wundervolle Ehen ruinieren und Frauen verlieren, die sie lieben. Der kurzzeitige Kick der Aneignung verführt Konsumenten zum Kauf von Dingen, die sie sich nicht leisten können und die sie nicht benötigen. Und Drogensüchtige ertragen ein Leben in extremem Elend, nur um kürzeste vorübergehende Rauschzustände zu erleben.

Die Macht der kurzfristigen Belohnung ist in einer ganzen Reihe überraschend einfacher Studien demonstriert worden, die wir unter der Bezeichnung »Marshmallow-Test« kennen. Kinder wurden vor eine schwierige Entscheidung gestellt: Nimm dir eine Süßigkeit sofort oder warte fünfzehn Minuten und erhalte dann noch eine zweite. Die Fähigkeit des Belohnungsaufschubs nimmt mit der Reife zu, und Kinder, denen in beliebigen Altersstufen der Belohnungsaufschub besser gelang, kamen auch in ihrem späteren Leben besser zurecht. Ein wunderbarer Cartoon des *New Yorker* zeigt Trump beim Marshmallow-Test. Es ist seine Amtseinführung, und im Hintergrund haben sich die Honoratioren versammelt, als der Präsident des Obersten Gerichtshofs Roberts ihm einen Teller mit einem kleinen Gegenstand darauf anbietet. Die Bildunterschrift lautet: »Sie können diesen Marshmallow sofort essen, oder Sie bekommen von mir, wenn Sie fünfzehn Minuten warten, zwei Marshmallows und ich vereidige Sie als Präsident der Vereinigten Staaten.« Unsere Welt fiel schon vor Trump beim Marshmallow-Test durch[54] und ist nun seinen skurrilen und launenhaften Einfällen ausgeliefert. All unsere gesellschaftlichen Wahnideen rechtfertigen unsere Schwierigkeit, der direkten und unmittelbaren Belohnung zu widerstehen, und schieben sie beiseite, selbst wenn unsere heutigen Handlungen unseren Kindern die Gelegenheit nehmen, in der Zukunft ihre eigenen Marshmallows zu genießen. Trumps überlebensgroße Persönlichkeit, kombiniert mit seiner weltmeisterlichen Unreife, beschleunigen den Prozess, alle Marshmallows der Welt jetzt sofort aufzuessen. Seine unersättliche

Gier nach allem, was er kriegen kann, verstärkt die unstillbare Gier unserer Gesellschaft. Seine bekanntermaßen kurze Aufmerksamkeitsspanne verstärkt das Unvermögen unserer Gesellschaft, für die langfristige Zukunft der Menschheit zu planen. Seine Impulsivität treibt unsere eigene nur noch mehr an.

2. OPTIMISTISCHE VERZERRUNG

Sowohl die natürliche als auch die sexuelle Selektion haben die Gene der unbeschwerten Optimisten favorisiert – rund 80 Prozent von uns besitzen eine angeborene optimistische Verzerrung, die den Sieg der Hoffnung über die Erfahrung begünstigt.[55] Optimismus half unseren Vorfahren, sich den Herausforderungen unserer anspruchsvollen evolutionären Vergangenheit zu stellen. Wer über eine trostlose Gegenwart hinweg auf eine bessere Zukunft sehen konnte, konnte wahrscheinlich eher durchhalten und sich durchsetzen. Weil es mit ihnen mehr Spaß macht und weil sie zuversichtlich sind, gewinnen Optimisten auch beim Liebesspiel. Mathematische Modelle belegen, dass eine positive Voreingenommenheit häufig eine siegreiche kurzfristige Strategie darstellt, selbst wenn sie langfristig zu ernsten Problemen führen kann.[56] Dank bildgebender Verfahren wissen wir heute, dass Optimisten mehr Aktivität in der linken Hirnhälfte zeigen, während der Pessimismus offenbar eher auf der rechten Hälfte zu Hause ist.

Davon abgesehen hat auch der Optimismus seine Schattenseite. Optimisten überschätzen Vorteile und unterschätzen Nachteile, Risiken und Kosten auf eine Art und Weise, die zu echten Schwierigkeiten führt.[57] Als Individuen machen wir mehr Schulden als wir sollten, lassen uns mit Menschen ein, von denen wir besser die Finger ließen, und legen nicht genug Geld fürs Alter zurück. Als Gesellschaft überbevölkern wir die Welt, verschwenden Ressourcen und verschmutzen die Umwelt. Übervertrauen führt dazu, dass wir uns selbst etwas vormachen – massive Selbstüberschätzung, vermeintliche Immunität gegen Schäden aller Art und das trügerische Gefühl, es gäbe Hoffnung für die Zukunft. Selbst Experten und Fachleute, die es eigentlich besser wissen müssten, begehen diesen Fehler, Ärzte überschätzen Vorteile und Nutzen einer Behandlung und unterschätzen ihre Risiken, Finanzplaner jagen Aufschwüngen hinterher und sehen nicht mögliche Pleiten, Generäle verwickeln uns in Kriege, die wir nicht gewinnen können.

Ungerechtfertigter Optimismus, der uns sehr gute Dienste geleistet hat, als wir noch in kleinen Gruppen lebten, die sich tagtäglich gegen existenzielle Bedrohungen behaupten mussten, führt heute quasi zur vorprogrammierten Katastrophe, nachdem wir zwar die Welt im Griff haben, aber gleichzeitig so große Schwierigkeiten haben, uns selbst zu beherrschen. Für Kriege, Finanzblasen, Überbevölkerung, übermäßige Bautätigkeit und eine unzureichende Ausstattung mit Ressourcen kann durch die Bank das positive Trugbild verantwortlich gemacht werden, die Zukunft könne schon für sich selbst sorgen.

Mr. Micawber in Dickens' Roman *David Copperfield* lebt (wie Dickens' eigener Vater) ständig über seine Verhältnisse und steht immer mit einem Bein im Schuldturm, macht sich jedoch keine Sorgen dank eines andauernden, aber völlig unangebrachten Vertrauens darauf, dass »sich schon etwas ergeben wird«. Micawber ist zum Synonym für einen Typus geworden, der vom *Merriam Webster Dictionary* definiert wird als »jemand, der arm ist, aber in der optimistischen Erwartung einer besseren Zukunft lebt«, kurz gesagt ein unverbesserlicher Optimist ist. Er ist ein Symbol des wahnhaften Glaubens, wir könnten bei unseren gegenwärtigen Entscheidungen rücksichtslos verschwenderisch sein, weil uns in der Zukunft schon irgendetwas retten wird. »Sei willkommen, Armut! Willkommen Not! Willkommen Hunger! Willkommen Obdachlosigkeit! Willkommen Lumpen! Sturm! Und Betteln! Gegenseitiges Vertrauen wird uns bis zu Ende aufrechterhalten!«

Als sich dann aber nichts ergibt, stehen Micawber und seine Lieben mit leeren Händen da. Trump ist ein Micawber ohne dessen Liebenswürdigkeit – ein Bauernfänger, der unrealistische optimistische Versprechungen macht (bezüglich Jobs, Defiziten, Wohlstand und einer Wiederkehr der amerikanischen Vormachtstellung in der Welt), die er unmöglich halten kann. »Wenn man sowieso denken muss, warum dann nicht gleich groß denken und sich hohe Ziele stecken.« Einfältiges »großes« Denken führt zu einfältigen Antworten, die meistens katastrophal danebenliegen. Selbstgefälliger, unangebrachter Optimismus beraubt uns nun womöglich unserer Zukunft.

3. PESSIMISTISCHE VERZERRUNG

Die meisten Menschen sind nicht durchgängig optimistisch oder pessimistisch. Ich selbst bin im Alltag sehr optimistisch, aber deutlich pessimistischer, was die Zukunft unserer Welt betrifft. Ich neige dazu, die Qualität meines Tennisspiels zu optimistisch einzuschätzen, bin aber viel zu pessimistisch, was den Aktienmarkt betrifft. Auch hat sich bei mir das Verhältnis der beiden Einstellungen im Laufe meines Lebens eher zu pessimistisch hin verschoben. Auch Trump ist ein Situationist, soweit es den Pessimismus betrifft, aber auf andere Art. Er sieht sich und alles, was er tut, stets durch eine rosarote Brille, während er andere und alles, was sie tun, wie durch ein dunkles Glas sieht. Als Menschen wie als Gesellschaft fahren wir am besten, wenn wir realistisch sind und Pessimismus und Optimismus harmonisch ausbalancieren.

Pessimismus hat seine Vor- und Nachteile. Er schützt uns vor vielerlei Wunschdenken und liefert eine präzisere Einschätzung gegenwärtiger Risiken und zukünftiger Auswirkungen.[58] Doch übermäßiger Pessimismus ist kontraproduktiv und gefährlich. Wenn man bei allem zu sehr die Kehrseite sieht, zerstört man Hoffnung und ermuntert zu Passivität. Pessimisten unterschätzen ihre Fähigkeit, Erfolg zu haben, und geben bei Aufgaben auf, die sie schaffen könnten, wenn sie es nur weiter versuchten. Ein mutloses Konzentrieren auf das halb leere Glas schließt Kreativität und den Ehrgeiz kurz, es wieder aufzufüllen. Kümmern wir uns zu intensiv um die Risiken jeder Lösung, machen wir uns blind gegenüber den Möglichkeiten. Wir werden uns gar nicht erst bemühen, Probleme wie Überbevölkerung oder Klimabeeinflussung anzupacken, wenn wir glauben, es handle sich ohnehin um längst hoffnungslose Fälle. Wir müssen einen Mittelweg finden, eine realistische Einschätzung, welche die Verantwortung für die Regulierung unserer Zukunft akzeptiert, ohne zu verzweifeln, weil es für jede Veränderung vermeintlich längst zu spät ist oder Lösungen sowieso unmöglich zu sein scheinen.

4. ANGST–VERZERRUNG

Dank bildgebender Verfahren wissen wir, dass sich die rationalen Schaltkreise im Kortex abschalten, wenn die Schaltkreise der Angst in der Amygdala anspringen – was erklärt, wie und warum wir erstarren und nicht mehr klar denken können, wenn wir Angst haben. Ängstliche Menschen sehen schnell überall lauernde Gefahren, missinterpretieren neutrale Dinge als bedrohlich und fällen übereilt Urteile, ohne nachzudenken. Angst führt zu passiver Lähmung oder schlechten Entscheidungen. Das ist die Rache für die wertvolle Rolle, die Entscheidungen über Flucht oder Kampf einst dabei spielten, uns im Verlauf unserer langen Vorgeschichte wiederholt die Haut zu retten. Ohne die Amygdala wären wir Raubtieren nicht aus dem Weg gegangen oder wären zu Sündenböcken unserer Rivalen geworden. Aber Flucht und Kampf haben in unserer modernen Welt viel von ihrem Wert verloren. Zu viel Angst führt zu Lähmung und irrationaler Entscheidungsfindung; zu wenig Angst führt zu Tod oder Gefängnis.[59]

Politisch Konservative neigen mehr als andere dazu, in Angst zu leben. Sie zeigen stärkere physiologische Reaktionen auf erschreckende Stimuli, besitzen eine größere Amygdala und reagieren auf bedrohliche Szenarien mit verstärkten Hirnaktivitäten. Trump appelliert an Ängste, indem er Bedrohungen übertreibt, damit er sich als Beschützer, starker Mann und Retter in den Vordergrund stellen kann. Das ist schon immer ein Standardverfahren von Möchtegern-Diktatoren gewesen.[60]

5. WUT-VERZERRUNG

Entscheidungen im Zorn sind für gewöhnlich schlechte Entscheidungen. Dies liegt zum Teil an den verzerrenden Effekten der Wut auf rationale Beurteilungen (noch einmal: es ist die Amygdala, die hier kontrolliert, was geschieht, nicht der Kortex). Außerdem ist Zorn eine besonders intensive Emotion, und je mächtiger eine Emotion ist, desto mehr verzerrt sie unsere Wahrnehmungen, Gedanken und Handlungen (wir erinnern uns, dass unser Gehirn so verdrahtet ist). Und schließlich führt Zorn zu besonders schnellen Handlungen mit wenig Zeit, die Folgen abzuwägen. Die Evolution hat das Überleben desjenigen begünstigt, der den ersten Schlag ausführt. Wütende Entscheidungen sind beschränkt, schlecht durchdacht, unzureichend geplant, kurzsichtig, ichbezogen und riskant. Wütende Menschen entwickeln leichter Vorurteile, halten länger an ihnen fest und sind eher bereit, ihnen auch Ausdruck zu verleihen. Sie fühlen sich bedroht, selbst wenn es gar keine Bedrohung gibt, empfinden Respektlosigkeit angesichts von harmlosen Dingen und schlagen instinktiv zurück als Reaktion auf geringfügige oder überhaupt nicht vorhandene Provokationen. Sie sind aggressiv, defensiv, impulsiv und rechtfertigen sich häufig. Das Ziel ihrer Wut kann zum alleinigen Mittelpunkt ihrer Aufmerksamkeit werden, wodurch die Beurteilung von Kontext, Verhältnismäßigkeit und die Auswahl an möglichen alternativen Handlungsweisen stark eingeschränkt wird.[61] Kriege, Schlägereien, Autounfälle, Polizeibrutalität, häusliche Gewalt, Scheidungen und Kindesmissbrauch sind allesamt Beispiele schlechter Entscheidungen, die im Zorn getroffen wurden. Ebenso wie Trump-Tweets.

6. STATISTISCHE VERZERRUNG

Computer-Gehirne sind für hohe Rechenleistung bei statistischen Aufgaben optimiert, menschliche Gehirne nicht. Sie lieben die Verarbeitung großer Zahlenmengen, wir dagegen die Erfindung erzählerischer Handlungsstränge. Menschen haben die Welt fast viertausend Jahre lang mathematisch erforscht, aber mit der Erfindung der Statistik haben wir erst vor etwa fünfhundert Jahren begonnen, und es widerstrebt uns immer noch, sie in tägliche Entscheidungen einzubinden. Wir haben große Angst vor seltenen, aber dramatischen Ereignissen (statistische Ausreißer wie Angriffe von Haien oder Terroristen), während wir erheblich prosaischere, aber viel tödlichere Risiken gewaltig unterschätzen (wie zum Beispiel Autounfälle, Krankenhausinfektionen, Unfälle mit Schusswaffen oder Rauschgiftüberdosen). Ärzte gründen ihre Entscheidungen viel zu oft auf den Ausgang ihrer letzten paar Fälle, statt auf den kumulierten Wert von Zehntausenden Fällen. Die meisten Wähler beurteilen den potenziellen Wert verschiedener Ansätze der Wirtschaftspolitik danach, wie sehr sie den Berichterstatter mögen, anstatt zu schauen, was faktisch unterm Strich dasteht. Und der durchschnittliche Mensch beurteilt die Gefahren des Klimawandels ausgehend vom Wetter der jüngsten Zeit, statt sich an den statistischen Modellen der Wissenschaftler zu orientieren und aus Trends der Vergangenheit auf Möglichkeiten für die Zukunft zu schließen. Unsere zunehmend komplexe Welt macht es noch schwerer, rationale Entscheidungen zu treffen, ohne dass Computer mit statistischen Programmen sehr große Datensätzen auswerten.[62] Aber unsere nur zu menschliche Leidenschaft für die narrative anstelle von statistischer Wahrheit bewirkt, dass viele Menschen narrative Lügen schlucken, die zu furchtbaren Entscheidungen führen.

7. BESTÄTIGUNGSFEHLER

Wir »sehen, was wir sehen wollen«, und Google, Twitter und Facebook helfen uns, einen hermetisch abgeriegelten Kreis von Gleichgesinnten zu erschaffen. In der amerikanischen Politik könnte man meinen, die Rechte und die Linke würden komplett andere Medien konsumieren. Wir meiden die Websites, Tageszeitungen und Fernsehsender, die uns widerstrebende Meinungen vertreten, und folgen denen, die uns am genehmsten sind. Soziale Netzwerke vergrößern unseren Stammeskreis deutlich, bringen aber meist nicht mehr Vielfalt. Und je größer und vermeintlich verlässlicher der Kreis, desto größer ist seine Macht, unsere bereits bestehenden Vorurteile zu bestätigen. Der Herde zu folgen erschwert es außerdem, aus Fehlern zu lernen; die Gruppe verstärkt die kollektive Überzeugung, sie sei einfach zu groß, um zu scheitern, und könne gar nichts Falsches tun.[63]

Humpty-Trumpty saß auf einer Mauer

Die meisten unserer natürlichen, angeborenen Reflexe sind präadaptiert, um uns mit den Fähigkeiten zu versehen, die vor fünfzigtausend Jahren zum Überleben erforderlich waren. Seitdem hat sich die Welt gewaltig verändert, aber die menschliche Natur ist ziemlich konstant geblieben. Unsere Gehirne waren groß genug, um eine unglaublich komplexe moderne Welt zu erschaffen, aber nicht immer flexibel genug, um optimal auf die neuen Herausforderungen zu reagieren, vor die diese uns stellt. Schaltkreise des Gehirns, die damals zu großartigen Entscheidungen führten, verleiten uns heute häufig zu schrecklichen Entscheidungen. Unsere stärksten, schnellsten und befriedigendsten Motivationen, als Individuen wie als Gesellschaft, sitzen in einem Modus fest, der kurzfristige, egoistische, hedonistische Vorteile optimiert, auch wenn unsere derzeitige Situation dringend ein Modell erfordert, das eher auf Nachdenken als auf Emotionen basiert, mehr auf Kooperation und Altruismus setzt statt auf Eigennutz, mehr auf langfristige Erfüllung und Zufriedenheit statt auf kurzfristigen Genuss. Spätere Kapitel werden ein Programm zur Neuausrichtung unserer Anreize vorstellen, damit diese im Einklang stehen mit dem Erhalt einer nachhaltigen Welt für künftige Generationen.

Trump stellt die denkbar schlimmste Kombination aus unangebrachtem Pessimismus, deplatziertem Optimismus, Wut und Angstmacherei dar. Er ist auf absurd überzogene Weise pessimistisch, was den Zustand unseres Landes betrifft – wohin er sich auch dreht und wendet, er sieht nur Schwäche, Verfall, Dummheit, Korruption und Gefahr. Er ist gleichermaßen absurd optimistisch, was seine Fähigkeit betrifft, alles perfekt zu machen, noch besser, als man es sich erträumen könnte, und zwar nicht durch seine politische Linie, sondern allein aufgrund seiner gigantischen Persönlichkeit. Trumps doppelte Verzerrung besteht darin zu behaupten, heute sei in Amerika wirklich alles beschissen, er aber werde es wie durch Zauberei wieder groß machen. Er ist absolut wütend auf jeden, der seine Verzerrungen nicht schluckt, seine Errungenschaften nicht bewundert oder nicht nach seiner Pfeife tanzt. Eine solche spitzenmäßige Selbstüberschätzung hat in der menschlichen Geschichte meist zu spitzenmäßigen Niedergängen geführt. Die Frage ist, wie weit Humpty-Trumpty unser Land und die Welt in den Abgrund treiben wird, und ob wir in der Lage sein werden, uns davon wieder zu erholen.

KAPITEL 3

Amerikanischer Exzeptionalismus

O Wunder! Wie viele herrliche Geschöpfe es hier gibt!
Wie schön der Mensch ist! O schöne neue Welt,
die solche Bürger trägt!

SHAKESPEARE, DER STURM

Amerikanischer Exzeptionalismus ist ein typisch amerikanisches Phänomen. Um es mal so auszudrücken: Wir sind als Land auf dem dritten Base geboren, tun aber häufig so, als hätten wir einen Triple geschlagen![64] Die Vereinigten Staaten wurden auf einem riesigen Kontinent voller einzigartiger, natürlicher Ressourcen gegründet, einem Kontinent, der scheinbar »leer« war, nachdem Krankheiten die Ureinwohner heimgesucht und geschwächt hatten. Währenddessen sah sich das Land kaum bis gar nicht bedroht, von europäischen Mächten okkupiert zu werden, selbst als es sämtliche Vorteile der westlichen Technologie und Ideen und des Kapitals genoss. Nachdem sie Jahrhunderte oder gar Jahrtausende abwechselnd Erfolg und Scheitern ertragen hatten, waren andere Länder bescheidener in ihren Bekundungen von Tugendhaftigkeit, vorsichtiger in ihrer Herrschaftsausübung, sich ihrer Grenzen bewusster, skeptischer und tragischer in ihrem Blick auf die Welt. Wir sind immer noch ein adoleszentes Land, in mancher Hinsicht großartig, aber doch auch unreif, impulsiv, besserwisserisch und auf leichtsinnige Art risikobereit. Trump repräsentiert die schlechteste Ausprägung des amerikanischen Exzeptionalismus. Wir müssen dessen Ursprünge verstehen, die erhabenen und die gemeinen, wenn wir seinen überraschenden Aufstieg zur Macht verstehen wollen. Und wir müssen ganz sicher Trump und seine besonders schädliche und vulgäre Version dieses Exzeptionalismus bändigen, denn beide sind äußerst gefährlich, sowohl für Amerika als auch für die Welt als Ganzes.

Meine erste Berührung mit amerikanischem Exzeptionalismus erfolgte bereits in recht jungem Alter, und dies auf eindringliche emotionale Weise über meinen Vater. 1923 hatte er als Einwanderer aus Thessaloniki die Vereinigten Staaten erreicht, nur wenige Wochen vor Einführung restriktiver neuer Einwanderungsgesetze. Mein Vater war Amerika so dankbar, sein Leben gerettet zu haben, dass er an seiner neuen Heimat nie etwas auszusetzen fand und immer glaubte, sie sei weise und gut. Wann immer die Vereinigten Staaten etwas falsch machten, brachte er Entschuldigungen vor und fand andere Schurken, die verantwortlich gemacht werden konnten. Viele Amerikaner teilen seine Voreingenommenheit nach dem Motto »Fürs Vaterland, ob im Recht oder Unrecht!« – allzeit bereit, im Zweifel zu unseren Gunsten zu entscheiden. Carl Schurz, auch er ein Einwanderer, vertrat eine gesündere und letztlich auch echtere patriotische Einstellung: »Fürs Vaterland, ob im Recht oder Unrecht; wenn im Recht, dann beim Recht zu erhalten, wenn im Unrecht, dann zum Recht zu führen.«[65] Amerika ist immer noch das mit Abstand mächtigste, einflussreichste und idealistischste Land der Welt – aber es ist außerdem ein großer Verursacher von Umweltschäden, Vergeuder von Ressourcen und Waffenhändler. Wenn wir niesen, fängt sich die ganze Welt eine Erkältung ein. Wenn wir Fehler begehen, leidet jeder auf dem Planeten, direkt oder indirekt.

Der Ausdruck »außergewöhnlich«, »exzeptionell« wurde zum ersten Mal in den 1830er-Jahren von dem unser Land besuchenden Franzosen Alexis de Tocqueville auf Amerika angewandt, als ironische Beschreibung unseres zwanghaften und übermäßigen kommerziellen Eifers sowie unseres mangelnden Interesses an allen kulturellen Dingen: »Die Haltung der Amerikaner ist daher recht außergewöhnlich. (…) Ihre streng puritanische Herkunft, ihre ausschließlich geschäftlichen Gepflogenheiten, ja selbst das Land, das sie bewohnen, welches ihren Intellekt abzulenken scheint von der Beschäftigung mit Wissenschaft, Literatur und den Künsten, wie auch die Nähe zu Europa, die es ihnen erlaubt, diese Beschäftigungen zu vernachlässigen, ohne in Barbarei zu verfallen, all dies hat auf einzigartige Weise zusammengewirkt, das amerikanische Bewusstsein auf rein pragmatische Dinge zu richten.« Tocqueville sah in Amerika sowohl das Beste wie das Schlechteste. Wir sind vielleicht geldgierige Arbeitsesel mit unangenehm spitzen Ellbogen, aber wir waren auch die Hoffnung der Welt – außergewöhnlich wegen unserer einzigartigen Geschichte, Größe, Vielfalt an Hintergründen, Fülle der Naturschätze, geografischen Isolation, Demokratie, wirtschaftlichen Freiheit, persönlichen Freiheiten, Individualismus, Offenheit gegenüber neuen Ideen und Erfindungen, fehlenden Wirtschaftsregulierung, wirtschaftlichem Verstand und Chancengleichheit.[66]

Der utopische Thomas Morus gegen den dystopischen William Shakespeare

Lange bevor eine große Zahl von Europäern den Kontinent überhaupt betreten hatten, gab es bereits gegensätzliche Ansichten darüber, was aus Nordamerika werden könnte. Im frühen 16. Jahrhundert richtete Thomas Morus seine Hoffnung auf eine bessere Gesellschaft auf die »neue Welt«; ein Jahrhundert später prophezeite William Shakespeare geheimnisvoll, dass ein Standortwechsel die Mängel der menschlichen Natur nicht tilgen könne. Kolumbus war erst zehn Jahre tot, als Morus den Begriff »Utopia« prägte und sich entschied, ihn auf einer erfundenen Insel nahe der erst kurz zuvor entdeckten Gestade Amerikas zu verorten. Utopia ist ein Wortspiel. Auf Altgriechisch bedeutet der Begriff »kein Ort«, klingt jedoch wie »Eu-topia« oder »guter Ort«. Morus erkannte, dass seine ideale Republik unmöglich irgendwo in der Alten Welt existieren konnte, hoffte jedoch, sie könnte sich in der Neuen etablieren. Befreit von der tief verwurzelten Korruption Europas, war dem Menschen in Amerika unerwartet eine zweite Chance gegeben worden, sich selbst zu erlösen und eine perfektere Gesellschaft zu formen.

Das »Utopia«, das nach Morus' Vorstellung Amerika sein würde, war wohlgeordnet, gelassen und tolerant – in hartem Kontrast zum wild-chaotischen England der Tudor-Zeit (das schon bald Sir Thomas' rüde Hinrichtung auf Befehl seines einstigen Freundes und Förderers König Heinrich VIII. erleben würde). Die Menschen dieser Neuen Welt würden sich ihre Führer in freien Wahlen aussuchen und hätten das Recht, jeden Usurpator abzusetzen, der sich unangemessene Macht angeeignet hatte. Diplomatie machte Kriege überflüssig. Die Bevölkerungszahl wurde sorgfältig überwacht und gleichmäßig aufgeteilt, indem für Wanderungsbewegungen zwischen der Insel und dem Festland gesorgt wurde. Menschen aller Konfessionen waren willkommen und lebten friedlich miteinander. Es herrschte gemeinsamer Besitz am Eigentum, und alle Erträge wurden großzügig und gleichmäßig geteilt. Jeder hatte produktive Arbeit, aber der Sechs-Stunden-Tag ließ reichlich Zeit für Muße und Studien. Die medizinische Versorgung war kostenlos. Die Rechte der Frauen übertrafen bei Weitem die zeitgenössischen Standards, auch wenn sie nicht ganz an die modernen heranreichten. Und Morus, ein Verfechter der mittelalterlichen katholischen Kirche (der bei ihrer Verteidigung starb), befürwortete nichtsdestoweniger in direktem Gegensatz zur aktuellen Lehrmeinung der katholischen Kirche Ehescheidung, Euthanasie und Priesterehe. Auch brauchte es in Utopia keine Juristen, die Gesetze waren so einfach, dass jedermann sie kannte und befolgte – ein geradezu rührender, selbstaufopfernder Zug, war Morus doch auch einer der größten Juristen aller Zeiten. Amerika wäre in der Tat außergewöhnlich gewesen, hätte es seinen Traum verwirklicht.[67]

William Shakespeare ließ Thomas Morus' utopische Blase zerplatzen, indem er die Möglichkeit vorhersah, dass sich der amerikanische Traum in einen Albtraum verwandeln könnte. Es ist nicht allzu bekannt, dass sowohl Shakespeares erstes als auch sein letztes Theaterstück auf Morus' Leben und Werk basieren: *Sir Thomas More* war ein frühes biografisches Stück, das zusammen mit mehreren anderen Autoren geschrieben wurde; *Der Sturm* war dann Shakespeares brillante satirische Demontage von Morus' *Utopia*. Bei aller Sympathie für Morus' persönliche wie religiöse Zwangslage stimmte Shakespeare nicht mit seiner politischen Einstellung überein und hielt seine Psychologie für hoffnungslos naiv. Diese ersten Verse Shakespeares fangen vorzüglich ein, warum unvollkommene Menschen anlagebedingt nicht fähig sind, utopische, perfekte Welten hervorzubringen.

Denn's würden andre Dünkelprotze, ganz nach Laune,
kraft ihrer Macht, kraft ihrem Recht, kraft ihrer
höchsteignen Ziele
euch wie Haie anfalln, und raubfischgleich
würd Mensch den Menschen fressen.[68]

Wenn der junge Shakespeare bereits desillusioniert war, so war der alte Shakespeare vollkommen verzweifelt. Im Alter von siebenundvierzig Jahren macht er den *Sturm* zu einer Punkt-für-Punkt-Widerlegung von Morus' optimistischer Sicht des Menschen und des Potenzials des amerikanischen Traums. *Der Sturm* spielt, wie *Utopia*, auf einer Insel unmittelbar vor der Küste Nordamerikas. Doch Shakespeare verspottet rabiat die Idee, ein Neuanfang in der Neuen Welt könne mit einem Schlag all die in der Alten Welt angesammelten Sünden und Ungerechtigkeiten ungeschehen machen. Morus' Neue Welt ist ein glücklicher, blühender und friedlicher Ort, wohlgeordnet, rational, tolerant, ausgeglichen und voller Wohlwollen gegenüber allen Menschen. Shakespeares Neue Welt hingegen ist karg, unfruchtbar und verlassen, angetrieben von stürmisch-leidenschaftlichen Emotionen und hinterhältiger Rache. Sie kann nicht besser sein als die Alte Welt, weil die Menschen, wohin auch immer sie gehen mögen, doch immer die gleichen tragischen Beschränkungen mit sich bringen.

Der entthronte und verbitterte Prospero war auf eine abgelegene und öde Insel verbannt worden, begleitet allein von seiner unschuldigen Tochter Miranda. Während sie aufwuchs, kannte sie nur zwei Menschen, ihren Vater und den wilden einheimischen

Sklaven Caliban. Prospero, Shakespeares dystopisches Double, hat einen tiefen Blick in die menschliche Seele geworfen und dabei nur Lust, Habgier, Intrige und Verrat gefunden. Miranda, in ihrer jungfräulichen Naivität, betrachtet das vordergründige Gesicht des Menschen und sieht nur »eine schöne neue Welt« voller Schönheit und Versprechungen. Miranda trägt Morus' naive utopische Vision der Zukunft in sich; Prospero teilt Shakespeares desillusionierte dystopische Sicht, dass die Zukunft der Vergangenheit nicht entfliehen kann.

Wie sich herausstellt, lag Shakespeares pessimistische Vision erheblich näher an der tatsächlichen Realität der amerikanischen Erkundung und Nutzung als die von Morus. *Der Sturm* basiert auf wahren Vorkommnissen. Eine Hilfsflottille für die neu gegründete und hungernde Kolonie Jamestown war in einem Sturm vor der Küste von Bermuda gesunken. Praktisch umgehend begannen die schiffbrüchigen Überlebenden mit politischen Spaltungen, Konflikten und Betrügereien. Die unerschrockenen Forschungsreisenden, die damit beschäftigt waren, die Welt in der Zeit von Morus und Shakespeare zu vermessen und zu erobern, waren zum größten Teil harte und nicht selten skrupellose Männer. Einige wenige von ihnen träumten tatsächlich davon, eine perfekte Gesellschaft zu erschaffen, doch keiner hatte damit Erfolg. Die Neue Welt brachte weder einen neuen Menschen noch eine neue Gesellschaft hervor, auf sie wurden lediglich sämtliche Probleme der Alten Welt übertragen.[69] Der nordamerikanische Kontinent war ganz sicher ein außergewöhnlicher Ort und eine außergewöhnliche Chance – aber er entlockte den Menschen, die sich auf ihm ansiedelten, keine edlen Züge.

Shakespeare erschuf Miranda als Personifizierung von Morus' argloserem Menschenbild. Nachdem sie seit ihrer frühen Kindheit auf der Insel isoliert gewesen war und nichts vom Lauf der Dinge in der Außenwelt kennt, reagiert sie begeistert auf den ersten Kontakt mit ihr. Aber ihr Erstaunen über diese »schöne neue Welt« ist vielleicht die ironischste Äußerung aller Stücke Shakespeares, einem Œuvre, dem es an Ironie nicht mangelt. Die Geschöpfe, denen Miranda begegnet, sind nicht fein und das menschliche Geschlecht ist nicht schön. Sie ist zu jung, dies zu verstehen, und muss es selbst lernen. Prospero, der weiß, wie »solche Leute« wirklich sind, bremst behutsam mit seinem »Es ist dir neu«. Der weise, runzlige alte Zauberer, der schon alles gesehen und erlitten hat, ist bezüglich der Motive des Menschen auf eine Art zynisch, wie es Morus und Miranda nicht sind. Miranda zu sein macht im Moment mehr Spaß, hinterlässt sie aber auch blind für zukünftige Folgen. Prosperos Pessimismus mag schmerzhafter sein, ist aber ein zuverlässigerer Ratgeber bei der Entscheidungsfindung.

Und was hat der Sklave Caliban mit alldem zu tun? Er ist der Mensch im Naturzustand, ein Geschöpf der Leidenschaft, ein kaum maskierter Kannibale. Das Beste, was die Gesellschaft tun kann, ist, die niedrigsten Emotionen in Schach zu halten: Der Mensch in seinem Naturzustand ist unzivilisiert und nicht edel. Wir können gesellschaftliche Institutionen, wie unvollkommen sie auch sein mögen, nicht ändern, ohne die stürmische Anarchie der entfesselten menschlichen Triebe zu riskieren. Shakespeare war ein Anhänger von Hobbes, bevor es einen Hobbes gab, eine Zurechtweisung von Rousseau, bevor es einen Rousseau gab, und ein vorausschauender Prophet, dass die »schöne neue Welt« verkommen würde zu den weltweiten Schrecken von Genozid, Glaubenskampf, Revolution – und Trump. Shakespeares *Sturm* stellt Morus' *Utopia* auf den Kopf. Mirandas wunderbare »schöne neue Welt« wird am Ende zu Huxleys albtraumhafter *Schönen neuen Welt.*

Die Utopisten gegen die Dystopisten: Zweite Runde

Gottfried Leibniz war einer der klügsten Männer des 17. Jahrhunderts, gleichzeitig jedoch war er auch ein utopistischer Träumer, dessen Philosophie half, den amerikanischen Exzeptionalismus zu festigen. Auf der positiven Seite war Leibniz ein Universalgelehrter, der die Infinitesimalrechnung erfand (unabhängig von Newton, im gleichen Jahr), Konzepte der Mathematik und Logik vorschlug, die erst zweihundert Jahre später wirklich genutzt wurden, das Binärzahlensystem verfeinerte, die Grundlage des modernen Computerwesens, und der die erste, in großen Stückzahlen hergestellte mechanische Rechenmaschine entwarf. Doch dieser ungeheuer kluge Mann vertrat ebenfalls voller Nachdruck etwas, das womöglich die dümmste aller Ideen war – dass wir in der »besten aller möglichen Welten« leben. Leibniz' blinde Flecken gegenüber der Wirklichkeit entstanden aus einer Kombination von angeborenem Optimismus, religiösem Glauben, Glaube an die Logik und einer Naivität bezüglich der ihn umgebenden Welt. Sein Ausgangspunkt war, dass Gott sowohl gut als auch allmächtig ist. Daher muss alles auf der Welt genauso sein, wie Er es haben will. So elend vieles oberflächlich betrachtet auch sein mag, alle Geschehnisse müssen auf die eine oder andere Art die Erfüllung von Gottes Gesamtplan sein.[70] Wenn die amerikanischen Ureinwohner durch Krankheit getötet und im Krieg niedergerungen werden, dann muss Gott dies so gewollt haben. Wenn manche reich sind und andere hungern, dann muss dies Gottes Wunsch sein und es darf nicht daran herumgepfuscht werden. Wem Unheil widerfährt, muss gesündigt haben und hat die Strafe verdient. Wenn manche Herren sind und andere Sklaven, dann sei dies so. Nichts könnte die Scheinheiligkeit des amerikanischen Exzeptionalismus besser rechtfertigen als Leibniz' naiver Optimismus, dass jedes Ereignis, wie unangenehm auch immer, seinen berechtigten Platz in Gottes großem Plan hat. In der modernen Version der Republikanischen Partei müssen wir uns keine Sorgen wegen Klimawandel machen, weil – in dieser besten aller Welten – Gott uns zu Hilfe kommen wird, und wir müssen Ungleichheit nicht beseitigen oder für medizinischen Versicherungsschutz sorgen, denn alles ist Gottes Wille.

Jonathan Swift schrieb *Gullivers Reisen* zweihundert Jahre nach Morus' *Utopia*, einhundert Jahre nach Shakespeares *Sturm* und fünfzehn Jahre nach Leibniz' »bester aller möglichen Welten«, sieben Jahre nach Daniel Defoes *Robinson Crusoe* und fünfzig Jahre vor der Unabhängigkeitserklärung. Sein Roman ist eine boshaft witzige, beißend sarkastische Anfechtung aller positiven Einschätzungen der conditio humana. Gulliver beginnt seine Reise mit dem Ziel Bermuda, dem Fokus so vieler utopischer Träume und dystopischer Albträume. Er wird seinem Namen gerecht, indem er leichtgläubig (gullible) ist, freundlich naiv und liebevoll interessiert an seinen Mitlebewesen. Er beendet seine Reisen mit einem solch misanthropischen Ekel gegenüber den Menschen, dass er ihren Anblick, ihre Laute und ihren Geruch nicht mehr ertragen kann. Seine Reisen an fremde Orte haben ihm die Torheit, Kleinlichkeit, Aufschneiderei, Hinterlist, Selbsttäuschung, Selbstsucht, Gleichgültigkeit und Bösartigkeit des Menschen vor Augen geführt. Je optimistischer wir das Leben beginnen, desto mehr werden wir von ihm enttäuscht sein. Je unrealistisch optimistischer unsere Hoffnungen, desto tiefer wird der Sturz in den Pessimismus ausfallen, ausgelöst durch bittere Erfahrung.[71]

Voltaire war der Nächste in der Reihe der urkomischen Dystopisten, der mit außerordentlichem Vergnügen den Leibniz'schen Utopismus kleinteilig zerpflückte. In *Candide oder der Optimismus* besteht der naive Professor Pangloss hartnäckig darauf, seinem naiven Schüler Candide zu versichern, dass »alles zum Besten steht in dieser besten aller Welten«, obwohl sie wiederholt eine furchtbare Erfahrung nach der anderen machen, Krieg, Krankheit, Hunger, Feuer, Überschwemmung, Erdbeben, menschlicher Verrat, Hinterlist und Scheinheiligkeit. Ein Realist könnte nun schließen, dies sei die schlechteste aller möglichen Welten, aber Pangloss' blind optimistische Voreingenommenheit dauert unvermindert an. Voltaire zeigt uns, dass nur vorsätzliche Blindheit gegenüber empirischer Erfahrung verbergen kann, dass unsere Welt bereits weit davon entfernt ist, perfekt zu sein, und immer noch schlimmer werden kann.[72]

Die eigentliche amerikanische Erfahrung

Das Kernstück des amerikanischen Traums ist die Hoffnung und Ambition, etwas zu erreichen, sowohl auf individueller als auch kollektiver Ebene. Wir sind ein Land, erbaut von Einwanderern, die aus einer ausgelaugten, überbevölkerten, zerrissenen Welt kamen, welche sie in ein neues und einladendes Land ausspuckte, das zumindest ein Lippenbekenntnis zu den Idealen der Freiheit, Chancengleichheit und Erfolg durch harte Arbeit ablegte. Doch eine Schwalbe macht noch keinen Frühling. Unsere Unabhängigkeitserklärung, die konstatiert, dass »alle Menschen gleich« sind, bot große Inspiration, aber sie muss auch 240 Jahre später noch Wirklichkeit werden. »Amerika« bleibt immer noch mehr ein Idealbild als eine Realität – ein edles Unterfangen, immer noch in Arbeit, und Quell berechtigten Stolzes, aber leider auch von viel Desillusionierung.

Morus' erfundenes amerikanisches Utopia ging fast einhundert Jahre der Besiedlung der ersten englischen, auf Dauer angelegten Kolonie auf amerikanischem Boden voraus und hatte einen deutlichen Einfluss auf ihre Ausrichtung. Seine reformerischen Impulse, gefiltert durch Calvin und die Quäker, beflügelten die britischen Kolonisten, als sie sich daran machten, das zu bauen, wovon sie sich erhofften, es werde ihr neues irdisches Paradies. Die Kolonisierung der Neuen Welt durch die Alte wird häufig verklärt (und disneyfiziert) als idealistische Suche nach religiöser Freiheit und politischer Vollkommenheit dargestellt. Von Anfang an mussten der amerikanische Utopismus und Idealismus mit einem eigensinnig nüchternen amerikanischen Handelsgeist konkurrieren. Die weniger hehren Motive – Landhunger, Geschäftschancen, einen Ort für den zweiten und dritten Sohn finden, vor dem Gesetz davonlaufen – werden gern verbrämt, weil sie keinen Gründungsmythos bieten, der inspirierend wäre, um den amerikanischen Exzeptionalismus zu unterstützen und zu rechtfertigen.

Aber wir sollten nicht zu weit in die entgegengesetzte, revisionistische Richtung gehen und die Ernsthaftigkeit des utopischen Traums unterschätzen. Viele, die die gefährliche Reise übers Meer und zu kargen Stränden auf sich genommen haben, taten dies in der ehrlichen Hoffnung, eine deutlich bessere neue Welt zu bauen, wenn sie erst einmal von den entmutigenden Institutionen, Beziehungen und Traditionen befreit wären, welche die Menschen in den erdrückenden bleiernen Traditionen des Alten gefesselt hatten. Das unbevölkerte, jungfräuliche Land – die »Indianer« wurden der Einfachheit halber aus dem reformerischen Bewusstsein der Kolonisten verdrängt – bot quasi eine unbeschriebene Fläche, um die vielen Übel der Menschheit zu korrigieren, die sich in Europa angesammelt hatten. Ein Neubeginn für jeden einzelnen Mann und jede einzelne Frau, und für die Menschheit eine zweite Chance auf Erlösung.

Der Mayflower-Vertrag, unterzeichnet unmittelbar vor dem Anlegen in Plymouth im Jahr 1620, war eine idealistische Lösung für drängende praktische Probleme. Die Reisenden auf der *Mayflower* bestanden etwa zu gleichen Teilen aus religiösen Andersgläubigen (Kongregationalisten bzw. Separatisten, die sich selbst die »Heiligen« nannten) und Abenteurern und Geschäftsleuten (die von Ersteren die »Fremden« genannt wurden). Im Bewusstsein, dass in Anbetracht der Erfordernisse ihrer prekären äußeren Umstände interne Meinungsverschiedenheiten einen unerschwinglichen Luxus darstellten, verfassten Heilige und Fremde einen Vertrag: »[wir] vereinigen uns gemeinsam in einer bürgerlich geordneten Gesellschaft; mit dem Zweck, uns besser zu organisieren, zu schützen und die vorgenannten Ziele zu fördern; und vermöge hieraus solch gerechte und gleiche Gesetze, Verordnungen, Erlasse, Verfassungen und Ämter zu verabschieden, begründen und abzufassen, dies von Zeit zu Zeit, so wie es am angemessensten und günstigsten für das Gemeinwohl der Kolonie scheint: Hierunter versprechen wir uns pflichtgemäß zu unterwerfen und zu gehorchen.«[73] Dieser Gesellschaftsvertrag klärte ihre unterschiedlichen Motive durch eine demokratische, selbstgeschaffene Regierung, basierend auf gemeinsamem Einverständnis zum gemeinsamen Wohl.

Zehn Jahre später (wieder auf einem Schiff kurz vor dem Anlegen, diesmal an einem Ort, der als Boston Harbor bekannt werden würde) hielt John Winthrop die Predigt *A Model of Christian Charity*, mit der er die Eckpfeiler der neuen Massachusetts Bay Colony festlegen wollte. Er zitierte Jesus' Bergpredigt, ermahnte die übrigen Puritaner der Kolonie, das »Licht der Welt« zu erschaffen, und zitierte die Aufforderung des heiligen Augustinus, »die leuchtende Stadt auf einer Anhöhe« zu erbauen. Winthrop warnte seine Brüder ganz realistisch, dass das Leben in der Neuen Welt hart und der Lohn nicht gleichmäßig verteilt sein werde. »Der allmächtige Gott in seiner hochheiligen und weisen Voraussicht hat es für den Menschen so bestimmt, dass zu allen Zeiten einige reich, andere arm, manche hoch und angesehen in Macht und Würde, andere gemein und in Unterwerfung sein müssen.« Doch ungeachtet all ihrer Unterschiede in Herkunft, Fähigkeiten und Reichtum müssen die Menschen in wechselseitiger Abhängigkeit leben wie unterschiedliche Teile eines Körpers, voll der Liebe und Ergebenheit, die Mutter und Kind verbindet. Die Bedürfnisse der Gemeinschaft müssen gegenüber individuellen Bedürfnissen Vorrang haben. Alle müssen gemeinsam daran arbeiten, eine bessere Welt zu erschaffen und ein Vorbild zu werden, dem andere folgen können.[74]

Es ist nicht ganz so gelaufen. Die Siedler konnten die Alte Welt nicht hinter sich lassen, als sie die Neue Welt erschufen. Als sie Gelegenheit hatten, eine schöne neue Welt zu errichten, erlagen sie den gleichen psychologischen und sozialen Zwängen, die der Menschheit folgen, wie weit wir auch umherstreifen. Selbst mit dem bewussten Vorsatz und der religiösen Aufforderung, sich gerecht zu verhalten, taten die Siedler doch häufig Unrecht. Von Anbeginn an war die Kolonie Massachusetts zerrissen von Zwietracht und berüchtigt für Intoleranz, Voreingenommenheit und Aberglaube – man richtete religiös und politisch Andersdenkende hin, raubte Land, tötete amerikanische Ureinwohner und führte die Hexenprozesse von Salem durch. Man erschuf weder eine bessere Welt noch gab man ein sonderlich gutes Vorbild für die existierende Welt ab. Es war ein Teufelskreis. Utopische Ideale degenerierten zu gesellschaftlichen Wahnideen, grausame Taten wurden gerechtfertigt, die utopischen Ideale verraten.

Aus Furcht, dass Geschichte sich stets aufs Negative wiederholen muss, hatte ein zeitgleich stattfindendes Staatsexperiment, basierend auf anderen, realistischeren Prinzipien, einen erheblich positiveren Ausgang. Sieben Jahre nach Gründung der Kolonie Massachusetts verbannten ihre Führer Roger Williams als unerwünschten Kritiker ihrer intoleranten Praktiken und ihres scheinheiligen Idealismus. Er und einige gleichgesinnte Anhänger gingen in die Wildnis, wo sie dann die Providence Plantation gründeten, die im Jahre 1663 Teil der Kolonie Rhode Island wurde, mit völlig gegensätzlichen Thesen zu denen, die er in Massachusetts verabscheute. Williams besaß ein auf gesundem Menschenverstand basierendes Verständnis der menschlichen Psyche und eine gesunde Skepsis bezüglich unserer Fähigkeit, Gottes Willen zu verstehen. Er fürchtete den Zerfall, der zwangsläufig jede Gruppe infiziert, die in der Lage ist, religiöse Autorität einzusetzen, um Eigeninteresse zu rechtfertigen.

Realismus erwies sich als erheblich menschlicherer und effektiverer Weg zu einer erfolgreichen Staatsführung als die überschwänglichen Ansprüche auf Idealismus, Exzeptionalismus und Religion. Williams errichtete eine Regierung durch und für das Volk, die mehr ihren weltlichen Zielen diente, als ein religiöses Paradies abzubilden. Führung basierte auf gegenseitigem Einvernehmen und einer Infrastruktur zweckmäßiger politischer Institutionen, war nicht vorherbestimmt durch den eigennützigen und wunscherfüllenden calvinistischen Mythos, dass Macht der Vorsehung entsprang. Williams führte die damals neue Idee einer »Trennwand« zwischen Kirche und Staat ein, um absolute Religionsfreiheit zu garantieren. Die Kolonie zog schnell eine rührige Mischung aus

Baptisten, Quäkern, Juden und anderen religiösen Minderheiten an, die zum ersten amerikanischen Schmelztiegel werden sollte. Williams hatte weiterhin die damals gleichermaßen außergewöhnliche Vorstellung, dass die amerikanischen Ureinwohner ebenfalls Menschen waren – und von daher automatisch mit den Menschenrechten ausgestattet waren, Land zu besitzen und frei zu leben. Er kaufte ihnen ihr Land ab, statt sie zu enteignen, und trieb mit ihnen Handel, der auf Verträgen statt Erlassen basierte. Williams verstand, wie wichtig es war, belastbare, alltägliche politische Lösungen und Beziehungen zu erschaffen, statt blind auf die optimistische und scheinheilige utopische Vorstellung zu vertrauen, wir wären in der Lage, Gottes Stadt auf dem Hügel zu erbauen.[75]

Vierzig Jahre später unternahm die neue Quäker-Kolonie in Pennsylvania ein »heiliges Experiment«, einen pragmatischen und keinen utopischen Ansatz einer Regierungsform festzuschreiben. Ihr »Frame of Government« führte die verfassungsrechtliche Tradition ein, dass Rechtsstaatlichkeit individuelle Rechte schützen sollte – Religionsfreiheit, freie Wahlen, gerechte Verhandlungen vor einem Geschworenengericht, Schutz des Individuums vor Staatswillkür, Amtsenthebungsverfahren gegen verbrecherische Beamte und Einschränkung der Todesstrafe.[76] Die anderen Kolonien waren zwar erheblich schneller damit, von hehren idealistischen religiösen Zielen zu reden, neigten aber deutlich weniger dazu, den Worten gute Taten folgen zu lassen.

Die ersten und zugleich inspirierendsten Worte des amerikanischen Gründungsdokuments, der Unabhängigkeitserklärung, lauten: »Wir halten diese Wahrheiten für ausgemacht, dass alle Menschen gleich erschaffen wurden, dass sie von ihrem Schöpfer mit gewissen unveräußerlichen Rechten ausgestattet wurden, darunter sind Leben, Freiheit und das Streben nach Glück.« Bei der Abfassung der Erklärung war Thomas Jefferson stark von Morus' *Utopia* beeinflusst, und auch Leibniz' Idealismus war ihm wohlvertraut. Aber Jefferson besaß auch Sklaven und muss erkannt haben, dass sein reales Leben nicht annähernd an seine Ideale herankam. Es war alles andere als »ausgemacht« und »selbstverständlich« im Amerika der Sklavenhalter, dass alle Menschen »gleich erschaffen« sind. Ebenfalls gab es nichts in seiner persönlichen Erfahrung oder in der Erfahrung der neuen Nation, die er proklamierte, das nahelegte, alle Menschen würden mit »unveräußerlichen Rechten« geboren – die Rechte seiner Sklaven wurden auf Jeffersons eigenem, heißgeliebtem Landgut Monticello übel missachtet. Die Vereinigten Staaten wurden mit hochfliegenden utopischen Idealen aus der Taufe gehoben, denen täglich von ihren düsteren tatsächlichen Gegebenheiten widersprochen wurde; eine Kluft, die sich durch unsere Geschichte zieht und für jeden offensichtlich bleibt, der heute eine Tageszeitung liest. Die gute Nachricht war, dass noch nie zuvor eine Nation ihrem Volk (oder besser gesagt den nicht Versklavten) das Recht des Einzelnen auf »Leben, Freiheit und das Streben nach Glück« versprochen hatte. Die schlechte Nachricht war, dass die neue Nation sehr häufig ihre Versprechen nicht hielt.[77]

Die Missdeutung der Wendung »das Streben nach Glück« hat die Währung des amerikanischen Exzeptionalismus zudem herabgesetzt. Jefferson übernahm Worte des Philosophen John Locke, der hundert Jahre zuvor geschrieben hatte, dass »niemand [...] einem anderen an seinem Leben, seiner Gesundheit, seiner Freiheit oder seinem Besitz Schaden zufügen [soll]«. Weiter heißt es bei ihm: »die Notwendigkeit des Strebens nach Glück [ist] die Grundlage der Freiheit.«[78] Der Begriff »Glück« hatte für Locke und Jefferson eine besondere technische Bedeutung, die sich erheblich von modernen, hedonistischen Begriffsinhalten unterscheidet. Für sie bedeutete das »Streben nach Glück«, ein besserer Mensch und ein verantwortungsvollerer Staatsbürger zu werden. Sie verwendeten »Glück« in der Tradition der griechischen Philosophie, wo es sich auf die Bürgertugenden Tapferkeit, Mäßigung und Gerechtigkeit, nicht aber auf individuelles Vergnügen oder Genuss bezog. In seiner *Nikomachischen Ethik* schrieb Aristoteles: »Ebenso stimmt es (...), dass man von dem Glücklichen sagt, er lebe gut und gehabe sich gut. Mit unserer Definition ist ja ungefähr so viel gesagt wie gutes Leben und gutes Gehaben.«[79] Locke hat es unzweideutig ausgedrückt: »Wir sind aufgrund der Notwendigkeit, wahres Glück als unser wertvollstes Gut zu bevorzugen und zu erstreben, verpflichtet, speziell die Befriedigung unserer Gelüste auszusetzen.« Illusorisches Glück sei nicht »wahres und stabiles« Glück.

Das Streben nach Glück wurde in unsere Unabhängigkeitserklärung aufgenommen und ist genau deshalb eine »Grundlage der Freiheit«, weil es uns zu besseren Staatsbürgern, frei von der Versklavung durch individuelle Begehren machen sollte. Wie Jefferson es sagte: »Unser größtes Glücksgefühl hängt nicht von den Lebensbedingungen ab, die uns vom Schicksal aufgezwungen wurden, sondern ist immer das Ergebnis von gutem Gewissen, guter Gesundheit, Beruf und Freiheit in allem Streben.«[80] Amerikaner haben seitdem energisch nach Glück gestrebt, aber viel zu oft sind wir der leichten Vorstellung von Glück hinterhergejagt, wie sie von der Madison Avenue verbreitet wird, und ganz und gar nicht der bürgerlichen Tugend, wie sie Aristoteles, Locke und Jefferson im Sinn hatten. Der stets pragmatische Benjamin Franklin hatte dies kommen sehen: »Die Verfassung garantiert nur das Recht auf das Streben nach Glück. Erhaschen muss man es schon selbst.« Wir werden gleich näher erörtern, wie wir in einer nachhaltigen Welt am besten nach wahrem Glück streben können, anstatt nach den künstlichen und kurzlebigen Lustgewinnen des Konsumenten, die oft unsere Welt bestimmen.

Lincoln verkörperte die erhabenere, erstrebenswertere Dimension des amerikanischen Exzeptionalismus am besten, obschon er sich der Tatsache absolut bewusst war, dass wir uns in einem unfertigen Zustand befanden. Es genügte nicht, unsere eigene vorbildliche Lebensweise zu entwickeln. Die Weitsicht verlangte, dass wir ein Leuchtfeuer für eine bessere Welt entfachen. Seine *Gettysburg Address* beinhaltete die Entschlossenheit, dass »diese Toten nicht vergebens gestorben sein sollen – auf dass diese Nation, unter Gott, eine Wiedergeburt der Freiheit erleben soll – und auf dass die Regierung des Volkes, durch das Volk und für das Volk, nicht von der Erde verschwinden möge.« Die ironische Volte, dass die Vereinigten Staaten, als er im November 1863 auf einem blutgetränkten Schlachtfeld diese Rede hielt, sich gerade in einem der brutalsten Bürgerkriege befanden und noch dazu aus vielerlei falschen Gründen, blieb Lincoln sicher nicht verborgen – gerade in diesem Moment waren wir vermutlich das denkbar schlechteste Vorbild für eine bessere Welt. Doch Lincoln gab nie die Hoffnung auf, dass die Bürgerkriegsstaaten nach ihrer Wiedervereinigung am Ende die Wunden heilen, zurück zu moralischer Überlegenheit finden und andere zur Erlösung führen würden. Lincoln war ein weltlicher Prediger, der sich der tragischen Mängel der Menschheit und Amerikas bewusst war und dennoch stets nach unseren besseren Engeln suchte, die er auch oft genug fand. Falls wir ein auserwähltes Volk sind, müssen wir uns für das Richtige entscheiden, um in unserer Güte »außergewöhnlich« zu werden, nicht in unserer Gier.

»Die Vergangenheit ist nicht tot. Sie ist nicht einmal vergangen.«[81] Der Rassismus, der die Sklaverei billigte, starb nie, sondern nahm lediglich dezentere Schattierungen an. Die *Reconstruction*, die Zeit des Wiederaufbaus nach dem Bürgerkrieg, hätte vielleicht Lincolns Vision eines gerechteren Amerikas verwirklichen können, hätte er lang genug gelebt, um das Land zu führen. Aber die Männer, die ihm folgten, trafen falsche Entscheidungen und schwächten die Gleichberechtigung; die schrecklichen Konsequenzen sind im heutigen tiefgreifenden Rassismus immer noch offenkundig. Auch wenn die Schwarzen vor über 150 Jahren auf dem Papier befreit wurden, wurden sie zunächst der Gewalttätigkeit und dem Freiheitsentzug durch die strenge Jim Crow-Apartheid unterworfen und müssen immer noch innerhalb eines Systems der schändlichen rassischen und ökonomischen Ungerechtigkeit leben. Amerikas großartigstes Buch, *Die Abenteuer des Huckleberry Finn*, vom größten Schriftsteller Amerikas, Mark Twain, durchstach die weiße Scheinheiligkeit, indem es zeigte, dass »black lives matter«: schwarze Leben zählen.[82] Doch der erste große amerikanische Film, *The Birth of a Nation* (ursprünglich *The Clansman*, dt. *Die Geburt einer Nation*), verherrlichte die Tugendhaftigkeit des Ku-Klux-Klan, und Trump gewann die Wahl mit dessen enthusiastischer Unterstützung. Die Heuchelei der Unabhängigkeitserklärung (»alle Menschen sind gleich erschaffen«, bis auf die Sklaven) ist durch die tägliche Heuchelei ersetzt worden. Dabei findet schwarzes Leben oft abgesondert und fast immer in schlechteren Verhältnissen statt, und es zählt nicht genug. Der Bürgerkrieg hat nie aufgehört, die Konföderation hat mit der Wahl von Trump ihre letzte Schlacht gewonnen.

Mark Twain hasste den amerikanischen Imperialismus, der sich hinter frömmelnden Heucheleien wie »offenkundiges Schicksal« und »zivilisierende Mission« versteckte. Mag sein, dass alle Menschen gleich erschaffen sind, aber amerikanische Menschen sind glücklicherweise befugt oder haben sich selbst dazu ermächtigt, andere Menschen zu bezwingen – um die amerikanischen Ureinwohner zu vernichten, die sich ihrem Marsch nach Westen in den Weg stellten, um die Mexikaner im Rahmen eines großen Landraubs zu besiegen, um Kolonien in einem provozierten Krieg mit Spanien zu erobern. Von Jackson über Polk und Teddy Roosevelt bis zu Bush hatten wir eine ganze Abfolge von Präsidenten, die bereit waren, amerikanische Macht auszuüben, um bis an die Grenze unserer Ambitionen zu gehen. Für Mark Twain ist Theodore Roosevelt »die schlimmste Katastrophe, die unserem Land seit dem Bürgerkrieg zugestoßen ist«, und er witzelte bitter, »Gott schuf den Krieg, damit die Amerikaner Geografie lernen.« Er konnte genauso wenig verstehen, warum die Vereinigten Staaten Menschen auf den Philippinen töteten, wie ich nicht verstehen kann, warum wir Menschen in Vietnam getötet haben oder in den endlosen Kriegen in Afghanistan und dem Irak. Der amerikanische Exzeptionalismus sorgte dafür, dass uns alle unsere Kriege vollkommen gerecht erschienen, selbst wenn sie offenkundig ungerecht gegenüber den Völkern waren, in deren Länder wir ungeniert eindrangen. Wir sehen die Dinge sehr häufig nicht, wie sie sind; stattdessen sehen wir sie durch die Brille unserer wirtschaftlichen Interessen und kaschieren unsere Habgier mit einer dünnen Patina Idealismus.[83]

Unterhaltsame Exzeptionalisten wählen

Im Jahre 1776 belief sich die Bevölkerung der dreizehn Kolonien, die schon bald die Vereinigten Staaten werden sollten, gerade mal auf 2,5 Millionen Menschen. Nur ein sehr kleiner Teil von ihnen waren erwachsene weiße Männer mit Besitz, die wahlberechtigt waren und ein politisches Mandat innehatten. Aus diesem kleinen Pool traten George Washington, Thomas Jefferson, Benjamin Franklin, Alexander Hamilton, James Madison, James Monroe, John Adams, John Jay und Dutzende andere hervorragende Männer hervor. Unsere Gründerväter waren hochkarätige Intellektuelle, bewandert in der politischen Theorie der Aufklärung, Geschichte, Philosophie, Naturwissenschaft, Volkswirtschaft und Rhetorik. Die *Federalist Papers* sind Klassiker der politischen Philosophie, und unsere Verfassung hat sich über alle Jahre bewährt. Wir spulen kurz 250 Jahre vor – zu der Ist-Situation, dass sich unsere Bevölkerung um das 150-Fache vermehrt, unser politisches Talent jedoch um vielleicht den gleichen Faktor verringert hat. Nur sehr wenige unserer nachfolgenden Politiker haben auch nur annähernd das Format der ersten Mannschaft unserer Gründungsväter erreicht.

Und in letzter Zeit scheinen Glitter und Glamour wahre Größe weit hinter sich gelassen zu haben. Jeder Politiker ist schon immer auch bis zu einem gewissen Grad ein Unterhaltungskünstler gewesen, aber erst in letzter Zeit haben wir es für angebracht gehalten, uns an die Unterhaltungsindustrie zu wenden, damit sie uns mit Präsidenten versorgt. Hollywood hat uns Reagan gegeben, und das Reality TV gab uns Trump. Wer wäre besser geeignet, unsere gesellschaftlichen Wahnideen zu ersinnen, als ein erfahrener Profi in der Kunst des Ausdenkens von Fantasiegeschichten und in der Verschleierung von Wahrheiten. Hollywood lebt von Dramen, Geschichten aus dem Leben, Gefühlen und dem ewigen Widerstreit zwischen den guten und den bösen Jungs, wobei die Guten immer gewinnen und die Bösen immer bestraft werden. Einfache Szenarien, welche die qualvolle Komplexität und die nötigen Kompromisse des wirklichen Lebens vermeiden. Die meisten kommerziell erfolgreichen Spielfilme und das gesamte Reality TV erreichen ihre Popularität exakt deshalb, weil sie nicht zu viel Nachdenken verlangen. Ronald Reagan war deshalb der talentierteste Politiker seiner Zeit, weil er die Rolle des Präsidenten so gut spielte, völlig unbelastet von allen Gedanken über die zahlreichen schädlichen, unbeabsichtigten Folgen seiner Fehler. Donald Trump wurde im Wesentlichen deshalb Präsident, weil es durch das Reality TV zu einem politischen Pluspunkt geworden ist, nur noch Müll zu reden. Auf dem Weg zu dem »Amerika ist groß«-Schwulst von Reagan und Trump haben wir uns sehr weit von dem stolzen, aber auch bescheidenen Patriotismus eines Washington und Jefferson entfernt. Der redliche David ist groß geworden, um ein prahlerisch schwadronierender Goliath zu werden.

Jeder ist durch und durch amerikanisch

Reagan war eine fast perfekte Verkörperung all dessen, was am amerikanischen Exzeptionalismus wunderbar und schrecklich ist. Aus bescheidenen, ja schwierigen Verhältnissen stammend, überwand er sämtliche Hindernisse, um an die Spitze der beiden glamourösesten Berufsstände Amerikas aufzusteigen – zum Filmstar in Hollywood und zum wichtigsten Vertreter politischer Macht in Washington. Von manchen als großer Präsident bewundert und von anderen als einer unserer schlechtesten verspottet, war er tatsächlich beides. Reagans ansteckender Optimismus und seine »Mach dir keine Sorgen, sei glücklich«-Botschaft leisteten wahre Wunder an nationaler Anfeuerung und Steigerung der Moral. Er übernahm ein Land, das in der Malaise von Jimmy Carters immer die Wahrheit aussprechenden Pessimismus feststeckte, und munterte uns sofort auf. Reagan verkaufte eine rosarote Version von Amerika, die jeden Tag John Winthrops Hoffnungen erfüllte – wir waren die edle Reinkarnation der »leuchtenden Stadt auf der Anhöhe«, Objekt von Neid und Bewunderung der ganzen Welt.

Reagan war ein Meister in der Erschaffung von Illusionen und sogar noch besser darin, sie zu verkaufen, vielleicht weil er von seinen eigenen Mythen so vollkommen überzeugt war. Als sich seine Karriere beim Film dem Ende näherte, fand er einen Job als Gastgeber einer Western-Serie für das Fernsehen, wo er seine Fähigkeiten als Werbesprecher perfektionierte und Seifenprodukte verkaufte. Außerdem war er Gastgeber einer über viele Jahre laufenden Fernsehserie für General Electric, in der er Zuschauer erfolgreich davon überzeugte, dass ein glückliches Leben wesentlich vom Besitz jedes nur denkbaren Elektrogeräts abhing. Reagan wurde zum Symbol des modernen amerikanischen Materialismus und zum überzeugendsten Befürworter unseres verschwenderischen Energieverbrauchs.

Die andere Hälfte von Reagans Job für General Electric war dem Anschein nach erheblich profaner und völlig unglamourös, stellte sich jedoch als ungleich wichtiger heraus: Sie veränderte zunächst seine eigene politische Einstellung und kurz darauf dann auch die Politik der gesamten Nation. Während der Zeit zwischen 1954 und 1962 verbrachte Reagan etwa ein Viertel seiner Zeit auf Reisen durch das Land, wobei er inspirierende Reden vor Hunderttausenden Arbeitern und Angestellten in 139 Produktionsstätten von GE hielt und bei zahllosen Abendveranstaltungen von Handelskammern und Rotariern in Kleinstädten überall in den Vereinigten Staaten unermüdlich die Konzernphilosophie verbreitete. Hier pries er das Modell der Welt, wie es sich die PR-Abteilung von GE ausgedacht hatte. Und wenn man so lange und so intensiv ein neues Weltbild propagiert, dann glaubt man es am Ende selbst, besonders wenn man ein so großartiger Verkäufer ist wie

Reagan. Er hatte seine Reisen für GE als recht liberaler Demokrat begonnen – und am Ende war er aus Sicht der GE-Firmengrundsätze so weit nach rechts gerückt, dass das Unternehmen ihn nicht länger einsetzen konnte. Er mochte seine Volksreden ja als ausgesprochen mittelmäßiger Film- und Fernsehdarsteller begonnen haben, er beendete diese Zeit jedoch als der versierteste politische Redner seit Franklin Delano Roosevelt. Jahrelanges On-the-Job-Training bei GE hatte Reagan in den »Great Communicator« verwandelt; gelegentlich hielt er vierzehn Reden am Tag, und das bis weit in den Abend hinein. Er wusste, was das amerikanische Volk hören wollte, und entwickelte eine volkstümliche, ungezwungene Art, seine Sprüche vorzutragen und seine politischen Waren zu verkaufen. Reagan verwandelte sich sehr schnell vom Unternehmens-Anreißer zum aufsteigenden Stern der Republikaner: 1964 hielt er eine viel umjubelte Rede auf dem republikanischen Nominierungsparteitag [Anm. d. Ü.: für Barry Goldwater], wurde von 1967 – 1975 Gouverneur von Kalifornien und schließlich Präsident der Vereinigten Staaten von 1981–1989.

Wir zahlen noch heute den Preis für Reagans schwache Präsidentschaft und seine Beförderung gesellschaftlicher Illusionen. Dank seiner angebotsorientierten »Voodoo«-Ökonomie verdreifachte sich unsere Staatsverschuldung. Er versicherte den Amerikanern, dass wir es uns leisten könnten, auf großem Fuß zu leben – wir sollten unsere großen, energiefressenden Autos und Häuser lieben und uns keine Sorgen über Kosten, Abfall oder Umweltauswirkungen machen. Sein strahlendes Lächeln und seine stets fröhliche Miene kaschierten die Tatsache, dass er mit der Umverteilung des Vermögens in die falsche Richtung beschäftigt war – den Reichen und Superreichen muss viel gegeben werden, denn dann rieselt vielleicht eines schönen Tages ein kleines bisschen davon auch auf uns andere nieder. Die Liberalisierung der Banken half, finanzpolitische Tricks zu fördern, die dann schließlich zu wirtschaftlichen Zusammenbrüchen führten. Deregulierung der Industrie führte zu Umweltverschmutzung, monopolistischer Preisbildung und Industrieunfällen. Reagans naiv-optimistische Abenteuer im Ausland hatten noch kostspieligere Folgen. Die Unterstützung islamischer »Freiheitskämpfer« gegen Russland in Afghanistan ging nach hinten los, als sie zu islamischen »Terroristen« wurden und anfingen, unsere eigenen Waffen gegen uns zu richten. Die Zusammenarbeit mit Pakistan förderte unser »großes Spiel« in Afghanistan, ermöglichte aber auch ein pakistanisches Nuklearwaffenprogramm, welches jetzt gefährlich kurz davorsteht, Terroristen in die Hände zu fallen. Reagan finanzierte (oft illegal) rechtsgerichtete Aufstände in Lateinamerika, die den fortdauernden Anti-Amerikanismus des Kontinents verstärkten. Und er machte schmutzige Geheimgeschäfte mit dem Iran, die unsere Integrität als Nation stark infrage stellten.

Das Land verliebte sich voll und ganz in Reagan. Der unrealistische Optimismus des amerikanischen Exzeptionalismus fühlt sich super an, solange er eben dauert, aber er kann nie lange anhalten und lässt uns mit einem großen Kater zurück. Eher früher als später holt uns die Wirklichkeit ein, und sämtliche angehäuften Schulden werden fällig. Dreißig Jahre später sitzen wir immer noch mit dem schlechten Blatt da, das Reagan uns ausgeteilt hat.

Trump'scher Exzeptionalismus

Ein Teil unseres Landes brachte es auf ähnliche Weise fertig, sich schwer in Donald Trump zu verlieben – in einen Reality-TV-Star, der eine noch fadenscheinigere Beziehung zur Realität pflegt als sein Held und Vorbild es getan hat, der erheblich liebenswürdigere Ronald Reagan. Trump und Reagan haben völlig konträre Temperamente, Reagan ewig heiter und sonnig, Trump immer finster und dunkel, aber beide verkaufen ähnliche gesellschaftliche Wahnideen. Trump gelingt es, in jeder lebenswichtigen Frage, mit der sich die Menschheit konfrontiert sieht, trotzig im Irrtum zu sein – er bestreitet den Klimawandel, fördert die Umweltverschmutzung, unterstützt die Ressourcenerschöpfung, hat Spaß am Säbelrasseln, lehnt Bevölkerungs- und Waffenkontrolle ab, spitzt schamlose Ungleichheit weiter zu und trampelt auf dem Schutz der Bürgerrechte herum. Er hat das Benehmen eines Jahrmarktschreiers, besitzt die Integrität eines Trickbetrügers, das Temperament eines Schulhofschlägers, die atemberaubende Ignoranz eines arroganten Volltrottels, die politischen Instinkte eines *Führers* und die Taktik eines Stammes-Nationalisten.

Alle Probleme, die dem amerikanischen Exzeptionalismus anhaften, werden heute vom Trump'schen Exzeptionalismus übel vermischt. Trump genügt den Anforderungen zur Diagnostizierung einer psychischen Störung nicht, aber er leidet sehr wohl an einem der weltweit am besten dokumentierten Fälle eines lebenslangen Scheiterns, erwachsen zu werden. Er ist ein Junge/Mann, der erwartet, dass alles nach seiner Pfeife tanzt, und der die Welt als eine Verlängerung von sich selbst erlebt. Andere Menschen existieren nur, um seiner herrischen Art Folge zu leisten, seine großartigen Taten zu bewundern und seine gewaltigen Bedürfnisse zu befriedigen. Dies ist ein völlig altersgemäßes Verhalten bei einem kleinen Kind, ist aber reichlich unangemessen für einen Präsidenten. Trump sieht sich gern als der Große Bruder der Nation, aber in Wahrheit ist er unser bedürftigstes Großes Baby. Trump ist niederträchtig, nicht verrückt, aber wir, das Volk, sind verrückt, dass wir eine so schrecklich unzulängliche Person auf die mächtigste Position der Welt gewählt haben. Sein berauschender Aufstieg blieb überraschend unbeeinflusst von seinem durchgängigen Schema von dreisten Lügen, permanentem Hin und Her, unverantwortlicher Aufforderung zu Gewaltausübung und selbstgefälliger Bigotterie, Rassismus und Sexismus. Prahlerisches, herrisches und aufschneiderisches Getue kommt gut im Reality TV, im wirklichen Leben kann es jedoch katastrophale Folgen haben, wenn man ein Land führt. Niemand, der für das Amt des Präsidenten weniger geeignet war, hat dieses Amt je erhalten. Niemand, der so gefährlich ist für unsere Demokratie, hat je ihre bedeutendste Position eingenommen.

Trump ist ein fragwürdiger Bote, der uns eine unerwünschte Botschaft über die Zurechnungsfähigkeit unseres Gemeinwesens überbringt. Er hat in einem größeren Teil der US-amerikanischen Gesellschaft einen tieferen Zug wahnhafter Verleugnung aufgedeckt und freigesetzt, als ich es je für möglich gehalten hätte. Thomas Morus' Hoffnung auf ein utopisches Amerika ist zu einer Trump'schen Dystopie verkommen. Trumps Slogan »*Make America Great Again*«, passenderweise von Ronald Reagan geklaut, verschleiert eine Politik, die Amerika in Wirklichkeit klein, ängstlich, belanglos und gemein macht. Karl Marx bemerkte einmal: »Geschichte widerholt sich, das eine Mal als Tragödie, das andere Mal als Farce.« Das Phänomen Trump markiert, wie ich von ganzem Herzen hoffe, einen Tiefpunkt sowohl der amerikanischen Tragödie als auch der Farce.

Demokratie ist eine kostbare, aber historisch vereinzelte und gefährlich fragile Regierungsform. Athen hat diese Regierungsform als Erstes umgesetzt, aber das kurze Experiment endete in einem Scheitern, als das Volk von Demagogen zu katastrophalen Entscheidungen verleitet wurde. Platon glaubte, dass die Demokratie eine so unbrauchbare Institution sei, dass er sie aus seiner idealen Republik verbannte. Als vor rund vierhundert Jahren die ersten Vorläufer der westlichen Demokratie entstanden, sagten die Philosophen Hobbes und Vico voraus, sie würde unweigerlich ins Chaos und zu einer Rückkehr der allmächtigen Zentralsteuerung führen. Die letzten dreihundert Jahre haben bewiesen, dass die Demokratie die beste aller Regierungsformen ist, solange sie gut funktioniert, und die schlechteste, wenn sie durch Uneinigkeit, Desorganisation, Chaos und Korruption erschwert wird. Heute gibt es Dutzende gescheiterter »Demokratien«, die sich mitten in Bürgerkrieg, Anarchie und/oder totalitärer Machtergreifung befinden oder darauf zusteuern. Es gibt eine alte islamische Mahnung: »Besser hundert Jahre Tyrannei des Sultans als ein einziges Jahr Tyrannei des Volkes über sich selbst.«

Abgesehen von unserem eigenen brutalen Bürgerkrieg erschien die amerikanische Demokratie wie ein solider Fels der Stabilität, sie überstand Völkerwanderungen, periodische Wirtschaftskrisen und krasse wirtschaftliche Ungleichheit. Aber die Zukunft hält keinerlei Garantien für uns bereit. Als Henry Kissinger vor vierzig Jahren bei seiner ersten Begegnung mit Zhou Enlai über Allgemeines zu sprechen begann, erkundigte er sich nach dessen Meinung zur Französischen Revolution. Zhou erwiderte: »Ist noch zu früh zu sagen.« Gleichermaßen ist es noch zu früh zu sagen, ob die amerikanische Demokratie Trumps Angriff auf sie überleben kann. Vielleicht ist er nicht mehr als ein Aufschneider und Witzbold, aber Trump hat bewiesen, dass er keinen Spaß versteht. Er hat Kräfte verkörpert und entfesselt, die unsere demokratischen Prinzipien und Institutionen ernsthaft zersetzen. Wegen Trump erreichen die Vereinigten Staaten auf der Freedom House-Rangliste der Demokratien des Jahres 2017 nur noch Platz 28, bei weiter fallender Tendenz.

Trump verkauft sich selbst als Law-and-Order-Kandidat, hat aber eine geradezu majestätische Geringschätzung des Rechts an den Tag gelegt, wann immer es seinen Interessen, Trieben, Launen und Abneigungen widerspricht. Er fühlt sich berechtigt, die kritische Presse zu zermalmen, Richter zu bremsen, die die Dinge nicht so sehen wie er, in offenem Verstoß gegen internationales Recht das Militär zur Anwendung von Folter zu zwingen und vertragliche Verpflichtungen zu brechen. Trump versteht weder die feinen Ausgleichsmechanismen, die in unsere Verfassung integriert sind, noch respektiert er sie oder hat die geringsten Gewissensbisse, sie bis zur Unkenntlichkeit zu verzerren. Trump sagt oder tut nahezu jeden Tag mindestens einmal etwas widerwärtig Autokratisches, muss aber nie den zu erwartenden politischen oder persönlichen Preis dafür zahlen. Er hat sich einmal damit gebrüstet, höchstwahrscheinlich sehr zutreffend, dass er am helllichten Tag jemanden ermorden könnte und doch nicht seine Unterstützung verlieren würde. Es sind nur wenige Schritte von einer solchen Einstellung zum Versuch einer Gewaltherrschaft.

Zu glauben, unsere Demokratie sei für immer sicher, erfordert schon eine ziemliche Blindheit gegenüber dem aktuellen Wiederaufflammen antidemokratischer Tendenzen in den meisten Demokratien der Welt, unsere eigene inbegriffen. Befeuert durch Angst, Unsicherheit, Nationalismus, ökonomische Not, Fremdenfeindlichkeit und Rassismus gewinnen rechtsradikale Parteien und Politik schnell Stimmen, Zugkraft und Ansehen. Die reflexartige Überreaktion auf den Terrorismus bestand darin, die Bürgerrechte zu schwächen und die Überwachung aufzustocken. Demokratien scheitern historisch gesehen, wenn sie unzulängliche Entscheidungen treffen oder unter einer Lähmung durch Unschlüssigkeit leiden, was zu Chaos und feindlicher Übernahme durch einen starken Mann führt. Trumps Führung hat nicht nur seine eigenen atemberaubenden Vorurteile und Ignoranz ans Licht gebracht, sondern ebenfalls das offenkundige Unvorbereitetsein und die Unfähigkeit seiner speichelleckerischen Kumpane in der Regierungsmannschaft, die alle nur zu sehr darauf erpicht sind, sich seinen übelsten Launen zu beugen und seine nicht unterstützbaren Vorurteile zu unterstützen. Unser Land leidet bereits an einem weitverbreiteten Misstrauen gegenüber dem Staat. Die possenhafte Desorganisation der Regierung Trump könnte die schlimmsten Befürchtungen vieler verwirklichen, dass die Demokratie als Regierungsform nicht mehr funktioniert und ein Vakuum hinterlässt, das von jemandem gefüllt werden muss, der dafür sorgt, dass die Züge wieder pünktlich fahren.

Es gibt nur noch herzlich wenige institutionelle Hürden, um eine komplette Machtübernahme Trumps zu vervollständigen. Der republikanisch geführte Kongress verzichtet jeden Tag auf das, was eigentlich seine vorrangige patriotische Pflicht wäre, nämlich für ein Gegengewicht zu Trumps autokratischen Ambitionen zu sorgen, und zieht es stattdessen zynischerweise vor, ihn als Mittler seiner rechtsradikalen Agenda zu benutzen. Es kann nicht erstaunen, dass Trumps heftigste Angriffe auf die beiden letzten verbliebenen Bastionen der amerikanischen Demokratie gerichtet sind – die freie Presse und die das Recht schützenden Gerichte. Der beängstigendste aller beängstigenden Trump'schen Tweets: »Die FAKE NEWS-Medien (scheiternde @nytimes, @NBCNews, @ABS, @ CBS, @CNN) sind nicht mein Feind, sie sind der Feind des amerikanischen Volkes!«[84] Trump spielt sich als Verteidiger des amerikanischen Volkes auf, während er den Angriff auf ihre fundamentalsten Freiheiten inszeniert, die Meinungs- und Gedankenfreiheit.

Trumps zweitschaurigster Tweet lautete: »Ich fasse es einfach nicht, dass ein Richter unser Land einer solchen Gefahr aussetzen würde. Falls irgendwas passiert, macht das ihn und das Gerichtswesen dafür verantwortlich. Die Leute strömen herein. Schlimm!«[85] Er reagierte auf Gerichtsentscheidungen, die die Verfassungsmäßigkeit seines Einreiseverbots für Reisende aus muslimischen Ländern in Frage stellten und, noch wichtiger, seine Behauptung, dass die Gerichte für sein Handeln nicht zuständig seien, da er das höhere Gut der nationalen Sicherheit schütze. Trump hat sich eine Win-win-Situation gebastelt. Falls die Gerichte zu seinen Gunsten entscheiden, kann er den Vorwand der nationalen Sicherheit nutzen, um diktatorische Macht zu übernehmen. Schieben sie seiner autokratischen Missachtung der Verfassung jedoch einen Riegel vor, müssen sie (und nicht er) für jeden Terrorakt zur Verantwortung gezogen werden, und er kann darauf reagieren, indem er eine Notstandsermächtigung in Anspruch nimmt. Wollen wir hoffen, dass wir nie miterleben müssen, wie das Militär auf eine solche Big-Brother-Trump-Anweisung reagieren würde. Es kann freilich passieren – wir sind jetzt den imperialen Ambitionen eines impulsiven, demagogischen Betrügers ausgeliefert, der sich nicht an die Kontrollmechanismen der Gewaltenteilung gebunden fühlt, die unsere Verfassung vorsieht.

Trump ist unser erster Ober-Demagoge, ein Mann ohne jeden Respekt für die amerikanischen demokratischen Institutionen. Seine Regierung denkt über neue Gesetze nach, die das Recht bezüglich Verleumdungen und Beleidigungen liberalisieren würden, um der Presse einen Maulkorb zu verpassen, und Modalitäten des Kongresses ändern, um die gegenseitigen Kontrollmechanismen auszuhebeln, die unsere Demokratie davor schützen, eine Willkürherrschaft zu werden. Besonders erschreckend ist es, dass Trump noch nie einem Autokraten begegnet ist, den er nicht mochte und dem er nicht nacheifern möchte – Putin aus Russland, Erdoğan aus der Türkei, El-Sisi aus Ägypten, Modi aus Indien, Duterte von den Philippinen. Er unterstützte die antisemitische und neofaschistische Marine Le Pen aus Frankreich und fand anfangs sogar freundliche Worte zu Nordkoreas Kim Jong-un.

Viele Menschen sorgen sich um Trumps Motive, seine Psyche und mögliche psychiatrische Befunde. Ich denke, das ist belanglos. Es spielt keine so große Rolle, ob Trump nun verrückt ist, ausgekocht, listig oder einfach nur ein unfähiger Dussel mit einer anhaltenden Glückssträhne oder eine Mischung aus alldem. Was jedoch eine große Rolle spielt, ist die Notwendigkeit, ihn aufzuhalten, und zwar jetzt, bevor es zu spät ist. Wir befinden uns an einem entscheidenden Wendepunkt, es ist eine schwierige Zeit und eine harte Belastungsprobe für die amerikanische Seele: Entweder werden wir unsere Demokratie vor Trumps Frontalangriff schützen, oder wir werden sie verlieren. Meine Freunde haben mich aufgezogen, ich würde den Teufel bezüglich der Gefahren einer amerikanischen Variante des Faschismus an die Wand malen, als im Jahr 2000 das düstere Bush/Cheney-Team auf nichts Gutes erahnen lassende Weise ihre Exekutivgewalt ausübte. Heute sind diese Freunde genauso verschreckt wie ich. Bezeichnender ist jedoch, dass Norman Ornstein, der klügste und objektivste politische Beobachter in Washington, ebenfalls sehr verstört ist. »Wir haben keinen normalen Präsidenten. Wir beobachten heute ein Auftreten, das uns schnurstracks in den Ausnahmezustand oder eine autoritäre Herrschaft führen könnte.« Wir müssen Trump Paroli bieten, oder er wird unsere Demokratie zertrampeln.

Einzigartig sein hieß nicht immer, gut zu sein

Für viele Amerikaner im dunklen Zeitalter von Trump ist der Begriff des »amerikanischen Exzeptionalismus« zu der selbstgefälligen Häme verkommen, wir seien besser, redlicher, klüger, idealistischer, stärker, gerissener, humaner, fairer, selbstloser, fleißiger und großzügiger als andere Nationen. Die Vereinigten Staaten werden stets als das Größte dargestellt – das Land der unbegrenzten Möglichkeiten mit dem besten aller Wirtschaftssysteme, den besten politischen Institutionen, den besten Menschen, den besten Absichten. Auch gibt es religiöse Untertöne, wir sind Gottes auserwähltes Land, die Vorsehung ist auf unserer Seite und wir gehen voran in ein christliches Jahrtausend. Manche dieser Prahlereien waren zutreffend, aber eben nur manchmal. Durch glücklichen Zufall, Courage, Ehrgeiz, Skrupellosigkeit, wirtschaftliche Möglichkeiten und historischen Zufall wurde der amerikanische Exzeptionalismus zu einer selbst erfüllenden Prophezeiung. Die Vereinigten Staaten konnten ihr selbst erklärtes »offenkundiges Schicksal« erreichen, indem sie nahezu einen ganzen Kontinent eroberten und kauften und schon bald das reichste, technisch fortschrittlichste und mächtigste Land der Welt wurden. Aber neben allem Positiven gab es auch immer beunruhigende negative Seiten. Um wirtschaftliche, militärische und politische Größe zu erlangen, praktizierten die Vereinigten Staaten oft genug bewusst oder unbewusst das genaue Gegenteil dessen, was sie predigten.

Der amerikanische Exzeptionalismus ermöglicht zudem gesellschaftliche Wahnideen, die uns für die Wirklichkeit blind machen und unsere Antworten auf existenzielle Krisen verzerren. Die Annahme, klüger zu sein als andere Länder, hindert uns daran, von ihnen zu lernen. Die Annahme, mächtiger zu sein, als wir tatsächlich sind, bestärkt uns in dem nutzlosen Versuch, Weltpolizei zu spielen. Die Annahme, wir seien moralisch überlegen, führt zu Verwirrung, da andere oftmals ein negatives Bild von uns haben. Die Annahme, wir seien autark, hält uns davon ab, an globalen Problemen mitzuarbeiten, deren Lösungen nur durch kollektives Handeln herbeigeführt werden können. Triumphalistischer, tribalistischer und neokonservativer Nationalismus hat die krassesten, selbstzerstörerischsten Ausdrucksformen des modernen amerikanischen Exzeptionalismus hervorgebracht. Wir bestreiten nur gerechte Kriege, ausschließlich aus uneigennützigen Motiven, und wir sind im Kampf stets fair – ergo muss jeder Krieg, in dem wir stehen, zwangsläufig gerecht, selbstlos und fair sein. Wir haben eine zivilisierende Mission, für die Welt Lehrer, Prediger und Polizist zu sein. Menschen in anderen Ländern wertschätzen unseren selbstlosen Altruismus und heißen unser Eingreifen willkommen. Das (vorübergehende) Ende des Kalten Krieges war Beweis für unsere Rechtschaffenheit und für unser Anrecht, anderen zu sagen, wie sie zu leben haben. Wir müssen ein »Amerikanisches Reich« erschaffen, das auf der Ausweitung von Demokratie und globalisiertem Freihandel bis in die hintersten Winkel der Erde basiert.

Diese »exzeptionalistische« Wahnvorstellung hat uns eine Menge Schwierigkeiten eingehandelt. Die Welt in manichäischen Kategorien »Wir-gegen-sie«, »Gut-gegen-Böse« zu sehen, hat zu einer sich wiederholenden Abfolge deprimierender außenpolitischer Desaster geführt, über alle Regierungen, Parteien und Zeitläufte hinweg. Unsere Beliebtheit befindet sich in einem beständigen Niedergang. Umfragen zeigten, dass wir uns nach dem Zweiten Weltkrieg an der Spitze der Liste der am meisten bewunderten Länder der Welt befanden, während Deutschland das Schlusslicht bildete – heute sind unsere Platzierungen umgekehrt. Eine kürzlich durchgeführte

Umfrage der BBC unter 24.000 Menschen in 33 Ländern hat ergeben, dass wir das zweitunbeliebteste Land der Welt sind – noch vor dem Iran, aber deutlich unbeliebter als selbst einige doch recht unbeliebte Orte wie Russland, Saudi-Arabien, Simbabwe und China.[86] Eine Gallup-Umfrage bei über 66.000 Menschen in 65 Ländern wollte wissen, welches Land »heute die größte Bedrohung für den Weltfrieden darstellt«. Die Vereinigten Staaten führten die Liste an mit 24 Prozent, gefolgt von Pakistan (8 Prozent), China (6 Prozent) und dann Afghanistan, Iran, Israel und Nordkorea auf einem geteilten vierten Platz mit jeweils 4 Prozent. Unser schlechter Ruf ist zum Teil der Tatsache geschuldet, dass wir die einzige Supermacht der Welt sind – die Größten haben von Natur aus Feinde und animieren zu Neid bei Freunden. Ein guter Teil des uns entgegengebrachten Ressentiments lässt sich jedoch auf die Tatsache zurückführen, dass wir keine sonderlich kluge Supermacht gewesen sind. Sechzig Jahre der Einmischung in die inneren Angelegenheiten anderer Länder, der Sturz demokratisch gewählter Führer, die Bestärkung rechtsgerichteter Aufstände, der Beginn dummer und zerstörerischer Kriege, weitverbreitete Desinformation, der Rückgriff auf Folter und die Ausbeutung der Rohstoffe anderer Länder haben einen nachvollziehbaren, aber auch bedauerlichen Tribut eingefordert.[87]

Narzissmus, bei einem Menschen wie bei einem Land, ist in kleinen Dosen verkraftbar, in großen jedoch katastrophal. In Maßen ermöglicht ein nationaler Narzissmus, dass wir Selbstvertrauen in uns haben, andere animieren können, Vertrauen in uns zu setzen, und er fördert klare Entscheidungsfindungsprozesse und entschlossenes Handeln. Maßloser Hochmut hingegen geht üblicherweise einem harten Fall voraus, auch dies gilt für ein Individuum ebenso wie für ein Land. Amerikanischer Exzeptionalismus, einst ein großer nationaler Aktivposten, ist heute zu einer gleichermaßen großen Belastung geworden, die uns besonders für die Herausbildung bequemer, aber auch gefährlicher gesellschaftlicher Wahnideen anfällig macht. Sämtliche Gründe für schlechte Entscheidungen, wie sie im vorigen Kapitel diskutiert wurden, werden verstärkt, sobald unser Narzissmus unsere Realität verschleiert, unser Urteil trübt und dem, was manchmal ausgesprochen dummes Handeln oder Nicht-Handeln ist, eine falsche Aura von Rechtschaffenheit und Weisheit verleiht. Teenager entwachsen für gewöhnlich ihrem altersgemäßen Narzissmus und entwickeln sich zu Erwachsenen weiter. Als Land befinden wir uns immer noch im Teenageralter, besitzen relativ wenig Lebenserfahrung und müssen in vielem noch erwachsen werden. Reifere Länder, die schon viele Zyklen guter und schlechter Zeiten erlebt haben, haben unseren Überschwang schon immer mit milder Besorgnis verfolgt – aus der nun ein angewidertes Erstaunen über das Spektakel namens Trump geworden ist. Wir müssen als Nation reif werden, wenn wir gesellschaftliche Wahnvorstellungen abstreifen, uns der Welt als Führungskraft präsentieren und auf gute Weise älter und alt werden wollen. Dies wird bestimmt nicht leicht werden, die Trump'schen Entwicklungen der jüngsten Zeit stellen eine absolut verheerende Regression dar, aber Not macht erfinderisch, und die Vereinigten Staaten waren schon immer recht pragmatisch, wenn es darum ging, sich selbst neu zu erfinden. Vielleicht werden wir den »Trumpismus« nicht nur aushalten, sondern überwinden.

Wenn wir gut mit anderen zusammenarbeiten und auskommen wollen, müssen wir zuerst einen unverstellten Blick haben, wie die Außenwelt uns sieht und warum das so ist. Die utopische Illusion, wir seien ein glänzendes Vorbild, beseelt von einzigartiger Weisheit, hält uns davon ab, eine Politik zu verfolgen, die uns Respekt einbringt anstatt Angst und Zorn. Die besonderen Umstände unserer Geschichte haben Institutionen erschaffen, die uns mehr oder weniger gut gedient haben, sich aber nicht nahtlos auf Völker mit anderer Vergangenheit, anderen Kulturen und anderen Zielen übertragen lassen. Wir würden die Welt positiver beeinflussen und dabei ein besseres Ansehen und einen besseren Ruf erlangen, wenn wir in unseren Zielen, Methoden und Ansprüchen bescheidener wären. Jedes ernste Problem auf dieser Welt kann noch schlimmer werden, wenn wir naiv den groben Fehler begehen zu denken, alles in lockerer und einzigartiger Weise besser machen zu können.

Dystopien werden Bestseller

Es ist fast schon ein Klischee, dass Dystopien zu Dutzendware geworden sind. Das Genre weitete sich mit dem Beginn der industriellen Revolution exponentiell aus, expandierte weiter, als Roboter auf der Bildfläche auftauchten, und besetzte große Bereiche der populären Fantasieproduktion, als die Probleme der modernen Welt die Lösungen zu erdrücken begannen und die Zukunft allmählich trostloser erschien als die Vergangenheit. Dystopien bedienen heute unterschiedliche Altersgruppen (Kleinkinder, Teenager, junge Erwachsene, Erwachsene), haben unterschiedliche Arten von Helden und Schurken (Menschen, Tiere, Roboter, Computer, Aliens, Hybride), spielen in unterschiedlichen Zeitaltern (Vergangenheit, Gegenwart und vor allem in der Zukunft), treten in unterschiedlichen Genres auf (Liebesgeschichten, Fantasy, Satire, Melodram, Komödie, Tragödie, Horror und ganz besonders als Science Fiction), konzentrieren sich auf unterschiedliche Themen (Krieg, totalitäre Regierung, Revolution, Anarchie, Einsperrung, Überwachung, Folter, Umweltkatastrophe, Klassenkampf, Kastensysteme, Tribalismus, Überbevölkerung, Ressourcenverknappung, Umweltverschmutzung, Verbrechen, Kannibalismus, Klonen, Wirtschaftskatastrophen, politische Intrigen, gesellschaftlicher Zusammenbruch, kultureller Niedergang, Untergang der Familie, Entmenschlichung, Identitätsverlust, Industrialisierung, Fanatismus, religiöse Sekten, die rekursiven Zyklen der Geschichte und in letzter Zeit vor allem die Auswirkungen neuer Technologien) und erreichen dabei unterschiedliche Qualitätsniveaus (Schund, anspruchsloser Kitsch, Durchschnittsniveau und große Literatur).

Die drei wichtigsten modernen Dystopien sind Aldous Huxleys *Schöne neue Welt*, eine beängstigende Extrapolation des kapitalistischen Amerika[88], George Orwells *1984*, eine beängstigende Extrapolation des kommunistischen Russlands[89] und Sinclair Lewis' *Das ist bei uns nicht möglich*[90].

Huxley und Orwell waren in ihren Vorhersagen auf unsere moderne Welt beide bemerkenswert treffsicher. Orwells Buch ist als Literatur gesehen das deutlich bessere, während Huxley eine erheblich präzisere Darstellung der Vereinigten Staaten liefert, zumindest so, wie sie heute sind – wer kann angesichts des Trump'schen Orwellianismus schon die Zukunft vorhersagen. Danebengelegen hat Huxley lediglich bei der Verortung der Macht und der motivierenden Kraft, welche die Erschaffung von »unserer schönen neuen Welt« angetrieben hat. Er prophezeite, die Regierung würde hedonistische Manipulation anwenden, um politische Kontrolle auszuüben. Zumindest bislang waren es stattdessen die Konzerne, welche hedonistische Freuden manipulierten, um Profite zu erzielen. Aber wir befinden uns ja auch noch in den Anfangstagen, es ist noch zu früh, die Regierung als eine zukünftige Bedrohung auszuschließen, insbesondere mit Big Brother Trump, der uns im Nacken sitzt.

Auftritt Huxleys *Schöne neue Welt*

In mancher Hinsicht wird sie uns recht vertraut erscheinen, da sie doch eine amerikanische Traum-/Albtraum-Welt war, eine Nachempfindung von Huxleys Wahlheimatstadt Hollywood. Man stelle sich eine Gesellschaft vor, in der die Goldene Regel lautet: »Verschiebe keinen Spaß auf morgen, den du schon heute haben kannst.« Man wird animiert zu kaufen, was immer einem gerade in dem Moment gefällt. Sexuelle Freizügigkeit ist sittlich, und Monogamie ist pornografisch. Sex, mit wem auch immer, ist stets verfügbar und frei von jedem schlechten Gewissen, aber sich zu verlieben wird mit Missbilligung und Empörung betrachtet. Die Berufstätigkeit ist durch Gentechnik, Klonen und Verhaltenskonditionierung auf die individuellen Fähigkeiten maßgeschneidert. Jeder um einen herum ist freundlich, zuvorkommend, kompatibel und teilt dieselben banalen Vorlieben und Interessen. Man hat keinerlei schlechte Erinnerungen an die Vergangenheit, keine Probleme in der Gegenwart, macht sich keine Sorgen wegen der Zukunft. »Die Menschen sind glücklich, sie bekommen, was sie haben wollen, und sie wollen nie, was sie nicht bekommen können. Es geht ihnen gut, sie sind sicher, sie werden nie krank, sie haben keine Angst vor dem Tod, sie wissen zum Glück nichts von Leidenschaft und Alter.«

Falls irgendwer in der *Schönen neuen Welt* jemals auch nur einen Hauch von Traurigkeit oder Angst empfindet, gibt es Soma, die magische Glückspille. »Es gibt immer Soma, um mal Urlaub von den Fakten zu machen … deinen Zorn zu besänftigen, dich mit deinen Feinden zu versöhnen, dich geduldig und langmütig zu machen. Du schluckst einfach zwei oder drei Tabletten, und das war's dann. Jetzt kann wirklich jeder vortrefflich sein.« Man lebt in einem stabilen, wohlgeordneten, friedlichen Staat, der das Herrschaftsprinzip perfektioniert hat, dass die Menschen nicht »ihr Vertrauen in das Glück als Höchstes Gut verlieren [dürfen] … und stattdessen zu glauben beginnen, der Zweck des Lebens bestünde nicht in der Erhaltung des Wohlergehens, sondern in einer Verfeinerung des Bewusstseins, einer Vergrößerung des Wissens.« Fortpflanzung ist nicht mehr an Liebe oder sexuelle Anziehungskraft gekoppelt und den Unsicherheiten eines launischen Schicksals ausgesetzt. Die Wissenschaft hat Geschlechtsverkehr und Schwangerschaft als Zwischenschritte umgangen und produziert stattdessen im Vorfeld geplante Retortenbabys, die sich in Brutmaschinen entwickeln. Das Klonen ist so effizient, dass aus einem künstlich befruchteten Ei sechsundneunzig identische Zwillinge erzeugt werden. Eine gut geführte Fertigungsstraße kann aus den Eiern einer Frau »im Durchschnitt fast elftausend Brüder und Schwestern in einhundertfünfzig Chargen identischer Zwillinge erzeugen, alle mit einem Altersabstand von maximal zwei Jahren« – nicht sehr weit weg von den Studien der Gentechnologie, die in der heutigen Wissenschaft total angesagt sind.

Es gibt ein vollkommen starres, aber auch komfortables Klassensystem, geniale Alphas stehen ganz oben, halb schwachsinnige Epsilons ganz unten, sowie gut ausdifferenzierte Stufen dazwischen. Die Menschen sind ausnahmslos perfekt auf die unterschiedlichen Erwartungen ihrer verschiedenen Klassen und Tätigkeiten eingestellt und glücklich damit. Besonderheiten jeder Klasse werden durch genetische Manipulation geprägt, den sich entwickelnden Embryonen werden unterschiedliche Chemikalien und Substanzen verabreicht und anschließend einer konstanten, rund um die Uhr stattfindenden Konditionierung unterzogen, die sie auf ihre vorherbestimmte Rolle vorbereiten soll. Kinder werden in einer »Brutanstalt« aufgezogen, in der jedes einzelne Stadium ihrer Entwicklung akkurat kontrolliert und überwacht wird.

Das malthusianische Bevölkerungsproblem ist endgültig gelöst worden, indem Reproduktion und Sexualität entkoppelt und jede persönliche Wahl beseitigt wurde. Jeder hat gern Sex ohne jede Liebe und empfindet nichts als Abscheu bei der Erwähnung altmodischer Gepflogenheiten wie dem Schwangerwerden durch Geschlechtsverkehr, der Geburt aus einem Mutterleib oder der Erziehung durch eigene Eltern. Die wenigen Frauen, denen die Fortpflanzung erlaubt ist, tragen wie ein modisches Accessoire einen »malthusianischen Gürtel«, der den »vorgeschriebenen Vorrat an Verhütungsmitteln« enthält. Die Weltbevölkerung wird sehr streng kontrolliert auf einem konstanten und nachhaltigen Niveau von zwei Milliarden gehalten.

Geschlechtsverkehr mit häufig wechselnden Partnern, Drogen und eine Kreditkarte ohne Limit könnten für viele wie die Erfüllung des amerikanischen Traums klingen, für Huxley jedoch war es der Inbegriff der Hölle. Sein Held und »Rebell mit gutem Grund« ist ein edler Wilder, der seine persönliche Identität vor staatlicher Kontrolle schützt und Shakespeare der Glückspille Soma vorzieht. »Ich verlange das Recht, unglücklich zu sein. (...) Ich will Poesie, ich will wirkliche Gefahr, ich will Freiheit, ich will Güte, ich will Sünde. (...) Lieber bin ich ich selbst und gemein, nicht jemand anderer, wie fröhlich und vergnügt er auch immer sein mag. (...) Lieber bin ich unglücklich als ein solch unwahres, verlogenes Glück zu haben, wie ihr es hier hattet.« Für Huxley ist unbeschränktes, stumpfsinniges hedonistisches Vergnügen unvereinbar mit der Schöpfung von Kunst, dem Fortschritt der Wissenschaft oder der Aufrechterhaltung von Menschenwürde. Damit Menschen in einem hedonistischen Sinn vollkommen glücklich sind, würden wir akzeptieren müssen, unser Menschsein nicht vollständig entfalten zu können.

Auftritt Orwells Welt von *1984*

George Orwells dystopische Vision in *1984* präsentiert uns einen ebenso erschreckenden Ort, wenn auch auf völlig andere Art. Der Große Bruder und die Gedankenpolizei beobachten mit Televisoren die Menschen auf Schritt und Tritt, hören über versteckte Mikrofone jedes einzelne Wort und haben zudem allgegenwärtige Informanten/Spitzel (einschließlich der Kinder), um jeden Gedanken, jedes Gefühl und jede Beziehung verraten zu bekommen. Die Sprache ist »Neusprech«. In dieser verkehrten Welt ist alles das genaue Gegenteil von dem, was es zu sein scheint: Das Ministerium für Frieden führt permanenten Krieg, das Ministerium für Wahrheit schreibt die Vergangenheit fortlaufend um, damit sie mit der verlogenen Parteipropaganda übereinstimmt, das Ministerium für Liebe foltert. Die Parolen des Tages lauten »Krieg ist Frieden«, »Freiheit ist Sklaverei« und »Unwissenheit ist Stärke«. Verstöße gegen die Parteidoktrin sind »Gedankenverbrechen«, und der gute Bürger besitzt ein tiefes »Erinnerungsloch«, um dort gefährliche und unbequeme Wahrheiten zu deponieren. Wer sich der Parteidoktrin widersetzt, wird zur Unperson erklärt, die aus der Geschichte getilgt wird. Wahr ist falsch und falsch ist wahr. So unglaublich »trumpisch«.

Alle Liebe ist allein dem Großen Bruder vorbehalten, individuelle Verbindungen sind ein Verbrechen gegen den Staat und werden mit einer sehr speziellen Folter bestraft, die so angelegt ist, dass jeder Mensch an seiner empfindlichsten Stelle getroffen wird. In dem Wissen, dass Winston, der Held des Buches, eine panische Angst vor Ratten hat, die er zudem abgrundtief hasst, befestigt die Gedankenpolizei einen Käfig mit den größten, wildesten und ausgehungerten Ratten direkt vor seinem Gesicht. Die Polizei verrät ihm nicht, was er sagen und empfinden muss, um sich zu retten, doch genau in dem Augenblick, kurz bevor sich die Käfigtür öffnet, fällt ihm blitzartig die richtige Formel ein: »Tun Sie's Julia an« – der großen Liebe seines Lebens. Der »spontane« Verrat seiner Liebe beweist, dass er vom Wahnsinn der Individualität geheilt ist und als guter und zuverlässiger Bürger von der Gesellschaft wieder willkommen geheißen werden kann. Natürlich wird Julia ganz ähnlich wieder zur Vernunft gebracht und geheilt, indem sie Winston verrät. Die Partei will nicht nur ihren Gehorsam, sondern auch ihre Liebe. Das Buch endet damit, dass Winston Tränen in seinen Gin weint und von einer großen Liebe überwältigt ist, als er den Großen Bruder auf dem Bildschirm sieht.

Bis noch vor Kurzem konnten Leser in der westlichen Welt *1984* mit einem gewissen Gefühl der selbstgefälligen Überlegenheit lesen, überzeugt, dass die trostlose Hinterlist, die permanente Überwachung und die wohlmeinende Grausamkeit des Buches die spezielle Domäne unserer Feinde sei, ganz besonders von Russland. Wir, in der zivilisierten Welt, waren rein und sicher vor Totalitarismus. All dies änderte sich, als Putin erfolgreich seine KGB-Tricks einsetzte, um Trump zum Wahlsieg zu verhelfen, und Trump sofort begann, die Methoden seines autokratischen russischen Lehrmeisters zu kopieren. Jeder Tweet und jede Pressekonferenz von

Trump ist eine Übung in Neusprech – schamlose Lügen verkleidet als »alternative Fakten«. Staatliche Websites, die unbequeme Wahrheiten enthielten, sind gesäubert worden. Trumps größte und entscheidende Schlacht findet mit den Medien statt, den »unehrlichsten« und »widerwärtigsten« Menschen, denen er je begegnet ist. Seine Angst, und folgerichtig Wut, wird geschürt von dem tief verwurzelten Respekt der freien Presse gegenüber der Faktenüberprüfung. Für einen Autokraten gibt es nichts Gefährlicheres als die schlichte Wahrheit. Nichts ist wichtiger für eine autokratische Regierung als die Entlegitimierung der Wahrheit und der Menschen, die mutig genug sind, sie auszusprechen.

Und noch vor Trump bewies Snowdens Veröffentlichung von Dokumenten, dass der US-amerikanische Staat ein Überwachungs-Superstar-Schnüffler geworden ist, dass man uns regelmäßig belogen hat und dass die CIA psychologische und körperliche Folter anwendet, die sich in Technik und dem Geist dahinter kaum von dem unterscheidet, was die Gedankenpolizei tut. Die Methoden des Großen Bruders zum Gedankenlesen und zur Gedankenverbesserung waren rührend unentwickelt, verglichen mit den technologischen Fähigkeiten des Ausschnüffelns, die heute jedem Möchtegerndiktator zur Verfügung stehen. Privatsphäre, Datenschutz, Gedankenfreiheit und die Demokratie sind noch nie so anfällig für autokratische Manipulation gewesen wie heute.

Auftritt Sinclair Lewis' Amerikanische Diktatur

In Sinclair Lewis' immer noch schaurigem Roman *Das ist bei uns nicht möglich* aus dem Jahr 1936 gewinnt der geschickte, charismatische Demagoge Buzz Windrip die amerikanische Präsidentschaftswahl, indem er große Versprechungen auf ein wunderbares Wirtschaftswachstum macht, die Wut und die Ängste der Wähler schürt (was auf dem fruchtbaren Boden einer furchtbaren Wirtschaftskrise nicht weiter schwierig ist) und an Patriotismus, traditionelle amerikanische Werte und den Hass auf Juden und Ausländer appelliert. Nach der Wahl eignet er sich diktatorische Befugnisse an und wird dabei unterstützt von einer Privatarmee, die Hitlers SS ähnelt.

Lewis' Protagonist Windrip basiert auf dem Charakter und den Zielen von Huey Long, dem einfach gestrickten Demagogen aus dem Louisiana der Weltwirtschaftskrise und dem Mann in der amerikanischen Geschichte, der wie kein anderer einen Trump vorwegnahm. Mit dem sich selbst verliehenen Spitznamen »The Kingfish« trat Long mit dem Motto »Jeder Mann ein König« an die Öffentlichkeit. Als Gouverneur von Louisiana hatte er sich bereits fast diktatorische Macht angeeignet, an der er auch aus der Ferne festhielt, als er längst in den US-Senat gewählt worden war. Bevor er durch ein Attentat ermordet wurde, war Long der am meisten gehasste und gefürchtete Konkurrent Roosevelts im Präsidentschaftswahlkampf (privat verglich Roosevelt ihn mit Hitler). Longs Basis war mit 7,5 Millionen Mitgliedern seiner »Share Our Wealth«-Kampagne (*Wir teilen unseren Wohlstand*), einer Radio-Zuhörerschaft von 25 Millionen und 60.000 Fanbriefen pro Woche erheblich besser organisiert und im Verhältnis erheblich größer als die von Trump. Wie Trump schwelgte er in der Bewunderung von Menschenmassen und der Begeisterung bei Wahlkampfkundgebungen. Wie Trump gab er sich im Dienste seiner persönlichen Wünsche als Mann des Volkes aus. Lewis spielte das kontrafaktische Spiel, sich vorzustellen, was hier geschehen würde, wäre Long nicht bei einem Attentat getötet worden und hätte stattdessen 1936 die Wahl gegen Roosevelt gewonnen. (Philip Roth bedient sich des gleichen Themas in seinem Roman *Verschwörung gegen Amerika*, lässt aber 1940 Lindbergh über Roosevelt siegen.) Lewis untermalte seine fiktionale faschistische Machtergreifung in Amerika, indem er Longs demagogische Flirts mit den zum damaligen Zeitpunkt erst kurz zuvor stattgefundenen Machtübernahmen durch faschistische Regierungen in Deutschland, Italien und Spanien verschmolz.

Es ist keine Überraschung, dass achtzig Jahre später *Das ist bei uns nicht möglich* wieder auf den Bestsellerlisten steht, manchmal folgt das Leben der Kunst, wie die Kunst gelegentlich dem Leben folgt. Trump ist eine nahezu identische, wenn auch groteskere Kopie von Buzz Windrip – und ist die Wiederkunft des Huey Long.

»Macht Amerika wieder groß« bedeutet: Macht es wieder gut

Noch habe ich Amerika nicht abgeschrieben. Ich liebe mein Land zutiefst, kann aber in letzter Zeit häufig nicht ertragen, was es sagt, und missbillige, was es tut. Ich bin den edlen Werten meines Landes verhaftet, seiner atemberaubenden Schönheit, seinen gastfreundlichen Menschen, seinen politischen Institutionen, seiner Geschichte. Ich bin Amerika für immer dankbar, meine jüdische Familie gerettet zu haben, die nahezu alles verloren hatte und nicht wusste, wohin sie gehen konnte. Amerika hat uns eine zweite Chance gegeben, Haus und Herd, Bildung, Arbeit, eine neue Kultur und Sprache, Sicherheit und Schutz. Am wichtigsten aber ist, Amerika hat uns Optimismus gegeben, etwas, woran man glauben kann – eine Vorstellung von Freiheit in einer Welt der verlorenen Hoffnungen. Amerikanischer Exzeptionalismus war immer irgendwie zutreffend und hat unserem Land oft gute Dienste erwiesen. Wir sind einzigartig in unserer Verbindung von Größe, Ressourcen, Reichtum, Unternehmertum, Leistungsfähigkeit und dem Vermögen, unterschiedliche Migrationswellen anzuziehen und zu verschmelzen. Und der amerikanische Exzeptionalismus hat den Traum und Optimismus geliefert, der unser Land groß gemacht und vereint gehalten hat (bis auf diese eine bedeutende Ausnahme im 19. Jahrhundert). Die Neue Welt hat die Alte in zwei Weltkriegen gerettet und ihr ein Modell der individuellen Freiheit und des wirtschaftlichen Wohlstands gegeben.

Aber es ist höchste Zeit zu akzeptieren, dass der amerikanische Exzeptionalismus uns schweres Gepäck aufgeladen hat und kein zutreffendes Abbild unseres Platzes in der Welt mehr darstellt. Einst verantwortlich für die Hälfte der weltweiten Produktivität, liegen wir heute bei gerade mal zwanzig Prozent, immer noch ein immenser Teil, aber ganz sicher kein dominanter und kleiner als der der Europäischen Union und von China. Und wir können uns die utopischen Wahnideen nicht mehr leisten, die uns dazu verleiten, uns den realistischen Risiken der Zukunft nicht zu stellen. Damit die Welt sich gut den anstehenden Herausforderungen stellen kann, müssen die Vereinigten Staaten akzeptieren, dass einseitiger Exzeptionalismus kontraproduktiv ist – schlecht für uns, schlecht für die Welt.

Indem wir dem Beispiel unserer eigenen nationalen Geschichte folgen, können wir lernen, wie man am besten gemeinsam handelt. Die nachrevolutionären »Vereinigten Staaten« waren ein unorganisiertes Durcheinander bis zum 29. Mai 1790, als die Ratifizierung der Verfassung uns de facto und nicht nur auf dem Papier vereinigte. Heute befinden wir uns an einem ähnlichen Entscheidungspunkt: Die Welt kann unmöglich auf ihre existenziellen Herausforderungen reagieren, wenn nicht die einzelnen Länder echte Vereinte Nationen erschaffen, und sie kann unmöglich ihre Schwierigkeiten lösen, solange wir nicht unsere eigenen lösen. Wir sind ein zu großer Teil der Probleme der Welt und ein zu wichtiger Problemlöser.

Wir sind als Land mit einem edlen Ziel geboren, das immer wieder mit den einfachen, weniger edlen Aspekten der menschlichen Natur kollidiert. Das Gold von Lincoln, minderwertig gemacht durch das Messing von Trump. Es ist wunderbar, dass wir es versuchen; enttäuschend, wenn wir so oft keinen Erfolg haben. Der amerikanische Traum, der mit so großen Hoffnungen begonnen hat, befindet sich heute an seinem absoluten Tiefpunkt. Für mich kann wahrer Patriotismus niemals heißen: »Recht oder Unrecht, ich stehe zu meinem Vaterland!« Sklavische Loyalität ist erheblich weniger loyal als scharfsichtige und konstruktive Kritik. Die Verfehlungen unseres Landes nicht zu identifizieren und zu korrigieren heißt, sie fortbestehen und gären zu lassen.

KAPITEL 4

Wie konnte ein Trump triumphieren?

Für jedes komplexe Problem gibt es eine Antwort, die klar, einfach und falsch ist.

H.L. MENCKEN

Früher war ich ein zwanghafter Nachrichten-Surfer und Zeitschriften-Junkie. Das hat irgendwann 2016 aufgehört, als ich bei Trumps allgegenwärtiger medialer Präsenz ständig hätte schreien oder kotzen können. Meine Wut und mein Abscheu reichten weit über seine primitiven Manieren und seine egoistische Selbstbeweihräucherung hinaus, obwohl beides schwer verdaulich war. Viel schlimmer waren seine zynische Ausbeutung und Forcierung all jener Vorurteile und Selbstbetrügereien, die dieses Buch, an dem ich damals schrieb, doch gerade infrage stellen sollte. Ich hatte auf meine stille Art ein bisschen gehofft, der Welt zu etwas mehr Vernunft und Gemeingeist zu verhelfen. Doch Trump war es mit seiner großkotzigen, lärmenden Art gelungen, sie verrückter und gefährlicher zu machen. Ich habe Trump als eine Art profanen Antichristen kennengelernt, der seine Anhänger in eine Apokalypse gesellschaftlicher Wahnideen steuert.

Wie viele andere Menschen hatte ich Schwierigkeiten zu verstehen, wie so viele Amerikaner so leichtgläubig sein konnten. Konnte nicht jeder, der einigermaßen bei Verstand war, Trumps fadenscheinige Lügen und rücksichtslose Bauernfängerei durchschauen? In unserer zuvor vernünftigeren Welt war Trumps häufiges Flirten damit, für die Präsidentschaft zu kandidieren, als lächerliche, kleine Zirkusnummer abgetan worden. Er wurde als das gesehen, was er ist – ein Möchtegernkönig ohne Kleider. Doch Trump hat es geschafft, die Ängste und Feindseligkeiten zu mobilisieren und zu schüren (und manchmal auch den Hass, die Paranoia, den Rassismus und die Frauenfeindlichkeit) von Leuten, deren Bedürfnisse von den anderen Politikern ignoriert worden waren. Menschen, bei denen die Verwirklichung des amerikanischen Traums nicht angekommen war, waren bereit, Trumps einfache und falsche Lösungen zu komplexen Problemen zu akzeptieren. Es war doppelt niederschmetternd, der Europäischen Union dabei zuzusehen, wie sie unter dem Druck vorgeblich bürgernaher Demagogen, die dieselben Verletzlichkeiten und Missstimmungen für sich ausnutzten, in Zeitlupe einen ähnlichen Zerfall vollzog. Großbritannien fiel mit dem Brexit als Erstes, in den Niederlanden, Österreich und Frankreich kam es zu einer schwerwiegenden Bedrohung von Demokratie und Einigkeit.

Eines Abends, mitten in dem, was zu unserem üblichen Abendbrot-Gejammer über Trump werden sollte, nannte meine Frau mich scheinheilig. Sie meinte, wir hätten es leicht, uns den Trump-Anhängern überlegen zu fühlen, da uns die Probleme und Gefahren, denen diese ausgesetzt waren, nicht berühren würden. Trump möge zwar der denkbar schlechteste Bote sein, doch das sollte uns nicht das Recht geben, seine Botschaft zu diskreditieren oder jene geringschätzig zu behandeln, die sie senden. Wenn Trumps Anhänger nicht leiden würden, wären sie nicht so empfänglich für die Schmeicheleien eines so offensichtlich falschen Propheten. Sie erinnerte mich an den großartigen Film von Eddie Murphy und Dan Aykroyd, *Die Glücksritter* von 1983. Reicher Typ und armer Kerl tauschen ungewollt die Rollen – der arme Kerl fängt schon bald an, das überhebliche Gehabe des reichen Typs anzunehmen, während dieser in den zornigen Überlebensmodus des armen Kerls schaltet. Moral: Du kannst nicht begreifen, wie ein anderer denkt und fühlt, bis du einmal in seiner Haut gesteckt hast.

Donna wies mich auf etwas hin, was für mich eigentlich vollkommen augenfällig hätte sein sollen. Ich schrieb ein Buch, aber predigte dabei nur zum Chor und ignorierte den Glauben und die Gefühle einer wichtigen möglichen Zuhörerschaft: der Menschen, die anderer Meinung waren als wir und die Trump unterstützten oder sogar vergötterten. Sie erinnerte mich daran, dass man nur Menschen überzeugen könne, die man mag, versteht und respektiert. Es sei arrogant, mich jemandem überlegen zu fühlen, der von Trump hinters Licht geführt wurde, denn hätte ich nicht die Gnade eines unverdient leichten Lebens erfahren, hätte ich ebenso gut ein Trump-Anhänger werden können. Und es wäre ein Irrglaube zu denken, ich könnte Menschen helfen, die gesellschaftlichen Wahnideen zu durchschauen, die er ihnen verkaufte, wenn ich nicht verstünde, warum sie sich daran festhalten mussten.

Als Psychotherapeut sollte ich es eigentlich besser wissen. Die besten Bedingungen für eine erfolgreiche Behandlung sind dann gegeben, wenn Therapeut und Patient sich schätzen und gut zusammenarbeiten. Du musst deinen Patienten nicht von Anfang an mögen. Und du musst nicht alles an deinem Patienten mögen.

Doch um eine heilende Verbindung zu knüpfen, musst du irgendwann ausreichend Tugenden entdecken, die eine mögliche anfängliche Abneigung wettmachen. Dabei ist es ungemein hilfreich herauszufinden, was genau man an jemandem nicht mag und was in einem selbst sich daran so stört. Die meisten Menschen werden sympathischer, wenn man sie besser kennenlernt, wenn man ihre Misere besser versteht und seine eigene Reaktion darauf. Und je mehr man mit Menschen zu tun hat, desto besser und schneller wird man darin, die eigenen Vorurteile zu erkennen und sie beiseitezulegen. Irgendwann merkt man, dass die meisten Menschen nett genug sind, um mit ihnen zu arbeiten. Ich kann die Leute, die ich nicht behandeln konnte, weil ich ihnen absolut nichts abgewinnen konnte, an einer Hand abzählen. Doch es gibt Hunderte, mit denen ich zu arbeiten begonnen habe, ohne sie besonders zu mögen, und die mir zu guter Letzt wirklich sympathisch waren.

Mir wurde sofort klar, dass ich es nie schaffen würde, Trump zu mögen oder ihn zu respektieren, nicht mal ein kleines bisschen. Ich finde ihn zu hinterlistig und zu selbstgerecht, als dass er sich dafür qualifizieren würde, ihn im Zweifelsfall doch zu respektieren. Allerdings hätte ich meine unverrückbare Abneigung gegen Trump nicht auf seine Anhänger ausweiten dürfen. Millionen von Amerikanern sind durch beschämend ungleiche Lebensbedingungen schwer belastet, durch einen stagnierenden Lebensstandard, den Verlust guter Jobs, eine prekäre Krankenversicherung, ein poröses Sicherheitsnetz und sich rapide verändernde kulturelle Werte. Um ein aussagekräftiges Buch zu schreiben, musste ich meine voreingenommene, abneigende Haltung aufgeben, diese Menschen seien alle dumm, selbstsüchtig oder bigott. Stattdessen musste ich die Probleme, Motivationen, Einstellungen und die Hoffnungen der Menschen verstehen, die es zu Trump hinzog. Um ein wirkungsvolles Buch zu schreiben, das mit den gesellschaftlichen Wahnideen aufräumt, musste ich meine Abneigung gegenüber den Menschen überwinden, die an sie glaubten. Um das zu tun, musste ich sie besser verstehen.

Meine neue Aufgabe war es, Trump und Trump-Anhänger ernst zu nehmen, anstatt ihnen aus dem Weg zu gehen. Ich machte es mir zum Prinzip, mit so vielen Menschen wie möglich über Trump und seine Standpunkte zu diskutieren, angefangen bei Freunden, Familie, Bekannten, bis hin zu allen, die dazu bereit waren, und das waren überraschend viele. Ich zwang mich außerdem dazu, zahllose Stunden Fox News zu schauen, rechtsgerichtete Radiosender zu hören sowie Trump durch die soziale Netzwerk-Maschinerie zu folgen. Einiges davon war schlichtweg durchgeknallt – Verschwörungstheorien, die eine misogyne, rassistische, gewaltbereite Mythologie befeuerten. Das Internet, ein so vielversprechendes Instrument, um gebildete Bürger hervorzubringen, erleichtert gleichermaßen die Verbreitung von absolut eklatantem Schwachsinn. Der Tiefpunkt meiner Faktensuche und Meinungsforschung war die Erklärung eines guten Freundes – mit gerötetem und zornigem Gesicht, zusammengebissenen Zähnen und theatralisch in die Höhe gerecktem Zeigefinger –, dass er eher für Hitler stimmen würde, bevor er »dieser Schlampe« erlauben würde, Präsidentin zu werden. Er lebt in einer anderen Medienwelt als ich mit meinem gewohnten Mainstream-Konsum; einer Welt, in der Obama Amerika hasst und Trump sie mit seinem Talent der »kreativen Zerstörung« retten wird.

Trumps Ausbeutung des amerikanischen Elends

Freud hat gesagt, Trugbilder fielen nicht vom Himmel. Sie seien, genau wie Träume, verzerrter Ausdruck einer zugrunde liegenden Wirklichkeit. Man kann die Wahnideen eines Patienten nicht behandeln, solange man nicht versteht, warum er so fest an sie glauben muss – seine Wirklichkeit, ausgedrückt in Wahnideen und in seiner psychologischen Reaktion darauf. Gleichermaßen werden wir die gesellschaftlichen Wahnideen nie zerstreuen, bis wir die ihnen zugrunde liegenden Probleme verstehen, die sie befördern, und bis wir realistische Lösungen bieten, um das Wunschdenken zu ersetzen. Trump ist nichts als ein gewiefter Quacksalber, der Schlangenöl verhökert – doch die gesellschaftlichen Krankheiten, die er ausbeutet, sind nur allzu real. Er hat Macht gewonnen, weil er eine schnelle vermeintliche Verbesserung der nachfolgenden realen Probleme versprach, die einen signifikanten Teil unserer Bevölkerung von der Verwirklichung des amerikanischen Traums ausschließen.

JOBS

Zwischen 1870 und 1970 erfreuten sich die Vereinigten Staaten der weltweit höchsten Zuwachsraten bei Löhnen und Beschäftigung. Frühe Migranten waren auf der Suche nach Land nach Amerika gekommen, spätere Migranten kamen auf der Suche nach gut bezahlten Jobs. Doch seit 1970 sind die Reallöhne in den Vereinigten Staaten stetig gesunken. Ein durchschnittlicher Arbeiter war bis dahin in der Lage gewesen, seine Familie mit seinem Gehalt zu ernähren. Inzwischen müssen beide Ehepartner mindestens einen Job haben, wenn nicht mehr – und kommen trotzdem nur mit Mühe über die Runden. Es erscheint den hart arbeitenden Weißen mittleren Alters ohne College-Abschluss – sie stellen Trumps solideste Wählerschaft dar – nicht fair, dass es ihnen schlechter geht als ihren Eltern, insbesondere da es Afroamerikanern und Latinos inzwischen etwas besser geht als ihnen.

Obama erbte einen Börsencrash und eine gelähmte Wirtschaft von Bush – und hinterließ Trump einen boomenden Aktienmarkt, eine erholte Wirtschaft und eine insgesamt niedrige Arbeitslosenquote. Doch Millionen von Bergleuten, Fabrikarbeitern, Verkäufern, Dienstleistern oder Büroangestellten blieben arbeitslos oder unterbeschäftigt.[91] Trumps verlockendstes Wahlversprechen lautete, dass er, und nur er allein, Amerika wieder in Arbeit bringen könne, indem er Millionen von Jobs zurückholen würde, die in andere Länder outgesourct worden waren. Die Globalisierung gab eine perfekte Zielscheibe ab. Wirtschaftswissenschaftler lieben sie, multinationale Firmen lieben sie, Vorstände und Aktionäre lieben sie, genau wie die Konsumenten, die es lieben, absurd billige Waren zu kaufen. Doch für die Millionen von Arbeitern, die bereits ihre Jobs verloren hatten oder Angst hatten, sie zu verlieren, ist die Globalisierung ein hungriges Monster, das ihnen gierig das Essen vom Teller stiehlt. Beeinflusst von großen Wahlkampfspenden und Konzernlobbyisten hatten führende Politiker beider Parteien bei jeder Gelegenheit den Freihandel gefördert – auf Kosten der amerikanischen Arbeiter.[92] Von der daraus resultierenden Jobverlagerung hatten die finanzstarken Weltkonzerne in hohem Maße profitiert, wohingegen der Kollateralschaden in einem riesigen Verlust für die kleinen Leute bestand.

Trumps Versprechen trafen bei den Enteigneten verständlicherweise einen sehr empfänglichen Nerv. Sein Sieg wurde in den Rust Belt-Staaten besiegelt, weil es sich selbst als der Anwalt der kleinen Leute positionierte und damit ein Vakuum füllte, das beide Parteien hinterlassen hatten. Obwohl Trump sein Job-Versprechen nur auf die kleinste, rein symbolische Weise einlösen kann, sind ihm die Menschen der Arbeiterschicht dafür dankbar, dass er sich scheinbar um sie kümmert.

Leider gibt es jedoch für die zugrunde liegenden Probleme auf dem Arbeitsmarkt keine einfache oder schnelle Lösung. Die meisten Arbeitsplätze wurden an die Automation verloren, nicht an die Globalisierung, und sie werden nie mehr zurückkehren.[93] Trotz des Verlustes von Millionen Arbeitsplätzen wirkt unsere Wirtschaft gesund, weil die Technik zu einer hohen Produktivitätssteigerung geführt hat.[94] Zunächst hatten Computer nur die schlecht bezahlten Positionen ersetzt, doch nun wird es bald auch andere Berufe treffen. Es gibt immer weniger Arbeiter, die vor der Konkurrenz durch den Computer sicher sind, und immer weniger Fertigkeiten, die Computer nicht meistern können. Unsere Gesellschaft ist reicher denn je, doch der Durchschnittsbürger ist in einer immer schlechteren Verfassung und die Aussichten für seine Kinder scheinen noch düsterer zu sein.[95]

Computer und Roboter könnten irgendwann fast die Hälfte unserer verbleibenden Arbeitsplätze ersetzen, mit einem Lohnverlust von zwei Billionen Dollar pro Jahr.[96] Sie übernehmen bereits zehn Prozent der weltweiten Arbeit, doch es wird geschätzt, dass es bis 2025 fünfundzwanzig Prozent sein werden.[97] Trotz Trumps leerer Versprechen wird es unweigerlich viel zu viele Menschen geben, die viel zu wenigen Jobs nachjagen. Früher war eine technische Verbesserung ein Gewinn für fast jeden; der Anstieg der Produktivität erhöhte das Volksvermögen und versorgte die Arbeiter mit einem höheren Lebensstandard. Arbeitsplätze, die an neue Technologien verloren gingen, wurden durch neu geschaffene Jobs mehr als nur ausgeglichen. Das ist vorbei. Zum ersten Mal in der Geschichte erfahren wir nun die schmerzhafte Lücke zwischen Produktivitätssteigerung und Stagnation der Arbeitslöhne. Je schneller die Technologie voraus eilt, desto weiter fallen die meisten Menschen zurück. Es gab immer Zyklen der Umwälzung, in denen Arbeiter durch Technik ersetzt wurden, doch dieser Zyklus ist einzigartig und Unheil bringend: Abgesehen von den Unternehmensspitzen ersetzen Maschinen Menschen in jedem Arbeitsbereich und machen verdrängten Arbeitnehmern die Rückkehr in ein Anstellungsverhältnis unmöglich.[98]

UNGLEICHHEIT

Unsere Wirtschaft ist die dynamischste der Welt, doch ihre Segnungen sind nicht, wie von Reagan versprochen, nach unten zu allen anderen durchgesickert und haben auch nicht annähernd eine gerechte Verteilung ergeben. Technologische Fortschritte haben die Ungleichheit immer weiter verstärkt, doch die Schräglage in den USA ist besonders extrem: Die zwanzig reichsten Menschen in den Vereinigten Staaten besitzen mehr Vermögen als die gesamte ärmere Hälfte der Bevölkerung (das sind 170 Millionen Menschen). Geschäftsführer großer Unternehmen verdienten bislang in der Regel 40-mal so viel wie ein durchschnittlicher Angestellter; heute verdienen sie 400-mal so viel. Amerikanische Konzerne sitzen auf einer Rekord-Liquiditätsrücklage von fünf Billionen Dollar, während die Löhne der Angestellten weiter stagnieren. Und die reichsten Menschen und reichsten Firmen umgehen es, ihren fairen Anteil an Steuern zu bezahlen, weil sie auch die Politiker in der Tasche haben (besonders die Republikaner), und so ein gezinktes System erzeugen, welches das Vermögen von allen anderen hin zu den wenigen Reichen umverteilt. Der vielleicht deutlichste und grausamste Beweis der Ungleichheit ist die sinkende Lebenserwartung von Weißen mittleren Alters aufgrund von Alkoholismus, Drogenüberdosis und Selbstmord. In einer Welt des Überflusses gehören Weiße mit geringer Bildung zu den Leidtragenden. Es ist obszön, dass die Trump-Regierung jenen, die es am meisten brauchen, die Krankenversicherung kürzen will, um den Reichsten, die das Geld am wenigsten brauchen, erhebliche Steuererleichterungen zu schenken.

Trump und Bernie Sanders haben während des Wahlkampfs gewaltig an Boden gewonnen, indem sie eine absolut gerechtfertigte Wut auf Hillary Clinton wegen ihrer engen Beziehungen zu den superreichen Geldhaien entfachten. Bill Clinton hatte den Bankensektor auf eine Art dereguliert, die zu wild spekulativem Zocken ohne großes Risiko animiert hatte. Banken, die »zu groß, um zu scheitern« waren, hatten ein moralisch riskantes »Kopf oder Zahl«-Spiel gespielt, bei denen Hausbesitzer und Steuerzahler die Rechnung begleichen durften, als die Hypothekenblase schließlich platzte. George W. Bush und der Vorsitzende der US-Notenbank Alan Greenspan waren am Steuer eingeschlafen. Und Bush und Obama verschärften das Leid, indem sie die Banker mit öffentlichen Geldern retteten und gleichzeitig sehr wenig für die Hausbesitzer taten; die Banker haben sich auf dem ganzen Weg zurück in ihre Banken darüber schlappgelacht, die Hausbesitzer weinten auf ihrem Weg zur Zwangsvollstreckung.

Die Menschen hatten alles Recht, Clintons Beziehungen zur Wall Street zu misstrauen, doch Trump zu vertrauen war der klassische Schritt vom Regen in die Traufe.[99] Die Demokraten waren alles andere als perfekt, doch sie haben konsequent eine Politik der Egalität vorangetrieben. Sie waren immer gegen Steuergeschenke an die Reichen und haben Förderprogramme für die einfachen

Leute unterstützt, haben einen höheren Mindestlohn durchgesetzt und ein Sicherheitsnetz für die Armen bereitgestellt. Clintons Programm war für alle außer den Superreichen und den Großkonzernen in ökonomischer Hinsicht wesentlich günstiger als das von Trump, doch ihr fehlte die Leidenschaft, den kleinen Mann zu verteidigen, und sie versagte darin, sich ausreichend über Trumps Steuertricksereien zu empören, über seine beabsichtigten Steuergeschenke an die Superreichen und darüber, dass er jene, die für ihn arbeiteten, in einem fort betrog.

Trumps Kabinett aus Milliardären und Möchtegern-Milliardären illustriert sehr schön die Ungleichheit in unserem Land und wird sie noch verschärfen. Sein Finanzminister verkörpert alles Hässliche und Unfaire – ein skrupelloser Wall Street-Trickser, der ein Vermögen daran verdient hat, der Hypothekenblase zum Erfolg zu verhelfen, und dann ein weiteres durch die Gründung einer Zwangsvollstreckungsfirma, die die Leute aus ihren Häusern geworfen hat. Der geradeste Weg zu einem künftigen Sieg der Demokraten wird es sein, die Trump'sche Heuchelei zu entlarven und eine Reihe sinnvoller Alternativ-Strategien anzubieten, um das begangene Unrecht der rapide ansteigenden Ungleichheit wiedergutzumachen. Um die Loyalität der Arbeiterschicht zurückzugewinnen, sollte der erste und effektivste Schritt der Demokraten darin bestehen, entschlossen für ein faires Steuersystem zu kämpfen und gegen Trumps Absicht, die Zeiger der Waage auf Kosten von allen anderen noch weiter zugunsten der Superreichen ausschlagen zu lassen.

TERROR

Menschen neigen dazu, fremdartige Risiken gewaltig aufzubauschen und gleichzeitig wesentlich ernstere, alltägliche Risiken stark zu unterschätzen. Seit dem 11. September 2001 sind in den Vereinigten Staaten durchschnittlich neun Menschen pro Jahr durch terroristische Handlungen gestorben, während mehr als 250.000 jährlich aufgrund medizinischer Fehler sterben, 50.000 an einer Drogenüberdosis, 37.000 bei Autounfällen und 33.000 durch Waffen. Doch Angst, rational oder nicht, beeinflusst in erheblichem Maße, wie die Menschen sich bei einer Wahl entscheiden. Trump hat die Terror-Karte derb, aber meisterhaft gespielt. Er gibt den harten Kerl: »Wir werden dem IS den Krieg erklären … Wir werden den radikalen islamischen Terrorismus ausrotten und vom Angesicht der Erde beseitigen.« Einen konkreten Plan bleibt er schuldig, verkündet aber vollmundig seine Absicht, Feuer mit Feuer zu bekämpfen. Man werde der Terrororganisation gegenüber so brutal sein wie der IS uns gegenüber war, einschließlich Folter (selbst über Waterboarding hinaus) und dem Töten der Familien der Terroristen. Das Militärpersonal wurde dazu ausgebildet, keiner illegalen Anweisung zu folgen und Kriegsverbrechen zu begehen, doch Trump erklärte, er würde ein Nein als Antwort nicht akzeptieren: »Sie werden sich nicht widersetzen. Sie werden sich mir nicht widersetzen … Wenn ich sage, macht das, dann werden sie das machen.«[100] Trumps dummes Harter-Kerl-Geschwätz über Terrorismus kam im Wahlkampf extrem gut an, doch es ist furchtbar gefährlich, wenn es aus dem Weißen Haus kommt.

Trumps Haltung ist unamerikanisch, verletzt internationales Recht und tritt die Menschlichkeit mit Füßen. Er ignoriert zudem wissenschaftliche Erkenntnisse und die militärische Erfahrung, dass Folter schlicht und einfach nicht funktioniert und häufig kontraproduktiv ist.[101] Trump ist zum Traum eines IS-Anwerbers geworden – er hat, als Reaktion auf die offensichtliche Feindseligkeit und Brutalität gegenüber Muslimen, die Feindseligkeit und

Brutalität von Muslimen gegenüber Amerika angeheizt. Diese Auge-um-Auge-Rachementalität ist die älteste und primitivste Art, Stammeskonflikte zu lösen. Psychologisch gesehen ist Rache kurzfristig süß, doch irgendwann für beide Seiten selbstzerstörerisch. Oder, wie Martin Luther King sich ausdrückte: »Wenn wir Auge um Auge und Zahn um Zahn streiten, sind wir irgendwann eine blinde, zahnlose Nation.«

Ich hatte die Möglichkeit, die Entfremdung junger Muslime aus erster Hand mitzuerleben, als ich als Gutachter am Fall des Marathon-Bombenattentats von Boston mitgearbeitet habe. Die Zarnajew-Brüder waren überdurchschnittlich ambitionierte Versager, ursprünglich weder religiös noch politisch aktiv, die ihren ziemlich erbärmlichen persönlichen Groll zu einer glamourösen Dschihad-Geschichte aufbauschten. Sie hätten ihre dreiste terroristische Tat womöglich nie begangen, hätten die Vereinigten Staaten Terror als hinterhältiges Verbrechen eingestuft, anstatt es als einen Akt des Heiligen Krieges zu legitimieren. Trump hat den »Krieg gegen den Terror« nicht angefangen, doch er ist eindeutig perfekt darin, Öl ins Feuer zu gießen. Die Millionen friedliebender Muslime, die den Terror genauso hassen wie wir, mit den Kriminellen vom IS in einen Topf zu werfen, hat dabei geholfen, weitere Zarnajews hervorzubringen. Wer Trump wählte, sah in ihm einen starken Schutz vor dem Risiko des Terrorismus, doch ich vermute, er wird sich eher als Magnet herausstellen.

Unentschuldbar und völlig unerklärlich greift Trump ständig die Geheimdienste an, die uns vor Terrorismus schützen sollen, und nimmt an den meisten Besprechungen zur nationalen Sicherheit nicht einmal teil. Er vertraut auf sein Bauchgefühl und auf aberwitzige Verschwörungstheorien, die von rechts stehenden Medien verbreitet werden. Kompetente, unpolitische Geheimdienste sind für die Terrorabwehr von entscheidender Bedeutung. Stattdessen hat Trump die nationale Sicherheit politisiert und personalisiert und sie damit belanglos und dilettantisch gemacht. Jeder echte Präsident (im Unterschied zu einem Reality-TV-Präsidenten) würde wissen, dass es für ihn erste Priorität haben sollte, die Feinde im Auge zu behalten, und nicht unsere Geheimdienste zu bekämpfen und zu kastrieren. Es besteht außerdem ein beträchtliches Risiko, dass Trump im Falle eines erneuten Terrorangriffs diesen zum Vorwand nimmt, um diktatorische Notstandsbefugnisse geltend zu machen, die er womöglich nie mehr preisgibt.

IMMIGRATION

Trump schlägt Kapital aus der natürlichen menschlichen Tendenz, sich während schwerer und bedrohlicher Zeiten in den Tribalismus zurückzuziehen. Unterschwellige Vorurteile können hochkochen, wenn zu einem realen Konkurrenzkampf auf dem Arbeitsmarkt und einem kulturellen Kampf um Sprache und Werte ein aufstachelnder Katalysator wie Trump kommt. Nähe kann der Nährboden für gegenseitiges Verständnis und Freundschaft sein, ebenso aber auch für Missverständnisse und Vorurteile. Als ich in den 1970ern und dann wieder Anfang der 1990er-Jahre in den Südstaaten lebte, waren viele Menschen in ländlichen Gebieten noch nie einem Einwanderer begegnet. In den Kleinstädten gab es keine mexikanischen, indischen oder chinesischen Restaurants. Heutzutage gibt es überall Einwanderer, auch im ländlichen Amerika, die häufig Arbeiten verrichten, die sonst niemand bereit ist zu tun.

Trump war sehr geschickt darin, die frei flottierenden Ängste vor Amerikas Verfall in ein gezieltes Vorurteil gegen die Einwanderer umzumünzen, die angeblich dafür verantwortlich seien. »Die

Vereinigten Staaten sind zu einer Müllkippe von jedermanns Problemen geworden … Wenn Mexiko uns Leute schickt, schicken sie nicht ihre Besten … Sie schicken Leute, die viele Probleme haben, und die bringen diese Probleme mit zu uns. Sie bringen Drogen. Sie bringen Verbrechen. Es sind Vergewaltiger. Und ein paar davon, nehme ich an, sind auch anständige Leute.«[102] Wir sind die Guten, fast alle anderen sind schlecht. Dies ist unser Land, nicht ihres. Es ist tröstlich, die Angst vor Kriminalität dadurch zu bündeln, indem man annimmt, alle Kriminellen seien Ausländer. Es ist tröstlich anzunehmen, dass die Angst vor Jobverlust und niedrigen Löhnen einfach dadurch aufgelöst werden kann, dass man die Immigranten loswird. Es spendet Trost, komplexe Probleme auf eine Die-gegen-uns-Lösung zu reduzieren.

Trump ist ein Meister darin, nationalistische Gefühle, fremdenfeindliche Ängste, giftigen Zorn und deplatzierte rechtschaffene Empörung anzustacheln. Einwanderer aus dem Land fernzuhalten, wurde sein beherrschendes Thema. Er berührte damit jedes Mal den Kern: Angst um Arbeitsplätze, vor Terror und Kriminalität; Hass auf die Globalisierung; Unbehagen bezüglich kultureller Veränderungen; Wut über Unfairness; das Bestreben, Amerikaner an die erste Stelle zu setzen; den Missachteten dazu zu verhelfen, gehört und beachtet zu werden. Das »Einwanderungsproblem« schien man ach so einfach lösen zu können. Wirf die illegalen Einwanderer raus. Bau eine hohe und wunderschöne Mauer an der mexikanischen Grenze, um all die »Vergewaltiger« und »Drogendealer« und Räuber amerikanischer Jobs draußen zu halten und lass Mexiko dafür bezahlen. Halte Muslime davon ab, ins Land einzureisen und überwache jene streng, die bereits hier sind.

Teile von Trumps Einwanderungspolitik waren verfassungswidrig, viele waren eine Katastrophe für die Wirtschaft, die meisten waren undurchführbar und alle waren herzlos, unfair und überflüssig. Jeder, der in den Vereinigten Staaten lebt, ist der Nachkömmling von immigrierten Vorfahren. Die Menschen jeder Einwanderungswelle, die sich erst einmal niedergelassen und etabliert hatten, hießen die nächsten ohne sonderlich großen Enthusiasmus willkommen. Das Greenhorn brachte möglicherweise benötigtes Fachwissen mit, doch er oder sie lösten verständlicherweise auch Ängste um den eigenen Arbeitsplatz aus, um Bräuche, Vorrechte und Vertrautheiten, die verloren zu gehen drohten.

Trump, ein Serientäter, wenn es um Vertrauensbruch geht, fühlte sich gezwungen, seine schlecht durchdachten Versprechen hinsichtlich der Einwanderung zu halten. In der ersten Woche im Amt erließ er eine Präsidentenverfügung, um die Mauer zu bauen, und eine, um Menschen aus sieben muslimischen Ländern an der Einreise zu hindern. Beide Entscheidungen wurden schnell, impulsiv und inkompetent getroffen und ohne die übliche Beratung, die sicherstellt, dass sie durchführbar und legal waren. Beide waren überflüssig und beide lösten weitreichende Folgen aus (ein möglicher Handelskrieg mit Mexiko, anhaltende Demonstrationen und eine konstitutionelle Krise bezüglich religiös diskriminierenden Visabeschränkungen).

Die Wahrheit ist, dass die Vereinigten Staaten schon immer Einwanderer brauchten, um gut zu funktionieren, und es auch heute noch tun. Sie stellen einen wirtschaftlichen Nettozuwachs dar, indem sie den Arbeitskräftemangel im Baubereich, in der Landwirtschaft, der Serviceindustrie, der Wissenschaft, Medizin und Technologie beheben. Bis zu Trumps Wahl war Amerika für die Besten und Klügsten der ganzen Welt attraktiv. Von den 579 Nobelpreisen, die je verliehen wurden, gingen 353 an Amerikaner – von denen wiederum fast ein Drittel Einwanderer waren. Der Trend zu brillanten Köpfen von außerhalb hat sich in letzter Zeit noch verstärkt: Alle sechs US-Nobelpreisgewinner des letzten Jahres wurden im Ausland geboren. Und Silicon Valley wäre nicht technisch weltweit führend, könnte es nicht seine Mitarbeiter von überall auf der Welt anwerben. Trumps Fremdenfeindlichkeit schreckt Menschen ab, die wir unbedingt brauchen, und leistet einer Abwanderung jener hoch qualifizierten Arbeitskräfte Vorschub, die bereits hier sind. Wir müssen die Einwanderung auf einem sicheren und handhabbaren Niveau halten, aber auf sie verzichten können wir nicht.

DIE REGIERUNG LIEFERT NICHT

»In dieser gegenwärtigen Krise ist die Regierung nicht die Lösung zu unseren Problemen, die Regierung ist das Problem.« »Der Mensch ist so lange nicht frei, bis die Regierung eingeschränkt wird.« »Die schrecklichsten Worte der englischen Sprache sind: Ich bin von der Regierung und ich bin hier, um zu helfen.« »Die Sicht der Regierung auf die Wirtschaft kann man in wenigen Worten zusammenfassen: Wenn es sich bewegt, besteuere es. Wenn es sich weiter bewegt, reguliere es. Und wenn es sich nicht mehr bewegt, subventioniere es.« All diese Zitate stammen von Ronald Reagan, der die schlaue republikanische Strategie wählte, gegen den Staat anzutreten, den er gleichzeitig leitete. Sie halfen, Wähler davon zu überzeugen, für Reagan zu stimmen, doch der Weg stellte sich als fauler Schwindel heraus. Genau genommen erhöhte sich unter Reagans kumpelhaftem Kapitalismus die Anzahl der Bundesregierungs-Angestellten um 324.000 Menschen, und das Staatsdefizit verdreifachte sich von 907 Milliarden auf 2,6 Billionen.[103] Die republikanischen Präsidenten haben das paradoxerweise erfolgreiche Muster kopiert, dem Staat die Schuld an allem zu geben, während sie ihn selbst mit ungeheuerlicher Inkompetenz leiteten. Den Staat zu demontieren war auch eine Strategie, die es den Großkonzernen erlaubte, lukrative »Outsourcing«-Verträge an Land zu ziehen, die ihnen freie Hand hinsichtlich der Regelungen zum Schutz von Arbeitskräften, Konsumenten und der Umwelt gab. Propaganda macht die Menschen blind für die Vorzüge eines Staates (Sozialversicherung, Krankenversicherung, kostenloser Zugang zu Bildung, Polizei, Infrastruktur usw.) und richtet die Aufmerksamkeit stattdessen auf seine Defizite, für die zum Teil genau die Politiker verantwortlich sind, die mit Schuldzuweisungen um sich werfen.

Trump trat als der Außenstehende an, der bürgernahe Champion der kleinen Leute, die genug hatten von der Korruption der politischen Elite. Er versprach, den »Sumpf auszutrocknen«. Stattdessen schuf er einen noch nie da gewesenen neuen Morast und benutzte seine Präsidentschaft dazu, die Interessen seines Familienunternehmens zu fördern. Er, seine Kinder und angeheiratete Familienangehörige nutzen schamlos seine Position aus, um mit Trump-Produkten hausieren zu gehen, Eigentumswohnungen, Golf-Mitgliedschaften, Hotels, Kleidung, Parfum und Schmuck. Wie heuchlerisch sein Standpunkt bezüglich Immigration ist, ist an der Bereitschaft seiner Familie zu erkennen, Visa gegen eine Immobilieninvestition in Höhe von 500.000 Dollar zu verkaufen. Es gab in der Vergangenheit alle möglichen Präsidentschaftsskandale, aber nichts reicht an die fehlende Moral des Weißen Hauses unter Trump heran.

Bei Trumps »Demontage des Verwaltungsstaates« ist die Katastrophe praktisch vorprogrammiert. Er hat ein Kabinett zusammengestellt, das aus Milliardären, Doktrinären, Verschwörungstheoretikern, Unfähigen, unvorbereiteten politischen Mitläufern,

Lobbyisten, Idioten und Betrügern besteht. Es ist absolut vernünftig, wenn Amerikaner unserer Regierung misstrauen und ihr vorwerfen, keinen besseren Job zu machen, doch es war absolut vernunftwidrig, sich bezüglich einer Lösung ausgerechnet an Trump zu wenden. Sein beruflicher Werdegang war geprägt von Desorganisation und törichter Risikofreudigkeit, die zu insgesamt fünf Bankrotten führten. Seine Präsidentschaft ist chaotisch und produziert fast täglich hausgemachte Krisen. Die Aufgabe der von ihm ernannten Amtsträger besteht darin, den Staat aufzulösen, und ihre Inkompetenz und Unaufrichtigkeit sind die besten Voraussetzungen zur Erreichung dieses Ziels. In der »Trump-Welt« liegt die Macht allein beim Präsidenten und den Managern der Konzerne, unbehindert vom Volkswillen oder der Macht der Presse (inzwischen als »Oppositionspartei« bekannt). Diese radikale Revolution führt Trump ungeachtet der Tatsache durch, dass er keineswegs die Mehrheit aller abgegebenen Stimmen (*Popular Vote*) erreicht und die Wahl allein aufgrund russischer Manipulationen gewonnen hat, dass er die miesesten Umfrageergebnisse in der Geschichte hat und einer massiven öffentlichen Opposition gegenübersteht. So etwas kann man nicht erfinden. Trump ist nicht verrückt, aber das Weiße Haus unter Trump ist es mit Sicherheit.

RASCHE VERÄNDERUNG

Die Welt scheint sich schneller und schneller zu drehen. Als mein Vater 1900 geboren wurde, gab es weder Autos noch elektrisches Licht oder Telefon. Flugreisen, Fernsehen und Expeditionen zum Mond blieben für ihn bis zuletzt faszinierend. Als ich 1942 geboren wurde, gab es keine Computer, Smartphones, kein Internet und keine entschlüsselten Gene, und ich bin von den raschen Veränderungen der letzten siebzig Jahre genauso fasziniert, wie er es war. Technologische Revolutionen privilegieren immer die jungen, damit aufgewachsenen Nutzer auf Kosten alter, schrullig wirkender Traditionalisten. Mein Enkel wartet schon begierig auf exponentielle Sprünge in der Gentechnik und der Entwicklung künstlicher Intelligenz, beide stellen für mich eine Bedrohung der Menschheit dar und jagen mir eine riesige Angst ein.[104] Viele, besonders ältere Wähler haben in dem Glauben für Trump gestimmt, er wäre ein Konservativer, der helfen würde, die Vergangenheit zu bewahren, die Gegenwart zu stabilisieren und das Risiko von beängstigenden Veränderungen in der Zukunft zu reduzieren.[105] Er hat versprochen, Amerika die einst glorreichen Zeiten zurückzubringen, in denen es eine dominante Weltmacht war; in denen weiße Männer herrschten und Frauen und Minderheiten wussten, wo ihr Platz war; in denen Homosexuelle nichts zu suchen hatten und Menschen das Geschlecht behielten, mit dem sie geboren wurden; in denen das Konzept von »politischer Korrektheit« nicht existierte; und als es okay war, Kohle abzubauen, ohne sich darüber Gedanken machen zu müssen, dass man seinen Kindern die Umwelt verseucht.

Wer annahm, Trump würde ein »konservativer« Bewahrer der Vergangenheit sein, war einem gewaltigen Irrtum erlegen. Trump ist mit großem Abstand der radikalste Präsident in der Geschichte der Vereinigten Staaten. Er nimmt heute drastische Veränderungen vor und öffnet die Tür für noch erschreckendere Veränderungen in der Zukunft. Von Temperament und Erfahrung her echte Konservative verstehen, dass große und abrupte Veränderungen immer von schädlichen und unbeabsichtigten Folgeerscheinungen begleitet werden; Dinge sollten schrittweise repariert werden und auch nur dann, wenn sie kaputt sind. Radikale drängen blindlings auf

Quantensprünge, ohne Rücksicht auf Verluste. Trump hätte sich während der Schreckensherrschaft der Französischen Revolution bestimmt wie zu Hause gefühlt. Er ist ein radikaler Wolf, der sich im konservativen Schafspelz versteckt. Verglichen mit ihm sind Obama und Clinton zurückhaltende Konservative und temperamentvolle Gemäßigte.

Einstellungen, die Trump ausbeutet

FOLGT DEM FÜHRER

Theodor W. Adorno, ein Opfer und differenzierter Beobachter von Nazi-Deutschland, nutzte die Erkenntnisse der Psychologie als einen Weg, um zu verstehen, warum die Menschen so bereitwillig der Übernahme durch die Faschisten verfielen. Eine Studie, die er in den Vereinigten Staaten durchführte, ergab, dass viele Amerikaner auch Charakterzüge dessen besaßen, was er die »autoritäre Persönlichkeit« nannte. Diese beinhaltet das entschiedene Verteidigen hergebrachter Werte; Unterwürfigkeit gegenüber Höherstehenden und Dominanz gegenüber Untergeordneten; Abwertung intellektueller Aktivitäten und Überbewertung von Macht und Härte; Schuldzuweisungen; Zynismus; den Glauben an Verschwörungstheorien sowie Aberglaube. Menschen mit dieser »autoritären Persönlichkeit« gehorchen, stellen sich hinter jemanden und werden manchmal selbst mächtige und dominierende Führer. Und sie reagieren aggressiv auf Außenstehende, besonders wenn sie sich bedroht fühlen. Indem er den harten Kerl gibt, stellt Trump seine eigene autoritäre Neigung zur Schau, wie er auf die seiner Anhänger eingeht.

Adorno prophezeite bereits 1950 Trumps heutige Fähigkeit, mit seiner Idee der »alternativen Wirklichkeit« hausieren zu gehen: »Lügen haben lange Beine: Sie sind der Zeit voraus. Die Umsetzung aller Fragen der Wahrheit in solche der Macht unterdrückt nicht nur die Wahrheit, wie in früheren Despotien, sondern hat bis ins Innere die Disjunktion von Wahr und Falsch ergriffen.« Und er sagte ebenfalls die Mentalität einer lautstarken Minderheit unter Trumps Anhängern voraus: »Es war nicht schwierig, Individuen zu finden, deren Einstellung nahelegte, dass sie den Faschismus bereitwillig akzeptieren würden, sollte er zu einer starken oder angesehenen gesellschaftlichen Bewegung werden.« Adorno fürchtete, dass der Faschismus durch Fernsehen, Radio und Propagandafilme an Ansehen gewinnen könnte. Ich möchte nur daran erinnern, dass er das ein halbes Jahrhundert vor der Reality-TV-Show geschrieben hat, die Trump salbungsvoll pries, vor den Talkradio-Verschwörungs-Schwätzern, die ihm zum Erfolg verhalfen, und vor Twitter, das seine verdrehten Evangelien verbreitete. Adorno konnte in der Anziehungskraft, die der McCarthyismus in den 1950er-Jahren auf die Amerikaner ausübte, den Samen des »Trumpismus« des 21. Jahrhunderts erkennen.[106]

Aufgrund eingehender Studien zu Adornos Werk war Matthew MacWilliams einer der wenigen Prognostiker, die Trump eine echte Chance voraussagten, die Wahl 2016 zu gewinnen. Er schaffte das, worin andere versagten, indem er vier Adorno-Kriterien in seine Befragung von 1.800 Wählern einbaute. Es stellte sich heraus, dass diese Fragen (zum Beispiel ob man seine Kinder eher dazu erzog, respektvoll zu sein oder eher unabhängig) die besten Hinweise auf eine Unterstützung Trumps gaben. Am Abend der Wahl schrieb McWilliams: »Die Unterstützung Trumps ist fest im amerikanischen Autoritarismus verankert, der, einmal zum Leben erweckt, eine Kraft ist, mit der man rechnen muss.« Die Kraft von Trumps Autoritarismus ist nun vollends erwacht, und man muss ganz eindeutig mit ihr rechnen.[107]

ÜBERMÄSSIGES VERTRAUEN IN EINEN HOCHSTAPLER

»Nicht das, was man nicht weiß, bringt einen zu Fall, sondern das, was man fälschlicherweise glaubt zu wissen.« Trump sagt, unsere Welt sei beschädigt und dass er und nur er allein sie wieder richten könnte. Seine politischen Vorschläge passen nicht ansatzweise zusammen – es gibt keinen vorstellbaren Weg, um massiv die Steuern zu senken, gleichzeitig die Investitionen in Militär und Infrastruktur stark anzuheben sowie das Haushaltsdefizit zu reduzieren. Doch Trump verspricht alle drei Dinge zugleich, und seine Anhänger glauben ihm blind. Trump lügt voller Selbstsicherheit und mit offensichtlichem Genuss. Die Presse kommt kaum hinterher mit all den Faktenchecks, die notwendig sind, um Trumps permanente »Pinocchios« zu widerlegen, von denen sich die meisten als lächerlich durchschaubar und offenkundig falsch erweisen. Doch das Aufdecken von Trumps Schwindel kann seine treuen Anhänger nicht in ihrem Glauben erschüttern, er sei grundehrlich, und die Reporter, die er hasst, seien die »unehrlichsten Menschen der Welt«.

In einer angsterfüllten und unsicheren Welt ist Trump der typische Bauernfänger, der sich zynisch das übersteigerte Selbstvertrauen zunutze macht, welches ein fester Bestandteil der menschlichen Psyche ist. Er ist eine Verkörperung des »Dunning-Kruger-Effekts«, den er unbewusst bei anderen ausnutzt. Experimente dieser beiden Psychologen an der Cornell University zeigen, dass Menschen mit geringeren Fähigkeiten zur Lösung beliebiger Aufgaben dazu neigen, ihre eigenen Fähigkeiten zu überschätzen und die anderer zu unterschätzen. Demgegenüber neigen kompetentere Menschen dazu, ihr eigenes Können unterzubewerten und anzunehmen, weil ihnen etwas leichtfiele, müsse dies allen anderen ebenso leichtfallen. Der Effekt zeigt sich bei einer breiten Palette an Betätigungen: bei wissenschaftlichen Aufgaben, Sport, Schach, Autofahren und ärztlichen Tätigkeiten.[108] Dunning und Kruger konkretisierten in quantitativer Hinsicht uralte Weisheiten. Wer auf einem gewissen Gebiet inkompetent ist, weiß häufig nicht genug, um zu wissen, was er nicht weiß. Menschen, die viel wissen, wissen für gewöhnlich, wie wenig sie wissen. Wenn man nicht weiß, was man nicht weiß, kann man seine Unwissenheit nicht korrigieren. Wenn man nicht weiß, dass man einen Fehler begeht, wird man diesen Fehler immer wieder begehen. Oder wie Shakespeare es ausdrückte: »Der Narr hält sich für weise, doch der Weise weiß, dass er ein Narr ist.«

Ich glaube, dies erklärt eine Menge über Trump – einen Mann mit maßloser Selbstüberschätzung, unbelastet von Wissen oder Weisheit und unfähig, aus seinen Fehlern zu lernen. Es macht auch klar, warum Trump-Wähler ihm so bereitwillig seine Fehler verzeihen und heftig jene angreifen, die darauf hinweisen. Und schlussendlich erklärt es, warum die größtenteils gebildeteren Clinton-Wähler so überrascht waren, dass die größtenteils weniger gebildeten Trump-Wähler solche Schwierigkeiten hatten, ihn zu durchschauen. Trump hat erfolgreich die Ängste des Wahlvolks geschürt und sich als der Zauberer verkauft, der sie verschwinden lassen könne. Widersprechende Fakten und Expertenmeinungen waren völlig irrelevant. Viele Menschen waren bereit, Trumps Bauchgefühl als besten Berater für die Politik unseres Landes zu akzeptieren. Die Welt wäre ein deutlich sicherer Ort, wäre Trump deutlich weniger von sich und seine Anhänger deutlich weniger von ihm überzeugt.

FRAUENFEINDLICHKEIT

Zum Ende des Wahlkampfs 2016 wurde deutlich, dass viele Menschen in den Vereinigten Staaten, sowohl Frauen als auch Männer, für eine Präsidentin einfach noch nicht reif waren. Die schlicht widerwärtigen Anstecker, die man auf dem Nominierungsparteitag der Republikaner sehen konnte, sprachen Bände darüber, welche Rolle Frauenfeindlichkeit bei der Wahl spielte: »Sei keine Pussy. Wähl 2016 Trump«, »Trump 2016: Endlich jemand mit Eiern«, »Über*trumpf* die Schlampe«, »Das Leben ist ein Dreckstück, gib ihm nicht auch noch deine Stimme« und »KFC Hillary Spezial: 2 fette Schenkel, 2 Hühnerbrüste, ein linker Flügel«.[109] Frauenfeindlichkeit im Allgemeinen und Misstrauen gegenüber Frauen in der Politik im Speziellen sind seit Langem tief in der amerikanischen Kultur verwurzelt. Man erinnere sich, dass unsere Unabhängigkeitserklärung beteuert, *»all men are created equal«*, was zwar mit »alle Menschen sind gleich geschaffen« übersetzt wird, sich tatsächlich aber auf *»men«*, also »Männer«, bezieht. Von Frauen ist überhaupt nicht die Rede. Dreizehn Jahre später enthielt unsere Verfassung Regelungen zum Wahlrecht, die weiterhin Frauen benachteiligten. Es dauerte weitere 130 Jahre, bis schließlich 1920 – ganze fünfzig Jahre später als schwarze Männer, und auch nur nach erbitterten Kämpfen – Frauen das Wahlrecht erhielten. 1923 wurde erstmals ein Equal Rights Amendment ausgearbeitet, womit Frauen in der Verfassung gleiche Rechte zugesichert werden sollten. Der Entwurf dieses Zusatzartikels musste jedoch ab da in jeder Legislaturperiode erneut dem Kongress zur Abstimmung vorgelegt werden, bis schließlich 1972 beide Kammern zustimmten. Der Jubel wuchs, als innerhalb nur eines Jahres dreißig der erforderlichen achtunddreißig Staaten zustimmten. Doch die hauptsächlich von konservativen Frauengruppen angeführte Mobilisierung gegen die Gleichberechtigung von Frauen brachte schließlich 1982 den Zusatzartikel zu Fall, und heute scheint er endgültig gescheitert zu sein.

Die Vereinigten Staaten liegen weit hinter anderen Ländern zurück, eine Frau an die Spitze der Regierung zu wählen. Neunundsiebzig Frauen haben dieses Ziel in anderen Ländern bereits erreicht[110], und viele Länder haben eine Gleichstellung der Geschlechter in ihrer Legislative verankert. Hillary Clinton saß in einer ausweglosen Klemme, zu maskulin für die einen Wähler, nicht Manns genug für die anderen. Dieses Paradoxon könnte Bewerberinnen weiterhin den Weg in eine Regierung vereiteln, die zu einem exklusiven Männerclub geworden ist. Es ist eine sonderbare weibliche Bürde, gleichzeitig abgelehnt zu werden, weil man nicht kuschelig genug ist, und diskreditiert zu werden, weil man nicht stark genug sei. Viele Menschen haben Trump unterstützt, weil sie in ihm den starken Vater (Big Daddy) oder großen Bruder gesehen haben, der in der Lage wäre, sie zu beschützen und für sie zu kämpfen. Es ist unklar, ob unsere Furcht vor einer Big Mommy psychologisch tief sitzt oder eher gesellschaftlich oberflächlich ist, doch auf die eine oder andere Art dominiert sie immer noch die amerikanische Politik. Die rechtsradikalen Kampfhunde richten ihren Diffamierungsapparat bereits auf Elizabeth Warren, eine Frau, die keine Angst davor hat, die sakrosankte männliche Hegemonie herauszufordern.

Donald Trumps Rassismus ist schon lange bekannt und gut dokumentiert. 1973, ganz am Anfang seiner Karriere, begann er sich in einem erbitterten zweijährigen Kampf mit dem Justizministerium anzulegen, weil er sich weigerte, Appartements an Afroamerikaner zu vermieten. Und erst kürzlich hatte er keine Probleme damit zu demonstrieren, dass er sich nicht groß verändert hat: »Schwarze Burschen zählen mein Geld! Ich hasse das. Die einzigen Leute, die mein Geld zählen sollen, sind kleine Kerle, die Kippas tragen. (...) Faulheit ist eine Charaktereigenschaft der Schwarzen.«[111] Weiße Suprematisten, Mitglieder des Ku-Klux-Klans, Milizsoldaten, Neonazis und andere extremistische Gruppen waren begeistert, dass ihre normalerweise entschieden zurückgewiesenen Vorurteile in den Mainstream eingeführt und durch einen Präsidenten der Vereinigten Staaten legitimiert wurden. Doch die Äußerung stieß auch auf Resonanz bei vielen sonst recht anständigen weißen Amerikanern, die unglücklich über die rasch schwindende Vorherrschaft der Weißen sind und sich in den immer bunteren Vereinigten Staaten vor dieser Entwicklung fürchten. Während der ersten Hälfte des 20. Jahrhunderts waren die Vereinigten Staaten zu fast 90 Prozent weiß; heutzutage liegt der Bevölkerungsanteil der Weißen nur noch bei 63 Prozent, Tendenz fallend, eine bemerkenswerte demografische Verschiebung. Jedes Jahr sterben mehr Weiße, als geboren werden, und ihre Geburtenrate liegt unter der von nicht weißen Babys. Ab Mitte des 21. Jahrhunderts werden Weiße in der Minderheit sein in einem Land, das sie bis dato als ihren selbstverständlichen Einflussbereich betrachtet haben. Ein schwarzer Präsident war für einige schwer zu akzeptieren gewesen und hatte das Fass endgültig zum Überlaufen gebracht – was

Trump die billige Gelegenheit gab, eine trotzige weiße Gegenreaktion auszunutzen. »Make America Great Again« war ein kaum verschleierter Code dafür, Amerika wieder weiß zu machen.

SOZIALER KONSERVATIVISMUS

Es ist überraschend, dass Trump, der so konsequent und tiefgreifend die christlichen Grundwerte sexuelle Beständigkeit, Wohltätigkeit, Bescheidenheit, Fairness, Vergebung, Ehrlichkeit und hohe moralische Standards mit Füßen getreten hat wie nur wenige Menschen in der Geschichte dieses Planeten, die fast uneingeschränkte Unterstützung der bibeltreuen Wähler für sich gewinnen konnte. Trump ist ein Seriensextäter, ein bombastischer Selbstdarsteller, ein unverfrorener, nachtragender Sammler von Unrecht, ein schrulliger Lügner und ein chronischer Geschäfts- und Steuerbetrüger. Nicht unbedingt die empfohlene Vorbereitung, um in den Himmel zu kommen. Und bevor er zynisch seine Standpunkte geändert hat, um konservative Wähler zu täuschen, hatte Trump die typisch liberalen Einstellungen eines New Yorkers zu Abtreibung und Schwulenrechten. Also setzen wir noch Heuchelei auf seine Sündenliste. Nichts von Trumps ausufernder Liste an Unsittlichkeiten hielt selbst die bibeltreuesten Anführer davon ab, enthusiastisch in sein Horn zu tuten. Sie haben den reinsten politischen Opportunisten unserer Zeit gewählt – bereit, bei allem mitzumachen, wie zwielichtig auch immer, sofern es nur ihren persönlichen Machtinteressen dient.

LIBERTARISMUS

Trumps Triumph kann bis zu einem gewissen Grad auf wirtschaftsliberale Stimmen zurückgeführt werden, jene, die er direkt bekommen hat, und andere, die an Clinton gegangen wären, hätte es nicht die Alternative der Libertarian Party gegeben. Ich lege großen Wert auf meine persönliche Freiheit und übe sie auch aus, dennoch bin ich kein blinder Libertärer mit Parteibuch. Deine Freiheit endet dort, wo sie anfängt, meine Freiheit oder mein Leben zu bedrohen. Und oft sind staatliche Vorschriften der einzige Weg, um sicherzustellen, dass du nicht meine Rechte einschränkst, wenn du deine ausübst. Man kann nicht Baseball spielen, ohne Spielregeln zu haben oder Schiedsrichter mit der Vollmacht, diesen dann auch Geltung zu verschaffen. Viele Wähler stimmten für Trump, weil sie ihm zutrauten, den Einfluss des Staates sowohl auf die Führung unseres Landes als auch auf ihr persönliches Leben zu verringern. Sie hassen staatliche Reglementierungen des Geschäftslebens und Waffenbesitzes, der Landbewirtschaftung und des Schutzes von Bürgerrechten.

Ich bin absolut anderer Meinung und ein starker Befürworter der Rolle des Staates in all diesen Bereichen, und zwar nicht weil ich ihm so viel mehr vertraue als die Libertären, sondern weil ich dem guten Willen und gesunden Menschenverstand von Konzernen und Individuen erheblich weniger vertraue. Ohne klare Regelwerke in der Wirtschaft beuten gierige Unternehmen das Volk aus, man denke nur an Medikamentenpreise, Hypothekenkrise, Umweltverschmutzung, Klimaerwärmung oder Arbeitsschutz. Ohne eine klare Reglementierung des Waffenbesitzes haben wir eine der weltweit höchsten Mordraten und unnötig hohe Suizidraten. Ohne Regelungen zu Landschaftsnutzung und Naturschutz wären Nationalparks und Wildnis nicht geschützt, und Flächen im Besitz der Allgemeinheit würden von einigen wenigen Privilegierten ausgebeutet, statt für die Allgemeinheit erhalten zu werden. Ohne Durchsetzung und Sicherung der Bürgerrechte auf Bundesebene haben wir Minderheiten, Homosexuelle und Frauen skrupellos diskriminiert. Zu viel Staat erstickt Menschen und Wirtschaft, zu wenig führt zu Ungerechtigkeit in der Gegenwart und Vernachlässigung unserer Verpflichtungen gegenüber der Zukunft. Die absolute Ironie ist natürlich, dass es noch nie eine größere Bedrohung der Freiheit Amerikas gab als Präsident Trumps diktatorische Triebe.

EINSTELLUNG ZUR WAHRHEIT

Aischylos, der große Dichter griechischer Tragödien, traf die nach wie vor zeitlose Feststellung, dass »im Krieg die Wahrheit das erste Opfer ist«. In den politischen Kriegen der Vereinigten Staaten, in denen alle Mittel erlaubt sind, ist die dreiste Unwahrheit zur schlagkräftigsten aller politischen Waffen geworden. Ultrarechte Talkshows, Internetseiten mit Verschwörungstheorien und Fox News spucken einen konstanten Strom an »alternativen« Fakten und extremen Meinungen aus, die häufig schlichtweg Lügen sind und grundsätzlich alles andere als »fair und ausgeglichen«. Sie folgen dem eiskalten Rat von Hitlers Propagandaminister Joseph Goebbels, der meinte, es wäre, mit ausreichender Wiederholung und einem psychologischen Verständnis für die Betroffenen, nicht unmöglich zu beweisen, dass ein Quadrat eigentlich ein Kreis sei. Es seien einfach nur Worte, und Worte könnten verformt werden, bis sie Ideen verhüllen und verschleiern.

Trump hat verstanden, dass Menschen, die sich verzweifelt, angespannt, wütend und hilflos fühlen, nicht in der Stimmung sind, rationalen Argumenten Gehör zu schenken. Er schürt die Panik, dass wir heute in der schlimmsten aller Welten leben und uns noch schlimmere Gefahren bevorstehen; dass der Feind an allen Ecken lauert; und dass wir darauf vertrauen können, dass er uns beschützt. Er schafft es jeden Tag, eine Salve an »alternativen« Fakten alias schamlose Lügen abzufeuern, weil verängstigte Menschen bereit sind, sie zu akzeptieren. Irrationales menschliches Verhalten dank Stress hat eine lange Vergangenheit und wird sich, möglicherweise, einer großen Zukunft erfreuen.

Die beiden heiligsten Prioritäten einer ehrlichen Presse (Mitarbeiter von Fox News brauchen an dieser Stelle nicht weiterzulesen) sind Wahrheit und Neutralität. Trump hat sie inkompatibel gemacht. Seine ständigen Lügen haben die Presse dazu gezwungen, ihre Neutralität aufzugeben, um die Wahrheit zu berichten. Der unaufrichtigste Mensch auf der politischen Bühne greift die Presse unablässig damit an, unehrlich zu sein. Er verteidigt störrisch glatte Lügen, indem er die Presse bezichtigt, Unwahrheiten zu verbreiten. Trump musste den Mainstream-Medien den totalen Krieg erklären, weil sie die letzte Bedrohung seiner despotischen Ambitionen darstellen. Im Kontrast zu Trumps Meinung über die Presse die von Thomas Jefferson: »Unsere Freiheit basiert auf der Freiheit der Presse, und sie kann nicht begrenzt werden, ohne Gefahr zu laufen, sie zu verlieren.« Die amerikanische Demokratie war noch nie so abhängig von der Wahrheit und der Überprüfung von Fakten durch die viel verhöhnten »Mainstream«-Medien wie heute.

Das Problem ist, dass viele Wähler ihre Nachrichten nicht mehr aus den Zeitungen beziehen, sondern stattdessen stark von Tweets, Radiotiraden, Verschwörungs-Webseiten und den sozialen Medien beeinflusst werden, die niemand vorher einem Faktencheck unterzieht. In unserer hyperverkabelten Welt stimmt es mehr denn je, dass »Lügen in der Zeit um die Welt reisen können, die man braucht, um seine Schuhe anzuziehen«. Abgesehen von acht der

208 Tageszeitungen sprachen sich alle für Hillary Clinton aus, da sie ihrer Kompetenz und ihrem Anstand vertrauten und sie Trump diesbezüglich erschreckend fanden. Dieses überwältigende Misstrauensvotum gegenüber Trump wurde von allen außer einer Handvoll republikanischer Zeitungen ausgesprochen, von denen einige in ihrer gesamten Geschichte noch nie einen Demokraten unterstützt hatten. Doch Trump gewann und Clinton verlor, weil der Twitter-Krieg weit wichtiger geworden war als seriöse Berichterstattung – ein hitzköpfiges Herumstänkern konservativer Radio- und TV-Moderatoren wurde einflussreicher als sorgfältige redaktionelle Arbeit.

Trump bekämpft die Medien nicht nur, er beutet sie clever aus. Vor seinem Präsidentschaftswahlkampf betrachtete man Trump allgemein als aufgeblasenen Clown. Trump hat sich kein bisschen verändert – die Reaktion der Massen auf ihn hat sich verändert. Für mich hat er keinen Unterhaltungswert, doch für seine begeisterten Fans waren Trumps Wahlkampfreden ein einziger Bewusstseinsstrom, so witzig wie eine Stand-up-Comedy, so erhebend wie ein Erweckungsgottesdienst und so erlösend wie ein professioneller Wrestling-Kampf. Eine Elektroenzephalografie-Studie mit dreißig Leuten auf beiden Seiten des politischen Spektrums, die sich die Debatten zwischen Clinton und Trump ansahen, hat herausgefunden, dass Trump die Aufmerksamkeit um ein Vielfaches länger und in einem mental aufgewühlteren Zustand halten konnte, egal ob die Probanden ihm zustimmten oder nicht. Er ist ein unterhaltsamer und pervers fesselnder Darsteller.[112]

Trump genoss die Aufmerksamkeit offensichtlich sehr und verwandelte den Wahlkampf mühelos in eine lärmende Reality-TV-Show, eine Domäne, in der er sich gekonnt bewegt und in der seine Gegner sechzehn überforderte Männer und zwei meist zu Eis erstarrte, geradlinige Frauen waren. Die Medien taten ihr Bestes, um den lügenden Trump zur Ehrlichkeit zu bewegen, doch während des Wahlkampfs haben sie ihn mit aufgebaut. In einem nicht enden wollenden Bemühen um höhere Einschaltquoten haben sie ihm das Äquivalent von fünf Milliarden Dollar an freier Sendezeit geschenkt.[113] Politische Wahlkämpfe sind normalerweise nüchterne, langweilige Angelegenheiten. Doch für diejenigen, die ihn mögen, haben Trumps tägliche Possen und groteske Hirngespinste wieder Spaß in die Politik gebracht. Andy Warhol und Marshall McLuhan wären nicht überrascht gewesen. Rom hielt die Menschen mit Brot und Spielen bei Laune. Wir haben Trump.

AMERICA FIRST AND GREAT

Ich wurde während des Zweiten Weltkriegs geboren, im Zenit der amerikanischen Vorherrschaft auf der Weltbühne. Als ich aufwuchs, war ich zu Recht stolz darauf, dass die Vereinigten Staaten über die fortschrittlichsten Technologien verfügten, einen Haufen Nobelpreisträger hatten, die besten Spielfilme, die größte politische Freiheit und die großartigsten Athleten. Ich hatte das Gefühl, wir wären das bedeutendste und einfach beste Land der Welt. Heute wird es immer schwieriger, irgendeinen dieser Ansprüche zu stellen, ungetrübt stolz auf uns zu sein und Kritik von ausländischen Freunden zurückzuweisen.

Viele patriotische Amerikaner, speziell die Älteren, die die Höhen und den Absturz miterlebten, haben dankbar und emotional auf Trumps vollmundiges Versprechen reagiert, »Amerika wieder groß zu machen«. Und viele Menschen haben sich gefragt, warum wir Milliarden für ausländische Kriege und Infrastrukturprogramme verschwendet haben, während unsere eigene Infrastruktur so schlecht instandgehalten wurde; warum wir Hilfsprogramme für die Bedürftigen in anderen Ländern unterstützen, während unsere eigenen Bedürftigen vernachlässigt werden; und warum andere Länder, man denke an China, uns bei Handelsabkommen übervorteilt haben. Vielleicht, so die Überlegung, würde sich Trumps bewiesenes Geschick, für sich den besten Deal herauszuholen, auf unser Land übertragen. Sie wurden von seiner Rede zur Amtseinführung ermutigt, in der er die anderen Länder warnte: »Von diesem Tag an kommt allein Amerika zuerst, nur Amerika.« Trump-Wähler, gekränkt durch den verlorenen Glanz des amerikanischen Traums und weil sie nicht persönlich für die Liebe zu ihrem Land belohnt werden, haben zu ihm als dem großen Retter des Landes aufgeblickt. Trump ist groß, also kann er auch Amerika wieder groß machen; er wird uns vor unseren ausländischen Feinden beschützen und die Feinde im Land ausrotten. In einer Demokratie ist das gefährlicher demagogischer Tobak, doch sehr verlockend für viele, die entrüstet über Amerikas Erniedrigungen sind und über die nachlässige Ineffektivität des staatlichen Stillstands.

Für jene, die nach unerschrockenen, einfachen Lösungen suchen, mag Trump als der Ritter in der glänzenden Rüstung daherkommen – doch für jene, denen seine Missachtung der Demokratie Sorgen bereitet, ist er ein billiger Möchtegern-Mussolini. Und Trumps »America First«-Slogan trägt die schwere Last einer üblen, ausländerfeindlichen und rassistischen Vergangenheit. Die Native American Party, die passenderweise den Spitznamen »Know Nothings« trägt und ausschließlich aus weißen, protestantischen Männern besteht, wurde in den 1850er-Jahren gegründet, um die Zuwanderung vor allem von deutschen und irischen Katholiken zu blockieren. Sie behaupteten, dass Loyalität gegenüber dem Papst in Rom die Katholiken daran hindere, jemals verlässliche Bürger der Vereinigten Staaten zu werden.[114] Hört sich ein bisschen so an, wie Trump heute über Muslime redet. Das America First Committee war in jüngerer Vergangenheit eine noch beunruhigendere Erscheinungsform derselben isolationistischen Einstellung. Die Organisation wurde gegründet, um die Vereinigten Staaten aus dem Zweiten Weltkrieg herauszuhalten, und ihr prominentester Sprecher war der heldenhafte Flieger Charles Lindbergh, zufälligerweise auch Antisemit sowie Bewunderer Hitlers und Nazi-Deutschlands.[115] Es erinnert mich an Trumps skurrile innige Männerfreundschaft zum russischen Präsidenten Wladimir Putin. Der moderne Kern von America First ist der militärische und wirtschaftliche Unilateralismus Amerikas, eine Unabhängigkeit im Alleingang, frei von allen verstrickenden Bündnissen oder einem Verantwortungsgefühl, sich an internationale Abkommen und Regeln halten zu müssen. Das mag für George Washingtons junge Republik eine vollkommen vernünftige Haltung gewesen sein, aber in unserer Welt eng miteinander verflochtener, zutiefst voneinander abhängiger Länder ist diese Haltung unvorstellbar selbstzerstörerisch. Trump sieht sich gern als Mann hoch zu Ross, der ein schwächelndes Amerika rettet, aber tatsächlich hat er viel mehr von einem blinden und unbeholfenen Elefant im Porzellanladen, der seine kostbarsten Werte und Institutionen zertrampelt.

DER TRIUMPH DER GEHEUCHELTEN VOLKSNÄHE

Die Volksnähe des einen ist die Demagogie des anderen. Echte Volksnähe sollte das tägliche Brot jeder guten Regierung sein, das stete Bemühen, jedermanns Rechte zu sichern und ihn vor der Gier der einflussreichen Elite zu schützen. Falsche, geheuchelte Volksnähe ist die Verführung der breiten Masse durch Demagogen, die alles versprechen, bevor sie an die Macht kommen, doch hinterher nichts anderes liefern als Ausbeutung. Das Wort »Demagoge« entstammt dem antiken griechischen Begriff »Führer des Volkes«, eine zunächst positive Bezeichnung, die jedoch durch die schmerzliche Erfahrung mit nicht so großartigen Führern bald abwertend besetzt wurde. Es gibt nichts Neues unter der Sonne – Demagogen sind zu allen Zeiten und an allen Orten schon immer gleich gewesen, genau wie die Zustände, die sie hervorgebracht haben. Wo und wann auch immer es Demokratien gibt, wird es auch Demagogen geben. Und sie werden alle unsere Gefühle ansprechen, Redekunst einsetzen und das Unmögliche versprechen, um die Menschen für ihre eigenen egoistischen Ziele auszubeuten. Aristoteles' Beschreibung des Athener Demagogen Kleon vor 2.400 Jahren passt hübsch auf den heutigen Trump: »Er war der Erste, der auf der Rednertribüne schrie und schimpfte, während die anderen in korrekter Haltung redeten.«

Populismus war historisch gesehen das Mittel der Autokraten und der Friedhof der Demokratie. Athen musste das ausgeklügelte System des Scherbengerichts einführen, um seine Menschen und die Demokratie gegen potenzielle Tyrannen zu schützen. Die Bürger konnten ein zehnjähriges ehrenhaftes Exil für jeden verhängen, von dem sie befürchteten, dass er zu mächtig würde. Keiner war immun. Themistokles, Retter aller Griechen während der gefahrvollen Perserkriege, ihr weisester und erfolgsreichster Anführer, wurde durch das Scherbengericht verbannt, weil er schon bald nach dem Sieg eine Gefahr für die Demokratie darstellte. Die Athener hatten begriffen, dass eine Demokratie zerbrechlich ist und leicht korrumpierbar. Die Menschen müssen von den Mächtigen beschützt werden, und vor ihren eigenen Instinkten, ihnen zu folgen. Um es mit Aristoteles' Worten zu sagen: »Revolutionen in Demokratien werden in der Regel durch die Zügellosigkeit von Demagogen verursacht.«

Demagogen mögen unaufrichtig sein, doch die Probleme, die sie ausnutzen, sind nur allzu real und alltäglich. Volksnahe Bewegungen entstehen aus einem Gefühl geteilten Leides unter ganz normalen Leuten gegen die Regierung, die sie als desinteressiert oder feindselig gegenüber ihren Bedürfnissen wahrnehmen. Die Krisen, die bürgernahen Bewegungen Aufschwung verleihen, sind überall dieselben, doch die vorgeschlagenen Lösungen spalten die Bevölkerung. Rechtsgerichtete Aufstände, auch der von Trump, versprechen eine Rückkehr in glückliche Zeiten, die nie existierten. Die beschimpften »anderen« werden als Sündenbock dargestellt, die die Schaffung von Ordnung, Wohlstand und Respekt verhindern. Linksgerichtete Aufstände vereinen die 99,9 Prozent gegen die 0,1 Prozent mit dem Versprechen, die ungleiche Verteilung von Wohlstand zu reduzieren. Rechte und linke Demagogen sehen sehr unterschiedlich aus, bevor sie die Macht übernehmen, doch absolut gleich, nachdem sie zu Diktatoren geworden sind. Trump befindet sich im frühen Stadium der Umsetzung bestimmter Strategien, die uns von Demagogen aus jüngerer Zeit vertraut sind wie Stalin, Hitler, Mussolini, Mao, Franco, Pinochet, Peron, Idi Amin und einem ganzen Schwung unbedeutender Dritte-Welt-Autokraten. Er unterscheidet sich von ihnen, allerdings nicht in der Absicht, sondern in den Möglichkeiten und der Glaubwürdigkeit – und er gehört zu den unfähigsten Möchtegern-Tyrannen der Geschichte. Trump hatte Glück, weil seine Botschaft auf nahrhaften Boden fiel und weil die Reality-TV-Stars ihm eine fertige Fangemeinde lieferten.

Rechtsradikaler Populismus war immer mehr von oben nach unten gerichtet als anders herum, er war eher eine künstliche, fingierte als eine echte Graswurzelbewegung. Die John Birch Society wurde 1958 von zwölf reichen Männern geründet, einschließlich Fred Koch, Vater der rechtsradikalen Mäzene Charles und David Koch. Ihre Organisation war so übertrieben extrem, dass William F. Buckley Jr., selbst Gründer einer ziemlich extremen Form von US-Konservatismus, sie als »jenseits von Gut und Böse« bezeichnete und sich gegen jede Rolle wehrte, die sie in der Partei der Republikaner einnehmen könnten. Irgendwann unterlag er und die Birch-Weltsicht gewann, weil er nur kluge Worte einsetzen konnte, sie aber viel Geld.[116] Die heutige politische Plattform, die Vorurteile und Strategien der Republikaner entstammen alle, fast eins zu eins, der Birch-Doktrin.

Die Gebrüder Koch sind die einflussreichsten treibenden Kräfte gewesen, um die extremistische Doktrin zur republikanischer Mainstream-Politik zu machen und sie dann an die kleinen Leute zu verkaufen, um sie damit abzuzocken. Sie und ihre Milliardärs-Kumpel haben Milliarden an Dollar ausgegeben, um vorgetäuschte Bewegungen von »unten« zu erschaffen, politische Think Tanks, eine Armee von Politfunktionären auf lokaler und bundesstaatlicher Ebene und Trainings-Camps für konservative Rechtsanwälte und Richter.[117] Mit enormem Aufwand wird die Leugnung wissenschaftlicher Forschungsergebnisse unterstützt, Steuersenkungen für die Reichen werden gefördert sowie Deregulierung, Umweltverschmutzung, Klimaerwärmung und die Diskriminierung von Minderheiten. Mit der Tabakindustrie, der National Rifle Association und extremistischen religiösen Führern wurden unheilige Allianzen geschmiedet. Der größte Erfolg dieses »Fake Populism«, dieser falschen Volksnähe, ist die von Koch erdachte und gegründete Tea Party, die zuerst die Partei der Republikaner eroberte und dann das Weiße Haus.

Die Spitze dieses Packs besteht aus Experten in der Kunst, volksnahe Ideologien zu ihren eigenen Gunsten zu pervertieren. Ihr eigenes zynisches, zwielichtiges, elitäres Ziel ist es, ihre Macht und Privilegien zu erhalten, indem sie das »Teile um zu herrschen«-Spiel spielen. Ausgeklügelte politische Propaganda vereinnahmt gekonnt die Menschen der Unterschicht, um sie dabei gleichzeitig zu bescheißen. Die berechtigten Beschwerden armer Weißer, deren Anteil am amerikanischen Wirtschaftskuchen stetig kleiner wird, werden gegen Schwarze, Latinos, Frauen und Immigranten gelenkt. Die Elite verhätschelt weiter ihre Reichen und behält ihre Steuerschlupflöcher, indem sie unausgereifte Ängste und Stammesfehden schürt und Trickle-down-Krumen anbietet: Irgendwas vom wachsenden Wohlstand wird schon auch »unten« ankommen.[118] Angriffe gegen die »allmächtige Regierung« schützen die Elite vor der einen Institution, die zugunsten einer faireren Verteilung des Wohlstands entscheiden könnte. Rechtsradikale Demagogie nährt sich von und fördert all unsere gesellschaftlichen Wahnideen und benutzt sie als Tarnung, um die öffentlichen Kassen zu schröpfen.

OBERSTER VERSCHWÖRUNGSTHEORETIKER

Verschwörungstheorien sind ein Instrument unserer politischen Welt, das so alt ist wie unser Land und so amerikanisch wie Apple Pie. In Zeiten der Verunsicherung versuchen verängstigte Menschen sich an eine tröstende Gewissheit zu klammern, besonders, wenn sie mit einer unbequemen Wahrheit konfrontiert sind. Verschwörungstheorien entwickeln sich aus einer Reihe falscher Annahmen, die sich gegenseitig beeinflussen: Alles ist Absicht, nichts zufällig; alles steht in Beziehung zu allem anderen; der Schein trügt immer; Menschen sind böse; und irgendjemand hat Schuld. Verschwörungstheorien liefern eine Erklärung, eine Ausrede, einen Schuldigen, einen Aufruf zum Handeln. Sie werden untermauert mit handverlesenen Beweisen und sind ziemlich immun gegen eine Widerlegung durch die Wirklichkeit.

Als ich in den frühen 1960er-Jahren am Columbia College studierte, verfasste ein Professor namens Richard Hofstadter ein wegweisendes Buch mit dem Titel *The Paranoid Style in American Politics*. Er beschrieb darin die extremistische, radikale Rechte, damals eine leise Stimme, die auf Verwirrung bei der politischen Linken und auf starken Widerspruch bei den traditionell konservativen Republikanern stieß. Hofstadter wäre zwar nicht überrascht, aber wohl bestürzt darüber, dass heute, fünfzig Jahre und Milliarden von Propaganda-Dollar später, die rechtsradikale konspirative Weltanschauung das Weiße Haus und den Kongress beherrscht. »Die Idee eines paranoiden Stils als treibende Kraft in der Politik hätte geringe zeitgeschichtliche oder historische Relevanz, wenn man sie nur auf ernsthaft geistesgestörte Männer anwenden würde. Es ist die paranoide Ausdrucksweise von mehr oder weniger normalen Leuten, die dem Phänomen Bedeutung verleiht.«

Die Gebrüder Koch sind wahrscheinlich »mehr oder weniger normale Leute«, doch sie sind in einer strengen Hausgemeinschaft der John Birch Society aufgewachsen, die in ihnen einige ziemlich schräge Überzeugungen genährt hat. Mit viel Aufwand, Geld, Energie und Geschick haben sie ihre rechtsradikale Randpartei in die dominante politische Kraft unserer Zeit verwandelt. Es ist ein fragwürdiger Erfolg ihrer Arbeit, dass die Großen der Republikanischen Partei, Abraham Lincoln und Teddy Roosevelt, wegen der Opposition der Tea Party heutzutage keine republikanischen Vorwahlen mehr überleben würden. Auch republikanische

Präsidenten aus jüngerer Zeit würden von den Kochs ausgemustert werden: Papa Koch nannte Eisenhower einen Kommunisten; Nixon hat fortschrittliche Klima- und Sozialprogramme verabschiedet und sich mit China eingelassen; und selbst Reagan war für die heutigen Republikaner vermutlich zu moderat. Die Kochs hassen Trump als einen grotesken Neuankömmling, der ihre Parteikreise stört, doch sie haben es geschafft, seine Regierung mit ihren eigenen, sorgfältig ausgewählten Gefolgsleuten zu vereinnahmen.

Jenen, die glauben wollen, Trump sei verrückt, entgeht dieser Zusammenhang. Sie fühlen sich durch die Tatsache bestätigt, dass er verrückte Sachen sagt und twittert und dann stur auf seinen Worten beharrt, selbst wenn sie schlicht und einfach falsch sind und es keine einzige glaubwürdige Quelle dafür gibt. In seinen ersten Monaten im Amt hielt Trump an zwei bizarren Behauptungen von Wahlmanipulation fest: Wahlbetrug seitens Clintons hätte ihm fünf Millionen Stimmen gestohlen, und Obama sei ein kranker, schlechter Mensch, der sein Büro verwanzt hätte. Trumps psychologische und politische Motive sind nur allzu durchschaubar. Seine verlogenen Verschwörungstheorien, Opfer von Wahlbetrug geworden zu sein, sollen der Tatsache entgegenwirken, dass Putin tatsächlich geschickt die Wahl für ihn manipuliert hat (vermutlich unter der Mitwisserschaft von Trump und seiner Kumpane).

Projektion ist der psychische Abwehrmechanismus, deinem Feind deine eigenen Taten, Gedanken und Impulse zuzuschreiben. Verschwörungstheorien sind die politische Verteidigungsart, peinliche Enthüllungen mit einem Schleier konterkarierender Anschuldigungen zu verdunkeln. Wir wissen nicht, ob Trump die bizarren Dinge, die er von sich gibt, wirklich glaubt oder ob er sie nur als einen Teil seiner Hochstapelei gegenüber dem amerikanischen Volk einsetzt, und es spielt auch keine große Rolle, denn die Ergebnisse sind letztendlich dieselben. Doch ich vermute, es ist beides. Wenn er in Not gerät, sucht Trump nach Verschwörungsausflüchten, schluckt sie im Ganzen und spuckt sie dann aus. Das ist gefährlich und widerwärtig, aber nicht verrückt und wahnhaft. Eine Wahnvorstellung ist ein fixer, falscher, bizarrer Glaube, den nur man selbst hat und der Beeinträchtigungen nach sich zieht. Wenn 46 Prozent der wählenden Bevölkerung an genau die gleichen bizarren Dinge glauben und dich zum Präsidenten wählen, leidet die Bevölkerung unter Wahnvorstellungen, nicht du. Die einzige Hoffnung gegen weitverbreitete, finanziell stark unterstützte Verschwörungstheorien ist eine laute, uneingeschüchterte freie Presse – und genau deswegen sind die Medien Trumps »gegnerische Partei«.

Politische Polarisierung

Als er als unser erster Präsident aus dem Amt schied, warnte ein besorgter George Washington feierlich die frischgebackene Republik, dass politische Polarisierung ein ernstzunehmendes Risiko für ihr Überleben in der Zukunft sei: »Sie hetzt die Gesellschaft mit Neid auf, die jeder Grundlage entbehrt und mit blindem Alarm, entfacht Feindseligkeiten zwischen verschiedenen Parteien und schürt gelegentlich Aufruhr und Aufstände. Sie öffnet die Tür für ausländischen Einfluss und Korruption, welche über die Kanäle erhitzter Parteigemüter erleichterten Einzug in die Regierung selbst halten können.« Hört sich an wie Trumps Amerika. Wir hatten schon immer unseren Anteil an politisch polarisierenden Demagogen – wir haben nur noch nie einen zum Präsidenten gewählt.

Mein Vater war der ultimative politische Zyniker. Er stimmte bei jeder Wahl gegen den jeweiligen Amtsinhaber, unabhängig von dessen Parteizugehörigkeit, in der misstrauischen Annahme, dass die Länge der Amtszeit einem Politiker erlaubte, Fähigkeiten und Verflechtungen zu perfektionieren, die Korruption begünstigten. Jeder beliebige Neuling war voraussichtlich genauso korrupt (oder noch mehr) wie der alte Bursche, doch er würde einige Zeit brauchen, um mit allen Tricks vertraut zu sein. Mein Grad an Zynismus konnte nie mit dem meines Vaters mithalten, doch er reichte bis heute aus, um mich politisch nicht aktiv zu beteiligen und keine großen Hoffnungen in irgendeine Partei zu setzen. Das war möglicherweise gerechtfertigt, denn bis in die 1960er-Jahre gab es bei beiden Parteien große Überschneidungen. Temporäre Verschiebungen bei den Wahlerfolgen spielten eine gewisse Rolle, mündeten jedoch nicht in eine seismische Verschiebung politischer Ausrichtungen. Das ist nicht länger der Fall, und es gibt keine Rechtfertigung mehr, Politik zu vernachlässigen. Die Unterschiede, die die politischen Parteien trennen, sind heutzutage klar, konsistent, dramatisch und augenscheinlich nicht kompromissfähig. Wahlen sind zu Glücksspielen mit hohem Einsatz geworden, bei dem die Demokratie der Vereinigten Staaten und die Nachhaltigkeit der Welt in einem Topf gelandet sind. Wenn wir unser politisches Unwohlsein nicht kurieren, wird es uns umbringen.

In den zurückliegenden fünfzig Jahren wurde die amerikanische Politik von einer »Partei-Aufteilung« bestimmt und polarisiert.[119] Es begann damit, dass ein Demokrat aus dem Süden, Präsident Lyndon B. Johnson aus Texas, aggressiv den Civil Rights Act von 1964 durchdrückte, gegen den erbitterten und störrischen Widerstand der Südstaaten-Demokraten im Kongress. Seit dem Bürgerkrieg war der Süden immer solide demokratisch gewesen, er hatte Lincolns Republikanischer Partei den Krieg und das Ende der Sklaverei nie verziehen. Zugleich war er in seinen gesellschaftlichen, wirtschaftlichen, religiösen, militärischen und Rassenwerten aber beständig konservativ geblieben. Die Republikanische »Strategie des Südens«, die zuerst von Barry Goldwater bei seiner Präsidentschaftskandidatur 1964 eingesetzt und später von Nixon in seinen erfolgreichen Präsidentschaftswahlkämpfen 1968 und 1972 perfektioniert wurde, schaffte es, den eigentlich demokratischen Süden plötzlich in einen verlässlichen republikanischen Süden zu verwandeln. Die Republikanische Partei ging daraus deutlich homogener konservativ und die Demokratische Partei liberaler hervor, mit nur geringen Überschneidungen.[120]

Wir haben heute den höchsten Grad an Polarisierung seit der Periode der *Reconstruction* im Anschluss an den Bürgerkrieg.[121] Die sich immer stärker öffnende Kluft kam daher, dass die Republikaner sich weiter zur extremen Rechten hinbewegten, während die Demokraten mehr oder weniger dort blieben, wo sie waren. Hillary Clinton heute ist das Äquivalent zu einem typischen moderaten Republikaner von vor fünfzig Jahren, während die meisten Republikaner sich heute durchaus dabei wohlfühlen würden, der extremradikalen John Birch Society beizutreten, die einst als so irre verschwörerisch galt. Eisenhower und Nixon waren den heutigen Demokraten viel näher als den heutigen Republikanern. Selbst Reagan und die Bushs würde man im Vergleich mit der Grand Old Party eher als moderat bezeichnen. Und Clinton wäre in den meisten europäischen Ländern eine Politikerin der Mitte, während Trump und die Republikaner noch radikaler und rechtsgerichteter sind als ihre rechtsradikale Partei.

Mit progressiver politischer Polarisierung geht ein gestiegener voreingenommener Hass einher. Eine Umfrage des Pew Research

Centers unter zehntausend Erwachsenen zeigte eine stark wachsende Antipathie gegenüber der Oppositionspartei (unter den Republikanern bis zu 43 Prozent, vormals 17 Prozent; unter den Demokraten bis zu 38 Prozent, vormals 16 Prozent) und die Befürchtung, dass diese die nationale Stabilität bedroht (70 Prozent bei den Demokraten und 62 Prozent bei den Republikanern).[122] Auf beiden Seiten beteiligen sich jene mit extrem voreingenommenen Standpunkten stärker am politischen Prozess und treiben damit die Parteien weiter auseinander, als es den Menschen in der eher moderaten Mitte sinnvoll erscheint. Und die Moderaten verschwinden allmählich, von 49 Prozent sank der Wert auf 39 Prozent. Politisch Interessierte gesellen sich außerdem gern zu politisch Gleichgesinnten (63 Prozent der Republikaner und 49 Prozent der Demokraten.)[123] Die beunruhigendste Erkenntnis war jedoch, dass mehr als die Hälfte der Amerikaner sich unzufrieden zeigte mit »der Art, wie die Demokratie funktioniert«.[124]

Was uns wieder zu Trump zurückbringt. Sein Präsidentschaftserfolg wäre undenkbar gewesen, gäbe es nicht unsere derzeitige politische Polarisierung und diesen politischen Hass. Trumps ungeheuerliche Inkompetenz, seine mangelnde Integrität und die enorme Ichbezogenheit hätten seine Wahl unmöglich gemacht, wäre da nicht seine einzigartige Fähigkeit, Hass zwischen den Parteien zu schüren und sich die politische Polarisierung zunutze zu machen. Obwohl er von einer Minderheit der Bevölkerung gewählt wurde, trifft Präsident Trump diktatorische Entscheidungen, zuversichtlich, dass seine Basis ihm folgen wird, da unsere politische Polarisierung keinen alternativen Mittelweg mehr zulässt. Politisches Schubladendenken haben ein verlockendes Vakuum geschaffen, das dieser Möchtegern-Diktator nur zu gern füllen würde.

Alle unsere Wahlen sind manipuliert

Als Trump ein 9:1-Außenseiter war, der befürchtete, gegen Hillary Clinton haushoch zu verlieren, jammerte er ständig herum, die Wahl werde zu seinen Ungunsten manipuliert. Es stellte sich heraus, dass die Wahl in der Tat heftig manipuliert wurde, jedoch zugunsten von Trump – gerade ausreichend genug, um, trotz eines prozentual geringeren Stimmenanteils von fast drei Millionen Stimmen, eine haarscharfe Mehrheit der Wählmänner zu gewinnen, das sogenannte *Electoral College*. Typisch Trump erfand er dann die absonderliche Lüge, an der er immer noch festhält, dass er auch den prozentualen Stimmenanteil, genannt *Popular Vote*, in Millionenhöhe gewonnen hätte, hätte es keinen massiven – und komplett eingebildeten – Wahlbetrug gegeben. Clintons einst scheinbar unaufhaltsame Wahlkampfdynamik entgleiste gegen Ende unerwartet, als drei ihrer alten Feinde an unserem demokratischen Wahlvorgang herumpfuschten: Wladimir Putin im Namen Russlands, James Comey im Namen des FBI und Julian Assange in seinem eigenen Namen.

Doch die Manipulation unseres politischen Systems geht weit über diese eine Wahl hinaus und ist tief in all unsere Wahlverfahren eingebaut. Seit 1988 haben demokratische Kandidaten mit einer Ausnahme (George Bush 2004) immer die Mehrheit der Wählerstimmen gewonnen. Außerdem gewinnen bei den Wahlen zu beiden Kammern des Kongresses landesweit gesehen meistens die Demokraten gegen die Republikaner. Trotz dieser Überlegenheit der Demokraten bei der öffentlichen Zustimmung beherrschen die Republikaner den politischen Prozess heute so machtvoll wie seit der Zeit der *Reconstruction*, unmittelbar nach dem Bürgerkrieg, nicht mehr. Sie beherrschen alle drei Gewalten der amerikanischen

Bundesregierung, stellen zwei Drittel aller Gouverneure und zwei Drittel aller Legislativen der Bundesstaaten. Bemerkenswerterweise sind die Republikaner zu dieser beispiellosen Konzentration an Macht gelangt, während sie ein radikales Programm forcieren, das wiederholt seine Versprechen nicht eingelöst hat und das überhaupt nicht mit dem in Einklang steht, was die meisten Amerikaner wollen und brauchen. Diese Divergenz zwischen Macht und Popularität entsteht, weil unser politisches System die Demokraten stark benachteiligt, während es die Republikaner stark bevorzugt.

Die Gründungsväter waren eigensinnige, kompromisslose Politiker, die ständig mit politischen Beschimpfungen und parteiinternen Konflikten beschäftigt waren, sie waren alles andere als die heiligen Unschuldigen, als die sie in unseren Schulbüchern dargestellt werden. Ihnen fehlte die Vernarrtheit der Französischen Revolution in die Vollkommenheit des Menschen. Stattdessen sahen sie uns als selbstsüchtige, gierige Kreaturen, die während der meisten geschichtlichen Phasen nur durch die Zwänge gezähmt werden konnten, welche ihnen autokratische Mächte auferlegt hatten. Die Vereinigten Staaten konnten dieser Vergangenheit nur entkommen, indem sie starke republikanische und demokratische Organe etablierten und dabei ein umfassendes System der Gewaltenteilung nutzten, um unseren niederen Charakter zu zügeln und zu entschärfen. Ihr Ziel war es, die Tyrannei der vielen ebenso wie die Tyrannei der wenigen zu verhindern. Es war nicht einfach, die Zustimmung zu einer engeren Vereinigung von den sehr separierten und oft streitenden Staaten zu erlangen. Die Verfassung der Vereinigten Staaten, heute ein heiliges Dokument, entstammt einer Reihe heiß diskutierter und nur knapp entschiedener Kompromisse, die dazu gedacht waren, die Rechte der kleineren Staaten und der wenigen Wohlhabenden vor der Vorherrschaft der größeren Staaten zu schützen, vor der des Pöbels, der Frauen und der Sklaven.

Der Senat teilt jedem Staat, ob groß oder klein, zwei Sitze zu, ein Zugeständnis an die kleineren Staaten, das entscheidend war, um ihre Ratifizierung zur Verfassung zu gewinnen. Als alle Bundesstaaten noch relativ klein waren und die Bevölkerungszahlen weniger stark voneinander abwichen, war dieses System eine weniger unverhältnismäßige Verteilung von politischer Macht als heute. Jeder Senator Kaliforniens (inzwischen immer ein Demokrat) repräsentiert heute fast zwanzig Millionen Menschen; jeder Senator Wyomings (inzwischen immer ein Republikaner) repräsentiert weniger als dreihunderttausend. Also hat jeder Wähler Wyomings einen sechzigmal größeren Senatoren-Einfluss als jeder Wähler in Kalifornien (wo die Demokratische Partei gewählt wird).

Das Wahlmännerkollegium hat eine ähnliche Verzerrung zugunsten der kleineren Staaten zur Folge. Hillary Clinton verlor trotz ihres riesigen Erfolgs beim *Popular Vote* das *Electoral College*, teilweise weil die Demokraten-Wähler so stark in den größeren Bundesstaaten konzentriert sind, und teilweise wegen der Eigenheiten, wie die Anzahl der Wahlmänner aufgeteilt wird. Eine Person, die in Wyoming wählt, hat den 3,6-fachen Einfluss auf die Anzahl der Wahlmänner von jemandem, der in Kalifornien wählt. In Zukunft wird der demografische Trend dieses Ungleichgewicht noch unfairer und zerstörerischer gestalten, wenn eine Mehrheit der Demokraten, die sich immer stärker in Städten und größeren Staaten konzentriert, von einer republikanischen Minderheit der ländlichen Gegenden und kleineren Staaten überstimmt wird.[125]

Das Repräsentantenhaus war dazu bestimmt gewesen, der Sitz des demokratischen Prinzips zu sein: »Ein Mann, eine Stimme«. Doch von Anfang an führten politische Tricksereien die noble Idee ad absurdum. Schwarze waren bequemerweise ausgenommen, genau wie Frauen oder Besitzlose. Und von Anfang an konnte das System einfach ausgehebelt werden, was begeistert getan wurde. »Gerrymander« ist ein hundert Jahre alter Ausdruck, eine Kombination des Nachnamens des Gouverneurs von Massachusetts, Elbridge Gerry, und der letzten beiden Silben des Wortes Salamander (nach der bizarren Form eines Wahlbezirks, dessen Grenzen er so gezogen hatte, dass sie der Wahl seiner Partei zum Vorteil gereichten). *Gerrymandering* ist seitdem zu einer Kunstform der Republikanischen Partei geworden, stark unterstützt durch Computertechnik, die die Wähler Häuserblock für Häuserblock betrachtet und sie dann zu den schrägsten Wahlbezirken zusammenstellen kann, Bezirkskreationen, die weit über die wildesten Träume des guten Gouverneurs hinausgehen. Die Republikanische Partei hat des Weiteren alles darangesetzt, in der Regel mit unredlichen Mitteln, die Stimmabgabe jener Wahlberechtigten zu verhindern, die sehr wahrscheinlich gegen sie stimmen. Zu den schmutzigen Tricks gehören schlecht erreichbare Wallokale, Hindernisse bei der Registrierung, Löschung von Wählerlisten, Einschüchterung von Wählern und die Anforderung, einen Lichtbildausweis vorzulegen. Diese zynischen Maßnahmen, hinterhältig als Verhinderung von Wahlbetrug getarnt (der im Übrigen fast noch nie dokumentiert wurde), entzieht jenen arglistig das Wahlrecht, für die es nicht so selbstverständlich ist, wählen zu gehen.

Das große Geld hat schon immer mitgemischt, wenn es um das Austeilen der politischen Karten ging, und wird es auch weiterhin tun. Doch das große Geld ist größer denn je, und die Einmischung ist gieriger und gefährlicher geworden. Die Reichen können auf Kosten von allen anderen noch viel reicher werden, weil sie vermögend genug sind, um Politiker zu kaufen, die dann devot Gesetze durchwinken, die sie noch einmal reicher machen. Dieser Vorteil der Bevorteilten trat bereits im alten Rom und in Griechenland auf, in Mesopotamien und Persien, in Indien und China – überall in der Welt und zu jeder Zeit. Doch die Kombination von Technologie und Steuerpolitik hat den Vereinigten Staaten nun die größte Vermögensungleichheit der Welt beschert und eine der größten in der Geschichte der Menschheit. Und die Interessenvertreter vermögender Konzerne haben ein zusätzliches riesiges Geschenk bekommen, als ein Republikaner-freundlicher Oberster Gerichtshof Wahlspenden in unbegrenzter Höhe zugelassen hat, mit der dürftigen Ausrede, damit die Redefreiheit der Unternehmen zu schützen. Geld kauft Lobby-Macht, Geld kauft Politiker, Geld kauft die Regierung.

Die Republikanische Partei zeichnet sich zudem durch Tücke und Marketing aus. Die Demokratische Partei vertritt größtenteils honorige politische Werte zum Wohle aller, die jedoch durch lausige politische Fähigkeiten abgewertet werden. Republikaner haben größtenteils rückschrittliche und unehrliche politische Werte, die mit aalglattem PR-Zynismus verkauft werden. Sie haben systematisch Gesetzesentwürfe verabschiedet, von denen die ganz Großen profitierten, Steuersenkungen für die Reichen und Geschenke an die Unternehmen, während sie sich gleichzeitig als die Anwälte der kleinen Leute ausgaben. Anstelle einer Regierung durch und für die Bürger, haben wir eine Regierung durch und für die Superreichen und Großkonzerne.

Gesellschaftliche Wahnideen werden doppelt schwer zu überwinden sein, weil unser Wahlsystem systematisch unfair ist und gezielt die Interessen einiger weniger fördert, schützt und aufrechterhält und über das Wohlergehen von so vielen stellt. Der Wille des Volkes und die drängenden Erfordernisse unserer Zukunft werden vom Einfluss des großen Geldes und von gnadenlosen politischen Manipulationen durchkreuzt. Da unser System die politische Macht auf so viele verschiedene Weisen einer Minderheit zuteilt, existiert eine planvolle, einseitige, sich selbst erhaltende Barriere, die die Wahl von ehrlichen Kandidaten verhindert, die gewillt sind, den gesellschaftlichen Wahnideen die Stirn zu bieten.

Die Demokraten haben noch einen steilen Weg vor sich, dessen erster Schritt es wäre, Geschlossenheit innerhalb der Partei herzustellen, doch auch hier sind die klar und systematisch agierenden Republikaner deutlich im Vorteil. Studien haben gezeigt, dass Wähler rechts der Mitte eher zu Zusammenhalt neigen und bereitwillig dem Anführer folgen. Die Wähler links der Mitte sind eher Individualisten und so schwer zu hüten wie ein Sack Flöhe. In der Geschichte gibt es viele Beispiele von Minderheiten-Parteien des rechten Flügels, die in dem Vakuum, das durch sich bekämpfende Parteien des linken Flügels entstanden ist, nach der autokratischen Macht gegriffen haben: Mussolini in Italien, Hitler in Deutschland, Franco in Spanien und Pinochet in Chile.

Trump schien der umstrittenste und unpopulärste Politiker in der Geschichte der Republikaner zu sein, der schwer angeschlagen aus den Vorwahlen und dem Kampf gegen sechzehn Rivalen hervorging, der auf allen Seiten mit brutalen persönlichen Anschuldigungen geführt worden war. Zu keinem Zeitpunkt stand die Mehrheit der republikanischen Wähler loyal hinter ihm, und fast während der gesamten Vorwahlen waren zwei Drittel davon seine erbitterten Gegner. Doch mit Beginn der allgemeinen Präsidentschaftswahlen reihten sich die republikanischen Wähler ein und unterstützten ihn fast einhellig, hielten sich die Nase zu und ignorierten seine lasterhafte sexuelle und finanzielle Vergangenheit, sein schlechtes Benehmen, sein subversives Verhalten gegenüber Russland und seine häufigen antirepublikanischen politischen Methoden. Trotz aller Skandale und Fehltritte seit seinem Amtsantritt unterstützen sie ihn immer noch fast einstimmig.

Die Vorwahlen der Demokratischen Partei zwischen Bernie Sanders und Hillary Clinton waren im Gegensatz dazu ein Paradebeispiel politischen Anstands, kleine Grundsatzdifferenzen wurden in einem gehobenen und höflichen Diskurs ausdiskutiert. Doch viele Sanders-Unterstützer waren scharf und hartnäckig in ihrer Ablehnung von Clinton und nahmen ihren Groll aus den Vorwahlen mit in die Hauptwahl. Sie ermunterten Clinton-Wähler, zu Hause zu bleiben oder für die ziemlich durchgeknallte Kandidatin der Green Party zu stimmen, die eine Million Clinton-Stimmen abzweigte, Stimmen, mit denen die Wahl anders ausgegangen wäre. Ich habe an die Wähler links der Mitte appelliert, persönlich, in Blogs und per Twitter, den schrecklichen Fehler aus dem Jahr 2000 nicht zu wiederholen, als Ralph Naders gut gemeinte Kandidatur den Wahlsieg an eine verheerende Bush-Präsidentschaft ausgehändigt hat. Und doch haben wir es wieder getan. Freud nannte es den »Narzissmus der kleinen Differenzen«: die Tendenz, dass bei denjenigen, die sich am nächsten stehen, die Kämpfe über die kleinsten Dinge am erbittertsten ausgefochten werden. Demokraten spalten, Republikaner wachsen zusammen.

Dass die Republikaner die Macht fest im Griff haben, ist für unser Land und die Welt eine Katastrophe. Sie verfestigen jede der gesellschaftlichen Wahnideen und verhindern jede ernsthafte Bemühung, sie aufzulösen. Demokraten, die auch oft unter der Knute von selbstsüchtigen Interessengruppen stehen, sind alles andere als perfekt. Aber bei allen Fehlern repräsentieren sie unsere kurzfristige Hoffnung, unsere Probleme und die der Welt anzugehen und zu lösen. Amerika wieder groß zu machen bedeutet, uns vor der verhängnisvollen Politik der Republikaner zu schützen. Das erfordert eine Geschlossenheit innerhalb der Demokratischen Partei und eine Partei, die besser darin wird, eine bedeutende und verständliche Botschaft auszusenden.

Wahlkampfgeschick und -missgeschick

Trumps enormer Erfolg als Präsidentschaftskandidat und sein verheerendes Versagen als Präsident beweist, dass es wenig Korrelation zwischen den Fähigkeiten gibt, die für jede der Aufgaben erforderlich ist. Das ist besonders in einer unwirklichen Schein-TV-Welt gefährlich, die Präsidentschaftskandidaten eher nach schauspielerischem als nach Regierungs-Können beurteilt. Clinton war eine wenig inspirierende Kandidatin, doch sie hätte eine gute Präsidentin abgegeben. Trump war (für einige) ein mitreißender Kandidat, doch er ist jetzt vermutlich der schlimmste (und mit Sicherheit der unglaubwürdigste) aller möglichen Präsidenten.

Bei einer Obduktion untersucht man eine Leiche, um festzustellen, was die Todesursache war. Für viele fühlte sich Clintons plötzliche Niederlage wie ein plötzlicher Todesfall innerhalb der Familie an – nicht so sehr, weil sie verloren hat, sondern weil Trump gewonnen hat. Ein kurzer Rückblick auf die Wahl ist hilfreich, um zu klären, warum sie verloren hat (obwohl sie ein anständiger Mensch ist und scheinbar so viele Vorteile hat), und was Trump getan hat, um zu gewinnen (obwohl er ein grässlicher Mensch ist und als Außenseiter gestartet ist). Zu verstehen, warum ihr Wahlkampf so unerwartet schlecht lief und seiner so erstaunlich erfolgreich, würde erklären, wie es überhaupt zu einem solchen Ergebnis kommen konnte und wie man verhindern kann, dass sich so etwas wiederholt.

Das Rätsel ist, wieso Clinton, eine sehr intelligente Frau, sich als ein derartiger politischer Dummkopf herausstellte, während der ignorante Trump ein politisches Genie zu sein scheint. Es beginnt mit der Haltung. Clinton hatte sich seit Langem für den kleinen Mann stark gemacht, während Trump ihn immer geschröpft hatte, doch auf der Bühne war sie unnahbar, er dagegen sehr direkt. Wenn sie die Wahrheit sagte, war sie nicht überzeugend. Er konnte lügen, überschwänglich, maßlos und wirksam. Trumps Wähler kauften ihm, egal wie wirr und widersprüchlich er sich verhielt, ab, dass er sich um sie sorgte, ihr nicht; sie empfanden ihn als glaubwürdig und sie nicht. Und in der Annahme, dass sie weit vorne läge und nicht riskieren sollte, zickig zu wirken, hat sie ihn damit durchkommen lassen. Natürlich war es für Clinton ein schwerer Kampf. Fünfundzwanzig Jahre lang war sie von den Rechtsradikalen systematisch und brutal dämonisiert worden, und die Kampagne gegen sie wurde nach 2008 zu einem Flächenangriff, als ihre Gegner zu Recht annahmen, dass sie 2016 erneut gute Chancen hätte. Die unaufhörliche Propaganda gegen sie verführte viele Leute zu einem instinktiven Amygdala-Hass, der von keinerlei Kortex-Rationalität gestützt wurde.

Doch Clinton hatte kein Ohr für den einfachen Mann. Zwanzig Jahre zuvor, als sie das erste Mal für den Senat kandidierte, ging sie auf eine »Zuhör-Tour« durch fast jede Kleinstadt in New York State, womit sie zeigen wollte, dass sie keine feine Dame aus der Großstadt war, die meinte, den Sieg gepachtet zu haben. Bei der Präsidentschaftswahl jedoch war Clinton, in der Annahme, sie könne sich getrost auf ihrem großen Vorsprung und ihren Lorbeeren ausruhen, distanziert und unerreichbar. Die Wähler der ländlichen Gegenden und des Rust Belts hatten nie das Gefühl, sie würden von ihr respektiert oder sie verstünde ihre missliche Lage. Echte politische Lösungen entstehen in engem Kontakt zu den Leuten, für die sie bestimmt sind. Ohne von dem oder über den Wahlkreis etwas zu lernen, dem man dienen will, wie kann man da hoffen, das Vertrauen der Leute zu gewinnen?

Clintons geschliffene, in Yale erlernte rhetorische Fähigkeiten stellten sich als ein Hindernis heraus. Sie ist eine brillante Rechtsanwältin, die in einem bewundernswert verständlichen, wohlmodulierten Fluss perfekt konstruierter Sätze spricht. Trump spricht oft zusammenhanglos, immer unartikuliert und ist ganz in seinem Element, wenn er auf 140-Zeichen-Tweets limitiert wird. Doch viele in der Menge liebten Trump und buhten Clinton aus, weil er einen guten Draht zu ihnen hatte und ihre Sprache sprach, und sie nicht. Trump konnte es so klingen lassen, dass jeder im Saal sich persönlich angesprochen fühlte; er stellte eine persönliche Beziehung her; er verstand ihren Kummer, ihre Ängste und ihren Ärger und bestätigte sie darin; als wäre er ein Big Daddy, bereit, willens und mächtig genug, für sie alles zu richten. Als lebenslanger und geschickter Schwindler, der er ist, nutzte Trump zynisch und schamlos mit falschen Versprechungen das Vertrauen seiner Unterstützer aus, er allein verstünde, was zu tun sei, und er allein könnte ihre Leben besser machen. Es war total verlogen, doch seine Anhänger hörten, was sie brauchten und hören wollten, und konnten nicht zwischen seinen Lügen und der Wirklichkeit unterscheiden. Clintons Reden hatten die richtige Botschaft, aber den falschen Ton.

Clinton wirkte immer steif und vorbereitet, Trumps Reden bestanden nur aus zügellosen Emotionen. Ihre Kundgebungen waren langweilig und schlecht besucht, seine wurden zu großen Spektakeln. Die Gefühle, die er zum Ausdruck brachte und die einige seiner begeisterten Anhänger am eigenen Leib erfahren hatten, waren häufig abscheulich, aber immer befreiend – für ihn und auch für sie. Clinton schaffte es nicht, sich emotional zu geben, selbst nicht bei jenen Gruppen, die naturgemäß ihre stärksten Unterstützer sein sollten, Frauen, Latinos, Schwarze, Muslime, Einwanderer und Homosexuelle. Es ist unglaublich, dass Trump 53 Prozent der Stimmen weißer Frauen geholt hat, obwohl er ein schamloser Frauenfeind ist, der dreist damit prahlte, wie er sich regelmäßig attraktiven Frauen sexuell aufgedrängt hat, die ihm gefielen. Clinton war dagegen erschreckend unfähig, die Sehnsüchte und Anliegen ihres Geschlechts aufzurufen, obwohl Frauen jahrhundertelang als Bürger zweiter Klasse behandelt wurden und nun endlich eine Frau kurz davorstand, das höchste Amt im Land zu übernehmen. Clintons Stimmanteil bei Latinos und Schwarzen war deutlich geringer als Obamas, obwohl Trump die beiden Gruppen ständig bedrohte und herabwürdigte und trotz seiner engen Verbindungen zu weißen Rassisten. Clinton fand immer die richtigen Worte, aber sie war total taub, wenn es um die Melodie ging.

Clinton hatte nur Fakten zu bieten, kein Gefühl, Trump hatte keine Fakten beziehungsweise nur Fake-Fakten und bot ausschließlich Gefühl. Im Verlauf des Wahlkampfs postete Clinton 65 Informationsblätter, in denen sie mit exakt 112.735 Worten ihre politischen Grundsätze zu jedem vorstellbaren Thema bis ins kleinste Detail beschrieb. Trump hingegen machte sich kaum die Mühe, überhaupt irgendwelche Grundsätze zu haben, und postete gerade mal sieben Statements mit insgesamt rund 9.000 Worten – die absolut nichts bedeuteten. Seine Bitte um Unterstützung wurde ausschließlich in Angriffs-Tweets und provokativen Slogans formuliert: »Amerika wieder groß machen!« »Die Mauer bauen!« »Sie ins

Gefängnis stecken!« »Den Sumpf austrocknen!« Mit effektvollen (und unrichtigen) Bildern und Metaphern lassen sich leicht (richtige) kluge Erläuterungen wichtiger Themen und Probleme umgehen. Clinton gewann die politische Debatte, verlor aber die Wahl. Ihr Wahlkampf zielte auf den Verstand ab, Trump zielte unmittelbar auf den Bauch.

Clinton hasste den Wahlkampf noch mehr, als zum Zahnarzt zu gehen, und das merkte man. Trump liebte und brauchte die Bewunderung so sehr, dass seine Präsidentschaft zu einer endlosen Wahlkampftour geworden ist. Clintons beträchtliche und absolut verständliche Verachtung für Trump erweiterte sich leider auf viele seiner Anhänger, auf eine Weise, die sie nie ganz kontrollieren oder verbergen konnte. Ein Wendepunkt im Wahlkampf kam, als sie in einem seltenen und unbedachten Augenblick bei der Bemerkung ertappt wurde, man könne seine Anhänger in einen »Korb der Kläglichen« werfen. Einige von Trumps rassistischen Anhängern waren tatsächlich kläglich. Doch Clintons Unvermögen, ihre Gefühle geschickter zu kanalisieren, nahm ihr jede Chance, die Unterstützung der vielen weniger festgelegten, eher zögernden Trump-Wähler für sich zu gewinnen. Ihr fehlte die politische Begabung, die ihr Mann zwar im Überfluss besaß, aber nicht auf sie übertragen konnte. Man spürte förmlich, dass Bill Clinton den Kummer der Menschen nachfühlen konnte. Hillary Clinton liebte die Menschheit an sich, schien sich aber bei einzelnen Menschen überhaupt nicht wohlzufühlen. In seinen besten Zeiten hätte Bill Clinton Donald Trump so haushoch geschlagen, wie es in der amerikanischen Geschichte noch nie vorgekommen ist.

Trump vermittelte den trügerischen Anschein von Aufrichtigkeit, obwohl er eine endlose Abfolge an Lügen vom Stapel ließ. Clinton war zumeist offen und ehrlich, vermittelte aber den falschen

Eindruck, eine Schwindlerin zu sein. Die Leute glaubten Trump, weil er immer das Erste auszusprechen schien, was ihm gerade einfiel, obwohl es in der Regel totaler Blödsinn war. Clinton wirkte weniger aufrichtig, selbst wenn sie vollkommen ehrlich war, weil ihr Verhalten so einstudiert wirkte. Trump wirkte beim Lügen ehrlich, weil es ihm in Fleisch und Blut übergegangen ist.

Wie also passt das alles zusammen? Erfolgreiche Politiker schaffen es, die Herzen und Gemüter für sich zu gewinnen, weil sie gut darin sind, die menschliche Natur zu verstehen und für sich zu nutzen. Plattformen, politische Strategien und Erklärungen sind nur leere Worte, wenn keine empathische Verbindung existiert; sie vermittelt den Wählenden, dass sie gehört und verstanden werden und dass man sich um sie kümmern wird. Hausierer wie Trump sind, zum Schaden von uns allen, Experten darin, diese Verbindung zu simulieren. Wahre Staatsmänner streben danach, das politische Leben als eine selbstlose Reise mit und für ihre Wählerschaft zu sehen und nicht als Spiel, sich selbst zu verherrlichen und sich Vorteile zu verschaffen. Zu Beginn unseres Experiments mit der Demokratie wurde der politische Diskurs im erhabenen intellektuellen Stil der Aufklärung geführt. Argumente bedienten sich der Logik und waren dazu gedacht, an die Vernunft zu appellieren. In diesem zurückliegenden Wahlkampf wurde der Wettstreit zwischen Kortex und Amygdala von der Amygdala gewonnen; ausschweifende Gefühle siegten über rationale Gedanken.

Trump hat gewonnen. Amerikas Demokratie, die Zurechnungsfähigkeit der Gesellschaft und das zukünftige Wohlergehen unserer Kinder und dieses Planeten, sie alle haben verloren. Er ist nicht verrückt, aber wir sind es, weil wir ihn gewählt haben. Und weil wir zugelassen haben, dass unsere Gesellschaft bis zu dem Punkt verkommt, an dem jemand wie Trump als Präsidentschaftskandidat ernst genommen wird. Die Zufälle, die zu seinem Sieg beigetragen haben, waren irrsinnig weit hergeholt und bedurften der unwahrscheinlichen Konvergenz von sechzehn republikanischen Zwergen in den Vorwahlen, einer verletzlichen Kandidatin in der Opposition, des Anschubs von Putin, der Ohrfeige durch das FBI, des Hasses von Julian Assange und bekloppter Kandidaten von Drittparteien, die Stimmen abgezweigt haben. Und dafür zahlen wir jetzt den Preis.

KAPITEL 5

Trump, Tribalismus und der Angriff auf die Demokratie

Vergleiche mit Adolf Hitler werden zu Recht als klischeehaft und unzulässig verurteilt. Zuerst von Leo Strauss 1950 als *Reductio ad Hitlerum* verspottet, wurde das Phänomen im Zeitalter des Internets in *Godwin's Law* umbenannt: »Mit zunehmender Länge einer Online-Diskussion nähert sich die Wahrscheinlichkeit für einen Vergleich mit den Nazis oder Hitler dem Wert Eins.«[126] Doch kürzlich hat Mike Godwin, von dem die Überlegung stammt, seine Bedenken angepasst. Nachdem er mit Anfragen überschwemmt wurde, wie man sich im Internet anständig verhält angesichts dessen, dass bestimmte Leute und Situationen inzwischen mehr als nur eine flüchtige Ähnlichkeit mit Deutschland in den 1930er-Jahren haben, ist seine Antwort sehr befreiend: »Lassen Sie mich dieses Thema ›Donald Trump‹ aus dem Weg räumen: Wenn es wohlüberlegt ist und Sie über ein echtes Geschichtsbewusstsein verfügen, dann beziehen Sie sich ruhig auf Hitler oder die Nazis, wenn Sie über Trump reden.« Hitler/Trump-Parallelen wären unfaire Bemerkungen, hätte Trump solche Vergleiche nicht selbst nahegelegt. Wir müssen aus Hitlers Machtergreifung lernen, wenn wir Trump daran hindern wollen, dass er es bei uns genauso macht. Und wir müssen uns unverzüglich und mit aller Kraft gegen ihn zur Wehr setzen, bevor es zu spät ist, sich überhaupt zu wehren.

Wie Trump hat Hitler nie die Mehrheit der Wählerstimmen für sich gewonnen, sein bestes Wahlergebnis lag bei 44 Prozent. Wie Trump kannte Hitler nur größte Verachtung für demokratische Traditionen, eine freie Presse, die Gerichte, Intellektuelle und Menschenrechte. Wie Trump sah Hitler die Wahrheit als verhandelbar an, Lügen als effektive Waffe und Moral als überflüssigen Ballast. Wie Trump war Hitler ein Verschwörungstheoretiker, der sich mit servilen Jasagern umgab, die weder willens noch in der Lage waren, seine irrigen Vorstellungen und Fehleinschätzungen in Frage zu stellen. Wie Trump war Hitler ein Narzisst der Extraklasse. Wie Trump wurde Hitler vom politischen Establishment, das meinte, ihn für ihre eigenen Zwecke einspannen und manipulieren zu können, verachtet und unterschätzt. Wie Trump trotzte Hitler dem politischen Establishment und blieb (nur) sich selbst treu. Hitler fühlte sich, genau wie Trump, respektlos und unfair behandelt und hatte noch eine Menge Rechnungen zu begleichen. Wie Trump beanspruchte Hitler für sich Unfehlbarkeit, dass er intelligenter sei als seine Generäle und Berater und sein Bauchgefühl der beste Lotse für die Nation wäre. Wie Trump nutzte Hitler die Angst, Wut und Verbitterung seines Volkes aus. Wie Trump förderte Hitler Tribalismus und diffamierte Minderheiten als gefährliches Ungeziefer.

Natürlich war Hitler in vielerlei Hinsicht auch völlig anders als Trump. Er war erheblich klüger, belesener, reifer, organisierter, besaß ein besseres Verständnis von Geschichte, war disziplinierter, weniger leicht ablenkbar, hatte bessere Manieren, war weniger aufmerksamkeitsheischend, deutlich glaubwürdiger – und, bis jetzt, wesentlich blutrünstiger, skrupelloser und todbringender.

Hitlers diktatorische Machtergreifung erfolgte einfach, schnell und umfassend, er instrumentalisierte lediglich eine verfassungsrechtliche Formalität, um alle rechtsstaatlichen Einschränkungen seiner Autorität zu beseitigen. Es war so unglaublich mühelos, so scheinbar harmlos, so plötzlich, so unwiderruflich und so verheerend. Als Vehikel diente ihm etwas mit dem euphemistischen Namen *Ermächtigungsgesetz*, ein Zusatz zur Weimarer Verfassung von 1933, wodurch Hitler »unbeschränkte Vollmacht« erhielt, Gesetze zu erlassen, ohne zuvor die Zustimmung des Parlaments oder der Justiz einholen zu müssen. Dies erlaubte ihm, die Bürgerrechte aufzuheben und seine Opposition ohne Hektik und Geschrei außer Gefecht zu setzen, alles vollkommen legal. Es bedurfte lediglich eines eingeschüchterten Parlaments und einiger Federstriche. Die erschreckendste Lehre daraus für uns ist, dass ein einziger Terrorakt, nämlich der Reichstagsbrand, als Auslöser für Hitlers allmächtige Diktatur genügte. Die »nationale Sicherheit« ist ein probater und bequemer Vorwand für die Beseitigung der Demokratie. Wir werden bestimmt weitere terroristische Anschläge erleben. Trump wird sie für sich instrumentalisieren, sofern wir es zulassen.

Die Analogien zwischen Hitler und Trump sind unübersehbar. Zum Glück gibt es auch einige offensichtliche Unterschiede. Wir sind nicht so anfällig wie die Weimarer Republik, unser demokratischer Rechtsstaat kann auf eine solide Tradition von fast 250 Jahren zurückgreifen und nicht nur auf die gerade mal 14 Jahre der Weimarer Republik. Wir befinden uns nicht in einer verheerenden Wirtschaftskrise mit einer Arbeitslosenquote von 30 Prozent und einer alarmierenden Inflationsrate von über einer Billion Prozent innerhalb von nur einer Generation. Wir sind nicht in einem der zerstörerischsten Kriege überhaupt besiegt und gedemütigt worden. Wir haben keine Millionen von Kriegstoten und verkrüppelte Opfer zu beklagen. Auf unseren Straßen herrscht kein zermürbender, täglicher und tödlicher Bürgerkrieg zwischen den radikalen Gruppen der Linken und Rechten. Doch es ist höchst beunruhigend, dass Trump trotz unserer privilegierten Situation so schnell so weit gekommen ist und einen so klaren Kurs steuert, unsere Demokratie zu untergraben. Er kann aufgehalten werden, sofern es einen anhaltenden Widerstand von Kongress, Gerichten, Medien und Volk gibt. Bislang jedoch riecht es im Kongress stark nach Weimar, die Gerichte haben sich noch nicht bewiesen und werden mit Trumps Ernennungen weiter nach rechts rücken, die Medien stehen unter heftigem Beschuss und die Menschen beginnen gerade erst aufzuwachen.

Der Gute, der Böse und der Hässliche

Wenn man sich noch mittendrin befindet, weiß man nie genau, wie die Geschichte weitergehen wird. Die Möglichkeiten sind so zahlreich und beeinflussen sich gegenseitig, dass scheinbar sehr kleine Ereignisse eine überraschend große Wirkung zeitigen können. Was für diesen unkalkulierbaren Wendepunkt doppelt gilt: Zum allerersten Mal sieht sich unsere Demokratie mit der möglichen Übernahme durch einen zielstrebigen Demagogen konfrontiert. In meiner psychotherapeutischen Praxis ist es hilfreich, den Patienten zu bitten, über den aus seiner Sicht bestmöglichen Ausgang der Therapie nachzudenken, den von ihm am meisten gefürchteten und die möglichen Ergebnisse dazwischen. Menschen, die über ihre mögliche Zukunft nachdenken, haben eine bessere Zukunft, verhalten sich weniger improvisiert, mehr von ihnen kontrolliert. Das Sammeln von Informationen mindert Überraschungen und verhindert, aus heiterem Himmel und auf falschem Fuß erwischt zu werden. Vielleicht deswegen wurden nach Trumps Amtseinführung dystopische Romane plötzlich zu Bestsellern. Die Menschen versuchen, ihre beängstigende Gegenwart zu verstehen, um einer noch Angst einflößenderen Zukunft zu entgehen; wirklichkeitsferne Wohlfühlbücher sind in einer bedrohlichen Umgebung weniger von Bedeutung. Dies mag ein vielversprechendes Zeichen dafür sein, dass wir bereit sind, uns der Realität zu stellen und unsere gesellschaftlichen Wahnideen fallen zu lassen.

Spielen wir unser eigenes Zukunfts-Ratespiel, stellen wir uns den schlimmsten, den besten und einen mittelprächtigen Ausgang von Trumps Präsidentschaft vor.

WORST-CASE-SZENARIO: IL DUCE TRUMP

Dieses Szenario setzt mit dem Tweet von Trump ein, die Presse sei nicht nur sein Feind, sie sei der Feind des amerikanischen Volkes. Damals fing Trump an, Pressevertreter als »gegnerische Partei« zu titulieren. Sein Pressesprecher fährt eine Teile-und-herrsche-Strategie, indem er der wohlwollenden Presse lukrative Exklusiv-Interviews gibt und die wahrheitsliebende Presse von der Teilnahme an Presse-Briefings ausschließt, ein Vorgang, wie es ihn zuvor noch nie gegeben hat. Trump sondert einen ständigen Strom fantastischer Lügen ab, die Presse hält einen ständigen Strom von hartnäckigen Faktenchecks aufrecht. Seine Basis, 40 Prozent des Landes, glaubt Trump weiterhin oder ist zumindest bereit, sich im Zweifelsfall zu seinen Gunsten zu entscheiden. Die Wahrheit wird im Nebel der Verschleierung dermaßen unkenntlich, dass viele sie nicht mehr als so wichtig erachten. Außerdem nimmt Trump das

Gerichtswesen unter Dauerfeuer und stellt die juristische Überprüfung von Verfügungen des Präsidenten im Zusammenhang mit der »nationalen Sicherheit« in Frage. Nach und nach bricht er den Widerstand gegen die »Trump-Doktrin«, die besagt, der Schutz vor Terrorismus sei wichtiger als der Schutz der Bürgerrechte.

Die Bundesregierung wird rasant »zerlegt«, teilweise gezielt und mit Absicht und zum Teil, weil die von Trump ernannten Amtsträger so inkompetent und ideologisch sind, dass viele der talentiertesten Beschäftigten im öffentlichen Dienst eher zurücktreten – oder gefeuert werden –, als für ihn zu arbeiten. Die Politik des Weißen Hauses ändert sich fortwährend, und ihre Umsetzung verläuft inkonsequent. Hunderte wichtiger öffentlicher Führungspositionen bleiben unbesetzt, weil die meisten potenziellen Anwärter nicht willens sind, in einer Trump'schen Verwaltung zu arbeiten. Die Umweltschutzbehörde wurde ausgeweidet, das Pariser Abkommen aufgekündigt und die Energiewirtschaft dereguliert. Unternehmen haben ihre wahre Freude an der nicht vorhandenen staatlichen Aufsicht, fahren ihr Engagement bei Produkt- und Arbeitssicherheit zurück, senken die Löhne und heben die Preise. Führungskräfte der Wirtschaft mögen Trump nicht und fürchten ihn, unterstützen jedoch, was immer er tut, weil es gut fürs Geschäft ist und ihnen womöglich gigantische Steuererleichterungen einbringt.

Die Ermittlungen des FBI bezüglich einer möglichen Wahlmanipulation durch Russland werden behindert, indem Trump den FBI-Direktor feuert, und sie werden weiter hinausgezögert, da er jede Zusammenarbeit verweigert und die Untersuchungsergebnisse des unabhängigen Sonderermittlers nicht anerkennt. Trumps zunehmende Frustration über Untersuchungen und Kritik führt zu einem konstanten Schwall an hetzerischen und in sich widersprüchlichen Tweets, in denen er die Presse, seine politischen Gegner, vormals befreundete ausländische Staatsoberhäupter, Führungspersönlichkeiten seiner eigenen Partei und sogar Angehörige seines engsten Mitarbeiterkreises attackiert. Häufige Umstrukturierungen im Weißen Haus, bei denen viele Leute gefeuert oder versetzt werden, sind die Folge sich wiederholender Machtkämpfe in seinem Stab. Trumps Stellungnahmen und Entscheidungen unterliegen permanenten Kehrtwendungen, je nachdem, welcher Berater gerade Gehör bei ihm findet oder welches Gerücht in den rechtsextremen sozialen Medien aktuell angesagt ist. Es stellt sich heraus, dass viele dieser Gerüchte durch Putins Desinformations-Team in Umlauf gebracht wurden.

Täglichen Angriffen ausgesetzt, benutzt Trump den Vorwand der nationalen Sicherheit, um seine Macht auszuweiten und die in der Verfassung vorgesehenen Beschränkungen auszuhöhlen. Per Präsidentenverfügung ordnet er die Einstellung aller Russland-Ermittlungen an und erklärt Unterlagen zu Verschlusssachen, indem er anführt, sie besäßen »das Potenzial, die Einigkeit unseres Landes zu gefährden und den Feind zu unterstützen und zu ermutigen«. Große Protestkundgebungen in fünfzig amerikanischen Städten münden in zahlreichen Verhaftungen. Unter dem Vorwurf, das Chaos zu schüren, wird den Mainstream-Medien zur Wiederherstellung der Ordnung eine vorübergehende Zensur auferlegt. Als weitere Ablenkung weist Trump die örtlichen Polizeibehörden an, Zehntausende illegaler Einwanderer zusammenzutreiben.

Beim nächsten unausweichlichen Terroranschlag auf US-Boden ruft Trump den »nationalen Notstand« aus und lastet den Gerichten an, ihm nicht schon früher ausreichende Befugnisse übertragen zu haben, um Terrorismus zu verhindern. Er schwört, sich wegen eines überholten und inzwischen gefährlichen Systems der Gewaltenteilung nie wieder davon abhalten zu lassen, Amerika zu beschützen. Die Protest-Demonstrationen eskalieren und werden von privaten, bewaffneten Pro-Trump-Milizen in Schach gehalten. Eine Welle von vergeltender Hasskriminalität führt in vielen Städten zu Tumulten. In vielen Kommunen mit einem hohen Anteil an Muslimen wird das Kriegsrecht verhängt, und Tausende junger männlicher Muslime werden wegen des Verdachts, Dschihad-Sympathisanten zu sein, in »Vorbeugehaft« genommen. Es kommt zu Folterungen. Wiederholt versetzen Demonstrationszüge amerikanische Städte in Aufruhr, einige richten sich gegen spezielle Maßnahmen Trumps, andere gegen seine uneingeschränkte Machtergreifung. Manche verlaufen friedlich, andere chaotisch. Einige führen zu gewalttätigen Zusammenstößen mit wütenden und gut organisierten Trump-Anhängern. Viele werden unter Einsatz von Tränengas, Hunden und Knüppeln von der Polizei niedergeschlagen, Anordnungen Trumps Folge leistend, bereits beim kleinsten Anzeichen der Störung der öffentlichen Ordnung hart durchzugreifen. Aus Gründen der nationalen Sicherheit wird der Presse untersagt, über die Demonstrationen zu berichten. Tausende werden verhaftet, Hunderte schwer verletzt. Eine zweite Protestwelle wird noch brutaler niedergeschlagen. Öffentliche Versammlungen werden vorübergehend verboten, doch dieses Notstandsverbot wird nie mehr aufgehoben.

Trump warnt das amerikanische Volk, ausländische und inländische Feinde würden hoffen, das Land durch anarchische Gewalttaten in die Knie zwingen zu können. Er verspricht, Amerika um jeden Preis zu beschützen, um es »wieder groß zu machen«. Kongress und Oberster Gerichtshof sind eingeschüchtert. Der Widerstand gegen Trumps Machtergreifung ist verhalten und wirkungslos. Die Demokraten verlieren den Mut und sind sich uneinig, was als nächstes zu tun ist. Die Medien werden umfänglich zensiert, Dutzende Journalisten werden verhaftet und wegen Hochverrat angeklagt. Sozialen Netzwerken wird ein Maulkorb angelegt und befohlen, eine starke zentral koordinierte Antwort auf die vermeintliche Bedrohung zu unterstützen.[127] Militär und Polizei folgen den Anweisungen. Trumps befristete Machtbefugnisse werden auf unbestimmte Zeit verlängert, da der Ausnahmezustand kein natürliches Ende hat. Trump ist der erste Diktator Amerikas, aber nicht der letzte. Nach Trumps plötzlichem Tod, Verschwörungstheoretiker vermuten Gift, entbrennt unter seinen Kindern und Beratern ein Machtkampf um die Nachfolge, welcher von Schwiegersohn Jared Kushner gewonnen wird, der mit Ivanka an seiner Seite regiert.

BEST-CASE-SZENARIO: DIE DEMOKRATIE VERTEIDIGT SICH

Es gibt nach den Wahlen keine Schonzeit für Trump. Die Presse lässt sich keinen Maulkorb anlegen, die Menschen durchschauen schnell seine zusehends unglaubwürdigen Lügen, sein sprunghaftes Verhalten und seine unerfüllten leeren Versprechungen. Trumps Beliebtheitswerte, bereits bei der Amtseinführung auf einem katastrophalen Tief, fallen auf zwanzig bis dreißig Prozent. Über das Internet organisierte bürgernahe Gruppen veranstalten viele und große Anti-Trump-Kundgebungen, um beständigen und machtvollen Druck auf Politiker auszuüben, sich seiner Gesetzgebungsinitiativen zu widersetzen. Schlüsselfiguren der Republikaner, die zynischerweise gehofft hatten, in einem Handstreich der Tea Party mit Trump einen leichten Sieg einzufahren, begreifen jetzt, dass ihr politisches Überleben davon abhängt, sein sinkendes Schiff zu verlassen. Es zeigt sich, dass bereits siebenundzwanzig Personen genügen, um Trump aufzuhalten. Drei Senatoren und dreiundzwanzig Mitglieder des Repräsentantenhauses, manche von Patriotismus motiviert, andere von politischem Kalkül, brechen mit der republikanischen Führungsriege und geben der Anti-Trump– und Pro-Demokratie-Koalition eine stabile Kongressmehrheit, die sich allen Versuchen Trumps widersetzt, die Macht an sich zu reißen. Ein von den Republikanern ernannter Richter am Obersten Gerichtshof schließt sich seinen von den Demokraten ernannten Kollegen an, um Trumps diktatorische Präsidentenverfügungen für verfassungswidrig zu erklären. Eine Schar von Gouverneuren setzt das Recht der Bundesstaaten durch, sich an der Verfassung zu orientieren, statt Trumps Bauchgefühl zu folgen. Trumps Basis schrumpft weiter, bis nur noch hartgesottene Extremisten übrig bleiben, während alle anderen erkennen, dass seine Politik verheerend ist und er selbst eine jämmerliche Figur – ein Möchtegern-Kaiser ohne Kleider. Er gibt nach, hört mit seinen Anordnungen und Verfügungen auf und beschränkt sich stattdessen auf beleidigtes Twittern und permanente Wahlkampfveranstaltungen mit einer immer kleiner werdenden Wählerschaft, die ihn immer weniger anhimmelt. Die Demokraten übernehmen 2018 das Repräsentantenhaus und gewinnen Senatssitze in Bundesstaaten, die zuvor als republikanische Hochburgen galten. 2020 wird Trump in einem erdrutschartigen Sieg durch einen das Land einenden Präsidenten ersetzt, der das Mandat der Öffentlichkeit und den von Demokraten kontrollierten Kongress nutzt, ein Gesetzespaket zu verabschieden, das die Wunden heilt, mit den gesellschaftlichen Wahnvorstellungen aufräumt und sich den Herausforderungen der Zukunft stellt.

DAS WAHRSCHEINLICHSTE SZENARIO: WIR WURSTELN UNS DURCH

Trumps Präsidentschaft ist die umstrittenste in der amerikanischen Geschichte, von Lincoln einmal abgesehen. Seine Führungsqualitäten, sowohl auf das Land als auch auf seine Person bezogen, sind chaotisch und unberechenbar. Nach acht undramatischen Jahren unter Obama wird das Land nun erschüttert von täglichen Krisen, ständigen Rücktritten und Säuberungsaktionen gegen einflussreiche Persönlichkeiten, friedlichen Anti-Trump-Demonstrationen und gewalttätigen Pro-Trump-Gegendemonstrationen, Ausfällen von Bundesbehörden und Rücktritten von Führungskräften aus den Bereichen der nationalen Sicherheit und des Militärs. Behörden verlieren an Glaubwürdigkeit und werden verheizt. Der republikanisch dominierte Kongress hält meistens zu Trump und verabschiedet viele rückschrittliche Gesetze, welche die Benachteiligten noch mehr benachteiligen und die Welt noch weiter in den Abgrund der Klimaerwärmung schlittern lässt. Das Gesundheitssystem, vor Inkrafttreten von Obamacare ein unorganisiertes, ungerechtes und kostspieliges Chaos, wird noch katastrophaler, nachdem es in wesentlichen Teilen außer Kraft gesetzt wird. Der Oberste Gerichtshof stellt sich zwar in den großen verfassungsrechtlichen Fragen gegen Trump, erlaubt ihm jedoch, sukzessive Bürgerrechte, Regelungen des Wahlrechts und des Wirtschaftsrechts auszuhöhlen.

Während ständig schlechter werdende Umfrageergebnisse, permanente Angriffe sowie Parteiüberläufer aus den eigenen Reihen Trump zunehmend frustrieren, wird er selbst seinen loyalsten Anhängern gegenüber immer verbitterter und beleidigender. Seine immer zahlreicheren Tweets transportieren noch mehr Verschwörungstheorien und werden noch lächerlicher. Die Republikaner werden zuerst 2018 und noch deutlicher 2020 abgestraft, doch es ist bereits ein erheblicher Schaden angerichtet, der nur schwer zu beheben ist. 2020 kommt es zum größten Wahlsieg aller Zeiten für die Demokraten, als die Wähler damit ihrer Reue Ausdruck verleihen, Trump jemals ins Weiße Haus gelassen zu haben. Historiker sind sich einig, dass er Amerikas schlimmster Präsident war, und diskutieren über die zugrunde liegenden gesellschaftlichen, politischen, wirtschaftlichen, technologischen und demografischen Kräfte, die ein so furchtbares Oberhaupt hervorbringen konnten. Viele wissenschaftliche Arbeiten werden über die Freuden und Gefahren der Demokratie geschrieben. Dystopische Romane und Filme erfreuen sich weiterhin großer Beliebtheit.

»Farbkrieg« bedroht die Demokratie

Bereits als Kind nahm ich in den 1950er-Jahren das erste Mal an einem Sommerlager teil. Ich liebte die Natur, mir gefiel die Kameradschaft, der Sport und das Erlernen aller möglichen neuen Dinge. Doch ich hasste die »Farbkriege«. Das Camp war willkürlich in die Blauen, die Roten, die Grünen und die Gelben unterteilt worden. Wir mussten den ganzen Sommer über in jeder erdenklichen Form von Wettkampf, von denen viele unfassbar albern waren, gegeneinander antreten. Manche der Jungs nahmen die Loyalität zu ihrer Farbe, die Wettkämpfe und die Auszeichnungen recht ernst. Ich jedoch fand die ganze Sache ziemlich blöd, besonders, weil ich viele meiner Grünen-Mitstreiter nicht sonderlich mochte, manche Kinder hingegen, die ich mochte, waren anderen Farben zugeteilt worden. In mir warf das die Frage auf, ob meine Baseball-Heldenverehrung von Mickey Mantle und den New York Yankees überhaupt einen Sinn ergab? Vielleicht waren die verhassten Dodgers ja viel nettere Menschen? Jahre später machte ich mit meiner College-Bruderschaft dieselbe Desillusionierung durch: Es war eine große Erleichterung, als Neuling zu einem Kreis dazuzugehören, der einen unterstützte, im zweiten Studienjahr war es lustig, im dritten beklemmend und im vierten vollkommen irrelevant. Wie Einstein schon feststellte, ist Tribalismus eine Unreife, der man entwachsen kann.

Erst kürzlich stieß ich auf das alte Robbers Cave-Experiment zum »Farbkrieg«, veröffentlicht 1954, was mit meinem Sommer im Camp und mit dem Erscheinen von *Herr der Fliegen* zusammenfiel, dem ultimativen »Farbkrieg«-Roman. Das Experiment ist ein sehr aussagekräftiges Bild des Tribalismus, der unsere Welt auseinanderreißt, und ein praktischer Leitfaden dafür, sie zusammenzuhalten. Zwei Gruppen von Fünftklässlern wurden zu einem Sommercamp in die Berge südöstlich von Oklahoma eingeladen. Es waren alles Jungs aus der Mittelschicht, protestantisch, aus derselben Gegend, ohne psychische Schäden und mit über dem allgemeinen Durchschnitt liegender Intelligenz. Beide Gruppen verbrachten die erste Woche mit eigenen Camp-Aktivitäten, isoliert von der anderen Gruppe. Dabei bildete jede der Gruppen spontan eine eigene, geschlossene Identität und gab sich sogar einen Gruppennamen, die Adler und die Klapperschlangen. Als den Gruppen dann der Kontakt erlaubt wurde, nahmen sie recht schnell eine wetteifernde Haltung ein, »wir« gegen »die«. Die Campleiter reagierten darauf, indem sie Spiele veranstalteten, bei denen es wertvolle Belohnungen und Trophäen zu gewinnen gab. Die beiden Gruppen begannen, sich über kleinere und größere Dinge zu zanken, und der Konkurrenzkampf wurde besonders heftig, als die

Ressourcen verknappt wurden, zum Beispiel war das Abendessen bereits vertilgt, bevor die zweite Gruppe zum Essen gerufen wurde. Sportwettkämpfe führten zu einem stereotypen Austausch hässlicher Beleidigungen. Nach kurzer Zeit randalierten die Gruppen in den Lagern der anderen, zerstörten ihren Besitz, stahlen Gewinne, verbrannten gegenseitig die Flaggen, bedrohten sich und planten gewalttätige Anschläge. Aus dem »Farbkrieg« war im Wortsinn ein Krieg geworden – der nur dadurch gestoppt werden konnte, indem die Campleiter eingriffen. Der *Herr der Fliegen* in den Bergen von Oklahoma.

In dem Versuch, die Feindseligkeiten zu beheben, brachten die Campleiter die Gruppen in verschiedenen nicht wettkampforientierten Betätigungen zusammen, bei einer gemeinsamen Mahlzeit im Speisesaal, gemeinsamen Ausflügen, bei gemeinsamen häuslichen Pflichten. Die gegenseitige Ablehnung und der Widerwille, sich zu vermischen, blieben bestehen. Ein Zusammenhalt unter den Gruppen entstand erst, als sie gezwungenermaßen mit einer Reihe von manipulierten Pannen konfrontiert waren, die allen Opfer abverlangte und ihre Zusammenarbeit erforderte. Die zerstrittenen Fraktionen mischten sich wieder, als das gemeinsame Interesse größer wurde als vorherige Gruppenstreitereien. Dies führte zu einem unerwartet glücklichen Ende: Als eine der beiden Gruppen am Ende des Sommerlagers etwas Bargeld gewann, bot sie an, es mit der anderen Gruppe zu teilen, damit zum Abschied alle zusammen eine Malzmilch trinken gehen konnten.[128]

Die Lehre aus diesem Experiment und aus *Herr der Fliegen*: Beide beschreiben dieselbe spontane Entstehung von primitiver Stammesaggression, etwas, das in unserer sozialen DNA verankert zu sein scheint. Die schlechte Nachricht ist, wie leicht und schnell wir für die vermeintlich gute Sache der Stammesloyalität ganz fürchterliche Dinge tun; die gute Nachricht lautet, dass gruppeninterne Feindseligkeiten gemindert werden können, wenn Leute sich aufeinander verlassen müssen, um gemeinsame Herausforderungen zu meistern oder sich einem Feind zu widersetzen. Leider ist es viel einfacher, Rivalitäten zu erzeugen, als sie aufzuheben, doch glücklicherweise kann, unter den richtigen Umständen, die Zusammenarbeit den Wettbewerb ersetzen.

»Farbkrieg-«Tribalismus ist ein omnipräsenter, entmutigender Teil des modernen Lebens, der immer gewalttätiger wird, da der Populationsdruck sich erhöht und die Ressourcen knapper werden. Es ist der Grund, warum Schiiten Sunniten umbringen und umgekehrt; warum Israelis und Palästinenser sich seit siebzig Jahren in einem Friedensprozess befinden, der nie Frieden bringen wird; warum die »Roten« im russischen Bürgerkrieg die »Weißen« bekriegt haben; warum die »Blauen« in unserem Bürgerkrieg gegen die »Grauen« gekämpft haben; warum wir mit Fahnen wedeln, für Sportteams jubeln und unser Land lieben; warum Weiße allen anderen menschlichen Farbschattierungen gegenüber so intolerant sind; warum in manchen Gruppen Babys beschnitten werden und in anderen nicht. Und auch, warum die Republikaner, die in den »roten« Bundesstaaten dominieren, und die Demokraten, die in den »blauen« vorherrschen, zurzeit solche Probleme haben, einen gemeinsamen Nenner zu finden, um die Probleme unserer Nation zu lösen.

Vor ein paar Jahren haben mein bester Freund und ich einen »Farbkrieg« beobachtet, der künstlich als Gag bei der Maritime-Show in einem SeaWorld-Freizeitpark erzeugt worden war. Die ganze Sache dauerte lächerliche dreißig Minuten. Zwei Teams, Rot und Blau, mussten sich in zehn Disziplinen miteinander messen: Rudern, Wasserski, Schwimmen, Radfahren und einer Reihe von extrem gekünstelten und ziemlich blödsinnigen Stunts. Der Zeremonienmeister teilte das Publikum von zweitausend Leuten in sich abwechselnde Abschnitte von jeweils hundert und wies alle an, gemeinsam en bloc entweder die Roten oder die Blauen anzufeuern. Innerhalb von Minuten jubelten die Abschnitte ihren zugewiesenen Teams enthusiastisch zu. Zum Ende der Show brüllten einige Leute den Mitgliedern des gegnerischen Teams und ihren Unterstützern laut Beleidigungen entgegen. Mein Freund wandte sich traurig an mich und sagte. »Muss das so sein?« Bislang ja.

Menschlicher Tribalismus war für das evolutionäre Überleben einst von großer Bedeutung. Unsere jagenden und sammelnden Vorfahren waren komplett von ihrer kleinen Gruppe abhängig, ökonomisch und in Bezug auf ihre Sicherheit, und sind mehr oder weniger sofort gestorben, wenn sie von ihnen verstoßen oder von ihnen getrennt wurden. Aber heute, wo die Welt näher zusammengerückt ist, könnte der Tribalismus die tödlichste Waffe sein, die wir auf dem Weg in die Zukunft aus unserer Vergangenheit noch mit uns herumschleppen. Und der Trump-Effekt verstärkt ihn weiter, er ist bereits in unserer gesamten Gesellschaft zu beobachten, und am erschreckendsten bei unseren Kindern.

Einer meiner Freunde, der im Süden Amerikas lebt, erzählte mir die traurige Geschichte seines fünfjährigen Sohnes, der im Kindergarten in eine Prügelei verwickelt war, bei dem einer Trump attackierte und der andere ihn verteidigte. Meine aufmerksame Enkeltochter, die in die zehnte Klasse an der Highschool geht, hat dort eine dramatische Veränderung bemerkt, seit Trump gewählt wurde. Vorher verliefen Diskussionen innerhalb der Klasse geordnet ab, und die verschiedenen Ansichten erstreckten sich auf das gesamte politische Spektrum. Heute, ermutigt durch Trumps Sieg, tragen Diskussionen in der Klasse und auf dem Schulhof erbitterte

Züge und werden von Kids beherrscht, die rassistische, sexistische, fremdenfeindliche und gegen Schwule gerichtete Bemerkungen von sich geben, Bemerkungen, die vorher tabu waren. Sie interpretiert es so, dass nicht die Kids sich über Nacht geändert haben, sondern die Normen des zivilisierten Diskurses. Meinungsforscher haben Trumps Anziehungskraft auf die Menschen vor der Wahl genau deshalb unterschätzt, weil es einigen der Befragten zu peinlich war zuzugeben, dass sie für ihn stimmen würden. Jetzt sind sie, und ihre Kinder, aus ihrem dunklen Loch hervorgekrochen.[129]

Um die Polarisierung unserer Gesellschaft rückgängig zu machen und damit auch die Erosion unserer Demokratie, müssten wir die ständig tiefer werdende Kluft zwischen »uns« und »ihnen« überwinden. Es ist das erste Mal seit dem Bürgerkrieg, dass die beiden Pole des politischen Spektrums einander so fremd geworden sind. Viele nach links tendierende Städter haben Trumps Wählerbasis als ignorante, den Kopf in den Sand steckende frömmelnde Fanatiker und Trottel abgeschrieben. Diese wiederum sehen die sogenannten Liberalen als elitäre, herablassende, naive Steuerverschwender, die gegenüber Terroristen viel zu nachsichtig sind. Keine dieser Beschimpfungen, und das gilt für beide Seiten, ist besonders treffend, und den Diskurs in Richtung eines gemeinsamen Verständnisses fördern sie mit Sicherheit nicht. Ein Teil unserer Polarisierung spiegelt den tatsächlichen Sachverhalt wider, doch das meiste davon rührt von Manipulation und rhetorischen Tricks her. Wir schaffen es nicht, Lösungen auszuarbeiten, mit denen alle zufrieden sind, wenn wir aneinander vorbeireden, einander beschimpfen, eine unzugängliche Sprache benutzen oder uns nicht mehr zuhören. Wir müssen unseren Partei-Jargon ablegen und in einfachen, klaren Worten über das reden, was funktioniert und was nicht.

Mit psychologischen Waffen gewinnt man politische Gefechte

J. Robert Oppenheimer, der Vater der Atombombe, bereute, was er erschaffen hatte: »Die Physiker haben erfahren, was Sünde ist, und dieses Wissen wird sie nie mehr ganz verlassen.« Die Psychologie hat auch erfahren, was Sünde ist – wir haben geholfen, die giftigen Waffen zu erschaffen, die von der politischen Propaganda benutzt werden, was unsere Demokratie so gewalttätig gemacht und ihrem Ansehen geschadet hat.

Werbung ist die Kunst, Leute so auszutricksen, dass sie Sachen kaufen, die sie sonst weder gewollt noch gebraucht hätten. Politische Werbung ist die Kunst, Leuten schlechte Ideen zu verkaufen und sie dazu zu bekommen, Politiker zu unterstützen, die nicht in ihrem Interesse handeln. Werbung ist angewandte Psychologie, sie funktioniert, indem sie unsere bewussten kortikalen Argumentationsprozesse unterläuft, um unsere unbewussten Amygdala-Emotionen zu manipulieren. Die Vielzahl an psychologischen Theorien im späten 19. Jahrhundert, Psychoanalyse, Verhaltensforschung und Sozialpsychologie, wurde fast unmittelbar dazu benutzt (einige würden sagen missbraucht), um Konsumgüter zu verhökern. In den letzten Jahrzehnten wurde die Psychologie dazu benutzt (und in diesem Fall eindeutig dazu missbraucht), politisches Schlangenöl zu verkaufen.

Edward Bernays ist als der Vater der Public Relations bekannt, ein Begriff, den er erfunden hat, weil er so viel beschönigender klingt als das, wie es vorher genannt wurde und was es wirklich war: Propaganda. Zufällig war er der Neffe Sigmund Freuds und verdiente ein Vermögen damit, dass er Techniken kombinierte, die der Psychoanalyse, der Verhaltenspsychologie und der Gruppenpsychologie entstammten, um damit Unternehmensbilanzen zu verbessern. Seine grundlegende Erkenntnis: »Wenn wir die Mechanismen und die Motive des Gruppendenkens verstehen, wird es möglich sein, die Massen ohne deren Wissen nach unserem Willen zu kontrollieren und zu steuern.« Dies führte zu seiner besonderen Kompetenz, das Konsumentenverhalten durch das zu beeinflussen, was er »Technik der Meinungsformung« nannte. Bernays war der Pionier der Massenvermarktung von Mode, Lebensmitteln, Seife, Zigaretten, Büchern und zahlreicher andere Konsumartikel. Unter seiner cleveren Anleitung verlor der Anblick einer Frau, die in der Öffentlichkeit rauchte, seinen Hauch von Unsittlichkeit und wurde stattdessen schick, politisch korrekt und entsprechend sexy. Das Einzige, was dazu nötig war, war die Anpassung der Farben der Zigarettenpackungen an die Modefarbe des Jahres und sein Geschick, dafür zu sorgen, dass bei der New Yorker Osterparade 1929 hübsche Models auftraten, die Lucky-Strike-Zigaretten in der Hand hielten, welche man apart kleine »Freiheitsfackeln« nannte.

Bernays erfand außerdem das Konzept, prominente Dritte und Vordenker für eine Sache einzuspannen: »Wenn man die Führer beeinflussen kann, entweder mit oder ohne deren bewusste Zusammenarbeit, beeinflusst man automatisch deren Gruppe.« Wie brillant Bernays in Sachen Marketing war, kann man immer noch an unseren täglichen Frühstücksgewohnheiten sehen. Als er für die Schweinefleisch-Industrie arbeitete, befragte er fünftausend Ärzte und publizierte anschließend flächendeckend das Ergebnis, dass ein herzhaftes Frühstück mit Speck und Ei weitaus gesünder sei als das damals übliche leichte Frühstück, bestehend aus Tee und Toast. Natürlich war das kompletter Blödsinn, doch die Botschaft blieb hängen. Bernays und P.T. Barnum waren Brüder im Geiste, beide überzeugt, dass jede Minute ein neuer leichtgläubiger Trottel auf die Welt kommt. Beide wurden damit reich, dass sie auf diese Annahme bauten. Wie die multinationalen Konzerne. Und wie die großen politischen Akteure.

Ungefähr zur selben Zeit wurde John Watson damit reich, Theorien aus der Psychologie in Werbestrategie-Gold umzumünzen. Seine Geschichte folgt dem Muster »vom Tellerwäscher zum Millionär«, wie sie nur in Amerika möglich war. Ein armer, aber ehrgeiziger Junge bekommt eine gute Ausbildung und arbeitet sich hoch, um Amerikas angesehenster Psychologe zu werden, und schmeißt dann plötzlich alles hin. Er startet eine neue Karriere und verdient ein Vermögen als Topmanager in der frisch boomenden Werbeindustrie. Indem er Pavlovs Konditionierung von Hunden auf Menschen ausdehnte, wurde ihm klar, dass menschliches Verhalten stark durch unterbewusste Methoden beeinflusst werden konnte, die der bewussten Aufmerksamkeit entgingen. Er nannte diesen Ansatz »Behaviorismus«, da er nicht auf die Komplexität des Bewusstseins und des menschlichen Geistes abzielte; Menschen und Hunde waren gleichermaßen manipulierbar. Watson setzte seine Methoden der Verhaltenskontrolle ein, um Menschen dazu zu bringen, Produkte zu kaufen. Er erfand die Kaffeepause, um den Verkauf von Maxwell-House-Kaffee anzuschieben, redete Frauen ein, Rauchen sei sexy, solange sie Pebeco-Zahnpasta benutzten, und überzeugte sie, dass sie einen Schrank voller Schönheitsprodukte brauchten. Es ist beängstigend, dass Watson gleichzeitig der Vater der Verhaltenspsychologie sowie der modernen Werbung ist. Er führte die Wissenschaft in das Konsumdenken ein.

Die Methoden, die für die Konsumentenwerbung entwickelt worden waren, ließen sich nur allzu gut auf die noch skrupellosere Welt der politischen Propaganda anwenden. Joseph Goebbels, Hitlers Sprachrohr, hatte nie einen Abschluss in Psychologie gemacht, das Fach jedoch sorgfältig studiert. Bernays beklagte sich: »Goebbels hat mein Buch *Crystallizing Public Opinion* als Grundlage für seinen Vernichtungsfeldzug gegen die Juden Deutschlands benutzt. Das hat mich entsetzt.« Als wäre es eine Vorahnung von Trumps Wahlkampfstrategie, sagte Goebbels einst: »Es hatte keinen Sinn zu versuchen, die Intellektuellen zu ändern … Für den Mann auf der Straße mussten die Argumente daher derb, klar und überzeugend sein, sie mussten an seine Gefühle appellieren, nicht an den Intellekt. Die Wahrheit war unwichtig, sie war der Taktik und der Psychologie untergeordnet.« Das fasst die in die Länge gezogene und betrügerische Kampagne der Republikaner, mit der sie Hillary Clinton diskreditierten, recht gut zusammen.

Mit dem Fernsehen hielt die politische Werbung in den Vereinigten Staaten Einzug. Im Präsidentschaftswahlkampf von 1948 schüttelte Harry Truman eine Million Hände und legte fast 50.000 Kilometer zurück. Für Dwight Eisenhower war es 1952 deutlich einfacher. Er nahm an einem Tag vierzig Fernsehspots auf, die ein weit größeres Gebiet abdeckten. John F. Kennedy, unser telegenster Präsident, verbreitete seine Botschaft mittels zweihundert Fernsehspots. Das ganze Potenzial von Negativwerbung wurde 1964 deutlich, als Lyndon B. Johnsons' »Daisy«-Werbung Barry Goldwater als jemand Unzuverlässigen mit dem Finger am Abzug darstellte, der begierig darauf sei, einen Atomkrieg anzufangen. Die meiste politische Propaganda ist seitdem negativ, bietet keine Standpunkte an, was getan werden sollte, sondern greift die politische Strategie des Gegners an und oft auch die Person selbst. Das Rundfunkformat Talkradio degradiert politische Auseinandersetzungen zu vulgären Verschwörungstheorien, das Internet hilft dabei, Lügen innerhalb von Sekunden in der ganzen Welt zu verbreiten.

Stereotypisierung ist der Schlüssel zu politischer Polarisierung und Gehirnwäsche. *Webster's* definiert »Stereotyp« als eine »normierte Vorstellung, die von Mitgliedern einer Gruppe geteilt wird und die eine sehr vereinfachte Meinung, eine voreingenommene Haltung oder ein nicht hinterfragtes Urteil repräsentiert.« Das Wort selbst ist erst zweihundert Jahre alt, kommt aus dem Französischen und beschreibt ursprünglich eine Druckform, die dazu benutzt wurde, standardisierte Kopien zu produzieren. Doch die Tendenz, etwas in Stereotype einzuordnen, ist älter als unser Gehirn. Es liefert ein schnelles Stenogramm, um Erfahrungen zu verstehen und Gruppenzugehörigkeit herzustellen. Wenn man erst einmal ein Vorurteil entwickelt hat, ist es schwer, dieses zu ändern, besonders wenn es von Gruppenmitgliedern geteilt wird. Es ist ein Teufelskreis: Polarisierung unter Gruppen führt zu Stereotypisierung, was wiederum zu stärkerer Polarisierung führt, die noch stärkere Stereotypisierung nach sich zieht. Unzureichendes Wissen und mangelhaftes Verständnis für Menschen, die anders sind als wir, sind ein fruchtbarer Boden für negative Stereotypisierungen, besonders wenn Politiker uns zynisch gegeneinander aufhetzen – immer zu ihrem eigenen Vorteil, nie zu unserem. Stereotypisierung ist der effizienteste Weg, mit einfachen Problemen umzugehen, doch der schädlichste bei komplexen Sachverhalten.

Wie die meisten Berufe erschafft sich die Politik ihre eigene Sprache, benutzt griffige *buzzwords*, um rationales Denken und zivilisierte Diskussionen zu erschweren. Ein *buzzword* ist definiert als »wichtig klingendes Wort oder Phrase, häufig ohne große Bedeutung, hauptsächlich verwendet, um Eindruck zu schinden«. Das Gresham'sche Gesetz aus der Wirtschaftslehre besagt, dass »schlechtes Geld das gute Geld aus dem Umlauf verdrängt«. Auf die Politik angewandt könnte das bedeuten, dass inhaltsleere *buzz-*

words rationale Gedanken und bedeutungsvolle Diskussionen verdrängen. Sie umgehen den Dialog, sprechen die Amygdala an und halten gleichzeitig den Kortex in Schach – ein bequemer Ersatz fürs Denken, der bewusst verschleiert und vernebelt, um Vernunft und gesunden Menschenverstand zu Fall zu bringen. Als unscharfe und vorsätzlich diffus gehaltene Modeworte werden jargonhafte Anspielungen normalerweise erfunden, um Propaganda zu platzieren, statt die Wahrheit zu suchen oder brauchbare Optionen anzubieten. Die Worte, mit denen politische Themen formuliert werden, halten uns davon ab, sie zu lösen, und verbergen Eigennutz und die Vorurteile. Das republikanische *buzzword* »Steuer-Revolte«, das so populistisch klingt, verschleiert die Steuervermeidung von Trump und seiner Milliardärs-Kumpane.

Jede politische Partei hat ihre Favoriten, doch die Republikanische Partei stellt sich wesentlich cleverer an, die Begriffe zu prägen, und ist wesentlich erfolgreicher darin, sie der nationalen Psyche einzutrichtern.

REPUBLIKANISCHE *buzzwords*: Freier Markt / Recht auf Leben / Bezugsrecht / Klassenneid / Recht der Bundesstaaten / Richterlicher Aktivismus / Todes-Gremium / Sozialhilfebetrüger(innen) / Liberale Elite / Macchiato-Liberale / Limousinen-Liberale / Steuererleichterung / Krieg dem Terror / Ankerkinder / Kommunist / Sozialistische Agenda / *birther* (Geburtsurkundenfälscher, womit Obama gemeint ist, Anm. d. Ü.) / Sicherheit auf den Straßen / Nationale Sicherheit / Patriotismus / Freiheit / Libertät / Persönliche Verantwortung / Gründungsväter / Religiöse Freiheit / die Eliten / das Establishment / Steuerverschwendung / Politisch korrekt / Originalist

DEMOKRATISCHE *buzzwords*: Fairness / Faschist / Grün / Islamfeindlichkeit / das Feld ebnen / Paranoid / Redneck / Soziale Gerechtigkeit / Nachhaltigkeit / dem Opfer die Schuld zuweisen / Bürgerliche Freiheiten / Alternative / Benachteiligt / Vielfalt / Gleichstellung / Extremisten / Rechtsradikale / Ehe für alle / Frauenfeindlichkeit / Trickle-down / Narzisst[130]

Der »Extremisten-Effekt« beschreibt die eindringliche Propaganda-Strategie, jemanden einen »Extremisten« zu nennen, selbst wenn das, was er sagt, vollkommen akzeptiert und vernünftig ist. Jemand, der oder die für die Frauenrechte auf die Straße geht, kann als »Feminist« oder »Feministin« diskreditiert werden (oder, wenn man Rush Limbaugh ist, als »Feminazi«). Wer lieber nicht möchte, dass die Umwelt durch Klimaerwärmung oder Umweltverschmutzung zerstört wird, wird nun mit dem seltsam herabsetzenden Ausdruck »Umweltschützer« abgewertet, und wenn man ihn richtig dumm aussehen lassen will, nennt man ihn »Umweltextremist«. Und »liberal«, vor noch gar nicht so langer Zeit für viele ein Adjektiv, auf das man durchaus stolz war, ist irgendwie zu einer Beleidigung verkommen, die moralische Nachlässigkeit und wirtschaftliche Naivität suggeriert. Man braucht einen Standpunkt nicht mit gegensätzlichen Beweisen zu widerlegen, es genügt, die Person zu diffamieren, die ihn vertritt.

Sollte es Trump-Fans geben, die dieses Buch lesen, können sie mich zu Recht beschuldigen, dass ich mir wiederholt und enthusiastisch den »Extremisten-Effekt« zunutze mache. Meine einzige Entschuldigung dafür ist, dass Trump so extrem ist, wie kein amerikanischer Politiker es je gewesen ist, und man manchmal Feuer mit Feuer bekämpfen muss. Die Wahrheit liegt nicht immer in der

Mitte zweier gegensätzlicher Argumente, und sie liegt nie in der Mitte, wenn eine Seite extreme Ansichten unterstützt. Seit der Übernahme durch die Rechtsradikalen bestand die Strategie der Republikanischen Partei darin, sich für einseitige, starre Standpunkte zu entscheiden und daran festzuhalten. Das hat ausgezeichnet funktioniert. Demokraten sind normalerweise weniger ideologisch, sie sind flexibler, kompromissbereiter und offener für alle pragmatischen Lösungen. So waren es auch eher die meisten Republikaner, bevor die Partei von den Plutokraten und heuchelnden Populisten schanghait wurde. Wir werden erst dann in der Lage sein, die gesellschaftlichen Wahnideen zu zerstreuen, wenn wir Fakten als Fakten anerkennen, wissenschaftliche Beweise als wissenschaftliche Beweise und erkennen, dass »alternative« Wirklichkeiten nichts anderes sind als eigennützige Lügen, die absolut nichts mit der Realität zu tun haben.

Goldlöckchens Regierung

Es gibt drei Regierungsmodelle, die alle ein Körnchen Wahrheit enthalten und alle gefährlich sind, wenn sie auf die Spitze getrieben werden. Die Demokraten neigen dazu, die Regierung als fürsorgliche Mutter zu sehen, die gute Dinge für die Menschen tut und sich um ihre Bedürfnisse kümmert. Republikaner möchten eine Starker-Vater-Regierung, militärisch mächtig, um sich ausländischen Feinden in den Weg zu stellen, streng was Recht und Ordnung angeht, um Terroristen, Kriminelle und Menschen, die ihre religiösen und moralischen Ansichten nicht teilen, zurückzuhalten und zu bestrafen. Libertäre verstehen die Regierung als ein nörgelndes und aufdringliches Kindermädchen, sie glauben, je weniger ein Staat regiert, desto besser. Politisches Getue, das diese Standpunkte polarisiert, vernebelt die Notwendigkeit ausgewogener Lösungen nach dem Goldlöckchen-Prinzip. Der Staat muss gewisse Bedürfnisse erfüllen, die auf andere Weise nicht erfüllt werden können. Der Staat muss für ein sicheres Umfeld sorgen. Der Staat muss die Spielregeln festlegen und ein unparteiischer Schiedsrichter sein, der sicherstellt, dass fair gespielt wird. Doch er muss den Spielern auch so viele Freiheiten lassen, dass sie das Spiel genießen und sie das Beste aus ihren Fähigkeiten herausholen können.

Trump »dekonstruiert unsere Regierung«, indem er eine Armee von inkompetenten und ideologischen Führungskräften engagiert, die beabsichtigen, die Ministerien zu zerstören, die sie leiten sollen. Das Umweltschutzministerium schützt nicht länger die Umwelt. Das Justizministerium stellt nicht länger sicher, dass Gerechtigkeit herrscht. Das Energieministerium wird von der Energieindustrie geleitet. Das Bundesministerium für Gesundheit und Soziale Dienste verweigert den Menschen die medizinische Versorgung und lässt seine Dienste immer unmenschlicher werden. Die Food and Drug Administration, die Behörde für Lebens- und Arzneimittel, wird von den großen Pharmakonzernen gelenkt. Das Innenministerium beabsichtigt, bundesstaatliches Land zu verschenken, anstatt es zu beschützen. Das Ministerium für Wohnungsbau und Stadtentwicklung zielt darauf ab, den sozialen Wohnungsbau zu verringern. Unsere Handelsvertreter sollen die bestehenden Handelsabkommen aufkündigen. Unser Außenministerium feuert seine Diplomaten. Und um sicherzustellen, dass seine Amtsträger bei ihrer Arbeit mit dem Kriegsbeil auch begeistert dabei sind, hat Trump für jedes Ministerium KGB-artige Kampfhunde ernannt. Ihr Job ist es, ihre »Chefs« zu tyrannisieren, auszuspionieren und in der Zentrale des Weißen Hauses Bericht zu erstatten.

Trump hat selbst den notwendigsten öffentlichen Fürsorge-Diensten den Krieg erklärt und versucht zur selben Zeit, auf Kosten unserer bürgerlichen Freiheiten in bisher ungekanntem Maß die Strenger-Vater-Macht an sich zu reißen. Er untergräbt die Bundesbehörden, um ihr Wirken zu politisieren, und versucht den öffentlichen Dienst zu zerstören, der nach dem Bürgerkrieg genau deswegen eingeführt wurde, um eine solche Art von Vetternwirtschaft, Interessenskonflikten und Korruption zu beseitigen. Trump entzieht den Dienern des Volkes die Macht und konzentriert sie stattdessen in seinen eigenen Händen und denen der Vorstandsetagen multinationaler Konzerne. Es ist kein Zufall, dass Hitler genau dieselbe Strategie nutzte: absolute politische und polizeiliche Macht auf sich vereint, eine fast unkontrollierte ökonomische Macht für Krupp und die anderen Großkonzerne; keine Macht dem Volk.

Lassen Sie mich das klarstellen: Ich bin ein Pfennigfuchser, ich hasse Verschwendung und wünsche mir eine schlanke und effiziente Regierung. Aber abgesehen davon müssen wir der Tatsache ins Auge sehen, dass zurückliegende Privatisierungen ehemaliger staatlicher Aufgaben fast immer in einem kolossalen Flop endeten, es gibt einige öffentliche Dienste, die sehr schlecht geworden sind, seit sie privat und profitorientiert erledigt werden. Outsourcing ist die klassische Diskrepanz von wunderbarer Theorie und katastrophaler Praxis. Die Argumente für Privatisierungen scheinen verlockend zu sein. Der Staat ist grundsätzlich aufgedunsen, faul, verschwenderisch, dumm und ineffizient, weil er sich nicht den Anforderungen des Marktes stellen muss. Schreibt man öffentliche Dienste für private Anbieter aus, senkt man die Kosten und erhält eine größere Effizienz, die die Konkurrenz des freien Marktes mit sich bringt. Doch Privatisierungen enden normalerweise darin, dass ein leicht ineffizientes Staatsmonopol durch ein weitaus ineffizienteres und häufig extrem gieriges privates Monopol ersetzt wird, das teurer und verschwenderischer ist und dem es an Rechenschaftspflicht und Verantwortung fehlt, um dem Gemeinwohl zu dienen. Die Auswahl privater Auftragnehmer strotzt in der Regel nur so vor politischen Eine-Hand-wäscht-die-andere-Deals. Das Gewinnstreben übertrumpft regelmäßig die öffentlichen Interessen. Und Aktionäre und Führungskräfte profitieren auf Kosten der Öffentlichkeit, während die öffentlichen Dienste verkommen.

Trump ist passionierter Golfspieler, lassen Sie uns also einen kurzen Blick auf die Scorekarte werfen:

Infrastruktur: Der Staat leistet deutlich bessere Arbeit als die Privatindustrie, wenn es darum geht, eine breite Palette an Aktivitäten zu finanzieren, die der Öffentlichkeit zugutekommen: Polizei, wissenschaftliche Forschung, Straßen, Brücken, Kommunikationssysteme, Versorgungswirtschaft, Abwasserkanäle, Hochwasserschutz, Nationalparks und Forstwirtschaft. Der Bereich, mit dem ich am besten vertraut bin, ist der der medizinischen Forschung. Die Erkenntnisse, die die Gesundheitsfürsorge am weitesten vorangebracht haben, kamen von den nationalen Gesundheitsinstituten, nicht von der pharmazeutischen Industrie, deren »Forschung« sich eher darauf richtet, enorme Profite zu erwirtschaften, anstatt Patienten zu helfen. Milliarden von Dollar werden jedes Jahr verschwendet, um Analogpräparate zu kreieren, die nur dazu dienen, die Patente zu verlängern und Monopolpreise zu sichern. Würde irgendjemand wollen, dass das Interstate-Highway-System privatisiert wird? Würde irgendwer außer Betsy DeVos, Trumps Bildungsministerin, wollen, dass unser geschätztes öffentliches Bildungssystem aufgelöst wird? Würden wir uns sicher fühlen, wenn die gesamte Polizei privat wäre und nur noch denen diente, die es sich leisten können?

Verteidigung: Wir bezahlen unerhörte, überzogene Rechnungen an private Militärfirmen, die miesen Service bieten, ständig Kostenrahmen überschreiten und die quasi nicht zur Rechenschaft gezogen werden können. Dafür wird der General von heute morgen Vorstandsvorsitzender beim Rüstungskonzern Raytheon, der dann mit seinen früheren Kollegen Amigo-Deals aushandelt.

Gesundheitsfürsorge: Unser chaotisches, verwirrendes, profitgetriebenes System ist deutlich teurer, verschwenderischer und weniger effektiv als die Einheitskassen-Systeme der meisten anderen Industrieländer, die wesentlich niedrigere Preise aushandeln können und eine verlässlichere Pflege anbieten.

Psychiatrische Versorgung: Deinstitutionalisierung und Privatisierung von Psychiatrien der Gemeinden erlauben es den Bundesstaaten, sich der Verantwortung für ernsthaft psychisch Kranke zu entledigen, sodass inzwischen 350.000 Menschen aus dieser Gruppe im Gefängnis sitzen und 250.000 obdachlos sind.

Wasser: Die Privatisierung dieses kostbaren Gutes hat Wasser teurer gemacht und private Aktienfonds reich.

Gefängnisse: Die Privatisierung hat Gefängnisse zu einer der großen Wachstumsbranchen Amerikas gemacht. Lobbyarbeit für unrealistisch drakonische Betäubungsmittelgesetze sorgen für Nachschub an lukrativen Verträgen, die enorm zu Lasten der öffentlichen Ausgaben und der justiziellen Gerechtigkeit gehen.

Gerichte: Eine chronische Unterversorgung mit öffentlichen Mitteln hat zu einer Art privatem Unternehmertum geführt, die den Angeklagten hohe Gerichtskosten abzwingen, was zu einer langfristigen Verschuldung führt. In Amerika muss man Gerechtigkeit heutzutage kaufen.

Polizei: Der häufig inakzeptable Schusswaffengebrauch durch die Polizei ist kein Zufall. Die Polizei ist unterbesetzt, unterbezahlt, unzureichend ausgebildet und wird nicht genug überwacht. Ein demoralisierter und gefährlicher Polizeiapparat stellt eine Katastrophe für die ärmeren Gemeinden dar, die vom Schutz durch die Polizei abhängig sind, während die abgeschirmten Wohngebiete mit privatem Sicherheitsdienst überhaupt kein Problem damit haben.

Schulen: Charterschulen, von privaten Unternehmen geleitete öffentliche Schulen, einst die große Hoffnung, um den todgeweihten Bildungsapparat aufzurütteln, haben bislang ihre Versprechen nicht gehalten. Scheinen dazu bestimmt zu sein, den Aktionären mehr zu nützen als den Kids.

Der ständige Misserfolg der Privatisierungen korrigiert sich nicht von selbst. Die Privatisierung hat eine starke politische und ökonomische Dynamik, die der Logik trotzt, gegenüber den Folgen wiederholten Versagens immun ist, schlecht zu durchschauen und damit schlecht zu kontrollieren ist und sich Reformen entschieden widersetzt. Was also schiebt die Privatisierung trotz aller offensichtlichen Nachteile immer wieder an? Sie können es sich schon denken – Geld regiert die Welt. Der Profitanreiz kann sehr motivierend sein.

Enorme Wahlkampfspenden von Superreichen und großen Konzernen, die damit ihr vom Obersten Gerichtshof geschütztes Recht auf Redefreiheit ausüben, wie das von *Citizens United* erstrittene Urteil besagt, unterstützen die netten Politiker, die großzügige Privatisierung befürworten. Und dann ist da noch die Drehtür zwischen Jobs in Regierung und Verwaltung und denen in der Industrielobby, wodurch Amigo-freundliche Gesetze und Vorschriften sichergestellt werden, die den mit der öffentlichen Hand arbeitenden Privatunternehmen nutzen und dem öffentlichen Interesse schaden. Hinter all dem stehen gierige Leute mit richtig viel Geld, die selbstlos darum bemüht sind, die steuerfinanzierten öffentlichen Dienste zu reduzieren, weil sie sie selbst nicht brauchen.

Kapitalismus und Privatunternehmen wurden vor vierhundert Jahren von der westlichen Welt als Antwort auf florierende Handelsmöglichkeiten geschaffen. Seitdem haben wir umfangreiche Erfahrungen gesammelt, was ihre guten und schlechten Seiten angeht und wie die am besten ausbalancierte Beziehung zwischen öffentlichen und privaten Dienstleistungen aussehen kann. »Freier Markt«-Republikaner sehen Adam Smith als den Vater ihrer politischen Philosophie an, doch er wäre erschüttert über ihre falsche Auslegung und Fehlinterpretation seiner Absichten. Smith verwies auf den unersetzbaren Wert eines freien Marktes im Hinblick auf sinnvolle Preise und eine effiziente Zuteilung von Gütern, Dienstleistungen und Ressourcen. Doch er unterstützte auch stark die Rolle des Staates, der Leistungen bereitstellt, die der freie Markt nicht bieten kann: Landesverteidigung, Postwesen, Polizei, Feuerwehr, öffentliche Infrastruktur, Gesundheit, Bildungswesen, Judikative, Exekutive, Transportwesen, Bankwesen, Kartellaufsicht und die Versorgung der Armen und Alten. Wie Adam Smith es vor zweihundertfünfzig Jahren vorhergesagt hat, funktionieren unausgewogene Systeme nicht. Von oben nach unten staatlich geregelte Ökonomien enden, genau wie Wirtschaftssysteme mit vollkommen freien Märkten, in zügelloser Korruption und einer fehlgeleiteten Verteilung der Ressourcen. Die am besten regierten Länder der Welt, Deutschland und die skandinavischen Länder, haben ein ausgewogenes Verhältnis zwischen privaten und öffentlichen Diensten.

Die Auswüchse eines zügellosen Vetternwirtschafts-Kapitalismus in den Vereinigten Staaten wurden ironischerweise durch einen Helden der Republikanischen Partei gezähmt, durch Theodore Roosevelt. Er hatte das System der staatlichen Regulierungen und zum Beispiel der Nationalparks angestoßen, das Trump nun drauf und dran ist zu vernichten. Trumps »Demontage des Staates« ist ein radikales und gefühlsgeleitetes Auseinandernehmen von Institutionen und Behörden, die im Verlauf des letzten Jahrhunderts errichtet wurden, um das Volk und unsere Ressourcen vor der Piraterie durch die Konzerne zu schützen. Wir müssen zu Adam Smiths ausgewogener und zu Theodore Roosevelts fair regulierter Wirtschaft zurückkehren. Der Staat sollte fürsorglich sein, jedoch nicht zu sehr. Er sollte uns Sicherheit bieten, dabei jedoch weder anderen Ländern noch unserem eigenen Volk gegenüber den starken Mann markieren. Und er sollte uns so viel Freiheit wie möglich geben, solange wir nicht die Freiheit anderer Menschen einschränken. Eine Regierung des Volkes, durch und für das Volk – und nicht eine Regierung weniger, durch und für einen kleinen Kreis von Autokraten, Milliardären und multinationalen Konzernen. Wir sind nicht gleich, was Begabung, Ambitionen, Chancen, Energie oder Glück betrifft. Einige Menschen werden immer mehr haben als andere. Doch wir sollten alle nach den Regeln spielen und einen fairen Schiedsrichter haben. Diese Verantwortung und Pflicht kann der Staat nie outsourcen.

KEIN GEJAMMER ÜBER VERGOSSENE MILCH

Trump, die Republikanische Partei, die Konzerne und die Milliardäre haben gewonnen. Amerika, die einfachen Leute, die Demokratie und das globale Klima haben verloren. Trump, der ständig wütende Elefant in einem überraschend empfindlichen Porzellanladen, hat bereits immensen Schaden angerichtet, und sein Massaker hat gerade erst begonnen. Es wird erst viel später möglich sein, den Grad zu ermessen, bis zu dem der Schaden, den er angerichtet hat, reparabel oder irreparabel ist, doch wir dürfen keinen Moment länger warten, um so energisch wie es geht die größtmögliche Schadensbegrenzung einzuleiten. Wenn meine Enkelkinder in der Schule oder beim Sport einen Fehler machen, lautet meine Antwort stets: »Neues Spiel, neues Glück.« Man lernt aus seinen Fehlern, aber man lässt deswegen nicht den Kopf hängen. Unser nächstes Kapitel umreißt eine solche Strategie, um die scheinbare Trump-Katastrophe in etwas Positives umzuwandeln und damit das Spiel zu retten – eine Chance, die gerade rechtzeitig kommt, um die Polarisierung aufzulösen und unsere geistesgestörte Gesellschaft zu heilen.

KAPITEL 6

Die Demokratie verteidigen: Der Weg nach vorn

In verzweifelten Augenblicken denke ich, dass Trump wohl das darstellen muss, was sich die Götter, wenn sie Wahrscheinlichkeiten berechnen, unter einem grausamen Witz vorstellen. Oder er mag die unvermeidbaren Stigmata der evolutionären Untauglichkeit des Menschen verkörpern. Vielleicht ist das Spiel längst gelaufen, und wir wissen es nur noch nicht. Durchaus möglich, aber ich glaube es eher nicht. Manchmal ist es vor Tagesanbruch am dunkelsten, und Passivität, entstanden aus Fatalismus, führt dazu, dass das eintritt, was wir fürchten. Wir müssen unsere Zukunft gestalten und uns nicht mit der faulen Ausrede des Verlierers, dass es nichts zu gestalten gebe, vor ihr verstecken. Hoffnung ist so nötig wie realistisch. Die Tiefen der menschlichen Dummheit und die Höhen des menschlichen Einfallsreichtums wechseln sich in der Regel ab.

Mit Trump hat unsere Nation hoffentlich ihr schlimmstmögliches Gesicht gezeigt, falls es nicht zu einer weiteren Rückwärtsbewegung durch Faschismus, einen desaströsen Krieg oder eine Umweltkatastrophe kommt. Er ist Destillat, Sprachrohr und erschreckende Personifikation des Schlimmsten in der menschlichen Natur und der gesellschaftlichen Wahnideen. Wenn man die Aufgabe hätte, die Menschheit für ihre Erbsünde zu bestrafen, könnte man nichts Besseres tun, als einen Donald Trump zu erfinden und ihm außerordentliche Macht über die Zukunft der Welt zu verleihen. Dies werden wahrscheinlich die unheimlichsten vier Jahre in der Geschichte der Vereinigten Staaten werden, auf einer Stufe mit dem Krieg von 1812, dem Bürgerkrieg, den beiden Weltkriegen und der Weltwirtschaftskrise.

Aber Katastrophen bieten immer auch Chancen, und es steht uns ein furioses Comeback bevor. Die besten Ergebnisse als Psychiater hatte ich bei Patienten, die tief in einer Krise steckten. Wenn jemand ganz unten ist, geht es nur noch aufwärts – und ganz unten zu sein stellt einen ungeheuren Anreiz zur Veränderung dar. Einige meiner Freunde haben in der mir reichlich merkwürdig vorkommenden Hoffnung Trump gewählt, er würde so etwas wie der Auslöser einer »schöpferischen Zerstörung« sein. Auf überraschende Weise könnten sie am Ende recht behalten, wenn auch nicht so, wie sie es sich dachten. Seine Destruktivität ist womöglich eine zeitlich perfekt abgepasste Schocktherapie, unerlässlich, um uns wieder mit den Realitäten unserer Welt in Kontakt zu bringen und um unsere gesellschaftlichen Wahnideen zu heilen. Während die Menschen Trump allmählich durchschauen, ist es gleichermaßen wichtig, dass sie auch die unverhüllte, eigennützige Politik der Tea Party durchschauen, die er repräsentiert. Trump im Amt ist besser als ein seines Amtes enthobener Trump – seine Nachfolger wären glaubwürdigere Befürworter seiner Politik und würden den notwendigen Widerstand gegen ihre Umsetzung eher nicht provozieren.

In dieser dunklen Stunde bietet die Geschichte Trost. Auf unsere schlimmsten Momente sind oft außergewöhnliche Genesungen gefolgt, fehlgeleitete Schurkenstreiche wurden ersetzt durch Weisheit, gigantische Schlamassel machten der Vernunft Platz. Es erforderte einen Bürgerkrieg, aber wir gingen von grausamer Sklavenarbeit dazu über, den Schwarzen Arbeit und das Stimmrecht zu geben. Das Gilded Age [das *Vergoldete Zeitalter* am Ende des 19. Jahrhunderts, Anm. d. Ü.] mit seinem extremen Wohlstand wandelte sich zur Jahrhundertwende in die Progressive Ära von besseren Arbeitsbedingungen und strenger Regulierung unverschämter Geschäftspraktiken. Der Börsencrash von 1929 führte zu New Deal und Wohlstand. Ein Jahrhundert Jim Crow [Rassendiskriminierung, Anm. d. Ü.] im Süden wurde, nach wenig mehr als einem Jahrzehnt der Proteste, abgelöst von bahnbrechenden Gesetzen zu Bürgerrechten. Und erst in jüngster Zeit sind wir von den militärischen und wirtschaftlichen Katastrophen der irrationalen Politik eines George W. Bush zum relativen Frieden und Wohlstand des rationalen Barack Obama übergegangen.[131]

Die Scorecard der letzten fünfzig Jahre offenbart ein periodisch wiederkehrendes Muster: gescheiterte republikanische Präsidenten, die mehr in der Wirklichkeit verankerten demokratischen Präsidenten helfen uns aus der Klemme. Nixon trat von seinem Amt zurück, als er als Lügner und Betrüger entlarvt wurde. Reagans »angebotsorientierte Wirtschaftspolitik« führte zu gewaltigen Defiziten, und aus seinen »Freiheitskämpfern« wurden die heutigen Terroristen. Bush junior hat eine Spekulationsblase gefördert, die mit ihrem Platzen zum größten Wirtschaftsabschwung seit der Weltwirtschaftskrise führte, und er begann zwei kostspielige Kriege, die immer noch kein Ende erkennen lassen. Trumps Mangel an Kompetenz, Moral und Anstand, sowohl seine Person als auch seine Politik betreffend, machen es wahrscheinlich, dass er sein

Amt entweder per Amtsenthebungsverfahren verlässt oder im Gerangel mit Bush junior um die unehrenhafte Schmach, der schlechteste Präsident in der amerikanischen Geschichte zu sein.

Eine vernünftigere Person und Partei wird nahezu sicher die Regierungsgeschäfte übernehmen, wahrscheinlich 2020. Ihr Auftrag wird lauten, den von Trump hinterlassenen Schlamassel wieder in Ordnung zu bringen, genau wie es Carter nach Nixon tun musste, Clinton nach Reagan/Bush und Obama nach Bush junior. Und früher oder später wird das amerikanische Volk kapieren, dass die Republikanische Partei, die heute quasi die Tea Party ist, reinstes Schlangenöl verkauft hat, gesellschaftliche Wahnideen, die schlecht für uns heute sind und noch verhängnisvoller für unsere Kinder und Enkel. Wie Abraham Lincoln gesagt hat: »Man kann alle Leute einige Zeit zum Narren halten und einige Leute allezeit, aber alle Leute allezeit zum Narren halten kann man nicht.« Das Beste an Trump, vielleicht das einzig Gute an ihm, ist, dass er Narr genug ist, nicht besonders viele Leute noch viel länger zum Narren halten zu können. Er macht den Weg frei für eine erwachsene Führung.

Progressive Bürgernähe eilt zu Hilfe

Der Fürst wurde von Machiavelli für die Reichen geschrieben, wie man Macht innehat. Anleitung zum Mächtigsein ist für die Habenichtse geschrieben, wie man sie sich nimmt.

SAUL ALINSKY

Die, die den Frieden lieben, müssen lernen, sich so effektiv zu organisieren wie die, die den Krieg lieben.

MARTIN LUTHER KING JR.

Die politische Macht in den Vereinigten Staaten liegt heute fest in den Händen eines fingierten Graswurzel-Populismus, der von Donald Trump, den Koch-Brüdern und anderen rechtsextremen Plutokraten so geschickt instrumentalisiert wurde. Die Republikanische Partei existiert heute nur noch dem Namen nach. Sie ist von der extremistischen Tea Party gekapert und absorbiert worden, die sich ihres Namens bedient, aber keine traditionelle republikanische Politik mehr betreibt; die keine konservative Zurückhaltung respektiert, kein Interesse mehr an Gewaltenteilung zeigt, Patriotismus nicht mehr über Parteiinteressen stellt und auch nicht mehr die in Ehren gehaltenen Institutionen der amerikanischen Demokratie vor Angriffen schützt. Die Demokratische Partei, schwach selbst im Sieg, ist heute nach der Niederlage aufgesplittert und politisch unwirksam. Das einzige Gegenmittel zu der gegenwärtigen geheuchelten Volksnähe ist eine Bürgernähe, die es ehrlich meint und realistisch in die Zukunft blickt. Billige, irreführende Parolen müssen durch effektive und sinnvolle Programme ersetzt werden, die breite Unterstützung gewinnen und die Polarisierung umkehren können, die unsere politischen Prozesse erodieren.

Bis zu Trump habe ich die Bedeutung von Bürgernähe nie wertgeschätzt oder ihren Geist gespürt. 1968 habe ich keine zwei Kilometer von der Columbia University entfernt gelebt, habe aber nicht einmal einen Gedanken daran verschwendet, in die Stadt zu gehen, um mir die Studentendemonstrationen anzusehen, geschweige denn an ihnen teilzunehmen. Ich verbrachte einen prima Tag am Strand, als Martin Luther King seine epochemachende Rede »I Have a Dream« hielt. Ich habe nie an Anti-Vietnamkrieg-Sit-ins teilgenommen, obwohl ich den Krieg hasste und mich vor meinem anstehenden Militärdienst fürchtete. Wenn es um das geht, was einen guten Staatsbürger ausmacht, habe ich nicht sonderlich viel vorzuweisen. Ich habe mich nie als Kandidat zur Verfügung gestellt oder aktiv an einem Wahlkampf mitgemacht. Ich war nie auf einem Marsch der Bürgerrechtsbewegung oder habe streikende Arbeiter unterstützt. Ich habe nie an einem Tag der Erde teilgenommen.

Meine Distanziertheit hat sich mit dem Alter gelegt (ich wurde weniger egoistisch und hedonistisch), mit der Angst (vor Trumps Frontalangriff auf die gesellschaftliche Zurechnungsfähigkeit) und mit der bedingten Hoffnung und hohen statistischen Wahrscheinlichkeit, dass Trump aufgehalten werden kann, wenn die Menschen sich anstrengen. Glücklicherweise bringt Trump den potenziellen guten Populisten auch in vielen anderen Menschen hervor. Es wurden große Demonstrationen zur Unterstützung der Frauenrechte, der Rechte von Minderheiten, der Rechte von Schwulen und für die Sache der Krankenversicherung, Wahrheit, Wissenschaft und Umwelt auf die Beine gestellt. Da die Exekutive, Judikative und die verschiedenen Abteilungen des Kongresses alle von der Partei Trumps kontrolliert werden, liegen die verbleibenden Hoffnungen bei den Medien und einer von unten ausgehenden authentischen Graswurzelbewegung der Bürger. Doch dazu ist es notwendig, dass wir alle mitmachen, selbst No-Shows wie ich. Keiner von uns kann sich selbstzufrieden zurücklehnen und hoffen, irgendwer wird sich schon um eine Rettung kümmern.

Auch wenn ich die 1960er-Jahre eher verpasst habe, gab es doch zwei inspirierende Graswurzel-Führer, die ich einfach bewundern musste, selbst wenn nur passiv und aus der Ferne. Jeder, der Augen hatte zu sehen, Ohren zu hören und ein Herz zu empfinden, war gerührt von Martin Luther King. Er war für das 20. Jahrhundert, was Lincoln für das 19. und Washington für das 18. Jahrhundert gewesen ist: das Leuchtfeuer seiner Nation und die beste Verkörperung unserer besseren Engel. Der deutlich weniger bekannte Saul Alinsky hatte einen viel tiefgreifenderen Einfluss auf unseren gegenwärtigen politischen Alltag, allerdings auf eine verdrehte Art, die ihm das Herz brechen würde. Seine hervorragenden Techniken für die Gemeinwesenarbeit, entwickelt mit dem Ziel, dem kleinen Mann zu helfen, eine faire Behandlung seitens der Reicheren und Stärkeren zu erhalten, sind von »denen da oben« vereinnahmt worden, um den kleinen Mann in seine Schranken zu verweisen. Bei meinem ersten Job, den ich in dem Jahr antrat, als Alinsky starb, arbeitete ich in einem gemeindepsychiatrischen Programm, das auf seinen Grundsätzen aufbaute. Ich erlebte jeden Tag ganz unmittelbar, wie effektiv diese sein können, wenn sie von den richtigen Leuten aus den richtigen Gründen benutzt werden.

Ihre Persönlichkeiten und Strategien hätten unterschiedlicher nicht sein können, Alinsky war provokativ, aggressiv, konfrontativ, King war integrativ und umarmend. Beide jedoch besaßen die einzigartige Begabung, trotz schwacher Hände zu gewinnen und die Macht mit der Wahrheit zu bezwingen. Beide waren mit ihrer Volksnähe in großem Umfang integrativ. King begann seine Arbeit als Kämpfer für die Bürgerrechte Schwarzer, endete aber als

Kämpfer für alle Menschenrechte. Alinsky begann in weißen Gemeinden, verbrachte aber einen Großteil seines Lebens mit der Arbeit in schwarzen Gemeinden. Beide verteidigten die Benachteiligten und arbeiteten an vorderster Front. Beide stellten sich furchtlos persönlichen und politischen Gefahren. Beide waren vierdimensionale Schachspieler, gleichermaßen gut darin, kurzfristige Taktiken und langfristige Strategien auszutüfteln. Beide waren wie Moses, konnten aus der Ferne das Gelobte Land sehen, es aber dennoch nicht erreichen. Und beide gewannen viele Schlachten, aber keiner von ihnen den Krieg. Die sie verbindende Tragödie bestand darin, dass es ihnen nicht gelang, eine breit aufgestellte Koalition zu schmieden, die Amerika von Grund auf verändern und die spätere Übernahme durch den laschen Tea Party-Populismus verhindern konnte. King besaß die Wortgewandtheit, die moralische Statur, Größe und Prominenz, aber seine Ermordung beraubte ihn der Zeit. Alinsky besaß großen Einfluss während seines Lebens und auch danach, doch das galt vor allem für begrenzte Situationen, für kleinere Lebensbereiche, und seine Techniken wurden ausgerechnet von den Mächtigen, die er am meisten verabscheute, am erfolgreichsten angewandt.

Martin Luther King war das genaue Gegenteil von Donald Trump. Sein Anstand, seine Geduld und seine Selbsthingabe sind ein stummer Tadel an Trumps Borniertheit, Impulsivität und Eigenwerbung. »Liebe ist die einzige Kraft, die einen Feind in einen Freund verwandeln kann. Einen Feind werden wir niemals los, indem wir Hass mit Hass begegnen.« Klingt unrealistisch, war aber effektiv, weil King Idealismus mit praktischem Know-how, psychologischem Verständnis und Organisationstalent verband. Sein grundlegendes Mittel war die massive, gewaltfreie, bürgernahe Demonstration, die auf sämtlichen Fernsehern in ganz Amerika lief, ein andauerndes Passionsspiel, das eindringlich Amerikas schlafendes Gewissen – gibt es bei uns Rassismus? – pikte. King gewann bereits sehr frühzeitig die moralische Überlegenheit und verlor sie nie mehr. Weiße rassistische Provokateure konnten seine Menschenwürde nicht erschüttern. Ungeduldige und aggressive jüngere schwarze Aktivisten konnten ihn nie dazu bringen, offen provozierende Taktiken zu übernehmen. Ich bin Skeptiker, normalerweise immun gegen Heldenverehrung, aber Martin Luther King war schon etwas ganz Besonderes. Seine Aufrichtigkeit durchschnitt Scheinheiligkeit und Heuchelei, seine Integrität entlarvte Falschheit, seine Güte beschämte Verderbtheit, seine sprachliche Klarheit bezwang Politikergerede.

Kings positiver Populismus war so liebevoll nicht konfrontativ wie nur irgend möglich, ohne dabei wirkungslos zu werden. Er hielt immer die andere Wange hin, instinktiv, aber auch weil es eine effektive Strategie war. »Wer gewaltfreien Widerstand leistet, muss oft durch Nicht-Zusammenarbeit oder Boykotte protestieren, weiß aber, dass diese Mittel nicht Selbstzweck sind, sie sollen lediglich beim Gegner ein Gefühl der Scham wecken. (...) Die Folge der Gewaltlosigkeit ist die Schaffung eines innigen Gemeinwesens, während die Folge von Gewalt nur tragische Verbitterung ist. Der gewaltfreie Widerstand will den Gegner nicht vernichten oder demütigen, sondern seine Freundschaft und sein Verständnis gewinnen.« King bekämpfte das Übel des Rassismus, meinte aber nie, dass rassistische Menschen hoffnungslos böse oder völlig inakzeptabel für ein mögliches Bündnis in der Zukunft wären. Wer Rassismus anwandte, war gleichzeitig sein Opfer, und er hoffte, sie davon befreien zu können, während er gleichzeitig ihre Zielgruppe befreite. Hass auf seine Feinde ist selbstzerstörerisch sowohl für den, der hasst, als auch für die Bewegung.

Vor seinem frühzeitigen, aber nicht unerwarteten Tod versuchte King, die breitestmögliche volksnahe Koalition zu schmieden, deren Ziel es war, jede Form der wirtschaftlichen, sozialen und auf Geschlecht beruhenden Ungerechtigkeit abzubauen und überdies den tragischen Krieg in Vietnam zu beenden. Als starker Unterstützer der Gewerkschaftsbewegung wurde er in Memphis erschossen, als er an einem Streik der Müllarbeiter teilnehmen wollte. Wäre er heute noch am Leben, würde er gegen unsere gesellschaftlichen Wahnideen, für unser kollektives Wohlergehen und für zukünftige Generationen kämpfen. Er würde für Einwanderer auf die Straße gehen und sich an Occupy Wall Street beteiligen, er würde die Angehörigen von durch Schusswaffen umgekommenen Menschen trösten und die National Rifle Association bloßstellen, er würde Hausbesitzer vor Zwangsvollstreckungen beschützen und Banker anhalten, ihre Not zu lindern, und er würde die Umwelt gegen multinationale Konzerne verteidigen. Er würde dem Volk eine Stimme geben – und ihnen nicht eigennützige Worte in den Mund legen (Koch-Brüder, ich denke an euch, während ich dies schreibe).

King war für die Eliten besonders gefährlich, weil er ansonsten getrennte Anliegen unter einem volksnahen Dach vereinen konnte. Es lag eine synergetische Macht in der großen Zahl seiner Anhänger und ihrem gemeinsamen Engagement. Seine Ermordung war ein Wendepunkt in unserer Geschichte, weil sie das zweite und noch wichtigere Kapitel seines Lebenswerks mit einem Streich beendete. Seine moralische Kraft erstreckte sich auf alle Bereiche der amerikanischen Ungerechtigkeit, und sein großes Geschick in der Mobilisierung von Millionen hätte unser Land womöglich in eine sehr andere und viel gewinnbringendere Richtung geführt. Sein vernünftiger und menschlicher Populismus hätte sich vielleicht gegen den falschen, rückschrittlichen Populismus der Tea Party-Bewegung durchgesetzt, der uns heute beherrscht. Trump wäre vielleicht nie Präsident geworden, hätte King ein normales Alter erreichen können. Eine Welt, beeinflusst durch seinen integrativen, liebevollen Populismus, hätte niemals einen Platz gehabt für Trumps Hass und Ausbeutung. Wir können nicht auf einen zweiten Martin Luther King warten, er war ein Jahrhundertphänomen, aber wir können uns von seinem Andenken inspirieren lassen und von seinen Techniken lernen.

1971, kurz vor seinem Tod, veröffentlichte Saul Alinsky sein Vermächtnis *Rules for Radicals*. Das Handbuch für Akteure in der Gemeinwesenarbeit fasst in zehn Kapiteln die Essenz seiner dreißigjährigen Tätigkeit in der Gemeinwesenarbeit zusammen. Er beschreibt darin detailliert, wie man die Welt verändert, von unten nach oben, ein kleiner Schritt nach dem anderen. Alinskys Begabung bestand darin, den Menschen zu helfen, ihr eigenes Schicksal in die Hand zu nehmen. Er hatte einen klaren und zwingenden Rat, was die notwendigen Voraussetzungen betraf: »Egal, wie einfallsreich deine Taktik auch sein mag, wie raffiniert deine Strategie, du bist zum Scheitern verurteilt, noch bevor du angefangen hast, wenn du nicht das Vertrauen und den Respekt der Menschen gewinnst, und das bekommst du nur, wenn du ihnen vertraust und sie respektierst.«[132]

Sein Ansatz war gewaltfrei, dennoch sehr konfrontativ und in vielerlei Hinsicht das Gegenteil von Kings Ansatz. Alinsky brachte ein Gemeinwesen zusammen mit einem Farbkrieg-Tribalismus, betonte Ähnlichkeiten der Mitglieder und klare Unterschiede auf Seiten der Gegner, während King immer versuchte, Gemeinsamkeiten zu finden. Alinsky forschte nach Möglichkeiten, Konflikte zu provozieren, welche die Solidarität des Gemeinwesens über Feindseligkeit gegenüber einem gemeinsamen Feind verstärkte, während King von Provokation abriet und nach Wegen suchte, den Konflikt zu abzuschwächen. Alinsky strebte danach, Gegner zu schlagen, während King wollte, dass sie Verbündete wurden. Alinsky brauchte einen Bösewicht, um das Bewusstsein des Gemeinwesens zusammenwachsen zu lassen, während es für King keine Bösewichte gab, sondern einfach nur Menschen, die vorübergehend fehlgeleitet waren und später vielleicht Freunde werden konnte. Beide inszenierten gewaltfreie Demonstrationen vor einer großen Öffentlichkeit, und beide schlachteten gewalttätige Überreaktionen aus. Doch während King den Zweck verfolgte, den Gegner so zu beschämen, dass er nur noch gut sein konnte, ging es Alinsky darum, die Gegner zu demütigen und so zur Kapitulation zu zwingen.

Alinskys *Rules for Radicals* liest sich exakt wie Machiavelli, nur dass seine Ratschläge dem Normalbürger helfen sollen, nicht dem Fürsten. Hier eine Zusammenfassung seiner Empfehlungen:

1. Du hast genauso viel Macht, wie dein Gegner bei dir vermutet.
2. Die Macht des Volkes kann gegen die Macht des Geldes antreten.
3. Bewege dich in den Grenzen deines Könnens und dränge deinen Gegner über seine hinaus.
4. Spott kann deinen Feind schwächen.
5. Taktiken, die Spaß machen, werden eher umgesetzt und funktionieren besser.
6. Immer den Druck aufrechterhalten.
7. Bleib immer einen Schritt voraus. Während der Gegner noch über Abwehrmaßnahmen nachdenkt, änderst du deine Taktik.

8. Gewalt auf der anderen Seite gewinnt dir Freunde.
9. Such dir ein Zielobjekt und personalisiere es.
10. Menschen knicken eher ein als Institutionen.

Alinsky widmete sein Leben der rechtschaffenen Sache, den Machtlosen zu helfen, sich gegen die Enteignungen durch die Mächtigen zu wehren. Tragische Ironie ist nur, dass seine Techniken seitdem systematisch von den Mächtigen kopiert wurden, um noch mehr Kontrolle über die Schwachen zu bekommen. Die von den Koch-Brüdern organisierte Tea Party folgte seinem Manuskript, sie verwandelte Alinskys Techniken in Waffen, um seine Ziele zu unterlaufen. Kings gewaltfreier Populismus basierte darauf, sich über die guten Sitten hinwegzusetzen. Alinskys Techniken waren praktikabel, taktisch, zweckmäßig und gleichermaßen von beiden Seiten in jedem Konflikt anwendbar; was dem einen recht war, war dem anderen billig. Alinsky hoffte, die Macht des Geldes mit der Macht des Volkes bekämpfen zu können. Die Kochs setzten die Macht des Geldes klug ein, um Volksmacht zu kaufen, und die daraus entstandene »Volksnähe« der Tea Party hat Amerika sehr erfolgreich auf die Seite der extremen Rechten gezogen.

Als King vor fünfzig Jahren in diesem schrecklichen Moment des Rassenhasses ermordet wurde, hätte niemand vorherzusagen gewagt, dass schon so bald ein Schwarzer zum Präsidenten der Vereinigten Staaten gewählt werden würde. Dies war ein erlösender Augenblick in der amerikanischen Geschichte und versprach, eine großartige Gelegenheit für weiteren bürgernahen Fortschritt zu werden, um doch als weitgehend verlorene Gelegenheit zu enden. Obama gewann die Wiederwahl und blieb als Person weiterhin populär, doch während seiner achtjährigen Amtszeit haben extremistische Elemente der Republikaner eine machtvolle Kontrolle des

Kongresses und der meisten Regierungen der Bundesstaaten errungen. Dies taten sie mit unehrenhaften Strategien und in vielen Fällen mit Menschen, die alles andere als glaubwürdig waren. Die Ironie war, wie geheuchelte Volksnähe so mühelos über die wirkliche Bürgernähe eines Präsidenten dominieren konnte, der stolz war auf seine Fähigkeiten bei der Arbeit am Gemeinwesen. Natürlich hatte die Tea Party auch Vorteile auf ihrer Seite, sehr viel Geld, schamlosen Zynismus, ungestörte zielgerichtete Verfolgung nur dürftig kaschierter Egoismen, Fox News und Talkradio.

Obamas erster Job nach Abschluss seines Jurastudiums war in einer gemeinnützigen Organisation in Chicago. Dass er zum Präsidenten gewählt wurde, hat er zum Teil dem Einsatz einer bürgernahen Internet-Community zu verdanken (MoveOn.org), und es ist durchaus möglich, dass er die Zeit nach seiner Präsidentschaft wieder in der Gemeinwesenarbeit verbringt, allerdings in deutlich größerem Maßstab. Aber zu seinem eigenen und zum großen Unglück des Landes hörte Obama auf, ein Gemeinwesenarbeiter und ein bürgernaher Führer zu sein, nachdem er in das Weiße Haus kam. Er ließ es zu, dass er im Treibsand des politischen Establishments der Hauptstadt stecken blieb, im Todesgriff einer sturen, von der Tea Party beherrschten republikanischen Führungsriege, die bereit war, das Land untergehen zu lassen, solange nur Obama mit ihm unterging. Obama hätte möglicherweise erheblich mehr erreichen können, wenn er weniger Zeit, Arbeit und politisches Kapital darauf verwandt hätte zu versuchen, Gemeinsamkeiten mit den kompromisslosen Funktionären der Republikanischen Partei im Kongress zu finden und stattdessen mehr Mühe darauf, über ihre Köpfe hinweg das amerikanische Volk direkt anzusprechen.

Durch einen merkwürdigen Zufall hatte ein großer Teil von Alinskys Arbeit in Chicago stattgefunden, in denselben Stadtteilen, in denen Michelle Obama aufwuchs und wo später Barack Obama seinen ersten Job fand. Und um noch mehr Zufälle zu nennen, hatte Alinsky Hillary Clinton einmal einen Job angeboten. Sie schrieb später ihre Bachelor-Schrift über seine Arbeit. Obama hätte gut daran getan, mehr von dem streitlustigen Drehbuch Alinskys zu lernen, von dem seine Tea Party-Gegner sich leiten ließen. Aber vom Wesen her gleicht Obama viel mehr Martin Luther King, stets zu Kompromissen bereit, selbst mit Leuten, die reichlich klargestellt haben, dass sie niemals einen Kompromiss mit ihm schließen würden.

Aus Gründen, die mich immer noch beschäftigen, schien Obama nicht zu verstehen, wie viel wichtiger es ist, die Menschen zu fesseln, statt Politiker zu bekämpfen. Als ich Obama das erste Mal auf der Democratic National Convention sprechen hörte, war ich auf eine Weise gerührt, wie ich es seit King nicht mehr erlebt hatte. Er war der wortgewandteste Redner seiner Zeit, eine Begabung, die sich ausschließlich in Reden niederschlug. Er schuf nie eine mächtige, unmittelbare Allianz mit dem amerikanischen Volk, wie es Roosevelt mit seinen »Kamingesprächen« getan hatte. Er hätte seine republikanischen Gegner nicht zu ihren mauernden Bedingungen bekämpfen, sondern mehr die öffentliche Bühne nutzen müssen und dort ihre Unaufrichtigkeit und ihre eigennützige Scheinheiligkeit entlarven sollen. Sein Charisma hätte womöglich eine besser koordinierte und sozialer ausgerichtete Herangehensweise an unsere Probleme ausgelöst, statt dieses ewigen Gezänks um Stücke und Krümel des Kuchens. Feststeckend in einer unaufhörlichen, nervtötenden Schlacht mit kleinkarierten republikanischen Kongressabgeordneten, gelang es Obama nicht, sie hinter sich zu lassen und uns über den sektiererischen, kleinlichen Zank hinauszuheben.

Wenn Menschen wissen, dass sie Lügen verkaufen, strengen sie sich doppelt an, um ihre Verkaufstechnik zu perfektionieren; Menschen, die die Wahrheit verkaufen, gehen selbstzufrieden und irrtümlich davon aus, dass sie sich von allein verkaufen wird. Wenn man bewusst vorhat, Wähler zu täuschen, strengt man sich an, ihre Psyche zu verstehen, und passt seine Sprache so an, dass sie eine maximal überzeugende Botschaft übermittelt. Die Gebrüder Koch und geistesverwandte Extremisten haben dreißig Jahre und zig Milliarden Dollar in den Aufbau eines Netzes von Denkfabriken gesteckt, um ihre wölfischen Absichten in den Schafspelz des kleinen Mannes von der Straße zu kleiden. Ein Vokabular aus cleveren leeren Phrasen versteckt eigennützige Motive unter frömmelnder Heuchelei. Nicht infrage gestellte Lügen und Andeutungen, ständig wiederholt, werden zu akzeptierten Weisheiten, gefeit gegen widersprechende Fakten.

Einmal eingepflanzt werden unbewusste Vorurteile zu der Linse, durch die wir die Welt sehen, und sie sind nur äußerst schwer zu ändern, vor allem wenn sie auch noch von der Bezugsgruppe geteilt werden.[133] Die Tea Party konnte die Republikanische Partei schlucken und anschließend die Demokraten besiegen, weil sie smarter, besser finanziert, psychologisch klarer orientiert, fokussierter, zynischer und erheblich skrupelloser war. Ihr besonderes Geschick liegt im Verdrehen der Sprache, um aus Sünden Tugenden zu machen und Stärken in Verpflichtungen zu verwandeln, das Ganze mit einer bezwingenden Terminologie direkt abgeleitet vom Orwell'schen Neusprech. Sich einer »Steuer-Rebellion« anzuschließen, heißt eigentlich, die Steuerhinterziehung durch die Superreichen und die multinationalen Konzerne zu unterstützen. »Uns den Staat vom Hals schaffen« bedeutet, die großen Banken, Pharma- und Energiekonzerne in die Lage zu versetzen, besser mit leichtgläubigen Konsumenten verfahren zu können, ohne Beschränkungen durch staatliche Schutzeinrichtungen zu unterliegen. »Schlanker Staat« bedeutet schlechtere Schulen, schlechteres Gesundheitswesen und schlechtere öffentliche Dienstleistungen für die kleinen Leute, die nicht auf Leistungen im privaten Sektor ausweichen können. Unterstützung von »Familienwerten« bedeutet, dass die finanzielle Förderung von Programmen, die vielleicht tatsächlich helfen könnten, Familien zusammenzuhalten, gestrichen wird. Der Schutz des »Rechts auf Leben« eines Fötus bedeutet leider oft, sich keine Gedanken mehr über seine Lebensqualität zu machen, wenn er erst einmal geboren ist. »Sozialhilfemütter« sind verantwortungslos und ihnen sollte sofort jede staatliche Unterstützung entzogen werden, während die großen Öl- und Agrarkonzerne weiterhin ihre staatlichen Subventionen erhalten sollen. »Antragsberechtigungen« sind schlecht, es sei denn es sind die privaten Militärfirmen, die anspruchsberechtigt sind. »Umverteilung« des Vermögens ist unamerikanisch, es sei denn das Vermögen fließt nach oben zu den Superreichen. »Individuelle Freiheit« und »Grundrechte« sollen eine Einmischung des Staates gegenüber Waffenbesitzern verhindern, Gleiches gilt aber keinesfalls, wenn es um die Gebärmutter einer Frau geht. Die »Unabhängigkeit der einzelnen Bundesstaaten« muss unbedingt geschützt werden, es sei denn es handelt sich um einen blauen, durch Demokraten regierten Staat, der seine Rechte gegen rechtsradikale Machenschaften ausübt. Gute Umgangsformen und Anstand werden als »politisch korrekt« diskreditiert; schlechte Manieren und zwischenmenschliche Grausamkeit werden gepriesen als »Klartext reden«. »Klassenkampf« ist nicht der Angriff der Superreichen auf die unteren Gesellschaftsschichten, sondern der Versuch der Unterschichten, Verteidigungsmaßnahmen gegen die Superreichen einzurichten.

In klassischem Alinsky-Stil verteufelt die Tea Party ihre Feinde, stärkt ihre Wähler und sucht Konvertiten. Dank ihres kompletten Mangels an Idealismus ist sie erheblich besser in Hinterzimmergeschäften als progressive Populisten, die ihre Feinde verhätscheln, Zwietracht in den eigenen Reihen dulden und offene Türen einrennen.[134] Verschiedene Flügel der Linken bekriegen sich gegenseitig wegen rein ideologischer Unterschiede, die angesichts der Machtübernahme der Tea Party in der realen Welt überhaupt keine Rolle spielen. Und die Demokraten sind nicht zynisch genug, gewinnen zu wollen, indem sie statt Prinzipien aufrechtzuerhalten auch mal Kompromisse eingehen, ein fataler Fehler in unserem derzeitigen zynischen politischen Bürgerkrieg. Die Konstrukteure rechtsstehender Bündnisse haben erheblich weniger Skrupel, potenzielle Gegner zu vereinnahmen, indem sie ihnen ein Stück des Kuchens überlassen. In der Vergangenheit waren progressive Präsidenten wie Abraham Lincoln und Lyndon B. Johnson sehr gut bei solcherart manipulativer Kungeleien; dies war entscheidend für ihren Erfolg, Gesetze zu bürgerlichen Grundrechten durch einen widerstrebenden Kongress zu bringen. Kuhhandel und Tauschgeschäfte waren unter Obamas Würde, und dafür hat er und haben wir gebüßt. Die Tea Party hat mit schmutzigen Tricks gekämpft, während Obama mit einer freiwillig auf den Rücken gebundenen Hand kämpfte.

Klientelpolitik beschert seltsame Bettgenossen, und die Ehre stirbt für gewöhnlich, wo es um Eigennutz geht. Trump besitzt einen harten Kern von Unterstützern, der aus der religiösen Rechten, verunsicherten Landbewohnern, Steuerhinterziehern, Wirtschaftsliberalisierern, Revolverhelden, rassistischen Rechtsextremen, Antisemiten und Verschwörungstheoretikern besteht. Progressive neigen dazu, deutlich wählerischer zu sein, was ihre Verbündeten betrifft, und im Zweifelsfall sich selbstzerstörerisch idealistisch zu verhalten. In Blogs, in Tweets und persönlich habe ich versucht – und dabei versagt –, Bernie-Sanders-Wähler zu überzeugen, dass die Verhinderung von Trump für sie oberste Priorität haben sollte; Hillary war ja vielleicht nicht perfekt, aber Trump war definitiv zum Fürchten. Viele widersprachen und bestanden darauf, die Grünen zu wählen, sie sagten solch edle Dinge wie »Ich muss immer meinem Gewissen folgen«. Es erinnerte mich daran, dass Ralph Nader sich nie dafür entschuldigt hatte, uns George Bush aufgebürdet zu haben, zweifellos weil vermutlich auch er behaupten konnte, er sei nur seinem Gewissen gefolgt. Das so kostbar unabhängige und entzweiende Gewissen der Linken ist vielleicht ihr Untergang, und auch unserer.

Die extreme Rechte redet fromm, während sie gleichzeitig beim Austeilen der Karten mogelt. Ihre Scheinheiligkeit hat den Papst nicht täuschen und sie bei ihm beliebt machen können. Er verurteilt Menschen, die christliche Werte zu politischen Zwecken verteidigen, während sie selbst gleichzeitig die grundlegenden christlichen Tugenden nicht leben (ein Großteil der evangelikalen Führer, ich meine euch!). Der Papst sieht keinen geraden Weg in den Himmel für diejenigen, deren Leben von blindem Streben nach Reichtum, von Gleichgültigkeit gegenüber den Armen, demonstrativem Konsum und Herzlosigkeit gegenüber den Leidenden bestimmt ist. Glaubt irgendwer auf Gottes Erde, Jesus Christus könnte sich jemals dazu durchringen, Donald Trump zu wählen? Was für eine unmögliche Vorstellung, Trump könnte durch das Nadelöhr in den Himmel gelangen.

Der Erfolg der Tea Party bei kognitivem Framing, vereinfacht gesagt: bei der Verbreitung von Schubladendenken, führt zu einer verblüffenden Diskrepanz zwischen dem, was unser Volk will, und dem, was es bekommt. Ein breiter Teil der Amerikaner unterstützt Positionen, die in der gemäßigten politischen Mitte liegen, etwa dem heutigen Programm der Demokraten entsprechend (und dem gestrigen der Republikaner). Doch mit Trump haben wir das genaue Gegenteil davon gewählt und seinen Tea Party-Konsorten die Kontrolle über sämtliche Behörden der Bundesregierung und der meisten Bundesstaatsregierungen gegeben. Was für ein trauriges Abbild der erbärmlichen politischen Fähigkeiten und der Zerrissenheit der Demokraten, und was für ein beängstigendes Zeugnis der politischen Hinterlist der im Gleichschritt marschierenden Tea Party-Republikaner.

Wie kommen »wir, das Volk« zurück ins Spiel? Wie erobern wir unsere Regierung zurück, damit sie unsere Auffassungen repräsentiert und nicht die Interessen des einen Prozents der Bevölkerung? Vor allem anderen, indem »wir, das Volk« uns mobilisieren. In unserer gesamten Geschichte haben Amerikaner enorme Opfer gebracht, um die äußeren Feinde der Demokratie zu bekämpfen. Wir müssen uns der Situation auch jetzt gewachsen zeigen, wo es sich um eine Bedrohung von innen handelt, die auf heimtückische Weise sogar gefährlicher ist. Trump und seine Kumpane werden uns so lange vor sich hertreiben, bis der Widerstand stark genug ist. Unsere Verantwortung, die Demokratie zu schützen, sollte uns in Fleisch und Blut übergehen – wie das Anlegen von Sicherheitsgurten. Wir denken nicht ständig darüber nach, dass wir als Eltern uns in der Schule engagieren oder am Sonntag in die Kirche gehen. Damit progressive Volksnähe funktioniert, müssen wir Zeit und Einsatz aufbringen, auch die Demokratie »zu hegen und zu pflegen«, indem wir an friedlichen Demonstrationen teilnehmen, Kongressabgeordnete kontaktieren, Petitionen verfassen und unterzeichnen, Geld für progressive Organisationen sammeln und uns mit anderen zum politischen Kaffeeklatsch treffen. Ich hätte nie gedacht, dass ich einmal so etwas sage, aber in fortgeschrittenem Alter und dank der Bedrohung durch Trump bin ich doch noch zu dieser Erkenntnis gekommen.

Das Internet ist das Instrument der modernen Bürgernähe, das schon machtvolle Bewegungen in vielen Ländern mobilisiert hat, man denke an den Arabischen Frühling, die Orange Revolution in der Ukraine oder den Brexit. Wahlen finden in mehrjährigen Abständen statt, während der Einfluss des Internets quasi innerhalb von Sekunden ausgeübt werden kann. Obama war unser erster Internet-Präsident. Die Tea Party war unsere erste politische Bewegung, die das Internet optimal nutzte. Nachdem sie die Republikanische Partei erobert hatten, bremsten sie Obama aus, schmälerten sein Vermächtnis und führen heute ungehindert das ganze Land. Bei jedem zukünftigen politischen Kampf wird das Internet für alle Parteien die bevorzugte Waffe sein. Unser Ober-Tweeter sitzt genau deswegen im Oval Office, weil er verstanden hatte, dass 140 Zeichen erheblich wichtiger waren als detaillierte Grundsatzerklärungen, um die allgemeine Stimmung zu seinen Gunsten zu verändern.

Progressive Volksnähe verfügt über eigene effektive Internet-Waffen, auch wenn sie bislang die Schlacht mit der Tea Party in den sozialen Netzwerken verloren hat. Die älteste und größte ist MoveOn.org, 1998 zwanglos und ohne Budget von zwei Silicon Valley-Typen gegründet. Sie posteten eine Petition an den Kongress, um nach dem schlüpfrigen Monica Lewinsky-Skandal »Präsident Clinton zu rügen und dann endlich weiterzumachen«. Als die Sache viral wurde, wussten sie, dass sie da an einem großen Ding drehten. Mit Hilfe ihrer ursprünglichen Unterzeichnerliste und ihrer hervorragenden technischen Kenntnisse setzten die zwei das in Gang, was sich schon bald zu einem facettenreichen, gut organisierten Online-Moloch entwickelte, dem es darum ging, die 99 Prozent der Davids gegen den Ein-Prozent-Goliath zu verteidigen. Als die Demokraten sich vor der Verantwortung drückten, sich Bush zu widersetzen, wurde MoveOn de facto zum Führer des Widerstands gegen den Irak-Krieg. Sie spielten eine entscheidende Rolle bei Obamas Wahl und Wiederwahl, und sie standen auf der richtigen Seite bei jeder einzelnen politischen Frage der vergangenen zwanzig Jahre. Ihre technischen Fähigkeiten zur Durchführung von Kampagnen und Recherchen sind hoch entwickelt, und sie entfernen sich nie von ihren basisdemokratischen Wurzeln. MoveOn leistet sehr gute Arbeit bei dem, was sie tun, aber sie tun nicht genug, um ein bedeutsames Gegengewicht zu der Tea Party sein. Zum Teil liegt dies an der Finanzierung (durchschnittliche Spendenhöhe: zwanzig Dollar), zum Teil ist es die mangelnde Unterstützung durch Talkradio und andere Medien, teils ist es der Widerwille, sich an schmutzigen politischen Tricks zu beteiligen. Der Hauptgrund für die zu geringe Wirkung dürfte darin zu sehen sein, dass die Basisunterstützung von MoveOn zu eng auf die urbanen, intellektuellen Eliten fokussiert ist. Erfolg der 99 Prozent gegen das eine Prozent erfordert vereinigte 99 Prozent, und bislang hat MoveOn es nicht geschafft, auch nur annähernd so etwas wie Einigkeit zu erreichen.[135]

Indivisible, eine andere großartige bürgernahe Online-Ressource, wurde von ehemaligen Mitarbeitern des Kongresses aus der Taufe gehoben, die über die Machtübernahme von Trump und der Tea Party erschreckt waren. Sie stellten eine »Insider«-Anleitung zusammen, die sich sofort viral verbreitete und jedermann darüber informierte, wie man Druck auf die Abgeordneten ausüben kann, um sie zu zwingen, auch tatsächlich seine Interessen zu vertreten. Es ist ein bemerkenswert gehaltvolles, umfassendes Kompendium geworden zu allem, was man wissen muss, um Teil des politischen Prozesses zu werden; es wurde bereits mehrere Millionen Mal aus dem Netz geladen und unterstützt über fünftausend lokale Gruppen, die sich gebildet haben, um Trump und seiner Politik Widerstand zu leisten. Die ersten Ergebnisse sind vielversprechend. Politiker, die sich hinter Trump verstecken wollten, wurden in Bürgerversammlungen zur Rede gestellt, in den Medien direkt angesprochen und mit Anrufen und Nachrichten überschwemmt. Manche scheinen überraschend Rückgrat zu zeigen, wenn sie sich der Regierung Trump bei Themen wie Obamacare, seinen russischen Wahlmanipulationen und seinen Berufungen in das Kabinett widersetzen.[136]

SwingLeft ist eine weitere breite öffentliche Bewegung, die ihre Anstrengungen darauf konzentriert, 2018 das Repräsentantenhaus zurückzugewinnen und damit das System der Checks and Balances zur Kontrolle einer Regierung wiederherzustellen, die heute so unkontrolliert und ohne jedes Gegengewicht agiert wie noch nie zuvor. Es erscheint fast unmöglich, dieses Ziel zu erreichen. Aufgrund geschickter Neuzuschnitte der Wahlkreise (Gerrymandering) sind nur noch 65 Bundeswahlkreise wirklich umkämpft, und von denen müssten die Demokraten 65 Prozent gewinnen. Die Devise von SwingLeft, »Nicht verzweifeln, mobilisieren«, ist wegen Trumps Verhalten, seiner unpopulären Politik und seines dilettantischen Managements nicht völlig unrealistisch, auch weil üblicherweise bei Zwischenwahlen [*midterm elections* in der Mitte der vierjährigen Amtszeit des Präsidenten, Anm. d. Ü.] die Oppositionspartei deutlich besser abschneidet.

Die Website ist einfach und bedienerfreundlich. Man klickt auf ein Icon, um herauszufinden, welcher der nächste *Swing Dis-*

trict ist, der Wahlbezirk mit wechselnden Mehrheiten, und wie man zur nächsten »House Party« gehen oder selbst eine organisieren kann, wie man in seinem Gemeinwesen von unten ein »Canvassing« durchführt, um die Anliegen, Einstellungen und bevorzugten Lösungen seiner Nachbarn zu erfahren. Die wichtigsten Zielpersonen sind die Wechselwähler und Leute, die andernfalls gar nicht wählen gingen. Die Vorgehensweise heißt zuhören, nicht predigen, Gemeinsamkeiten finden und die Geld-Macht der Tea Party mit Menschen-Macht bekämpfen. SwingLeft hat neulich mit fünfhundert »House Partys« überall im Land begonnen, eine Initiative, die sich hoffentlich wie ein Lauffeuer ausbreiten wird. Ich habe einige der frühen Aktivisten kennengelernt und denke, mit der Hilfe von uns allen haben sie vielleicht eine echte Chance, einen Steppenbrand auszulösen.[137]

OurStates will die Legislativen jener Bundesstaaten beeinflussen, die sich besonders beeilen, die Pläne von Trump/Koch zu wirtschaftlicher Gerechtigkeit, Einwanderung, Gesetzen im Zusammenhang mit Fortpflanzung, Wahlrecht, Gleichberechtigung von Schwulen und Polizeiarbeit zu implementieren. Die Website liefert detaillierte Informationen, in welchen Bundesstaaten Gesetzgebungsverfahren anstehen und wie sich das Verfahren auf positive Weise beeinflussen ließe. Sie erklärt dem Publikum, wie man seine Abgeordneten findet, sie trifft, wie man Fragen formuliert und am Ball bleibt. Weiterhin findet man nützliche und praktische Tipps, wie man Druck auf unempfängliche Abgeordnete ausübt, damit sie im Sinne der breiten Öffentlichkeit arbeiten statt für die Interessen ihrer Wahlkampfspender. Die entscheidende Aufgabe auf der Ebene der Bundesstaaten wird es sein, vor 2020 genügend Sitze zurückzugewinnen, um die Ungerechtigkeiten durch geschickten Zuschnitt der Wahlkreise seitens der Republikaner zumindest auszugleichen und in den Bundesstaaten wieder demokratische Verhältnisse herzustellen.

Es haben sich noch viele weitere bürgernahe Gruppen gebildet, und ohne Frage werden in der nächsten Zeit Dutzende neue entstehen. Manche der bereits existierenden Initiativen sind sehr breit aufgestellt, andere sind auf konkrete Themen ausgerichtet (Reiseverbot, Einwanderung, Frauenrechte, Wissenschaftsverleugnung, Ernennungen zum Obersten Gerichtshof, Trumps psychische Gesundheit usw.). Das völlige Fehlen des üblichen staatlichen Gleichgewichts der Checks and Balances überträgt die große Verantwortung, Trump zu bändigen, auf »uns, das Volk« und unsere (bislang noch) freie Presse. Widerstand gegen Trump wird sich immer dann regen, wenn er noch stärker nach der Macht greift und/oder etwas verkorkst, und beides wird wahrscheinlich häufig vorkommen.

Trumps Basis ist vielleicht erheblich weniger stabil, als es aussieht, besonders da er seine Anhänger bereits jetzt mit seinen Versuchen verrät, viele von ihnen um ihre Krankenversicherung zu bringen, durch seine russischen Verbindungen, durch die Ernennung eines Kabinetts bestehend aus Milliardären und durch seine Vorschläge von Steuersenkungen, die vor allem den Superreichen nützen werden. Ernüchterung und Desillusionierung bietet die Chance auf eine ganze Reihe gegen Trump gerichteter Petitionen und Demonstrationen, die an seiner Basis nagen werden. »Trump-Wähler gegen Trumpcare«, »Trump-Wähler gegen Trump-Steuersenkungen für die Reichen«, »Veteranen gegen Trump«, »Evangelikale gegen Trump«, »Weiße Frauen gegen Trump«, »Waffenliebhaber gegen Trump«, »Das ländliche Amerika gegen Trump« und vielleicht sogar eine »Putin-Go-Home-Bewegung« für diejenigen, die über die Trump/Putin-Manipulation unseres demokratischen Wahlverfahrens empört sind. Trumps Beliebtheitsgrad zu Beginn seiner Amtszeit ist schockierende zwanzig Prozent niedriger als der Durchschnitt der vorherigen Präsidenten. Er ist ein ausgesprochen unbeliebter Minderheiten-Präsident ohne ein Mandat des Volkes, der unseren Staat in eine radikale Richtung zerrt, ohne die zahlreichen Risiken zu bemerken. Trump beharrt weiter auf der aberwitzigen Behauptung, dass er die *Popular Vote* um zwei Millionen Stimmen gewonnen hätte – statt sie um drei Millionen Stimmen zu verlieren –, hätte es nicht diesen umfangreichen Wahlbetrug gegeben, der es möglich machte, dass fünf Millionen fehlerhafte Stimmzettel für Clinton gezählt wurden. Es gibt nicht den geringsten Beweis für auch nur eine einzige falsche Stimme für Clinton. Trumps Lüge wird von allen zurückgewiesen, gleichermaßen von Republikanern wie Demokraten, bis auf Trumps schützenden inneren Kreis bestehend aus Familie und Speichelleckern. Während seine Basis erodiert, werden opportunistische Politiker von seinem Zug abspringen und beginnen, ihn zu stoppen.

Gleichwohl dürfen wir einen ernsten Wahlbetrug nicht ignorieren, der sehr geschickt von den Republikanern eingefädelt und von den Gebrüdern Koch finanziert wurde. Er bringt unsere Demokratie in Verruf. Als der von den Republikanern dominierte Oberste Gerichtshof seine langjährige Unterstützung für den Voting Rights Act [das Wahlrechtsgesetz, welches die gerechte Beteiligung von Minderheiten an Wahlen sicherstellen soll, Anm. d. Ü.] aufgab, reagierten sofort die Parlamente mit republikanischen Mehrheiten in zweiundzwanzig Bundesstaaten und erließen neue Gesetze im Zusammenhang mit der Zulassung von Wählern (von denen dann vierzehn gerade rechtzeitig zur Präsidentschaftswahl von 2016 rechtskräftig wurden). In Wisconsin, dem Bundesstaat, den Clinton mit gerade einmal 27.000 Stimmen verlor, wurden 300.000 Menschen, größtenteils Demokraten, von der Wahl ausgeschlossen, weil sie nicht den erforderlichen Lichtbildausweis vorlegen konnten. Progressive Volksnähe muss den Kampf für die neuerliche Erteilung des Wahlrechts für all jene führen, denen auf unzulässige Weise das Wahlrecht entzogen wurde, während man gleichzeitig die Wähler mobilisieren muss, sich an den Abstimmungen zu beteiligen. Außerdem besteht die große Chance, die Loyalität der Menschen zurückzugewinnen, die für Obama gestimmt haben, aber nicht für Clinton, entweder indem sie zu Hause blieben oder weil sie zu Trump wechselten oder Grün gewählt haben.[138]

Die Tea Party kontrolliert unsere Regierung, obwohl sie doch nur die Ansichten von nicht mehr als einem Drittel der Wählerschaft vertritt; höchste Zeit für die schweigende Mehrheit, sich unser Land zurückzuholen. In den meisten US-Städten und in Städten weltweit gab es bereits wiederholt Massendemonstrationen gegen Trump. Alinsky und King waren in vielem unterschiedlicher Meinung, waren sich aber einig in der absoluten Notwendigkeit, dass die progressive Bürgerbewegung null Toleranz gegenüber Gewalt zeigen dürfe und unverdrossen die schlechten Äpfel aussortieren müsse. Jede Demonstration ist ein Wettkampf, man verliert, wenn man den ersten Stein wirft, man gewinnt, wenn es der Gegner tut. Selbstdisziplin, selbst angesichts extremster Provokation, setzt sich auf der moralischen Ebene durch und beraubt Trump seines Standardvorwands der Gefährdung der »nationalen Sicherheit«, um doch nur noch mehr Macht an sich zu reißen.

Gewaltlosigkeit ist nicht gleichbedeutend mit Nicht-Konfrontation. Wir müssen uns von Alinsky inspirieren lassen, wenn wir es mit unnachgiebigen Gegnern zu tun haben. Kleine Lügen zu ignorieren führt zu größeren und immer größeren Lügen. Jeder »alternative Fakt« muss geprüft und zurückgewiesen werden. Jede zynische Trump'sche Gesetzesinitiative muss energisch bekämpft, jede Ernennung infrage gestellt werden. Vetternwirtschaft, Korruption und Interessenkonflikte gehören entlarvt. Trumps Kabinett besteht zum größten Teil aus Leuten, die moralisch und/oder intellektuell für ihre Führungspositionen nur schlecht qualifiziert sind. Die erforderliche Aufsicht durch den Kongress wird es nicht geben, sofern sie nicht von einer aufgebrachten Öffentlichkeit hartnäckig verlangt wird. Niedrige Erwartungen an Trumps Verhalten als Präsident zu stellen, ermöglicht es ihm, sein impulsives Wesen und seine Arroganz noch zügelloser an den Tag zu legen. Er muss frühzeitig und immer wieder zur Rede gestellt werden. Das wichtigste Ziel, zumindest bis zu den Wahlen 2018, besteht darin, den Kongress zu zwingen beziehungsweise zu drängen, Trump in seine Schranken zu verweisen. Die Bürgerbewegung muss den oft genug rückgratlosen und gespaltenen Demokraten den Rücken stärken und sie zu innerparteilicher Einheit zwingen. Sie sollte keine Mühen auf jene republikanischen Kongressabgeordneten verschwenden, die offenkundige Trump-Anhänger sind, und auch nicht auf die wenigen, die bereits patriotisch genug waren, Trump Paroli zu bieten. Stattdessen muss sich die Bürgerbewegung auf die Mehrheit der Republikaner konzentrieren, die zynische Opportunisten sind: Sie benutzen Trump, um die extremistische Agenda ihrer Geldgeber zu befördern, während sie sich innerlich abwenden und hoffen, seine schlimmsten Exzesse zu mildern. Zumindest einige bekommen vielleicht mehr Angst vor ihrer breiteren Wählerschaft als vor Trump, ihren Geldgebern und der Tea Party.

Und das Wichtigste: Die Menschen müssen die Pressefreiheit verteidigen. Trumps Mantra: »Die Presse ist der Feind des amerikanischen Volkes« muss mit Jeffersons Satz energisch entgegengetreten werden: »Unsere Freiheit basiert auf der Freiheit der Presse, und diese kann nicht begrenzt werden, ohne Gefahr zu laufen, sie zu verlieren.« Der Kampf hat erst begonnen. Es wird ein Zermürbungskrieg werden, der nur zu gewinnen ist, wenn der Druck groß genug und anhaltend ist.

Jesus würde seiner Herde raten, rechtschaffen zu wählen, nicht rechtsradikal

Trump hat die Stimmen der Evangelikalen mit überraschenden rund achtzig Prozent gewonnen, und die der weißen katholischen Wähler mit deutlich über fünfzig Prozent. Dies war keine Würdigung von Trumps Religiosität, eher ist es dem Werk zynischer christlicher Führer zu verdanken, die in einem zwielichtigen Hinterzimmerdeal ihre Seelen an Trump verkauft haben. Sie würden zigmillionen gläubiger Wähler beeinflussen, ihn zu unterstützen, im Gegenzug für seine Unterstützung ihrer kompromisslosen Positionen bezogen auf Abtreibung und Schwulenrechte. Das Gemauschel und Geklüngel war ein bemerkenswerter Beweis sowohl des politischen Geschicks als auch der religiösen Scheinheiligkeit der meisten christlichen Führer in den Vereinigten Staaten. Dreißig Silberstücke wechselten die Hand, aber die Lehren von Jesus Christus sind dabei mit Sicherheit auf der Strecke geblieben.

Jesus interessierte sich nicht die Bohne für Abtreibung oder Homosexualität. Zu seiner Zeit war Abtreibung legal und weitverbreitet, er verurteilte sie kein einziges Mal in seinen zahlreichen Predigten. Auch Homosexualität wurde gebilligt und war weitverbreitet, und wieder hat Jesus sie nicht ein einziges Mal verurteilt. Jesus war der Streiter der Benachteiligten gegen Bonzen wie Trump. Christus ehrte die Demütigen und Schwachen: »Glückselig die Armen im Geist, denn ihrer ist das Reich der Himmel. (…) Glückselig die Sanftmütigen, denn sie werden das Land erben.« »Denn wer der Kleinste ist unter euch allen, der ist groß.« Er hätte die Bedürfnisse der Armen und Unterdrückten niemals in einen Kuhhandel eingebracht, um eine »fundamentalistische« religiöse Agenda und von Milliardären inspirierte rechtsradikale Anliegen zu fördern.

Jeder, der glaubt, Jesus hätte jemals einen Mann wie Trump unterstützen können, muss die Bibel genauer studieren. Jesus war ein Gebender von Weltrang. »Gib jedem, der dich bittet; und von dem, der dir das Deine nimmt, fordere es nicht zurück. Und wie ihr wollt, dass euch die Menschen tun sollen, tut ihnen ebenso.« »Wenn du vollkommen sein willst, so geh hin, verkaufe deine Habe und gib den Erlös den Armen, und du wirst einen Schatz im Himmel haben.« »Sondern wenn du ein Mahl machst, so lade Arme, Krüppel, Lahme, Blinde ein, und glückselig wirst du sein, weil sie nichts haben, um dir zu vergelten, denn es wird dir vergolten werden bei der Auferstehung der Gerechten.« Im Gegensatz dazu ist Trump ein Nehmender von Weltrang, er lädt die Milliardäre ein, sich an den Armen gütlich zu tun.

Und wie schneidet Trump im Vergleich mit Christus ab? »Du sollst nicht ehebrechen, du sollst nicht töten, du sollst nicht stehlen, du sollst nicht begehren, und wenn es ein anderes Gebot gibt, ist es in diesem Wort zusammengefasst: Du sollst deinen Nächsten lieben wie dich selbst.« Trump ist ein Serienehebrecher, geschäftlich ein Dieb, ein Steuerhinterzieher und ein gieriger Lüstling in großem Stil. Er brüstet sich damit, über dem Gesetz Gottes wie des Menschen zu stehen. Sein Versuch, die medizinische Versorgung zu beschneiden, könnte Millionen töten, und seine Beförderung der Klimaerwärmung kostet am Ende womöglich zigmillionen Menschen das Leben.

Jesus war ein Mensch, der sehr viel verzieh, aber religiöse Heuchelei konnte er nicht ausstehen. Einige Kostproben seiner zahlreichen Anprangerungen: »Und wenn ihr betet, sollt ihr nicht sein wie die Heuchler.« »Heuchler, zieh zuerst den Balken aus deinem Auge! Und dann wirst du klar sehen, um den Splitter aus deines Bruders Auge zu ziehen.« »Heuchler! Dieses Volk ehrt mich mit den Lippen, aber ihr Herz ist weit entfernt von mir.« Jesus konnte die Abtreibung tolerieren und er konnte Homosexualität tolerieren, nicht jedoch Scheinheiligkeit, Heuchelei und Mangel an Barmherzigkeit, wie sie heute so unverblümt von der radikalen religiösen Rechten zur Schau gestellt werden. Der Jerusalemer Vorgänger von Trump warf Jesus kurzerhand aus dem Tempel. Er verkündete, dass es für einen Reichen so schwer sei, ins Reich Gottes hineinzukommen wie für ein Kamel, durch ein Nadelöhr zu gehen.

Papst Franziskus lebt entsprechend Jesus' Lehren und teilt ebenfalls seinen Abscheu vor religiöser Heuchelei: »Es gibt jene, die sagen, ›Ich bin sehr katholisch, besuche immer die Heilige Messe‹ … doch sie zahlen ihren Angestellten keinen gerechten Lohn, sie nutzen die Menschen aus, betreiben schmutzige Geschäfte, waschen Geld. (…) Ist man ein solcher Katholik, wäre man doch besser Atheist.« Seine Botschaft an religiöse Heuchler: »Ihr kommt in den Himmel, und ihr klopft ans Himmelstor: ›Hier bin ich, o Herr!‹ – ›Aber weißt du denn nicht? Ich bin zur Kirche gegangen, ich war dir immer nah, erinnerst du dich nicht an all die Opfergaben, die ich dir gebracht habe?‹ ›Ja, ich erinnere mich. Die Opfergaben, alle schmutzig, alle den Armen gestohlen. Ich kenne dich nicht.‹ So wird Jesus' Antwort an diese schändlichen Menschen sein, die ein Doppelleben führen.« Auf Schwule angesprochen, antwortete Papst Franziskus: »Wer bin ich denn, zu urteilen?« Der Papst wäscht den Armen die Füße, Trump versucht, ihnen die Gesundheitsvorsorge zu stehlen, damit er dem reichsten Prozent der Bevölkerung noch ein weiteres Steuergeschenk machen kann.

Indem sie einflussreiche politische Persönlichkeiten werden, verstoßen viele christliche Führer in den Vereinigten Staaten gegen die grundlegendsten Glaubenssätze von Christus. Sie ignorieren seine Warnung: »Hütet euch vor den falschen Propheten, die in Schafskleidern zu euch kommen! Inwendig aber sind sie reißende Wölfe.« Sie gehen enge Bündnisse mit der Republikanischen Partei ein – die räuberischen Wölfe, von denen Jesus sprach – mit dem Ziel, die Armen auszubeuten und die sehr Reichen noch reicher zu machen. »Denn was wird es einem Menschen nützen, wenn er die ganze Welt gewönne, aber sein Leben einbüßte?« Wer wirklich an Jesus glaubt, der muss sich Krankenversicherung für jedermann wünschen, Wohnungen für die Armen, Behandlung für die psychisch und körperlich Kranken, angemessene Fürsorge für Mütter und Kinder, Schutz für verfolgte Einwanderer und Verantwortung für die Erde.

Es ist schwer, sich einen Menschen vorzustellen, der in Worten und Taten weniger christlich ist als Donald Trump. Viele verantwortungsbewusste Christen haben sich entschieden, ihrem Gewissen zu folgen und sich ihren Führern zu widersetzen, oft genug zu ihrem persönlichen Nachteil, und sich gegen Trump und seine Politik auszusprechen. Menschen, die christliche Werte ernst nehmen, sollten sich ihr eigenes politisches Urteil bilden, nicht den Verengungen heuchlerischer evangelikaler Führer folgen, die über die Bibel große Reden halten, statt ihren Geist zu leben.[139]

Den volksnahen Angriff führen

Seit Thukydides, also seit 3.400 Jahren, gibt es einen anhaltenden Streit unter Historikern, ob große Führer die Geschichte machen oder ob die Geschichte große Führer macht. Erscheinen Führer nur deshalb als groß, weil sie auf einer Welle tieferer geografischer, demografischer, klimatischer und sozialer Antriebskräfte reiten, oder sind sie in der Lage, selbst eine mächtige und unabhängige treibende Kraft zu sein? Die Tatsache, dass jemand wie Trump Präsident werden konnte, wirft die gleichermaßen interessante Frage, nur mit umgekehrten Vorzeichen auf, die selten gestellt wird: Wie stark verändert ein wirklich furchtbarer Führer den Verlauf der Geschichte, oder ist er lediglich ihr Ausdruck? Ich setze bei beiden Fragen auf beide Seiten, langfristig gesehen setze ich auf die geschichtlichen Kräfte und kurzfristig auf große, und seien es furchtbare Führer. Trump hat uns schon jetzt gezeigt, wie viel Schaden ein furchtbar schlechter Führer anrichten kann. Es wäre nett zu sehen, und bitte so früh wie möglich, wie viel Schadensbehebung von einem großen Führer erreicht werden kann. Die Frage bleibt unbeantwortet, ob eine frische, kompetente Führung uns den vernünftigen Zielen näherbringen kann, die unter der Überschrift »Vertrag Wir, das Volk« dargelegt werden. Vielleicht werden selbst die klügsten und vorausschauendsten Führer zwangsläufig scheitern angesichts so ernster Probleme wie der Macht kapitalkräftiger politischer Opposition, der offenkundigen Mängel der menschlichen Psyche und der zunehmenden Fragilität unseres Planeten. Bestimmt war Obama sowohl weise als auch vorausschauend. War sein Scheitern vorgegeben oder unvorhersehbar? Kann jemand anderer erfolgreich die vernünftige Agenda fortsetzen, die seine Gegner so geschickt versenkt haben?

Die Geschichte bietet uns hoffnungsvolle politische Präzedenzfälle, eingreifende Präsidenten, die unsere Einstellungen verändert und einen neuen Kurs für unsere gesamte Nation festgelegt haben. Durchaus möglich, dass es ohne die starke Führung von George Washington die Vereinigten Staaten nie gegeben hätte, und ganz sicher nicht in ihrer gegenwärtigen Ausprägung. Und ohne die starke Führung durch Abraham Lincoln hätten wir unsere Union siebzig Jahre später nicht bewahren können. Noch einmal siebzig Jahre später wäre die Weltwirtschaftskrise ohne das Einschreiten von Franklin D. Roosevelt erheblich größer gewesen. Als Roosevelt das Amt übernahm, standen die Vereinigten Staaten vor erheblich größeren Problemen als wir heute und erforderten erheblich umfangreichere institutionelle Veränderungen, als heute nötig wären. Auf der ganzen Welt waren die Märkte zusammengebrochen, der Handel war völlig zum Erliegen gekommen, ein Viertel der Arbeiter war arbeitslos, Menschen hungerten und die Wirtschaft mit all ihren Teilnehmern schien gelähmt.

Doch nichts davon entmutigte Roosevelt. Er war zuversichtlich und wusste, wie er bei anderen Zuversicht wecken konnte. Seine erste Botschaft fand Nachhall im ganzen Land: »Das Einzige, was wir zu fürchten haben, ist die Furcht selbst.« Mit seinen »Kamingesprächen« fand er auf einer tiefen emotionalen Ebene einen Draht zum amerikanischen Volk. Roosevelt verstand, dass er zuallererst die psychische Depression heilen musste, wenn er die ökonomische Depression unserer Nation heilen wollte. Sein Vorgänger im Amt, Herbert Hoover, war ein hoch qualifizierter Mann, aber er konnte unsere Depressionen nicht heilen, zum Teil weil seine Politik falsch war, aber mehr noch weil er nicht Roosevelts Persönlichkeit und sein zwischenmenschliches Geschick besaß.

Wieder siebzig Jahre später hofften viele von uns, Obama könnte ebenfalls ein solcher eingreifender Präsident werden. Mit seinen prägnanten Formulierungen »Kühnheit der Hoffnung« und »Yes We Can« fing sein Wahlkampf den Geist von Roosevelt ein. Er war einer der klügsten, rationalsten, ehrlichsten, gerechtesten, objektivsten und am wenigsten egoistisch agierenden Präsidenten der Vereinigten Staaten. Die Wahl eines Afroamerikaners für unser höchstes Amt war ein inspirierender Beweis für den ethnischen Fortschritt seit Lincolns Zeit. Und am wichtigsten: Obama besaß ein tiefes Verständnis für die Gefahren, die von den sozialen Wahnideen ausgingen, und machte die vernünftigsten Vorschläge, sie zu vermeiden. Unser Land und unsere Welt wären auf dem Weg zur Nachhaltigkeit bereits erheblich weiter, wären wir seiner Vision gefolgt und hätten seiner Politik Gesetzeskraft gegeben.

Obama hatte von Bush ein schlichtweg fürchterliches Blatt übernommen – eine sich in freiem Fall befindliche Wirtschaft und zwei nicht zu gewinnende Kriege. Er spielte die schlechten Karten, die er erhalten hatte, mit Bedacht und gut aus, brachte die Wirtschaft wieder in Gang und vermied größtenteils weitere grobe außenpolitische Fehler. Doch nachdem er mit dem Potenzial zu Größe das Amt übernommen hatte, verließ er es als weitgehend gescheiterter und ganz sicher nicht eingreifender Präsident, der von einer zynischen und verbissen kompromisslosen republikanischen Opposition, deren erklärtes Ziel es war, ihn zu vernichten, selbst wenn das bedeutete, unserer gesamten Nation zu schaden, nahezu entmachtet worden war. Aber Obama kam auch an Grenzen, die ihm seine eigene Persönlichkeit auferlegte: Er war schlicht und einfach zu normal und zu nett. Seine Schwäche als Präsident rührte von seinen Stärken als Mensch, seiner Bescheidenheit, seiner Fähigkeit, beide Seiten einer Fragestellung zu sehen, seiner ruhigen Zurückhaltung und unvoreingenommenen Objektivität.

Die eingreifendsten Präsidenten gehörten – zum Guten wie zum Schlechten – oft zu den größten Narzissten, sie waren keine normalen, netten Kerle. Ihre Fähigkeit, den Verlauf der Geschichte zu verändern, hängt von einem übergroßen Ego, scheinbar unrealistischen Ambitionen und dem Talent ab, sehr tiefgehend das Bauchgefühl der Öffentlichkeit ansprechen zu können. Allein durch ihre Persönlichkeit können sie Berge versetzen und die bisherigen Spielregeln verändern. Ob man mit ihrer Politik nun einverstanden war oder nicht, Roosevelt, Reagan und Clinton haben eindeutig die Politik des letzten Jahrhunderts umgestaltet. Leider konnte Obama in diesem Jahrhundert nicht das Gleiche tun. Und, ebenfalls leider, kann Trump das sehr wohl tun. Die schlechtesten Präsidenten gehörten ebenfalls zu den narzisstischsten, und Trump hat, auf seine eigene bizarre und destruktive Art, es bereits geschafft, einer der am stärksten eingreifenden Präsidenten unserer Geschichte zu werden. Wir sollten bei unseren Führern davon ausgehen, dass sie narzisstisch sind und eher nicht zu den nettesten Jungs oder Mädels gehören; die Frage ist nur, ob sie ihren Narzissmus für das Volk oder gegen es einsetzen.[140]

Effektive Volksnähe ist niemals führungslos, sonst wird sie zur Anarchie. Aber kein Führer kann uns wieder zur Vernunft bringen, wenn er oder sie nicht die Macht einer progressiven Volksnähe nutzbar machen und gleichzeitig die von falschem Populismus wachgerufenen Leidenschaften zügeln kann. Im Grunde sind wir Rudeltiere, gewillt, dem Rudel zu folgen, ob es nun in die richtige oder falsche Richtung rennt. Unsere Ansichten zu Themen wechseln und hängen stark von Situationen und Führern ab. Der richtige Führer, der auf richtige Art die richtige Botschaft überbringt, kann uns in die richtige Richtung lenken. Der falsche Führer, der machtvoll die falsche Botschaft liefert, kann uns ins Unglück führen. Trump hat die kühne »Yes We Can«-Hoffnung Obamas mit einer deprimierend lauten Dystopie »No We Can't« erstickt. Aber Trump verkörpert eine Sackgasse und eine hoffentlich vorübergehende Verirrung. Wir müssen hoffen, dass die nächste Generation unserer Führer die Menschen wieder dazu bringen kann, sich der Wirklichkeit zu stellen. In Amerika ging es schon immer um zweite Chancen. So eine brauchen wir jetzt.

Um uns alle aus dem dunklen Zeitalter Trumps herauszuholen, muss ein Führer die richtige Mischung von Politik, persönlichem Charisma, Empathie, Kommunikationsfähigkeiten und einer echten Verbindung zu den Menschen haben. Ein Anti-Trump muss für echte Volksnähe stehen, nicht für die falsche aus dem Supermarkt. Bei der letzten Wahl kam Bernie Sanders diesem Bild schon ziemlich nahe. Mein Herz gehörte ihm, aber mein Kopf dachte fälschlicherweise, Clinton sei das sicherere Ticket, um Trump zu stoppen. Sanders war ein edler Romantiker, strategisch grandios und eng verbunden mit seinen Fans. Aber er war vermutlich zu exotisch, um der eingreifende Anti-Trump-Führer zu sein, den wir brauchen. Er war der perfekte Führer für die Intellektuellen, aber nicht für die Leute vom Land, zu urban, zu alt, zu jüdisch, zu moralisierend, zu leicht mit Schlagworten wie »sozialistisch«, »liberal« und »revolutionär« zu diffamieren.

Wir müssen einen Anti-Trump-Präsidenten finden, mit dem sich viele identifizieren können, jemanden, der unsere besseren Engel auf den entgegengesetzten Seiten des politischen Grabens hervorlocken und trennende Schlagworte mit vernünftigen Lösungen ersetzen kann. Trotz seiner vielen politischen und persönlichen Mängel ist Bill Clinton der Prototyp für einen zukünftigen Anti-Trump. Er war progressiv bürgernah und sprach ein breites Spektrum an, von Intelligenzlern bis zu Landeiern; er kannte sich auf schicken Colleges ebenso aus wie bei ländlichen Plauderstündchen, unter Schwarzen wie Weißen, bei Milliardären und armen Leuten. Nicht zufällig war er der letzte Demokrat, der die Sympathien des ländlichen Amerika gewinnen konnte. Clinton besaß eine ungewöhnliche Überzeugungskraft, vermittelte Empathie und konnte komplexe Themen mit einfachen, leicht verständlichen Worten ausdrücken. Er konnte Leute dazu bewegen, Opfer zu bringen und das Richtige zu tun. Nur er konnte die Amerikaner dazu bringen, auf die kurzfristige Freude an Steuersenkungen zu verzichten, damit wir die Staatsverschuldung verringern und damit indirekt zukünftige Leistungen des Sozialversicherungssystems schützen konnten. Clintons persönliches Verhalten war sicher ein unwürdiger Makel auf dem Amt des Präsidenten, was jedoch nicht ausschloss, ein sehr effektiver Führer zu sein und das Volk zusammenzubringen. Wir werden 2020 keinen eingreifenden Präsidenten des Volkes bekommen, wenn Trumps Gegner nicht endlich damit anfangen, sich jetzt auf die Themen und die Führer, die sie am besten repräsentieren können, zu einigen.

Was Politiker von der Psychotherapie lernen können

Ich habe vierzig Jahre meines Lebens mit Psychotherapie verbracht, als Ausbilder, Praktiker, Patient, Lehrer, Supervisor, Forscher und Gutachter für Forschungsstipendien. Was ich gelernt habe, hat viele meiner persönlichen Ecken und Kanten geglättet und kommt mir in den schwierigsten Momenten des Lebens immer noch zugute, wenn ich einen Freund tröste, der im Sterben liegt, eine verlorene Seele beruhige, einen Streit mit meiner Frau auflöse, über eine strittige Rechnung mit meinem Handwerker verhandle, meine besserwisserischen Enkel zügle oder einen Kollegen bei einer wichtigen Lebensentscheidung berate. Psychotherapie ist nichts, was man einfach so tut. Es ist vielmehr etwas, das Teil von einem wird.

Psychotherapeuten und Politiker haben sehr viel gemeinsam, sie teilen sehr ähnliche Ziele und Techniken, obgleich sie sich bezüglich ihrer Einflussmöglichkeiten stark unterscheiden. Beide verändern Einstellungen und Verhaltensweisen, indem sie ausgesprochene und unausgesprochene Beweggründe verstehen und ansprechen. Psychotherapeuten arbeiten immer nur mit jeweils einem Patienten, wohingegen sich die Handlungen von Politikern auf Millionen von Menschen auswirken, dennoch sind die Befähigungen und Kompetenzen ähnlich. Ich habe viel gelernt, indem ich mir die Aktionen effektiver Politiker anschaute, und ich glaube, Politiker könnten mitunter effektiver werden, wenn sie die Aktionen und Schritte der Psychotherapie studieren würden. Therapeutische Raffinesse wird besonders wichtig sein für die Politiker, die an der Heilung des amerikanischen Irrsinns arbeiten, wie er von Trump verkörpert und verschlimmert wird.

Nur höchst selten wird ein Psychotherapeut einen Patienten mit wahnhaften Störungen direkt mit tatsachenbezogenen Argumenten konfrontieren, die darauf abzielen zu beweisen, dass seine Überzeugungen falsch und selbstzerstörerisch sind. Wie lächerlich und beeinträchtigend auch immer die Wahnvorstellungen dem außenstehenden Beobachter erscheinen mögen, haben sie doch dem Patienten geholfen, mit einer schmerzhaften Realität zurechtzukommen, und sie werden ganz bestimmt nicht einfach aufgegeben, weil sie falsch und schädlich sind. Vorschnelle Versuche, die Augen für die Realität zu öffnen, enden darin, dass der Patient Wut, Angst und Verwirrung empfindet. Höchstwahrscheinlich wird er dann noch verbissener an seiner Wahnstörung festhalten und nicht mehr zur Zusammenarbeit bereit sein. Manchmal befreit die Wahrheit, aber man muss auch bereit sein, sie zu hören, und sie muss zum richtigen Zeitpunkt und auf die richtige Art und Weise übermittelt werden. Wenn man in der Notaufnahme zu einem Patienten mit einer wahnhaften Störung geht, muss man zunächst sein Vertrauen gewinnen, die ist die Voraussetzung, um die Ängste, Gefühle, Launen, Stressfaktoren, legitimen Beschwerden und Erfahrungen zu erkunden, welche die irrigen Ansichten so glaubhaft gemacht haben. Ein guter Psychotherapeut überprüft die zugrunde liegende Notlage, welche eine Wahnvorstellung erforderlich macht, während er gleichzeitig schrittweise mit dem Patienten daran arbeitet, realistischere Möglichkeiten der Linderung zu finden. Er zeigt Empathie für das Leiden des Patienten, ohne die wahnhafte Vermeidungsstrategie des Patienten bezüglich der zugrunde liegenden Ursachen zu bewerten.

Politiker werden eine vergleichbare Strategie benötigen, um unsere Gesellschaft langsam und behutsam zurück in die Wirklichkeit zu holen. Gesellschaftliche Wahnideen oder Wahnvorstellungen dienen perverserweise einem nützlichen Zweck für diejenigen, die sie unterstützen und an sie glauben; sie werden nicht allein deshalb aufgegeben, weil sie falsch und gefährlich für unsere Welt sind. Politiker verlieren Wahlen, wenn sie Wähler auffordern, den Realitäten mutig ins Auge zu blicken, man erinnere sich nur an Jimmy Carters Ansprache an die Nation von Juli 1979, die sogenannte »Malaise Speech«[141]. Demgegenüber bestand Trumps Geheimwaffe für den Sieg in seiner einzigartigen Fähigkeit, gesellschaftliche Wahnvorstellungen zu seinem politischen wie persönlichen Vorteil zu fördern. Skrupellos nutzte er echte Ängste und Unsicherheiten aus, bestätigte lang gewachsenen Groll und bot sich selbst als Wiederkunft des Herrn an – offenkundig benutzte er falsche Versprechungen, mit denen er ansonsten vernünftige Menschen überredete, ihm zu glauben, auch wenn er die offenkundigsten und unverschämtesten Lügen verbreitete. Die Trumps dieser Welt sind völlig immun dagegen, jemals eine enge Beziehung zur Wahrheit zu haben, aber viele seiner Wähler wären deutlich weniger empfänglich für seinen Schwindel gewesen, hätte er einen Gegner gehabt, der über größere politische wie therapeutische Fähigkeiten verfügte. Wir können nicht mit dem rechtzeitigen Erscheinen eines zweiten Abraham Lincoln oder Franklin D. Roosevelt rechnen. Aber das Strategiebuch der Psychotherapie liefert durchaus nützliche Hinweise, wie man erfolgreich an die besseren Engel der Wähler appelliert, wenn man dem Missbrauch ihrer inneren Dämonen durch Trump etwas entgegensetzen will.

Eine der ersten und auch wichtigsten Aufgaben des Psychotherapeuten besteht darin, sich in den Patienten hineinzuversetzen. Die Grundannahme lautet: »Wenn ich in der Lage dieser Person wäre, könnte ich handeln, denken und empfinden wie er.« Wie sehr wir uns auch in kleinen Dingen unterscheiden mögen, letzten Endes sind wir doch alle Menschen und teilen ähnliche Bedürfnisse, Ängste und Frustrationen und reagieren in vergleichbarer Weise auf die Erfordernisse des Lebens. Es ist kein Riesenschritt erforderlich, um sich vorzustellen, wie es sich anfühlt, wenn man seine Lebensgrundlage dauerhaft verliert, wenn man von Politikern vernachlässigt, missverstanden und falsch vertreten wird, wenn man unter einer Regierung lebt, die alles zu umschließen scheint, nur nicht die eigenen Bedürfnisse und Ängste, wenn man von den Medien und den intellektuellen Eliten verachtet wird, wenn man still in der Schlange steht, während man von allen anderen, von Frauen, Minderheiten und Einwanderern überrundet wird, und an Traditionen und Sitten festhält, die von vielen anderen nicht mehr respektiert werden. Immer einen Schritt zurück zu sein beflügelt die Wut auf jene, die einen Schritt Vorsprung haben. Sich an Minderheiten zu stoßen fällt leicht, wenn man das Gefühl hat, sie würden sich widerrechtlich die eigenen Vorrechte aneignen, um dieselben Jobs konkurrieren, einen um die Früchte der Arbeit bringen, die eigenen Töchter heiraten. Religiöse Strenggläubigkeit ist eine große Hilfe in einer sich rasend schnell verändernden und entfremdenden Welt. Wissenschaftliche Erkenntnisse infrage zu stellen, erlaubt Trost durch Illusionen und Wahnideen. Zu alledem kommen dann noch die Forschungsergebnisse der kognitiven Neurowissenschaften, dass Menschen mit konservativen politischen Neigungen psychisch und biologisch dazu neigen, besonders heftig auf angstbesetzte Situationen zu reagieren.

Trump hätte nicht gewinnen können, wären seine Unterstützer nur Banker und Unternehmer gewesen. Er siegte mit der enthusiastischen Unterstützung einfacher Leute, deren Interessen erheblich besser von den Demokraten bedient werden, deren Psyche jedoch erheblich besser von den Republikanern verstanden – und ausgenutzt – wird. Demokraten haben ihre eigentliche Wählerschaft verloren, weil sie sich nicht mehr die Mühe machten, sie zu verstehen. Die Republikaner haben eine unverhoffte Wählerschaft gewonnen, da sie die besseren Psychologen und erheblich raffinierteren Verkäufer waren. Wenn die Demokraten in der Zukunft siegen und effektiver regieren wollen, dann müssen sie lernen, bessere Psychologen und bessere Verkäufer zu werden.

Die wesentlichen Elemente einer therapeutischen Beziehung in der Psychotherapie entsprechen den wesentlichen Elementen einer erfolgreichen politischen Allianz. Hier sind einige der wichtigsten Grundsätze:

- Sei authentisch und ermutige Authentizität.
- Man kann Patienten nicht helfen, wenn man keine überzeugende Beziehung zu ihnen aufbaut.
- Sprich die Sprache des Patienten.
- Höre aufmerksam zu und lerne von deinen Patienten so viel, wie sie von dir lernen.
- Lass deine Patienten wissen, dass all deine Gedanken auf sie konzentriert sind.
- Empathie und Vertrauen sind die wesentlichsten Zutaten.
- Ermutige deine Patienten, Schmerz, Ängste, Wut und Enttäuschung frei auszudrücken.
- Erfasse ihre Bedürfnisse und wie sie sie befriedigt sehen wollen.
- Erörtere realistische Ziele und Erwartungen.
- Sei nicht voreingenommen und wertend.
- Flöße ihnen Hoffnung ein.
- Metaphern, Bilder und Parabeln sind wichtiger als Fakten und Zahlen.
- Sei dir stets deiner eigenen Gefühle bewusst und setze sie wirksam ein.
- Nichts gleicht dem anderen – weniger als zehn Prozent dessen, was in der Psychotherapie gesagt wird, ist verantwortlich für neunzig Prozent der Veränderung. Rechne immer mit Punkten, an denen etwas kippt, und tue alles in deiner Macht stehende, ihnen zum Durchbruch zu verhelfen.

Wo immer beim Psychologen »Patient« steht, ersetze es durch »Wähler«. Große Politiker werden geboren, nicht gemacht. Sie wissen das alles bereits instinktiv, wenn sie in der Mittelstufe zum Klassensprecher gewählt werden. Aber gute Politiker können viel besser werden, wenn sie von der Psychotherapie lernen und diese Erkenntnisse bei ihrer täglichen Arbeit mit den Wählern einsetzen.

António Guterres, Generalsekretär der Vereinten Nationen, lernte von seiner Ehefrau, einer Psychoanalytikerin, den politischen Wert psychologischer Erkenntnisse. »Sie hat mich etwas gelehrt, das für meine politischen Aktivitäten äußerst nützlich war. Wenn zwei Menschen zusammen sind, dann sind sie nicht zu zweit, sondern zu sechst. Was jeder von ihnen ist, was jeder von ihnen zu sein meint und was jeder denkt, dass es der andere ist. Und was für Menschen gilt, gilt auch für Länder und Organisationen. Eine der Aufgaben des Generalsekretärs, wenn er es mit den verschiedenen Schlüsselakteuren in einem beliebigen Szenarium zu tun hat, besteht darin, aus diesen sechsen zwei zu machen. Damit die Missverständnisse verschwinden, damit die falschen Wahrnehmungen verschwinden. Wahrnehmungen sind in der Politik etwas Unerlässliches. Und in ihr geht es nicht nur darum, aus sechs Akteuren zwei zu machen, die Aufgabe besteht oft darin, Hunderte so zu koordinieren, dass sie in Reaktion auf eine Herausforderung wie eine Person handeln können.« Die entscheidende politische Aufgabe der Zukunft wird es sein, die Menschen innerhalb von Nationen zusammenzubringen, damit sie wie einer handeln können, was die Lösung nationaler Probleme betrifft, und die Nationen der Welt zusammenzubringen, damit sie wie einer handeln, um die Probleme der Welt zu lösen.

Ein Vertrag von, für und durch »Wir, das Volk«

Wenn es darum geht, pragmatische Lösungen für konkrete Probleme zu finden, dann sind »Wir, das Volk« besser, klüger und geschlossener als die Politiker, die uns vertreten. Die Programme politischer Parteien werden geschrieben, um die fest verwurzelten Egoismen ihrer entschiedensten Mitglieder zu bedienen, und betonen von daher Unterschiede statt Gemeinsamkeiten. Demgegenüber findet die Meinungsforschung regelmäßig einen breiten, mehrheitlichen Konsens des amerikanischen Volkes selbst bei strittigen Themen, die zwischen den polarisierten Lagern Washingtons ungelöst feststecken. Es ist das große Versagen unseres Systems der repräsentativen Demokratie, dass es nicht länger tatsächlich repräsentativ ist – das Volk ist erheblich weniger polarisiert als die Politiker, die es ja vorgeblich repräsentieren sollen. Im Lauf der Zeit ist diese Abweichung dramatisch größer geworden. Vor fünfzig Jahren war die Polarisierung in der Bevölkerung etwa gleich groß wie die Polarisierung unter den Politikern. Seitdem hat die Polarisierung in der Öffentlichkeit leicht zugenommen, während die Polarisierung unter Politikern förmlich durch die Decke gegangen ist. Wir können und müssen Politiker zwingen, besser wiederzugeben, was das amerikanische Volk will und braucht, und nicht, was das große Geld kaufen kann.

Wir sind immer noch, und bleiben es hoffentlich auch, ein Volk – wenn man erst einmal die entzweiende Propaganda, Ideologie und vernebelnden Phrasen beseitigt. Die große Mehrheit von uns ist pragmatisch und will Probleme auf eine weniger ideologische, parteiübergreifende Weise gelöst sehen. Der Kongress sollte den allgemeinen Willen des Volkes der Vereinigten Staaten repräsentieren, wie von der Meinungsforschung gemessen, wie unvollkommen auch immer, statt die beschränkten Egoismen und radikalen Ideologien aggressiver Minderheiten, wie sie sich in Wahlkampfspenden ausdrücken. Natürlich gibt es unterschiedliche Sichtweisen, wie Ziele erreicht werden sollten, allerdings sind diese erheblich kleiner, als man auf den ersten Blick meint, wenn man erst einmal all die Phrasendrescherei hinter sich lässt, um über konkrete Fakten zu diskutieren.

Der folgende Vertrag »Wir, das Volk« gibt wieder, was unparteiische Meinungsforscher als Meinung der amerikanischen Mehrheit zu wesentlichen Themen festgestellt haben. Diese Übung enthüllt, dass das Trump'sche Programm nur den Interessen einer Minderheit dient und überhaupt nicht konform ist mit dem, was die meisten von uns wollen und brauchen.

Wir, das Volk, erwarten von unserer Regierung, dass sie:

- die Realität des Klimawandels akzeptiert und die Emission von Treibhausgasen verringert;[142]
- alternativen Energien den Vorzug gibt vor Öl und Gas;[143]
- die Steuern vermögender Einzelpersonen und Unternehmen anhebt und Steuerschlupflöcher beseitigt, um sicherzustellen, dass diese ihren gerechten Anteil zahlen;[144]
- eine Politik verfolgt, die sich für eine gerechtere Verteilung des Reichtums einsetzt;[145]
- unser Sozialversicherungssystem schützt;[146]
- ein einfaches, einheitliches Krankenversicherungssystem nach dem Muster von Medicare entwickelt;[147]
- Medicare erhält. Der Staat ist dafür verantwortlich, dass alle einen Krankenversicherungsschutz genießen;[148]
- niedrigere Preise für verschreibungspflichtige Medikamente aushandelt;[149]
- staatliche Verschwendung und Defizite verringert;[150]
- eine Reform der Wahlkampffinanzierung anstößt;[151]
- weniger parteiisch und politisch festgefahren handelt;[152]
- das Bildungssystem verbessert;[153]

- die Mindestlöhne anhebt;[154]
- die Steuern für Unternehmen und Hersteller senkt, die in den Vereinigten Staaten Arbeitsplätze schaffen;
- Arbeitsplätze für die dringend erforderliche Instandsetzung der Infrastruktur schafft;[155]
- ein Gesetz zur Arbeitsplatzbeschaffung erlässt, welches Steuergelder für ein Programm einsetzt, mit dem mehr als eine Million neuer Arbeitsplätze geschaffen werden;[156]
- strengere Richtlinien einführt, um Menschen daran zu hindern, länger als in ihren Visa erlaubt zu bleiben;
- den in den Vereinigten Staaten geborenen Kindern illegaler Einwanderer erlaubt, hierzubleiben;
- eine Möglichkeit findet, wie die meisten Einwanderer, die derzeit illegal im Land sind, ein legales Aufenthaltsrecht bekommen;
- dafür sorgt, dass nicht qualifizierte illegale Einwanderer keine staatlichen Leistungen beziehen können;
- keine Mauer zwischen uns und Mexiko errichtet;
- sorgfältig überprüfte zivile Flüchtlinge aufnimmt, die Gewalt und Krieg entkommen sind;
- mehr hoch qualifizierte Menschen aus der ganzen Welt unterstützt, zur Arbeit in die Vereinigten Staaten einzuwandern;[157]
- die Kosten des Gesundheitswesens senkt;[158]
- Planned Parenthood weiterhin Bundesmittel bewilligt;[159]
- Abtreibung weiterhin straffrei lässt;[160]
- die Zahl der Insassen unserer Gefängnisse verringert;[161]
- Drogensucht und psychische Erkrankungen entkriminalisiert und angemessene Behandlungen für sie bereitstellt.[162, 163]

Einen breiten Konsens bezüglich weitgehender Ziele zu haben, heißt nicht, dass es je leicht sein wird, Konsens darüber herzustellen, wie man dorthin kommt. Aber wir müssen eine »Lösungs-Aversion« vermeiden, bei der wir die Existenz von Problemen leugnen, weil wir bezüglich ihrer Lösung unterschiedlicher Meinung sind. Republikaner bestreiten das offensichtlichen Beweismaterial für die vom Menschen gemachte globale Erwärmung (auch wenn viele natürlich wissen, dass es stimmt), weil sie keine Lösungen wollen, die ideologische Werte oder finanzielle Eigeninteressen bedrohen. Studien belegen, dass sie eher bereit sind, den Klimawandel als Bedrohung anzuerkennen, wenn Lösungen die »freie Marktwirtschaft« einschließen, also etwa auch technologische Fortschritte, statt gleich nach staatlichen Bestimmungen oder höheren Steuern zu rufen. Wenn man Reiz- oder Signalwörter hinter sich lässt, wird es manchmal einfacher, die Wirklichkeit anzuerkennen. Ersetzt man zum Beispiel »Klimawandel« durch »globale Erwärmung«, kann man mehr Republikaner dazu bringen zu akzeptieren, dass es sich dabei um ein stichhaltiges Thema handelt. Wenn wir uns einer Realität stellen wollen, die gesellschaftliche Wahnvorstellungen aufdeckt, müssen wir Jargon, leere Schlagworte, Stereotype, Anspielungen, Doppeldeutigkeiten und andere Ablenkungen vermeiden. Die Tatsache, dass Kompromisse möglicherweise schwer zu schmieden sind, rechtfertigt nicht, vor den Problemen wegzulaufen, die behoben werden müssen.[164]

Einer der am stärksten polarisierenden Unterschiede in den Einstellungen von »Konservativen« und »Liberalen« besteht darin, wie sie die Rolle von individuellem Einsatz oder äußeren Lebensumständen beurteilen bei dem, was wir unter Schicksal verstehen. Viele meiner konservativen Freunde teilen die Überzeugung, dass sie sich ihren Erfolg verdient und weniger erfolgreiche Menschen einfach nicht hart genug gearbeitet haben. Die meisten meiner liberalen Freunde und ich meinen eher, dass wir mehr Glück hatten, als wir verdienten, und erheblich schlechter dastehen würden, hätte das Schicksal uns schlechtere Karten ausgeteilt. Genau diese Kluft müssen wir überbrücken. Erfolg kommt, wenn man daran arbeitet, aber er basiert ebenfalls auf glücklichen Zufällen wie Geburt und Lebensverhältnissen. Jedermann verdient gerechte Lebensbedingungen, aber niemand sollte erwarten, dass ihm »die Gesellschaft ein Auskommen schuldet«.

Ein Amtsenthebungsverfahren gegen Trump ist nicht die Antwort

Das Phänomen Trump ist nur ein äußerliches Symptom, nicht die zugrunde liegende Krankheit, er selbst ist lediglich das clowneske Gesicht der unheilvollen und gut organisierten radikalen Rechten. Er wäre nicht zum Präsidenten gewählt worden und würde jetzt nicht im Amt gehalten werden, wäre unser Land nicht durch eine zerstörerische Politik der verfeindeten Lager so polarisiert. Viele Trump-Hasser und Trump-Fürchtige tragen sich mit der verführerischen Hoffnung, dass Trump sich selbst erledigen wird, durch das Repräsentantenhaus wird zum Beispiel ein Amtsenthebungsverfahren eingeleitet und anschließend wird er durch den Senat aus dem Amt entfernt. Oder vielleicht kündigt er auch einfach und zieht dann wie eine beleidigte Leberwurst ab, nachdem er die zunehmende Kritik und die ständige überprüfende Kontrolle, provoziert durch seine anhaltenden Fehltritte, nicht mehr hinnehmen kann. In meiner Angst vor Trump würde ich niemanden aufhalten wollen, allerdings wäre es mir viel lieber, er hielte, gern mit Ach und Krach, seine komplette vierjährige Amtszeit durch, wobei er an jedem einzelnen Tag für neue schreckliche Schlagzeilen sorgt, die seine persönliche Dummheit und die Ungerechtigkeit und Undurchführbarkeit seiner Politik belegen.

Wenn Trump bequemerweise aus dem Weg wäre, würden Pence und seine Mitverschwörer erheblich effizienter an der Demontage unserer staatlichen Institutionen arbeiten können, das Klima kaputt machen, die vielen bestehlen, um die wenigen zu bereichern, und eine weiße, männliche nativistische Hegemonie durchsetzen. Trump hat die Tea Party in den Thronsaal gebracht, aber Pence und Ryan würden sich erheblich überzeugender aufführen, während sie das gleiche furchtbare Programm vorantreiben. Sie sind zudem sogar noch weniger den legitimen Forderungen der populistischen Wählerschaft verpflichtet, die Trump ins Amt katapultiert hat, zum Beispiel der Beschaffung von Arbeitsplätzen oder Gesundheitsfürsorge für die von unserer Wirtschaft Abgehängten, sondern noch mehr den Jungs mit dem großen Geld und den selbstgerechten »religiösen« Heuchlern. Ungestört von den täglichen Enthüllungen zwielichtiger Geschäfte mit den Russen, von Interessenkonflikten und von ungeschickten Tweets, könnte ein professioneller funktionierendes Weißes Haus unter einem Präsidenten Pence mit den beiden anderen Abteilungen der Regierung im Schlepptau seinen ultrarechten Wunschzettel rückschrittlicher Gesetzgebungsvorhaben durchdrücken, und vielleicht auch die Wiederwahl 2020 sichern. Und es würde kein bisschen besser werden, sollte Pence durch seine enge Verbindung zu Trumps Verbrechen und Vergehen zu Fall kommen. In der Nachfolge des Präsidenten rückte als Nächstes der Sprecher des Repräsentantenhauses, Paul Ryan, in das Amt. Und falls Ryan ebenfalls stürzte, würden wir mit dem Präsidenten pro tempore des Senats, dem schätzenswerten Orrin Hatch dasitzen. Dann ginge es weiter mit dem Exxon-Kandidaten, Außenminister Rex Tillerson. Ein Gruselkabinett von Narren und Gaunern.

Unser konstantes, langsames Abgleiten als Gesellschaft in die Untiefen wahnhafter Ansichten war schon lange zu erwarten. Die Entfernung der Schaumkrone wird das Gift im Bier nicht beseitigen. Trump-Torheiten haben auch ihr Gutes. Besser, einen schlimmen Finger wie Trump in der Nähe zu haben und ihm jeden Tag die unwiderstehliche Gelegenheit zu geben, etwas wirklich Dummes zu tun oder zu sagen, was das üble Programm der Republikaner hinhält und die Hoffnungen von republikanischen Kandidaten in Wechselwählerbezirken erstickt. Meine paradoxe Präferenz für Trump anstelle seiner potenziellen Erben geht natürlich davon aus, dass er während seiner ihm noch bleibenden Zeit im Amt nicht inkompetent den nuklearen Knopf drückt oder uns noch tiefer in nicht zu gewinnende Kriege verwickelt oder eine Diktatur installiert. Es lässt sich überhaupt nicht bestreiten, dass Trump mit Abstand das größte kurzfristige Risiko in der Geschichte unseres Landes darstellt, doch das Duo Pence/Ryan kann langfristig gesehen erheblich mehr irreversiblen Schaden anrichten.

Trumps Probleme stellen die Republikaner sicherlich vor eine unangenehme, schwierige Frage. Den Interessen der Gebrüder Koch kann erheblich besser durch ihre eigenen, zuverlässigeren und weniger unabhängigen Lakaien gedient werden (Pence oder Ryan), doch wenn sie sich zu offensichtlich daran beteiligen, Trump abzuservieren, wird er die Republikaner in das paranoide Narrativ einweben, sie seien Teil des »deep state«, eines Staates im Staat, der alles unternehme, um seinen Sturz zu arrangieren. Indem er die Rolle des seiner Rechte beraubten Märtyrers annimmt, könnte Trump seine Basis zu einem enthusiastischen Aufstand einer dritten Partei aufpeitschen, dabei die Republikanische Partei ausweiden und ihre Chancen vernichten, den Kongress und das Präsidentenamt zu halten. Republikaner stehen zu Trump, trotz seines absurden Verhaltens, aus Angst und nicht aus Liebe. Sie werden ihn fallen lassen, wie sie es bereits mit dem deutlich weniger gefährlichen Nixon getan haben, sobald seine Umfragewerte schlechter werden. Ein in den Ruhestand geschickter Trump nach einem Amtsenthebungsverfahren würde tun, was er am besten kann und liebt – den Vorsitz bei polternden Hasskundgebungen im ganzen Land führen und vielleicht ein Hass-Medienunternehmen gründen. In dieser Rolle könnte Trump die demokratischen Gepflogenheiten noch nachhaltiger und gefährlicher zersetzen, als er dies als lahme Ente und Oberbefehlshaber-Kasper kann.

Wintersoldaten

Dies sind die Zeiten, die die Seelen der Menschen
in Versuchung führen. Der Sommersoldat und
der Sonnenscheinpatriot werden sich in dieser Krise
vor dem Dienst am Vaterland drücken,
aber wer jetzt durchhält, verdient die Liebe und
den Dank von Mann und Frau.

THOMAS PAINE

Diese Worte wurden in den Monaten nach der Geburt der Vereinigten Staaten geschrieben. Wir verloren die ersten Schlachten unseres Unabhängigkeitskriegs wegen der hohen Zahl von Deserteuren, unsere Bürgersoldaten fühlten sich immer noch mehr ihren Familien verpflichtet als ihrer neu gegründeten und doch noch weitgehend formlosen Nation. Wir hielten den Unabhängigkeitskrieg dank der hervorragenden Führung von George Washington durch. Wir hielten den noch erbitterter geführten Bürgerkrieg wegen der Größe und Güte von Abraham Lincoln durch. Wir hielten den Schlag in die Magengrube, den uns eine schlimme wirtschaftliche und psychische Depression versetzte, durch wegen des Glaubens und der Kreativität von Franklin D. Roosevelt. Alle drei Männer waren sich absolut der Tatsache bewusst, dass die Vereinigten Staaten eine exotische Pflanze sind, ein zartes und zerbrechliches Experiment. Keiner nahm das Geschenk des demokratischen Staates auch nur im Geringsten als selbstverständlich.

Die Vereinigten Staaten haben viele schlechte Präsidenten überlebt, aber noch nie einen, der gegenüber unseren fundamentalen Institutionen und Werten dermaßen respektlos war. Wir haben unsere Ideale von Freiheit und Gleichheit oft verraten, aber noch nie haben wir sie so hochmütig abgelehnt. Mit Trump haben wir den Tiefpunkt einer jeden sozialen Wahnvorstellung erreicht. Hoffentlich werden wir uns jetzt mit einem besseren Bezug zur Realität und einer neu entfachten Motivation erholen, um unser Land einer besseren Zukunft zuliebe neu zu formen. Ich bezweifle, dass wir zu dem vorgegebenen Status quo vor Trump zurückkehren werden – wahrscheinlicher ist, dass wir entweder in ein noch dunkleres Zeitalter von Tyrannei und Ignoranz absinken, oder wir werden stärker, vernünftiger und geschützter gegenüber gesellschaftlichen Wahnideen hervorgehen, die Trump groß werden ließen und die im Gegenzug jetzt er zu fördern sich bemüht.

Ich bin immer ein politisch passiver Mensch gewesen, ein skeptischer und verwirrter neutraler Beobachter. Warum wählen gehen, wenn jede abgegebene Stimme doch sowieso nichts zählt? Warum einer Partei gegenüber loyal sein, wenn doch beide gekauft und bezahlt sind? Warum sich in öffentlichen Ämtern engagieren, wenn das von privaten Verpflichtungen und privaten Vergnügungen ablenkt? Ich gehörte der beträchtlichen Minderheit unserer Bürger an, für die Bürgerschaft und Bürgerrechte eine Selbstverständlichkeit waren, die von der Demokratie profitierten, ohne sich aktiv an ihr zu beteiligen. Trump wurde 2016 zum Präsidenten gewählt, weil vierzig Prozent der Wahlberechtigten nicht zur Wahl gingen, manche waren zu faul, andere gleichgültig gegenüber staatsbürgerlichen Pflichten und wieder andere, zu viele, Opfer zynischer Versuche, sie von den Wahlurnen fernzuhalten.

Heute erleben wir wieder eine Zeit, in der der Charakter des Menschen auf dem Prüfstand steht. Eigentlich ist es schon viel zu spät. Wir haben diese letzte Wahl vergeigt. Wir haben einen bösen Menschen statt einer anständigen Frau gewählt. Das Staatsschiff sinkt. Das Volk ist gespalten und verwirrt. Es steht viel auf dem Spiel. Die Zeit wird knapp. Was Benjamin Franklin sagte, gilt noch heute: »Wir müssen allerdings alle zusammenstehen, sonst werden wir ganz gewiss einzeln dran glauben.« Dem Willen des Volkes wird nur gedient, wenn das Volk ihn laut und deutlich ausdrückt.

Unsere nächsten drei Kapitel beschreiben die Welt, die wir haben würden, sollte vernünftiges Denken gesellschaftliche Wahnideen ersetzen.

KAPITEL 7

Unsere schöne neue Welt erhalten

Wir existieren in einer bizarren Kombination aus steinzeitlichen Gefühlen, mittelalterlichen Überzeugungen und gottgleicher Technologie.

E. O. WILSON

Nachhaltigkeit stützt sich auf die Wechselwirkung von nur vier Variablen: Bevölkerungszahl, Konsum, Technologie und Kooperation. Multipliziert man die Weltbevölkerung mit dem Pro-Kopf-Konsum, kann man den Grad der Ressourcenerschöpfung und Abfallaufkommen schätzen. Die Technologie bestimmt, wie effizient wir Dinge herstellen und Müll beseitigen. Und Kooperation wird erforderlich sein, wenn wir die Bevölkerungszahl kontrollieren, den Konsum angleichen und bändigen sowie Technologie dafür einsetzen wollen, damit sie Nachhaltigkeit fördert, statt sie zu beeinträchtigen.

Gegenwärtig zeigen alle vier Trends in die falsche Richtung: Sie laufen auf immer geringere Nachhaltigkeit hinaus. In den vergangenen dreißig Jahren ist die Weltbevölkerung um zwei Milliarden explodiert,[165] während die Zahl der in Armut lebenden Menschen um eine Milliarde gesenkt wurde.[166] Immer mehr Menschen zu haben, die die ökonomische Leiter hinaufsteigen, bedeutet ein enormes Wachstum des gesamten Konsums. Bislang schadet die Technologie mehr, als dass sie nützt, durch die Steigerung der Effizienz bei der Gewinnung unersetzbarer Rohstoffe hat sie das Bevölkerungswachstum, gesteigerten Konsum, Ressourcenerschöpfung und wachsende Müllberge befördert. Und die Welt scheint weniger kooperativ zu werden anstatt mehr, schließlich sind mehr Münder von einem schrumpfenden Kuchen zu füttern. Es gibt nicht die eine große Antwort auf die Herausforderung, nachhaltig zu wirtschaften; es muss sehr viele sich gegenseitig beeinflussende kleine Lösungen geben, von denen jede einzelne auf je eigene Weise die gegenwärtigen Trends bei Bevölkerungszahl, Konsum, Technologie und Kooperation umkehrt.

Bevölkerungszahl

Es gibt zur Bevölkerungskontrolle gute Nachrichten, ziemlich schlechte Nachrichten und regelrecht tödliche Nachrichten. Die gute Nachricht ist, dass die Geburtenziffern in den meisten Teilen der Welt bereits dramatisch gesunken sind. Die globale durchschnittliche Fertilitätsrate einer Frau lag 1960 bei fünf Kindern und liegt heute bei nur noch zweieinhalb Kindern, das ist leicht über dem Ersatzniveau von zwei.[167] Bis vor Kurzem gingen Demografen von der optimistischen Prognose aus, dass sich die verringerte Fertilitätsrate weltweit ausbreiten würde, wobei die Bevölkerungszahl innerhalb der nächsten drei oder vier Jahrzehnte ihren Höchstwert knapp unterhalb der Zehn-Milliarden-Marke erreichen würde. Sicherlich immer noch zu viele Menschen, aber vielleicht noch verkraftbar und zum Glück endlich unter Kontrolle.

Die ziemlich schlechte Nachricht ist jedoch, dass das Bevölkerungswachstum sich nicht wie vorhergesagt verlangsamt; die Zahlen waren nach oben zu korrigieren, und es gibt keinen eindeutigen Höchstwert. Die Welt kann sich keinesfalls einen Zustand leisten, der über dem Ersatzniveau der Fertilität liegt, und würde ein erheblich angenehmerer Ort, wenn es gelänge, die Bevölkerungszahl schrittweise und verträglich zu verringern. Bleiben wir bei unserer stets auf Expansion ausgerichteten Devise, riskieren wir ein verheerendes Massensterben, sobald unsere Ressourcen zu Ende gehen und unsere Müllberge immer größer werden.

Und dann ist da noch der tödliche Sachverhalt, dass die Länder, die sich ein Bevölkerungswachstum am wenigsten leisten können, Geburtenraten aufweisen, die wahnwitzig oberhalb des Ersatzniveaus liegen, während die reichen Länder Geburtenraten deutlich darunter aufweisen. Sämtliche der schlimmsten Konfliktherde der Welt sind genau wegen ihrer beispiellosen und kein akzeptables Leben ermöglichenden Überbevölkerung Krisenherde. In gerade mal siebzig Jahren hat sich die Bevölkerung in der arabischen Welt mehr als vervierfacht, von 104 Millionen auf 450 Millionen, und die Prognosen gehen von alarmierenden 700 Millionen Menschen im Jahr 2050 aus, weil der Anteil junger Frauen so hoch ist und ihre Geburtenzahlen weiterhin hoch bleiben. Die meisten Länder des subsaharischen Afrika weisen immer noch Geburtenraten von fünf bis sieben Kindern pro Frau auf, an der Spitze der Niger mit 7,6. Man nehme ein beliebiges Land der Welt, das unter einem Bürgerkrieg, massiven Wanderungsbewegungen, einer Hungersnot, einer Epidemie, hohen Sterbeziffern in Folge einer Naturkatastrophe oder von Dürre leidet, und man wird ausnahmslos erstaunlich hohe Fertilitätsraten feststellen. Beispiele für Geburtsraten: 6,8 in Somalia, 5,4 im Sudan, 5,5 in Afghanistan, 4,6 im Jemen, 6,2 in Burundi, 6,3 im Kongo, 6,5 in Mali, 4,2 in Gaza, 3,4 im Irak. Der regelmäßige Anblick einer Mutter in einem Flüchtlingslager mit sechs verhungernden und verdurstenden Kindern kränkt unseren Verstand und bricht einem das Herz. Indien ist der wichtigste Akteur der Welt beim Thema Bevölkerung, weil das Land an zweiter Stelle der Bevölkerungszahl steht und bis vor Kurzem eine hohe Geburtenziffer hatte. Erfreulicherweise hat die Kombination aus aktiver Geburtenkontrolle, wachsender Mittelschicht und Wanderungsbewegung in die Städte die Rate von 3,6 im Jahre 1991 auf 2,3 im Jahr 2013 verringern können.[168] Es wird darauf ankommen, dass die übrigen Entwicklungsländer diesem Beispiel so schnell wie möglich folgen. Unkontrolliertes Bevölkerungswachstum wird eine malthusianische Katastrophe auslösen.

Die Geburtenraten in der entwickelten Welt waren einmal ebenfalls hoch, sind aber heute stark gefallen. Oft liegen sie beträchtlich unterhalb der Ersatzniveaus, besonders in den katholischen Ländern Europas, in denen anscheinend die ausgesprochen dumme und rückschrittliche Politik der Kirche zur Fortpflanzung nicht sonderlich ernst genommen wird. Die Rückgänge waren, mit Ausnahme von China, eine freiwillige Reaktion auf eine Mischung aus wirtschaftlichem Druck, Urbanisierung, wenig Platz, gesunkener Säuglingssterblichkeit, Kindern, die zu einer finanziellen Belastung anstatt einer Erleichterung wurden, Verfügbarkeit von Empfängnisverhütung und Abtreibung, gewandelten kulturellen Einstellungen und, am wichtigsten, besser ausgebildeten Frauen, die etwa in gleicher Zahl wie die Männer auf den Arbeitsmarkt drängen, später heiraten und insgesamt mehr Kontrolle über ihre Reproduktionsbiografie besitzen. China hat in den späten 1970er-

Jahren mit einer viel geschmähten, aber lebensnotwendigen Ein-Kind-Politik eine aktivere Rolle zur Bevölkerungskontrolle eingenommen, die einen Bevölkerungszuwachs von mehreren Hundert Millionen Menschen verhinderte. Der autoritäre Ansatz, wie China das Problem seiner Bevölkerungsexplosion verringert hat, mag uns nicht gefallen, aber die schädlichen Folgen all dieser zusätzlichen Babys wären erheblich schlimmer gewesen, nicht nur für China, sondern für die ganze Welt.

Leider ermutigen heute viele Länder mit niedrigen Fertilitätsraten ihre Bevölkerung, mehr Babys zu haben, und auch in einem großen Teil der entwickelten Welt, darunter China, steigen die Geburtenraten wieder.[169] Politische Programme, die sich für Bevölkerungswachstum aussprechen, beruhen zum Teil auf nationalistischen Ängsten, politischen und wirtschaftlichen Einfluss zu verlieren, falls die Zahlen sinken; ein völlig unerheblicher Vorgang, wenn alle Länder in etwa gleichem Umfang ihre Bevölkerungszahlen anpassen würden. Akuter ist die Angst vor einer Demografiefalle: Eine überalterte Bevölkerung hat zu wenig jüngere arbeitende Menschen, um alle und die vielen älteren Rentner und Pensionäre unterstützen zu können.

Anreize, größere Familien zu bilden, variieren von Land zu Land. In Japan verspricht man Geld, in Dänemark sind es sexy gestaltete Werbespots (eine wunderschöne Blondine sagt: »Tu's in Dänemark«), in Finnland ist es eine Tüte mit Leckereien, in Russland ist es ein »Tag der Empfängnis«, der die Teilnahme an einer Lotterie sichert, in der man ein großes Auto gewinnen kann, in Singapur ist es eine »staatsbürgerliche Pflicht« im Schlafzimmer. Die trugschlüssige Logik dahinter: Ein andauernder Babyboom sei erforderlich, um die demografische Lücke aufgrund einer älter werdenden Bevölkerung zu füllen.[170] Viel besser ist es, die Schieflage in der Bevölkerungsstruktur in einer einzigen Generation auszugleichen, als ein nicht nachhaltiges Bevölkerungswachstum über viele Generationen zu provozieren. Länder sollten abwarten, bis die demografische Lücke vorbei ist, und sie mit Migranten oder Maschinen füllen oder sie beseitigen, indem das Renteneintrittsalter der älteren Personen erhöht wird. Die willkürliche Festlegung des Renteneintrittsalters auf etwa fünfundsechzig Jahre erfolgte zu einer Zeit, als die meisten Menschen nur wenige Jahre später starben; heute ist es zu niedrig angesetzt, da sich die Lebenserwartung um etwa fünfzehn Jahre verlängert hat und ältere Menschen erheblich gesünder sind.

Und wir müssen auch an einer Änderung der kulturellen Werte arbeiten, die das Aufziehen von Kindern als eine wesentliche menschliche Erfahrung und eine Bedingung des Glücklichseins ansehen. Unter allen befragten Gruppen sagten Alleinerziehende am häufigsten, sie seien »nicht sehr glücklich« mit ihrem Leben.[171] Angespannte finanzielle und umfeldbedingte Lebensverhältnisse machen ein Kind oft eher zu einer Nervensäge als zu einem Wonneproppen. Untersuchungen belegen, dass Mütter erheblich lieber telefonieren oder fernsehen, als mit ihren Kindern zu spielen, und dass elterliche Zufriedenheit abnimmt, je mehr Zeit Eltern mit ihren Kindern verbringen müssen. Das Gesamtkonzept der Elternschaft mag wunderbar sein, aber jeden Tag für die Kinder da sein zu müssen, kann sehr aufreibend sein, besonders wenn die Kindererziehung in einen Zeitplan eingefügt werden muss, der ohnehin bereits zu voll ist. Wie eine Redewendung besagt: Eine Mutter kann immer nur so glücklich sein wie ihr unglücklichstes Kind. Zu guter Letzt, was eine ohnehin schon überbevölkerte Welt so ziemlich am wenigsten braucht, sind immer noch weiter entwickelte Kinderwunschkliniken, die Mehrlingsgeburten möglich machen und Frauen ermutigen, Kinder mit Ende vierzig, ja sogar bis Mitte fünfzig zu bekommen.

Die große Varianz in langfristigen Vorhersagen der UN zur Weltbevölkerung spiegelt alle malthusianischen Unsicherheiten der weit entfernten Zukunft. Schätzungen für das Jahr 2150 beginnen bei gerade mal drei Milliarden bis hinauf zu 25 Milliarden Menschen.[172] Der untere Wert unterstellt ein katastrophales Massensterben in einer chaotischen, apokalyptischen Welt. Der hohe Prognosewert unterstellt eine katastrophale Überbevölkerung, die unmöglich stabil sein könnte. Ich vermute, dass auf sehr lange Sicht die Welt nur eine Bevölkerung nahe der niedrigeren Zahl versorgen kann. Die Frage ist, ob wir durch vernünftige und schrittweise Planung dorthin gelangen, oder indem wir uns gegenseitig ausrotten. Die entwickelte Welt hat überzeugend bewiesen, dass eine geeignete Bevölkerungskontrolle möglich ist; die Frage lautet nun, ob wir es schaffen, dieses Ziel auch mit den Entwicklungsländern zu erreichen.

Welche Möglichkeiten gibt es? Der erste Schritt zur Lösung eines Problems besteht darin, sich ihm zu stellen. Jeden Tag sind die Nachrichten voll mit der neuesten Katastrophe, die sich in Afghanistan oder dem Irak oder in Syrien, im Jemen, in Ägypten, dem Kongo, im Sudan, in Somalia oder in irgendeinem anderen der vielen Länder ereignet, die angesichts von Armut, Arbeitslosigkeit, Missernten und schwindenden Wasservorräten unverändert hohe Geburtenraten haben. Praktisch nie gibt es eine Diskussion über die zugrundeliegenden demografischen Daten, die mit großer Sicherheit die Katastrophe befeuern. Berichte über Terrorismus erwähnen selten, dass er, fast vorhersehbar, in einer Welt entsteht, in der es viel zu viele junge Männer gibt, eng zusammengedrängt, ohne Aussicht auf Arbeit oder Ehe, mit nichts Wichtigem zu verlieren außer ihren Leben. Oder dass die wachsende Zahl junger Frauen, die mehrere Babys haben, eine Zeitbombe für die Bevölkerungsentwicklung darstellt. Wir müssen das Tabu durchbrechen und offen darüber diskutieren, dass zu große Bevölkerungen als zugrundeliegende Katastrophe weitere Katastrophen nach sich ziehen. Es ist nie, um ein Beispiel zu nennen, einfach nur ein Konflikt zwischen Schiiten und Sunniten – es sind fast immer zu viele Schiiten, die gegen zu vielen Sunniten um schwindende Ressourcen kämpfen. Und genauso verhält es sich mit den Tutsi gegen die Hutu, Paschtunen gegen Tadschiken, Tamilen gegen Singhalesen, Juden gegen Palästinenser und so weiter. Nahezu jeder Krieg und Bürgerkrieg ist ein Kampf übervölkerter, patriarchalischer Stämme (die sich weiterhin heftig vermehren) gegen benachbarte Stämme (die sich ebenfalls heftig vermehren) um Rechte an zu wenig Land, Nahrungsmitteln, Wasser und anderen Ressourcen. Kriege, Wanderbewegungen und Hungersnöte werden auch weiterhin die einzigen Kontrollmechanismen über ansonsten unkontrollierte Bevölkerungszahlen sein, sofern und solange die Menschen nicht zur malthusianischen Vernunft kommen.

Wie können wir die irrwitzige Fertilität bändigen, die von unseren kulturellen Traditionen so wertgeschätzt wird, sklavisch den egoistischen Interessen unserer DNA dienend und nicht unserem eigenen zukunftsfähigen Überleben? Dass das keine leichte Aufgabe sein wird, wird deutlich, wenn ich zwei Geschichten aus der Zeitung von heute aufgreife, zufällig ausgesucht. Ähnliche Meldungen erscheinen fast jeden Tag. Der Präsident der Türkei sagt, es sei unpatriotisch und unweiblich, wenn die Frau arbeitet; sie müsse zu Hause bleiben und mehr Kinder bekommen, andernfalls sei sie nur »ein halber Mensch«. Dies in einem Land, das bereits heute stark übervölkert ist mit dort beheimateten Türken und Kurden und überflutet von drei Millionen syrischen Immigranten.[173] Und die zweite Meldung: Die Weltgesundheitsorganisation (WHO) äußert sich zweideutig, ob potenzielle Eltern, die in Zika-Zonen leben, eine Schwangerschaft aufschieben sollten; zuerst schlagen sie ein Ja vor, dann wählen sie den politisch korrekten und kultursensiblen Weg, keine eindeutige Empfehlung geben zu können.[174]

Wir können die Überbevölkerung nicht besiegen, wenn wir weiterhin Angst haben, offen und ehrlich darüber zu reden. Und darüber diskutieren müssen wir, falls wir ständig neue malthusianische Katastrophen verhindern wollen. Krieg führende Stämme überall auf der Welt mögen ja glauben, sie trügen einen Existenzkampf gegeneinander aus, tatsächlich aber führen sie eine nicht zu gewinnende Schlacht gegen die eigene Überbevölkerung und gegen die schlecht angepassten kulturellen Traditionen, die Überbevölkerung befördern. Vielleicht erscheint es und ist es kulturell instinktlos, dies klarzustellen, aber es ist unerlässlich. Den irrationalen religiösen und ethnischen Leidenschaften, die bei dem kleinsten Hinweis auf Überbevölkerung geweckt werden, muss die Stirn geboten werden, es muss uns gelingen, weniger emotional und weniger irrational zu argumentieren. Die Welt braucht beharrliche und tiefgreifende Nachhilfe in Sachen Demografie, bei diplomatischen Treffen, in den Nachrichten, in Schulen und hoffentlich auch in Kirchen, Tempeln und Moscheen. Mehr Kinder zu haben bedeutet, die Kinder, die man hat, zu einem erheblich schlechteren Leben zu verurteilen. Lebensqualität schlägt Lebensquantität. Eine kleine Familie, die weiterkommt, ist besser als eine große Familie, die verhungert. Die Unantastbarkeit des Lebens bedeutet, die Kinder, die wir haben, zu schätzen und zu schützen, anstatt sie in einen erbitterten Konkurrenzkampf mit Kindern zu zwingen, für die wir nicht angemessen sorgen können.

Fortpflanzungsfundamentalisten aller Religionen müssen sich das Leid klarmachen, das durch Überbevölkerung in unserer ohnehin beengten und konfliktreichen Welt entsteht. Die Vereinigten Staaten müssen ihre strenge Drosselung der Finanzierung von Familienplanung als Teil der Entwicklungshilfe aufheben. Und die katholische Kirche muss ihren törichten Kreuzzug gegen Empfängnisverhütung und Abtreibung überdenken. Während sie vorgeblich für die Würde des Lebens eintritt, sichert sie hungernden, schwachen, kriegsgeschundenen und umherziehenden Horden ein höchst würdeloses und elendes Leben. Politisch einflussreiche Evangelikale sollten nicht befugt sein, unsere Regierung daran zu hindern, Familienplanung in vielen Ländern der Welt zu finanzieren, in Ländern, die sie dringend brauchen. Bevölkerungskontrolle muss oberste Priorität auf der Welt und unser wichtigstes moralisches Gebot werden. Moral ist immer das erste Opfer in einer Welt, die nicht alle ihre Menschen versorgen kann.

Die Gates Foundation ist ein gutes Beispiel für Flexibilität. Ursprünglich hoffte man, durch Verbesserung der Gesundheit, Verminderung der Sterblichkeit und Aufklärung von Frauen auf indirektem Weg eine Bevölkerungskontrolle zu ermöglichen. Als diese Maßnahmen jedoch das außer Kontrolle geratene Bevölkerungswachstum Afrikas und Südostasiens nicht aufhalten konnten, sondern vielleicht sogar noch dazu beitrugen, begann die Stiftung mit der systematischen Ausweitung und Bereitstellung von Mitteln zur Durchführung von Programmen, Hunderte Millionen Frauen über Familienplanung zu informieren.[175]

Regierungen und Stiftungen auf der ganzen Welt müssen diesem Beispiel folgen. Wenn wir uns nicht strikt an Malthus' Ratschlag halten, auf einvernehmlichem Weg eine Geburtenbeschränkung einzuführen, werden wir ganz sicher von malthusianischen

Katastrophen zunehmend biblischen Ausmaßes heimgesucht werden.

Wenn uns die Rohstoffe ausgehen, wird sich die Weltbevölkerung zwangsläufig verringern. Wir können bei unserem wahnhaften Bevölkerungsoptimismus bleiben und schließlich alle schrecklichen Folgen von Krieg, Seuche, Dürre und Hungersnot erleiden, oder wir können uns schrittweise und würdevoll anpassen, indem wir eine abgestimmte, gut finanzierte globale Anstrengung unternehmen, für eine intelligente Fortpflanzungspolitik zu werben. Viele Menschen halten an einer unerschütterlichen religiösen Überzeugung fest, Empfängnisverhütung sei Sünde. Mir scheint, die wahnhafte Verleugnung der Notwendigkeit von Geburtenregelung ist eine erheblich größere und noch weniger unentschuldbare Sünde. Kinder sollten nicht leiden, weil sie in eine Welt geboren werden, die sie einfach nicht versorgen kann.

Empfängnisverhütung und Abtreibung sind Trump vollkommen gleichgültig. Aber er hat einen teuflischen Deal mit den opportunistischen evangelikalen Führern beschlossen, die einen wichtigen Flügel der Republikanischen Partei darstellen. Sie sehen darüber hinweg, dass er zu den unmoralischsten Männern überhaupt gehört, und er liefert ihnen im Gegenzug Einschränkungen bei der Geburtenkontrolle (das Erschweren von Abtreibungen, der Entzug der Finanzierung von Planned Parenthood), und das nicht nur in den Vereinigten Staaten, sondern überall auf der Welt, indem wir an unsere Hilfsprogramme Bedingungen knüpfen. Um sein Versprechen zu besiegeln, war er gezwungen, Mike Pence als Vizepräsidenten zu akzeptieren, einen Politiker, der schon lange in Diensten des radikal extremistischsten Randes der evangelikalen Bewegung steht. Trump ist berühmt dafür, Versprechen zu brechen, aber Pence hat dafür gesorgt, dass er zu diesem steht. Eine kleine Verschwörergruppe alter weißer Männer übt eine extremistische Kontrolle über die Fortpflanzungsrechte von Millionen junger Frauen aus und schickt unsere Welt auf einen Weg, der zu einer verheerenden malthusianischen Katastrophe führt. In ihrer seltsam lauwarmen Unterstützung für Hillary Clinton haben Frauen zugelassen, dass Trump die Präsidentschaft stiehlt. Seitdem haben sie begonnen, sich zu organisieren, um ihrem Unmut über seine zynische Durchsetzung einer drakonischen Reproduktionspolitik Ausdruck zu verleihen. Vielleicht ist ihr Widerstand zu schwach und kommt zu spät. Es ist nicht übertrieben zu sagen, dass das Schicksal der Welt davon abhängen könnte, welchen Einfluss die Wahlen von 2018 und 2020 darauf haben, wie die Politik mit Geburtenkontrolle und Bevölkerungswachstum umgehen wird.

Konsum

Bakterien werden in Petrischalen gezüchtet, in kleinen Behältern, die einen reichhaltigen, aber auch begrenzten Nährboden liefern. Man siedle einige wenige Bakterien auf einer großen Menge bakterieller Leckereien an, und die Ergebnisse sind absolut vorhersehbar – heftige Vermehrung und ungehemmter Konsum, bis die Schale so mit Bakterien gefüllt ist, dass kein Nährmedium mehr übrig bleibt, womit die Kolonie vollkommen abstirbt. Der Begriff »katabolischer Kollaps« beschreibt den Vorgang, sich selbst zu verzehren und damit auszulöschen, bei uns Menschen. Historisch gesehen gelangen alle komplexen und erfolgreichen Gesellschaften an einen Punkt, an dem sie über ihre Verhältnisse leben und mehr herstellen und konsumieren, als sie brauchen oder verwerten können. Wenn die Ressourcen erschöpft sind, kollabieren sie.

In der Archäologie ist es eine regelmäßige Erkenntnis, dass Zivilisationen unmittelbar vor ihrem Verschwinden ihr Produktivitätsmaximum erreichen, drastisch ausgedrückt: Die dickste Schicht unbrauchbares Material in jedem Müllhaufen ist für gewöhnlich auch die letzte.[176]

Keine Gesellschaft jemals hat mehr produziert oder verbraucht oder mehr Müll weggeworfen als unsere. Als ich ein Kind war, war ein Spielzeug etwas Seltenes und Kostbares, ein geschätzter Begleiter durch die Kindheit. Verglichen damit ähnelte das letzte Weihnachtsfest im Hause meines Sohnes einem üppigen Potlatsch mit Bergen von Zeug, das nur eine kurze Aufenthaltsdauer im Haus hat, bevor es, auf dem Weg zur Mülltonne, in die Garage verbannt wird. Weder brauchen Kinder all dies überschüssige Spielzeug, das haben zu wollen ihnen beigebracht wurde, noch ziehen sie einen Nutzen daraus. Wir werden als Gesellschaft mehr Zukunft haben, wenn wir unsere Konsumquote reduzieren können.

Leider basieren unsere wirtschaftspolitischen Maßnahmen ausnahmslos auf der verhängnisvoll mangelhaften gegenteiligen Annahme, dass ständiges Wachstum nicht nur etwas Gutes, Vorgegebenes sei, sondern ein elementarer, wesentlicher Bestandteil des nationalen Überlebens. Jede Störung des Wachstums wird als »Rezession« oder »Konjunkturrückgang« geschmäht und mit Hilfe verzweifelter finanztechnischer und geldwirtschaftlicher Maßnahmen umgekehrt, damit die Menschen wieder mehr ausgeben und konsumieren. Ein zu großer Anteil unseres Bruttoinlandsprodukts (70 Prozent) rührt von Konsumausgaben für häufig nutzlose Produkte, zu wenig fließt in Infrastrukturprojekte und Forschung, die zu einer effizienteren und nachhaltigeren Welt führen würden.[177] Wir bauen zu viele Autos, aber zu wenig öffentliche Verkehrssysteme, betreiben zu viel marktorientierte, belanglose Arzneimittelforschung und zu wenig Forschung zu einer sauberen Fusionsenergie, die schwindende, schmutzige fossile Energieträger ersetzen könnte, und wir kaufen zu viel albernes Spielzeug aus China. Die gesamte Werbewirtschaft widmet sich nahezu ausschließlich der Verführung zu einer hirnlosen Konsumorgie, wie sie in Huxleys *Schöne Neue Welt* satirisch aufs Korn genommen wird. Geplante Obsoleszenz ist der Name unseres Wirtschaftsspiels, alles muss schöner, neuer, besser sein. Für die Unternehmensgewinne mag das vielversprechend sein, es ist aber untragbar und im Grunde überflüssig, sollte es einfach nur unser Ziel sein, die Menschen glücklich zu machen.

Während die Entwicklungsländer ihre Bevölkerung aus der Armut und in die moderne Welt holen, müssen sie ihren Konsum steigern. Das ist nur recht und billig, allerdings nur dann nachhaltig, wenn zum Ausgleich in der entwickelten Welt ein verminderter Konsum steht. Wir müssen unsere Einstellung und die Institutionen und Wirtschaft von Wachstum und Konsumstreben hin zu Nachhaltigkeit und Genügsamkeit neu ausrichten. Wir müssen aufhören, gigantische Mengen von Dingen herzustellen, die wir nicht wirklich brauchen, und uns darauf konzentrieren, mit Dingen, die wir uns leisten können und die kostengünstig und hochwertig sind, zufrieden zu sein. Ein einfacheres Leben ist sehr häufig ein glücklicheres Leben.

Umrüst-Technologie

Moderne Technologie ermöglicht uns eine enorme Steigerung unserer wirtschaftlichen Leistungsfähigkeit. Uns stellt das vor drei einfache Alternativen: (1) Wir produzieren mehr und immer mehr

Dinge; (2) wir arbeiten kürzer; (3) immer mehr Menschen werden arbeitslos. John Maynard Keynes, der brillanteste Wirtschaftswissenschaftler seiner Zeit und Retter des Kapitalismus in seiner finstersten Stunde, sagte 1930 begeistert voraus, dass die Menschheit schon bald nur noch eine 15-Stunden-Woche benötige, wodurch sie zusätzliche Freizeit erhalte, um ihren Interessen nachzugehen. Das war eine durchaus vernünftige Annahme angesichts der Tatsache, dass in den vorausgegangenen fünfzig Jahren sehr schnell technische Fortschritte und eine Verringerung der Arbeitswochenstunden erreicht worden waren.[178] Herbert Marcuse, ein leidenschaftlicher Kritiker des Kapitalismus, bewertete eine immer kürzer werdende Arbeitswoche mit moralischen Begriffen: als einzige Möglichkeit, die Menschheit vor geistloser, konsumorientierter »Eindimensionalität« zu schützen. »Die Menschen erkennen sich in ihren Waren wieder; sie finden die Seele in ihrem Auto, ihrem Hi-Fi-Empfänger, ihrem Split-Level-Haus, ihrem Küchengerät.«[179] Für Kultur ist keine Zeit vorgesehen, für Selbstständigkeit gibt es keinen Platz. Wenn zu viel Arbeit das menschliche Leben verflacht, ist eine verringerte Arbeitszeit unerlässlich, um uns wieder in die drei Dimensionen zurückzuholen. »Die Verkürzung der Arbeitszeit ist die erste Vorbedingung der Freiheit.«[180]

Keynes und Marcuse waren beide sehr klug, aber dennoch erwiesen sich beide als schlechte Propheten, soweit es um die Auswirkung der Technologie auf die Freizeit geht – zumindest bislang. Der technologische Fortschritt hat die Arbeiter entweder nur noch mehr unterjocht oder sie gleich ganz ersetzt. Jede technologische Revolution hat in der Vergangenheit dazu geführt, dass die Menschen mehr arbeiteten als je zuvor, weil die gesteigerte Produktivität zu immer mehr Produkten und mehr Menschen führt, nicht zu mehr Freizeit. Jäger und Sammler vor der Agrarrevolution hatten mehr Freizeit als die nachfolgenden Bauern, die Bauern vor der industriellen Revolution hatten mehr Freizeit als Fabrikarbeiter, und Fabrikarbeiter vor der digitalen Revolution hatten mehr Freizeit als Computerfreaks. Google hat wahrscheinlich am härtesten daran gearbeitet, ein Hightech-Utopia zu erschaffen, das die besten und glücklichsten Menschen einstellen und behalten wird. Allgemein beneidete Nebenleistungen umfassen: ein schönes, einem Campus ähnliches Arbeitsumfeld, kostenloses Gourmet-Frühstück, Mittag- und Abendessen, Kaffee- und Saftbars, kostenloses Fitnesscenter, kostenloser Transport zu und von der Arbeit, großzügige Mutter- und Vaterschaftsurlaube und nicht zu vergessen die finanzielle Vergütung, die technischen Spielzeuge und die Möglichkeit, mit anderen klugen Leuten zusammenzuarbeiten. Aber es ist auch nahezu unmöglich, vom Büro wegzukommen, wenn man über Smartphone und Computer angekettet ist, wenn eine Erreichbarkeit sieben Tage die Woche erwartet wird und man weiß, dass die Mitbewerber bereit sind, bis zum Umfallen zu arbeiten.

Dass jeder weniger arbeitet, aber alle Arbeit haben, muss die entscheidende Errungenschaft einer nachhaltigen Wirtschaft sein. Wir müssen unsere Technologie so einsetzen, wie Keynes und Marcuse es sich vorgestellt haben: um uns selbst zu interessanteren und interessierteren Menschen zu machen, vielleicht ärmer an Dingen, aber reicher an Zeit, Weisheit, Glück und Beziehungen. Massive Produktivitätszuwächse sind größtenteils vergeudet worden, indem in der Folge hauptsächlich nutzloses Zeug hergestellt und/oder Arbeiter entlassen wurden. Das größte Risiko der Digitalisierung und eines behutsamen Wachstums des Bruttoinlandsprodukts ist das Entstehen einer massiven Arbeitslosigkeit, was verheerende Auswirkungen auf die Lebenszufriedenheit hat und ein wichtiger Risikofaktor für Suizid ist. Eine Ausweitung von Beschäftigungsverhältnissen mit einer kurzen Arbeitswoche und bessere Versorgung derjenigen, die arbeitslos sind, sind die besten Formen der Selbstmordprävention und leisten den nachhaltigsten Beitrag zu einer in sich ruhenden Gesellschaft. Interessanterweise verursacht Arbeitslosigkeit in den nordischen Ländern erheblich weniger Unzufriedenheit beziehungsweise Unglücklichsein, weil diese ein starkes soziales Netz bereitstellen.[181]

Zu den großartigen Seiten des Kapitalismus gehört, dass die Schieflagen des Marktes ziemlich einfach durch Steuern, Subventionen und Regulation ausgeglichen werden können. Ein schrecklicher Aspekt des Kapitalismus ist die problemlos mögliche Korrumpierbarkeit dieser drei Einflussfaktoren, um weiter die Begünstigten zu begünstigen und die Benachteiligten zu benachteiligen. Unsere Steuer- und Regulierungsgesetzbücher sind größtenteils von Lobbyisten der Wirtschaft geschrieben worden, wenig überraschend, um auf Kosten des Gemeinwohls und zukünftiger Generationen kurzfristige Wirtschaftsinteressen zu favorisieren. Die gute Nachricht ist, dass einfache Anpassungen die Anreize für die Wirtschaft wieder neu ausrichten können. Unternehmen sollten nicht nur basierend auf aktuellen Einnahmen besteuert werden, sondern auch nach den direkten Zusatzkosten, die ihre Tätigkeiten der Zukunft auferlegen, man denke an Verbrauchssteuern auf Kohlenstoffdioxidemissionen. Großzügige Subventionen an die mit fossilen Energieträgern befasste Wirtschaft und die Agrarindustrie sollten auf Mitbewerber übertragen werden, die saubere, nachhaltige Energie und Lebensmittel produzieren können. Steuererleichterungen sollten den Technologien zugesprochen werden, die den besten Wirkungsgrad bei der Abfallvermeidung, eine Verbesserung der Infrastruktur und einen nachhaltigen sozialen Ertrag erzielen. Weiterhin müssen wir die geplante Obsoleszenz beenden, indem Technologien belohnt werden, die haltbare Qualitätsprodukte herstellen, und keinen Einwegramsch, der ständig ersetzt werden muss. Wir müssen eine Wirtschaft werden, die, um gesund zu bleiben, weniger von kurzfristigem Nachfrage-Konsum abhängig ist und mehr auf langfristige Unternehmensinvestitionen setzt, die heute nur sehr verzögert erfolgen, weil Unternehmen Billionen von Dollars horten (größtenteils im Ausland, um Steuern zu vermeiden).

Neue Technologien ringen der Erde mit einer noch nie gekannten Effizienz Brennstoffe, Metalle und Lebensmittel ab, bringen aber gleichzeitig ungewollte Folgen mit sich wie weiteres Bevölkerungswachstum, noch mehr Luftverschmutzung, Umweltzerstörung und weniger Jobs. Wir müssen für eine Richtungsänderung der Technologie sorgen, damit sie die Welt saniert, statt sie auszuplündern. Reformen im Steuerrecht und in der Politik mögen unrealistisch erscheinen, besonders angesichts der Trump'schen Kaperung der für Steuer- und Ordnungspolitik zuständigen Institutionen Washingtons im Sinne der Konzerne und des großen Geldes. Drängende Notwendigkeiten werden indes schon bald die Trägheit bezwingen, und eine kluge Staatsführung wird eines Tages eine gerechtere und nachhaltigere Politik einleiten. Die beunruhigende Frage ist, ob dies rechtzeitig geschehen wird.

Kooperation

Ameisen in einer Kolonie haben ein angeborenes, unmittelbares, drängendes und unwiderstehliches Bedürfnis, mit allen anderen an einem Strang zu ziehen. Weil jede Ameise genetisch sehr nah mit jeder anderen Ameise in der Kolonie verwandt ist, programmiert die Ameisen-DNA komplexe Verhaltensalgorithmen, die einen Ansatz »Alle für einen und eine für alle« gewährleisten, der jede Handlung einer Ameise in der gesamten Kolonie von ihrer Geburt bis zu ihrem Tod durchdringt. In einer Ameisenkolonie gibt es keine Bürgerkriege, keine Staatsstreiche, kein Parteiengezänk, kein egoistisches Schachern, keine Debatten, keine Vertragsstreitigkeiten, keine Vertragsbrüche. Eine Ameisenkolonie funktioniert als ein »Superorganismus«: Keine isolierte Ameise kann allein überleben, Kooperation ist alles und Wettbewerb innerhalb der Kolonie ist unvorstellbar.[182] Unterschiedliche Ameisenkolonien bekämpfen sich erbittert bis zum Tod, aber jede Kolonie handelt wie ein Organismus. In einer Ameisenkolonie gibt es ebenso wenig Individualismus wie in den Organen des menschlichen Körpers. Wenn unser Körper gesund funktioniert, dann deshalb, weil jede Zelle ihren Platz kennt und mit allen anderen Zellen in vollem Umfang kooperiert. Wir nennen es Krebs, wenn die Zellen irgendeines unserer Organe sich die Freiheit nehmen, sich auf Kosten der anderen Zellen egoistisch zu vervielfachen. Mangelnde Kooperation in einer Gesellschaft kann zu einer Art sozialem Krebs verkommen.

Wir erwarten vollkommene Kooperation innerhalb unserer inneren Organe, nicht aber zwischen verschiedenen Menschen, nicht mal unter denen, die eng miteinander verwandt sind. Zum Besseren, und inzwischen sehr häufig zum Schlechteren, belohnte die natürliche Auslese beim Menschen Entwurfsspezifikationen, die sich erheblich von denen der Ameisen unterscheiden; so ist die Aufopferung für das Allgemeinwohl beim Menschen nicht annähernd so selbstverständlich wie bei der Ameise. Wir sind wetteifernde, konkurrierende Geschöpfe mit einer nur begrenzten Fähigkeit zum Kooperieren und Teilen, selbst innerhalb des engsten Familienkreises und ganz sicher außerhalb. Ameisen haben sich zu so sozialen und selbstlosen Geschöpfen entwickelt, weil sie mit allen anderen in der Kolonie eng verwandt sind. Menschen teilen erheblich weniger Gene mit ihrer Verwandtschaft, wir besitzen gewisse Anlagen zu Altruismus, sind aber von Natur aus erheblich egoistischer und individualistischer und befürchten, dass nette Typen am Ende als Letzte ins Ziel kommen. Unser Verwandtschaftsaltruismus existiert, aber er ist erheblich weniger stark ausgeprägt und begrenzter in seinem Horizont. Unsere besten Vorsätze werden oft genug von eigennützigen Interessen, streitlustigem Gezänk und auseinandergehenden Ansichten darüber überlagert, was gerecht und richtig und gut ist. Deshalb geraten menschliche Experimente in ameisenartigen gemeinsamen Lebensformen, in einem Kibbuz oder in utopistischen Dorfgemeinschaften letzten Endes ins Schwimmen und scheitern.

Natürlicherweise besitzen wir eine ambivalente Einstellung gegenüber Ameisen. Einerseits bewundern wir ihre Genialität in der Zusammenarbeit, gleichzeitig empfinden wir Furcht bei dem Gedanken, wir selbst könnten so automatisiert für das Allgemeinwohl arbeiten müssen und dabei in der Menge verloren gehen. Unsere Gene erlauben uns – oder richtiger gesagt: lenken uns –, zumindest ein wenig von diesem Frank Sinatra-Gefühl des »I gotta be me« zu besitzen. Aus historischen und geografischen Gründen variiert dessen Stärke von Kultur zu Kultur jedoch erheblich. Gesellschaften wie in China und Japan, die genetisch homogen sind und schon sehr früh den Druck beengter Lebensverhältnisse erfuhren, entwickelten einen konfuzianischen, Konsens bildenden Ansatz, der Kooperation deutlich dem Individualismus vorzog. Das geografisch und genetisch keineswegs einheitliche Europa belohnte eher individualistische Tendenzen, welche ihren umfassenden Ausdruck in den genetisch heterogenen und für Zuwanderung früher weit geöffneten Vereinigten Staaten fanden.

Nachdem die Welt heute kleiner geworden ist und so überfüllt und voneinander abhängig ist wie eine Ameisenkolonie, haben sich auch unsere Bedürfnisse verändert. Sollte es uns nicht gelingen, die schlimmsten Folgen unseres wilden Individualismus zu überwinden, sind unsere Tage als erfolgreiche Spezies gezählt. Wir können von Menschen nicht erwarten, dass sie mit ameisengleicher Uniformität kooperieren, aber wir sind dem Untergang geweiht, wenn wir von dem Verhalten der Ameisen nicht lernen und dies auf unsere gegenwärtige Situation anwenden.

Konfuzianische Weisheit muss bei sämtlichen menschlichen Bestrebungen eine erheblich größere Rolle spielen. Noch nie zuvor in der menschlichen Geschichte ist weltweite Kooperation so unerlässlich und so leicht zu erreichen gewesen. Unerlässlich, weil alle unsere existenziellen Bedrohungen sich aus globalen Bedrohungen ergeben, und alle werden ganz sicher globale Heilmittel erfordern. Wir sitzen alle in demselben kleinen und sehr überfüllten Boot und können uns nicht länger sicher fühlen, indem wir nur unsere Familie und den einheimischen Stamm beschützen, während wir den Rest der Welt verflucht sein lassen. Wir gehen zusammen unter oder schwimmen gemeinsam. Zum Glück sind alle weltweiten Institutionen, die zur Lösung unserer Probleme notwendig sind, vorhanden und aktiv; zum Beispiel die Vereinten Nationen, der Weltwährungsfonds, die Weltgesundheitsorganisation, die Weltbank, genau wie Tausende Nichtregierungsorganisationen (NGOs) und philanthropische Stiftungen. Die Geschäftswelt ist nicht mehr durch nationale Grenzen behindert, und die Geschäfte laufen am besten, wenn die nationalen Organisationen optimal zusammenarbeiten. Europa hat sich aus dem blutigsten Schlachtfeld der Welt in den größten je da gewesenen gemeinschaftlichen Markt verwandelt.

Obwohl die Notwendigkeit weltweiter Kooperation noch nie größer oder offensichtlicher gewesen ist, erfolgte die Umsetzung bislang sehr enttäuschend. Die Vereinten Nationen sind alles andere als vereint, die Europäische Union ist in Reaktion auf Migration, Terrorismus oder Währungskrisen alles andere als eine Union gewesen, die WHO war im Kampf gegen Epidemien sehr schlecht organisiert, der IWF und die Weltbank werden weithin geschmäht und die Spannungen zwischen Russland und China sind schlimmer geworden.

Stress kann ein System stärken oder zerschlagen. Bislang haben wir hauptsächlich Zerschlagung gesehen, wobei Trump den Sprengtrupp anführt. Aber es ist noch zu früh für eine Beurteilung, und ich gehe davon aus, dass die Verhältnisse sich ändern werden. Schon bald wird man nicht mehr übersehen können, dass ein weiteres Wachstum der Weltbevölkerung nicht mehr tragbar ist, dass Öl und Gas zu Ende gehen, dass wir das Klima verändert haben und dass die Luftverschmutzung uns das Atmen erschwert. Die Frage ist nun, ob wir früh genug zur Vernunft kommen werden und ob die Zusammenarbeit ausreichen wird, um alles wieder in ein nachhaltiges Gleichgewicht zu bringen, bevor alles zu sehr aus dem Lot gekommen ist, um es noch korrigieren zu können.

Natur erhalten

Als ich noch ein kleines Kind war, ist meine Familie in einen grünen Vorort von New York City umgezogen, einen Ort, der damals etwa zu gleichen Teilen aus Grün und Beton bestand. Mein Fußweg zur Grundschule schlängelte sich durch ein kleines, für mich betörendes Areal voller Bäume, Wildblumen, Schmetterlinge, Glühwürmchen und eingebildeter Cowboys und Indianer. Dann kamen die Baufirmen und begannen, die Freiflächen verschwinden zu lassen. Als ich auf der Highschool war, hatten hoch aufragende Appartmenthäuser Betonschluchten voller briefmarkengroßer Rasenflächen erschaffen, eine armselige Erinnerung an eine verlorene, natürliche Welt. Ich fühlte mich erstickt, wenn wir nicht für kurze Zeit raus an einen Strand, einen Park oder Berg gehen konnten. Meine glücklichsten Augenblicke waren damals die Momente in der Natur, sie sind es noch heute.

Woody Allens Stadtmenschen – diejenigen, die sich nach Beton sehnen und Schmutz, Wind, Sand und die Sonne hassen – gibt es sicherlich wirklich, aber sie sind eine Minderheit. Tausende Generationen unserer Vorfahren haben in der Natur gelebt und konnten ihren Lebensunterhalt bestreiten. Um Nahrung zu finden und zu vermeiden, zur Mahlzeit eines anderen zu werden, mussten sie hervorragende Naturkundler sein mit profunden Kenntnissen der Botanik, Zoologie, Geografie und des Klimas. Und um bei seiner Arbeit gut zu sein, muss man sie lieben.

Unserer Spezies sind einige Grundzüge eingeschrieben, so finden wir die Natur schön und fühlen uns zu Lebewesen hingezogen, ein Verhalten, das E. O. Wilson als angeborene »Biophilie« bezeichnet. Potenziellen Vorfahren, die keine Freude dabei hatten, im Wald spazieren zu gehen oder im See zu schwimmen oder einen schönen Sonnenuntergang zu verfolgen oder Beute aufzuspüren, fehlte die Begeisterung, die zum Überleben erforderlich war. Ihre Gene konnten nicht mit denen konkurrieren, die der Natur freundlich gegenüberstanden. Das Leben auf Bauernhöfen ist erst 10.000 Jahre alt, Stadtleben 6.000, Fabrikleben 200, Computerbildschirmleben 30. Wir können uns an jede Umgebung anpassen, wenn es sein muss, aber naturfremde Milieus haben wir nicht in den Genen.[183] Wie John Muir es ausgedrückt hat: »Der klarste Weg ins Universum führt durch die Wildnis eines Waldes.«[184]

Es gibt eine zunehmende Abkopplung zwischen unserem fortwährenden Bedürfnis nach Natur und unserem schnell schwindenden Zugang zu ihr. Wir lieben Zoos, botanische Gärten, Nationalparks, Camping, Angeln, Jagen, Gärtnern (mein persönlicher Favorit: Herumlungern am Strand), weil uns all das dorthin zurückbringt, zumindest eine Zeit lang, wohin wir gehören. In einem großen Teil der Entwicklungsländer hat es in den letzten Jahrzehnten massive Abwanderung aus dem ländlichen Raum in den dicht gedrängten urbanen Morast gegeben. In einem großen Teil der entwickelten Länder hat eine reißende Verlagerung der Aufmerksamkeit weg von der wirklichen Realität hin zur virtuellen Realität eines Computerbildschirms stattgefunden. Kinder haben noch nie so wenig Zeit beim Spielen in der freien Natur verbracht, und die meisten Menschen in den entwickelten Ländern sind für den größten Teil ihres Lebens ans Haus gebunden. Wir werden unsere angemessene Verantwortung zum Schutz der Natur und der Geschöpfe der Natur nicht empfinden, wenn wir die Natur nicht mehr kennen und uns ihrer nicht mehr erfreuen. Wir müssen zurück in die Natur, um ihre Wirklichkeit zu erleben und einzuatmen. Wir müssen unsere Kinder von den Computern und Touchscreens wegholen.

Die Erde, einst unsere Mutter, ist heute zu unserem Kind geworden. Sie ist darauf angewiesen, dass wir sie schützen und Verantwortung für sie übernehmen. Unsere Spezies hat Hunderttausende von Jahren gebraucht, um Mutter Natur zu beherrschen, aber nur ein paar Hundert Jahre, um sie auszuplündern. Jeder, der nicht nur Bäume anschaut, sondern den Wald sieht, kann erkennen, dass der Wald brennt; in Südkalifornien, wo ich lebe, trifft das im wahrsten Sinne des Wortes zu, und im übertragenen Sinn auf der ganzen Welt.

Die größte Gefahr für die natürliche Welt ist die fatale Kombination aus Überbevölkerung, Konsum und wirtschaftlicher Opportunität. Wir alle kennen die verlogenen Sprüche: »Wir müssen diesen Regenwald roden, damit die Menschen zu essen haben und Arbeitsplätze geschaffen werden« oder »Diese Pipeline ist unerlässlich für unsere Wirtschaft« oder »Diese Umweltschutzvorschriften drängen uns aus dem Markt«. Die wirtschaftlichen Berechnungen, um eine Schädigung der Umwelt zu rechtfertigen, beziehen sich immer auf kurzfristige Rentabilität, die nur sehr wenigen Menschen für nur sehr wenige Jahre nutzt, wobei die langfristigen Kosten ignoriert werden, die vom Rest von uns über viele Jahrhunderte bezahlt werden. Die wirtschaftlichen Interessen des großen Geldes geben jedes Jahr Unmengen von Dollar aus, um Politiker zu kaufen, die Wissenschaft zu diskreditieren und der Öffentlichkeit mit der Drohung Angst zu machen, dass Arbeitsplätze verloren gingen und die Wirtschaft zusammenbräche, sollten wir eine verantwortungsvolle Umweltpolitik betreiben. Konzerne und die Superreichen haben den Naturschutz in ein hässliches parteipolitisches Thema verwandelt, obwohl das Ganze doch als offensichtlicher Nutzen für alle Menschen gesehen werden sollte. Die Großkonzerne haben außerdem ein befremdliches, aber sehr mächtiges Bündnis mit jenen in der radikalen religiösen Rechten geschlossen, die sich inzwischen in alles einmischen, die alles kontrollieren und über die guten Sitten wachen. Die Aufforderung der Bibel, wir sollten gute Sachwalter der Erde zu sein – ihrer Ansicht nach ist das die Aufgabe Gottes –, ist ihnen weitgehend egal. Zum Glück sind die aufgeklärteren religiösen Gruppen in den letzten Jahren

»grüner« geworden und nehmen ihre Verantwortung wahr, unsere wunderschöne Welt als Geschenk Gottes zu schützen.

Auch wenn sie gesund und fantasievoll ist, trägt die Ökologiebewegung einen schweren Kampf gegen das große Geld und schwindende Zeit aus. E. O. Wilson, einer ihrer gelehrtesten und wortgewandtesten Sprecher, ist am Verzweifeln. »Wir leben in einem Wahnzustand. Amerika, vor allem Amerika, bürdet der Welt eine fürchterliche Last auf. Wir haben diesen wunderbaren Lebensstandard, aber wir zahlen dafür einen enormen Preis. Um die sieben Milliarden Menschen der Welt mit Hilfe der heutigen Technologie auf das Niveau des durchschnittlichen Amerikaners zu bringen, bräuchten wir vier weitere Planeten Erde.« Wir haben aber keine vier weiteren Erden, und das wird sich auch nicht ändern. Zum Überleben müssen wir also bei der Nutzung unseres einen und einzigen Planeten erheblich klüger und sanfter werden. Wilsons Lösungen klingen vertraut: große Naturschutzgebiete überall dort auf der Welt anlegen, wo die Biodiversität gefährdet ist, Bevölkerungskontrolle durch Ausbildung und Teilhabe von Frauen, radikale Verringerung des Energieverbrauchs und radikal zunehmende Verwendung umweltfreundlicher nachhaltiger Ressourcen sowie eine neue grüne Revolution, um mehr Kalorien mit weniger Landeinsatz zu produzieren.

Auf der geologischen Zeitskala betrachtet ist die Erde unempfindlich gegenüber unserem belanglosen Einmarsch. Zieh den Menschen ab aus Manhattan, und das Gebiet wird sich innerhalb weniger Jahrhunderte in einen schönen Wald zurückverwandeln.[185] Kambodscha war im 12. Jahrhundert einer der reichsten und bevölkerungsreichsten Orte der Welt, was man heute, da die riesigen Städte alle unter einem neu gewachsenen Dschungel begraben sind, nicht vermuten würde. Doch auf der kurzen menschlichen Zeitskala können wir der Natur so schweren Schaden zufügen, dass wir uns selbst schaden. Die Natur ist der Kanarienvogel im Käfig – zerstöre sie, und wir sind die Nächsten. Sie zu erhalten ist hingegen eine großartige langfristige volkswirtschaftliche Investition, ein moralisches Gebot und ein Liebesdienst.

Abend- oder Morgendämmerung?

Unsere Spezies befindet sich an einem entscheidenden Wendepunkt und in einer Grauzone: Wir befinden uns entweder in einer Abenddämmerung, kurz vor Eintritt in ein neues dunkles Zeitalter, oder in einer Morgendämmerung, kurz bevor wir ein vergangenes dunkles Zeitalter hinter uns lassen. Ohne Frage können und müssen wir nachhaltig und zukunftsfähig werden, aber es bleibt erschreckend unsicher, ob uns das auch gelingen wird. Die aktuelle Politik könnte nicht weniger verheißungsvoll sein, materiell untragbar, moralisch bankrott und unvorstellbar dumm, wie sie ist. Viele Länder haben das Ruder unverantwortlichen und inkompetenten Skippern übergeben, die unser kleines Schiff in einen perfekten Sturm der Überbevölkerung, habsüchtigen Konsums und erbitterter Konkurrenz steuern. Den Kurs im letzten Moment noch zu korrigieren, wird schwer werden und könnte hoffnungslos erscheinen, aber es muss getan werden und es ist nahezu sicher nicht unmöglich. Wie Samuel Johnson es formulierte: »Wenn ein Mensch weiß, dass er gehängt wird … fokussiert das seinen Verstand ganz wunderbar.« Die zwingende Notwendigkeit muss einfach dafür sorgen, dass wir uns neu erfinden. Wenn wir das erreicht haben, wird es leicht genug werden, die Nachhaltigkeit aufrechtzuerhalten. Der schwierige Teil besteht darin, von hier nach da zu kommen – unsere sozialen Wahnvorstellungen zu überwinden und das dystopische dunkle Zeitalter von Trump hinter uns zu lassen.

Trump ist ein unheilbares Geschöpf mit Steinzeit-Emotionen und mittelalterlichen Überzeugungen. Seine Politik ist eine fünffache Katastrophe mit negativen Auswirkungen in jeder Dimension, die für eine nachhaltige Welt erforderlich ist. Trump gibt sein Bestes, die Weltbevölkerung weiter zu vergrößern, indem er die Mittel für Familienplanung zu Hause wie im Ausland beschneidet. Er ermutigt zum Konsum und wertet Einsparungen ab. Trump bekämpft Wissenschaft und Technologie, die zu Verringerung von Müll und Umweltverschmutzung führen könnten, und fördert Projekte, die das genaue Gegenteil tun. Er unterzeichnet Präsidentenverfügungen, um öffentliches Land und unberührte Naturlandschaften an den Meistbietenden zu verkaufen. Und dieser Präsident arbeitet und spielt nicht gut mit anderen zusammen.

Unsere einzige Hoffnung besteht darin, dass Trump als Paradebeispiel für eine dermaßen kolossal dumme Politik helfen wird, sie für alle Zeiten zu diskreditieren, und das nicht nur bei Präsidentschaftswahlen, sondern auch, und dies ist genauso wichtig, im Kongress.

KAPITEL 8

Das Streben nach Glück

Was man alles nicht braucht,
um glücklich zu sein.

MARLOW

Manchmal lässt einen eine flüchtige Begegnung an einem fremden Ort nicht mehr los und verändert vollkommen, wie man über sein Leben denkt und den Rest desselben verbringen wird. Vor ungefähr zwanzig Jahren machte ich an einem Nebenfluss des Amazonas Urlaub, mit einem kleinen Boot vier Stunden stromabwärts von der nächstgelegenen schäbigen Öl-Stadt. Ich hatte mich in einer winzigen Öko-Lodge verkrochen, die jeden Augenblick entweder von dem strömenden Regen überschwemmt oder vom sich ausbreitenden Urwald verschluckt zu werden drohte. Die Lodge hatte nur einen Angestellten, einen gewissenhaften, tüchtigen kleinen Mann aus Wien mit gepflegtem Schnurrbart und charmantem Akzent. Er war Manager, Bootsmann, Fremdenführer, Koch, Kellner, Barkeeper, Hausmeister und Putzkolonne in einem und füllte all diese Rollen stets gut gelaunt und souverän aus. Gleichzeitig fiel er durch seine Weltgewandtheit auf, die so gar nicht zu allem anderen passte. Was machte ein gebildeter Bursche wie er hier am Ende der Welt, wo es zumeist körperliche Arbeit zu verrichten gab?

Wann immer ich gezwungen bin einzugestehen, dass ich Psychologe bin, scheinen Menschen sich veranlasst zu sehen, mir ihre Lebensgeschichte zu erzählen, obwohl es nicht gerade zu meinen bevorzugten Freizeitbeschäftigungen gehört, ihnen zuzuhören. Aber dieser Mann hatte eine Vorgeschichte, die einfach erzählt werden musste und der ich fasziniert zuhörte. Als er in der feuchten, dunklen Einsamkeit seine Geschichte zum Besten gab, klang er wie der Erzähler in den Romanen von Joseph Conrad. Nennen wir ihn Marlow.

Noch zwei Jahre zuvor hatte Marlow das geruhsame, ganz normale Leben eines typischen wohlhabenden europäischen Intellektuellen geführt. Er war Bauingenieur, mit einer Ärztin verheiratet, und hatte eine Tochter im Teenageralter. Sie lebten in einer großen, schönen Wohnung voller Bücher und antiker Möbel und besaßen einen Stutzflügel. Er war ein leidenschaftlicher Sammler antiker Münzen und moderner Kunst, liebte Mozart und hatte ein Faible für Gourmetküche und gute Weine.

Dann geriet Marlows wohlgeordnetes Leben ohne jede Vorwarnung von einem Moment auf den anderen aus den Fugen. Ermutigt von einer törichten Psychotherapeutin, die zu rücksichtsloser Wahrheit riet, gestand ihm seine Frau, dass sie gelegentlich kurze und flüchtige erotische Stelldicheins mit seinem besten Freund gehabt hätte. Obwohl ihr letztes Treffen bereits einige Jahre zurücklag, fühlte sie sich immer noch schuldig und wünschte Marlows Verständnis und Vergebung. Das war zu viel für ihn. Marlows »Überreaktion«, wie er es jetzt nannte, umfasste eine kalte und verbitterte Zurückweisung seiner Frau, heftige Eifersucht, mörderischen Zorn, tiefe Trauer und lähmende Selbstzweifel. Er hatte erfolglos versucht, seine Not mit einer breiten Palette verschreibungspflichtiger Pillen und illegaler Drogen zu betäuben, zuverlässiger war die vorübergehende Linderung, die er am Boden einer Flasche Alkohol fand.

Marlow war von Natur kein gewalttätiger Mann und niemand, der peinliche Szenen machte. Doch er hatte seine Gedanken nicht unter Kontrolle. Sollte er sie umbringen oder sich selbst oder seinen besten Freund oder vielleicht gleich alle drei? Er wurde von wilden Bildern heimgesucht, wie sich die beiden Menschen, die sein Vertrauen gebrochen hatten, leidenschaftlich liebten, und konnte weder Anblick, Stimme, Geruch, Gedanken an oder Anwesenheit von einem der beiden ertragen. Sechs Monate ertrug er ein distanziertes, stummes, zorniges Misstrauen, bevor er entschied, er müsse entweder seine Frau verlassen oder aber sich umbringen. Ein Plan keimte in ihm, wie er beide Ziele erreichen und gleichzeitig seine Tochter vor dem unausweichlichen Schmerz und der Schande schützen konnte, ihn durch Selbstmord zu verlieren. Marlow verkündete, er werde zwei Wochen Öko- und Kulturferien in Ecuador machen, um in einer unberührten Umgebung Flora und Fauna zu beobachten und in abgelegenen Dörfern die Gebräuche der Eingeborenen zu studieren.

Diese plausible Verschleierungsgeschichte erregte keinen Verdacht, da er bereits zuvor aus gleichem Grund ähnliche Alleingänge in Laos, Madagaskar und Thailand unternommen hatte. Im Stillen jedoch brachte Marlow sorgfältig seine Arbeit, Besitztümer und persönlichen Angelegenheiten in Ordnung, machte sein Testament und brach schließlich zu seinem persönlichen Himmelfahrtskommando auf. In Ecuador engagierte er zunächst einen erfahrenen Buschpiloten, der ihn von Quito aus zu der entlegensten

Landepiste im Dschungel fliegen sollte, und dann einen Flussschiffer, der ihn so weit wie nur möglich weiter stromaufwärts brachte – eine ganze Tagesreise hinein in das, was Marlows persönliches Herz der Finsternis werden würde. Zur plausiblen Tarnung von Marlows exotischem Selbstmord vereinbarte er mit dem Mann, ihn vier Tage später wieder abzuholen. Er würde jedoch tief in den Dschungel wandern, bis er sich rettungslos verlaufen hatte. Die Schicksalsgöttinnen würden über die näheren Umstände seines unausweichlichen Endes entscheiden.

Es lief nicht wie geplant. Eine unbestimmte Anzahl von Tagen später wurde ein bereits delirierender Marlow von einem Stamm gastfreundlicher Halbnomaden gefunden, die nur sparsamsten Kontakt zur Außenwelt hielten. Nach und nach pflegten sie ihn gesund und sorgten ein Jahr lang für sein körperliches und geistiges Wohl. Marlow lernte ein paar Brocken ihrer Sprache, doch es war vor allem ihre vorbehaltlose Güte und die tief empfundene Hinnahme ihres armseligen Schicksals, die ihn von seinem Entfremdetsein heilten und dem Selbstmord jeden Reiz nahmen.

Marlow befand sich inzwischen im sechsten Monat seiner Zwischenlösung, dem Experiment, die kleine Lodge zu leiten. Er war immer noch nicht sicher, *was* er mit dem Rest seines Lebens anstellen sollte, absolut sicher war er jedoch, es *leben* zu wollen. Sollte er für immer in diesem Grenzgebiet zwischen seinen beiden früheren Leben bleiben, oder sollte er versuchen, entweder zu seiner Familie oder aber zu seinen neuen Freunden des Stammes zurückzukehren? Diese essenzielle Lebensentscheidung bereitete ihm kaum Sorgen; Marlow wusste nun, dass sein Seelenfrieden nicht von unvorhersehbaren äußeren Umständen abhing, sondern dass er ihn nur in sich selbst finden konnte. Als ich mich am letzten Tag von ihm verabschiedete, umarmte ich Marlow und fragte, was er aus seiner außergewöhnlichen Odyssee gelernt habe. Ohne zu zögern antwortete er: »Was man alles nicht braucht, um glücklich zu sein.«

Das ist, finde ich, der beste Rat, der unserer Welt helfen könnte, nicht länger über ihre Verhältnisse zu leben. Wir müssen jene Möglichkeiten dankbar annehmen, die uns ein dauerhaftes Glück mit den Dingen bringen, die wirklich wichtig sind, und jenes künstliche Glück hinter uns lassen, das auf übermäßigem Konsum basiert. Marlow erschien mir wie der weiseste und glücklichste Mensch der Welt. Trump muss zu den am wenigsten weisen und am wenigsten glücklichen Menschen gehören. Die Opfer, die wir bringen müssen, um dauerhaft glücklich zu sein, sind eigentlich gar keine Opfer.

Lustprinzip vs. Realitätsprinzip

Maximierung des Lustgewinns und Minimierung des Schmerzes sind die grundlegendsten und ältesten aller Verhaltensanreize. Die ersten lebenden Zellen vor Billionen von Jahren besaßen das Urteilsvermögen, sich solchen Dingen zu nähern, die sich gut anfühlten, und jene zu meiden, die sich schlecht anfühlten. Die deutlichste Bestätigung für Kontinuität und Konservatismus der Evolution ist, dass Würmer und Fliegen und all die anderen niedrigen Lebewesen der Erde, die vor Hunderten von Millionen Jahren die ersten Nervensysteme entwickelten, immer noch genau denselben Neurotransmitter (Dopamin) benutzen wie wir heute. Und immer noch aus demselben Grund: um die Suche nach den guten Dingen des Lebens wie Essen, Trinken, Sex und dem Abhängen mit anderen Würmern und Fliegen zu stimulieren. Die Amygdala ist zwar die Zentrale unseres positiven Belohnungssystems, aber die Lust ist wichtig genug, um umfangreiche Verschaltungen überallhin zu rechtfertigen, insbesondere zu den für Gedächtnis und Entscheidungsfindung zuständigen Hirnzentren.

Um gute Entscheidungen zu treffen, muss man der Verführung durch die Lust widerstehen, die Unannehmlichkeiten von Schmerz tolerieren und realistisch einschätzen können, wie viel wir von jedem zu erwarten haben. Fast alle Philosophen und Psychologen mussten sich mit der Lust, dem Schmerz und deren Verhältnis zu unserer täglichen Realität auseinandersetzen.

Die Epikureer des alten Roms und Griechenlands waren bemerkenswerte Wissenschaftler, die zweitausend Jahre vor Newton und Einstein in der Lage gewesen sind, einige jener Grundsätze der Wirklichkeit herauszuarbeiten, die der menschlichen Intuition am stärksten widersprechen. Sie verstanden, dass einfache und unsichtbare Atome die grundlegenden Bausteine des Universums sein müssen; dass sich diese Atome zufällig und unablässig innerhalb einer Leere bewegen und manchmal aneinanderstoßen, woraus die komplexen Dinge der Natur entstanden; dass Atome Positionen, Kennzeichen, Gewicht und Form haben; und dass wir Dinge mit Hilfe von Atomen wahrnehmen, die in großem Tempo durch unsere Organe wandern. Die epikureische Philosophie war strikt materialistisch, keine Götter, kein Aberglauben, keine utopischen Wahnideen. Wir haben nur ein Leben und ein Ziel: das Beste daraus zu machen, indem wir das Vergnügen fördern und den Schmerz minimieren. Wir können am meisten aus unserem Leben machen, wenn wir der Realität, ohne ablenkende Illusionen, direkt ins Gesicht sehen.[186]

Epikur erfreute sich an seinem schönen Garten, der mediterranen Brise, gutem Essen und Trinken; seine Definition von Freude entsprach jedoch eindeutig nicht der von Hollywood oder *Schöne neue Welt.* Freude entspringt der Ruhe eines bescheidenen Lebens, begrenzten Bedürfnissen, dem Erlangen von Wissen über sich und die Welt, guten Freunden und dem Ausüben seiner Arbeit. Vor dem Tod braucht man sich nicht zu fürchten, denn es ist ein Zustand ohne Bewusstsein, nicht anders als der Zustand vor der Geburt. Epikurs letzte Worte machen seine entspannte und realistische Bewertung des Lebens und des Todes deutlich: »Den seligen und zugleich letzten Tag meines Lebens verbringend, schreibe ich euch diese Zeilen. Ich werde von Harn- und Ruhrbeschwerden verfolgt, die keine Steigerung der Größe mehr zulassen. Alldem aber steht die Freude der Seele über die Erinnerung an die von uns geführten Gespräche gegenüber.«[187] Er sollte uns allen ein Beispiel an Gelassenheit und geistiger Größe sein.

Im dritten Jahrhundert vor unserer Zeitrechnung entwickelt, standen sich Stoizismus und Epikureismus als die beiden großen konkurrierenden Denkrichtungen gegenüber; die eine konzentrierte sich mehr auf den Umgang mit Schmerzen, die andere auf das Streben nach Freude. Doch dies war nur wenig mehr als der Narzissmus der kleinen Differenzen, beide philosophischen Denkrichtungen hatten ähnlich materialistische Weltbilder und vergleichbare Vorstellungen, wie man sich am besten darin verhielt. Der Stoizismus, die strengere der beiden, lehrte den Wert der emotionalen Selbstbeherrschung in den Fallstricken des entfesselten Schicksals. »Lebe nach der Natur«: Wenn die Natur von der Vernunft gelenkt wird, warum sollte unsere menschliche Natur dann nicht auch danach streben, absolut vernünftig zu sein; und ähnlich gleichmütig auf Schmerz, Krankheit, Armut, Leidenschaft und Glück zu reagieren? Die Stoiker hätten kein Verständnis für unsere gesellschaftlichen Wahnideen. Ihr Rat wäre, die Probleme unseres Planeten mit Vernunft zu lösen und bei den Schmerzen, die wir auf dem Weg dahin erleiden, nicht zu zucken.[188]

Der nächste große Beitrag zur materialistischen Moral kam vor zweihundert Jahren von Jeremy Bentham. Beeinflusst von der Wiederbelebung der antiken Lehren, die die Zeit der Aufklärung prägten, entwickelte er eine utilitaristische Rechenart, die als praktisches Leitprinzip für individuelle Moralurteile und gesellschaftliche Entscheidungen dienen sollte. »Die Natur hat die Menschheit unter die Herrschaft der Lust und des Schmerzes gestellt. Ihnen verdanken wir alle unsre Ideen; auf sie beziehen wir alle unsre Urteile, alle Bestimmungen unseres Lebens. Der Maßstab dessen, was richtig und falsch ist, sowie die Folge von Ursache und Wirkung sind beide an ihren Thron gekettet. Sie beherrschen uns in allem, was wir tun, in allem, was wir sagen, und in allem, was wir denken.« Lust und Schmerz müssen entsprechend ihrer Stärke, Dauer, Vorhersehbarkeit, Unmittelbarkeit, Risiken und Generalisierbarkeit auf andere so genau wie möglich gemessen werden. Sie können für den Einzelnen summiert und für die Gesellschaft aggregiert werden. Staatstätigkeiten sollen nicht anhand abstrakter Prinzipien beurteilt werden, sondern vielmehr im Hinblick auf ihre praktischen Konsequenzen. Bringen sie, heute und in Zukunft, der größtmöglichen Anzahl von Bürgern das größtmögliche Glück?[189]

Utilitarismus ist nicht perfekt, aber unentbehrlich. Nicht perfekt, weil es unmöglich ist, den Nutzen unabhängig von einem Werturteil zu messen. Hitler hätte für sich beanspruchen können, ein Benthamier zu sein, der Deutschland das größte Glück bringt, während er die schlimmsten Gräueltaten gegen die Menschheit beging. Und unentbehrlich, da es keinen besseren Leitfaden zum Verhalten Einzelner und für die Tätigkeit des Staates gibt. Die immer noch unbeantwortete, aber entscheidende Frage ist, ob unsere zänkische Spezies sich jemals darüber einig wird, was die wichtigsten Werte zum Überleben sind, wie man deren Zielerreichung am besten misst, welche politischen Strategien das Wohl der Welt am ehesten steigern und welche den Schmerz der Welt reduzieren? Nicht zu vernachlässigen unsere Verantwortung, die Freuden unserer Spezies über einen hoffentlich langen Zeitraum zu beschützen und den Schmerz zu minimieren.

Sigmund Freud bezahlt nun den Preis dafür, zu Lebzeiten überschätzt worden zu sein: Heute wird er gewaltig *unter*schätzt. In der Neuropathologie und der Evolutionstheorie sehr bewandert, wusste Freud intuitiv, dass sich die hierarchische Überlagerung der menschlichen Gehirnstruktur über die unserer tierischen Vorfahren in der menschlichen Psyche widerspiegeln würde. Das Unbewusste, das Es, welches sich in erster Linie der Befriedigung primitiver Instinkte widmet, folgt dem »Lustprinzip« der sofortigen Belohnung. Unser Bewusstsein, das Ich, folgt dagegen dem »Realitätsprinzip« – der zeitlichen Aufschiebung des Lustgewinns, der rationalen Bewertung, und reagiert angemessen auf die Anforderungen und Möglichkeiten der Umwelt. »Das so erzogene Ich ist ›verständig‹ geworden, es lässt sich nicht mehr vom Lustprinzip beherrschen, sondern folgt dem *Realitätsprinzip*, das im Grunde auch Lust erzielen will, aber eine durch die Rücksicht auf die Realität gesicherte, wenn auch aufgeschobene und verringerte Lust.« Kleinkinder handeln rein nach dem Lustprinzip. Psychische Reife kommt mit der wachsenden Fähigkeit, das Lustprinzip mit einer gesunden Dosis Rücksicht auf die Realität in Schach zu halten.[190] Freuds Abgrenzung antizipierte Daniel Kahnemans spätere Aufteilung in System 1 und System 2.

Gesellschaftliche Wahnideen sind das reine Lustprinzip, fern der bedrohlichen Realität und unfähig, angemessen darauf zu reagieren. Freud legte sein Ziel zur Einzeltherapie so fest: »Wo Es war, soll Ich werden.« Vergleichbar sollte das Ziel unserer Gesellschaft darin bestehen, vernünftig und langfristig zu planen, um mit den Problemen der Wirklichkeit umzugehen und sich nicht des kurzfristigen Vergnügens willen der Verleugnung und dem Wunschdenken hinzugeben.

Trump ist das Lustprinzip in Person – zum Teufel mit Realität und Ehrlichkeit. Er hat die Aufmerksamkeitsspanne einer Mücke, die Tobsuchtsanfälle eines Zweijährigen und die Impulsivität und Schwülstigkeit eines Teenagers. Für die meisten von uns schlägt die Realität irgendwann zurück – die Erfahrung lehrt uns, dass wir nicht das Zentrum des Universums sind, straft uns, wenn es uns an Selbstbeherrschung fehlt, und zwingt uns, erwachsen zu werden und den Regeln zu folgen. Mit einem goldenen Löffel im Mund geboren, ist Trump das klassische verzogene Gör, das nie gelernt hat, seine Bedürfnisse denen der anderen unterzuordnen. Vom Realitätsprinzip in seinem ganzen Leben unbelastet, ist Trump einzigartig unfähig, das Realitätsprinzip auf seine präsidialen Entscheidungen anzuwenden. Er regiert aus dem Bauch heraus, nicht mit dem Verstand; er denkt sich alternative Fakten aus, anstatt sich den wirklichen Fakten zu stellen; und er betrachtet jedes Ereignis durch die verzerrte Linse seiner Aufgeblasenheit. Wir müssen als Gesellschaft erwachsen werden und das Realitätsprinzip auf die Herausforderungen unserer Zukunft anwenden. »Lustprinzip«-Präsident Trump ist der falsche Mann im falschen Job zur falschen Zeit.

Der Sollwert des Glücks

Eine wachstumsorientierte Wirtschaft in eine nachhaltige umzuwandeln, wird mit Sicherheit große, störende Konsequenzen nach sich ziehen, beabsichtigte und unbeabsichtigte. Mit dem Einsetzen der landwirtschaftlichen Reform vor zehntausend Jahren begann konstantes Wachstum zum Leitziel der Menschheit zu werden. Beschleunigtes Wachstum wurde vor zweihundert Jahren zum Ziel der industriellen Revolution und wurde in Silicon Valley bis zur Perfektion vorangetrieben. Die multinationalen Konzerne, die heute die Welt kontrollieren, leben und sterben mit ihren Quartalszahlen – zum Teufel mit dem Erhalt der langfristigen Zukunft! Nach zehntausend Jahren unbekümmerter Verschwendung wird es nicht einfach sein zu lernen, innerhalb der Grenzen unserer kollektiven Möglichkeiten zu leben. Den Wandel zur Nachhaltigkeit zu vollziehen wird unvermeidbare Nöte und Ungerechtigkeiten mit sich bringen, die unmöglich zu rechtfertigen wären, würde der Status quo nicht definitiv die gefährlichere Wahl darstellen.

Doch bei den ganzen Unsicherheiten gibt es einen Trost. Weil ein Mehr an Produkten uns nicht glücklicher gemacht hat, werden uns weniger Produkte nicht unbedingt unglücklicher machen. Sobald unser Einkommen erst einmal über ein bestimmtes Niveau gestiegen ist, hat ein weiterer Anstieg wenig Auswirkungen auf unser Lebensglück. Die beste Erklärung für dieses unerwartete und kontraintuitive Phänomen ist der *Set Point*, der »Sollwert des Glücks«.[191]

Die Homöostase ist eines der wertvollsten Konzepte der gesamten Wissenschaft. Sie hilft zu verstehen, warum einige Menschen von Natur aus so viel glücklicher sind als andere und warum das Glück des Einzelnen trotz scheinbar großer Veränderungen äußerlicher Umstände so stabil bleibt. Die meisten physikalischen und alle gesunden biologischen Systeme können sich durch ein selbstregulierendes Rückkopplungssystem in einem stabilen Gleichgewichtszustand halten. Dieses Gleichgewicht ist nicht leicht zu erreichen, da sich interne und externe Zustände ständig verändern und drohen, die Sache ins Wanken zu bringen. Das Ergebnis ist ein dynamisches Gleichgewicht: Ständige kurzzeitige Veränderungen sorgen dafür, dass trotz aller temporären Störungen relativ einförmige Langzeit-Zustände erzeugt werden. Jede Zelle in unserem Körper ist ein Beispiel fortschrittlicher Homöostase, und die kollektiven Anstrengungen der Zellen sind ein Wunder der Zusammenarbeit. Ohne nachzudenken sorgen wir für stabile Werte: Körpertemperatur, Blutzucker, Herzschlagrate, Blutdruck, Sauerstoffgehalt, Hydrierung und bei vielen anderen Dingen. Wenn wir ein Jahr lang nur einen zusätzlichen Schokoriegel äßen, was jemandem wie mir nicht schwerfällt sich vorzustellen, läge die Gewichtszunahme bei ungefähr fünfzehn Kilo pro Jahr, und in ein paar Jahren würden wir alle aussehen wie Sumo-Ringer. Doch etwas Rätselhaftes in uns hält unser Gewicht in der Waage.

Wunderbarerweise sind Menschen auch dazu in der Lage, ein homöostatisches Gleichgewicht des Glücklichseins aufrechtzuerhalten, selbst wenn Glücks- oder Pechsträhnen uns zwischenzeitlich ganz schön durcheinanderbringen. Mitte der 1980er-Jahre führte ich eine Untersuchung an Männern mit einem erhöhten HIV-Risiko durch. Sie durchliefen kurz vor und kurz nach dem HIV-Test eine Reihe emotionaler Tests, und dann noch einmal sechs Wochen später. Zur damaligen Zeit, bevor es geeignete Behandlungsmethoden gab, war die Diagnose AIDS ein sicheres Todesurteil, bei dem die Menschen in der Regel innerhalb eines Jahres starben, mit der zusätzlichen Gewissheit, im Endstadium erheblich zu leiden. Wenig überraschend stellte man bei den Männern mit der guten Nachricht, dass der Test negativ ausgefallen sei, einen plötzlichen dramatischen Anstieg des emotionalen Wohlbefindens fest. Genauso wenig überraschend zeigten die Männer, die die fatale Nachricht eines positiven Tests erhielten, einen dramatischen Absturz Richtung Depression und Angstzustände. Zu unserer großen Überraschung waren beide Gruppen innerhalb von sechs Wochen jedoch wieder fast zu ihrem emotionalen Ausgangslevel zurückgekehrt. Die bestmögliche und die schlechteste Nachricht waren gleichermaßen nicht in der Lage, einen profunden und permanenten Effekt auf positive oder negative Gemütszustände auszuüben.

Jeder von uns besitzt einen inneren Glücksthermostat, der unbewusst reguliert, wie wir uns fühlen. Abhängig von positiven oder negativen Lebensereignissen gibt es ständige Schwankungen, wenn wir von einem durchschnittlichen Glücksgrad ausgehen, doch der Thermostat zieht uns zurück zur Mitte – in genau derselben Weise, wie unser inneres Regulierungssystem die Körpertemperatur und das Körpergewicht auf einem stabilen Level hält. Die »hedonistische Tretmühle« erklärt, wie die kurzfristigen Schwankungen des Glücklichseins ausbalanciert werden. Die Begeisterung über einen Lottogewinn hält nur so lange an, bis die üblichen Sorgen sich wieder in deinem Leben breitmachen und dich zurück auf den Boden bringen. Bei einem Autounfall ernsthaft verletzt zu werden, ist verheerend, aber normalerweise hält die Verletzung der Seele nicht für immer an. Etwas zu bekommen, was wir haben möchten, ist nie so wunderbar, wie wir es uns erhoffen; etwas zu verlieren, was wir haben, ist nie so furchtbar, wie wir es befürchten.[192]

Wie glücklich wir uns fühlen, bleibt über die Zeit relativ konstant und wird eher von unserem Sollwert des Glücks bestimmt als durch Einkommen, Alter, Familienstand und der Anzahl unserer Freunde. Und ganz sicher ist unser Glück nicht davon abhängig, wie viele Dinge wir besitzen, und es wird uns nicht schwerfallen, uns an eine Zukunft zu gewöhnen, in der wir deutlich weniger besitzen. Genetische Studien legen nahe, dass die Einstellung des Glücksthermostats zur Hälfte erblich ist und zur anderen Hälfte durch die frühe Kindheit bestimmt wird. Die evolutionären Vorteile einer ausgeglichenen Lebenseinstellung liegen auf der Hand. Durch schnelle hedonistische Adaption bleiben wir für den gegenwärtigen Augenblick empfänglich, aber der Sollwert des Glücks verankert uns langfristig. Wir können auf die Hochs und Tiefs des Lebens reagieren, ohne vom Glück überwältigt oder von der Verzweiflung gelähmt zu werden. Genau darum geht es bei der Homöostase. Es gibt einige Schwankungen unter den Menschen, wie nah sie an ihrem Sollwert des Glücks bleiben – einige reagieren temporär stärker auf externe Umstände als andere –, doch früher oder später pendelt sich bei den meisten von uns das Glücksempfinden wieder auf das Ausgangsniveau ein.

Einige Menschen versuchen, den Sollwert des Glücks mithilfe von Alkohol, chemischen Substanzen oder Psychopharmaka auszutricksen, müssen jedoch feststellen, dass Homöostase schwer zu schlagen ist. Alkohol und Drogen können uns temporäre Hochgefühle verschaffen, normalerweise müssen wir dafür jedoch mit mindestens gleichwertigen Tiefpunkten bezahlen. Psychopharmaka sind hilfreich, den Sollwert des Glücks wieder einzustellen, wenn er von einer seelischen Störung gedrückt wurde, doch es gibt keine Belege dafür, dass er bei normalen Menschen den Sollwert anhebt.

Es gibt keinen Anspruch darauf, dass der Sollwert auf ewig gleich bleibt oder nicht anfällig für Veränderungen wäre. Zermürbende Armut, Langzeitarbeitslosigkeit, Scheidung, Tod eines Ehepartners, chronische Krankheiten und schwere Verletzungen können dazu führen, den Sollwert über lange Zeiträume zu senken, möglicherweise auch lebenslang. Eine Beziehung, die Veränderungen bringt, Einsichten über das Leben oder therapeutische Magie könnten ihn heben. Doch in den meisten Fällen sind wir, was wir sind. In unserer Wirtschaft könnte ein Umdenken stattfinden, weg von Wachstum, hin zu Nachhaltigkeit, wir könnten weniger produzieren und hätten immer noch mehr als genug, um die meisten von uns glücklich zu machen.

Das Diagramm, auf dem Glücklichsein und Alter über die Spanne eines Lebens einander gegenüberstehen, folgt einer faszinierenden U-Kurve. Menschen haben in der Regel Mitte zwanzig ein Glückshoch, dann um die vierzig einen Midlife-Tiefpunkt, bis sie schließlich mit zunehmendem Alter zunehmend glücklicher werden, mit einem zweiten Hoch Ende sechzig, Anfang siebzig. Diese Ergebnisse sind geschlechts-, länder- und zeitübergreifend stabil, bis hin zu anderen Spezies – Schimpansen und Orang-Utans haben ihre eigene altersangepasste Midlife-Crisis und die späten Freuden des Alters –, und bleibt auch stabil, wenn man es um Vermögen, Familienstand, Kinder, Arbeitsplätze und andere Variablen bereinigt. Die U-Kurve ist in reicheren Ländern, in denen die Menschen gesünder sind und sich eines längeren Lebens erfreuen, sogar noch ausgeprägter.

Dieses Glücksmuster scheint dem gesunden Menschenverstand zu widersprechen: Wer würde annehmen, dass alte Leute in Sachen Glück am besten abschneiden? Doch auf den zweiten Blick ergibt das Ergebnis Sinn. Was uns glücklich macht, verändert sich ebenfalls über die Jahre. In Blog-Beiträgen jüngerer Menschen liegt die Betonung oft auf »aufgeregt, begeistert oder ermutigt«, während die Älteren »friedlich, entspannt, ruhig oder erleichtert« bevorzugen. Von uns Älteren ist der Druck abgefallen; unser Rennen ist gelaufen, und wir konzentrieren uns mit weniger Ablenkung auf das, was wirklich zählt. Wir können die kleinen, positiven Dinge der Gegenwart wertschätzen und ebenso die Erinnerung an die schönen Augenblicke der Vergangenheit.[193]

Hinsichtlich des Zusammenhangs zwischen Geschlecht und Glücklichsein gibt es zwei rätselhafte Paradoxe. Zum einen haben Frauen einen leichten Vorsprung, was das gesamte Glück angeht, obwohl bei ihnen die doppelt so hohe Wahrscheinlichkeit einer klinischen Depression oder einer Angststörung besteht. Diese Diskrepanz kann auf zwei Arten erklärt werden: Entweder haben Frauen generell eine breitere emotionale Palette als Männer, oder die Frauen sind, mit Ausnahme einiger sehr unglücklicher Frauen, einfach glücklicher als Männer. Oder es könnte ein bisschen von beidem sein. Zweites Paradox: Das subjektive Glücklichsein bei Frauen ist in den zurückliegenden vier Jahrzehnten kontinuierlich gesunken, obwohl die objektiven Werte ihres Wohlergehens sich kontinuierlich verbessert haben. Diese Diskrepanz reflektiert womöglich den gestiegenen Stress, gleichzeitig zu arbeiten, einen Haushalt zu führen und sich um die Kinder zu kümmern. Der Befund wird noch durch die Tatsache verstärkt, dass immer mehr Frauen heutzutage die Hauptverdiener der Familie sind. Besonders Frauen würden von einer wachstumsfreien Wirtschaft profitieren, durch die sich ihre Arbeitswoche verkürzen würde.[194]

Die unzähligen Studien dazu, wie die Persönlichkeit das Glücklichsein beeinflusst, kamen zu dem Schluss, dass extrovertierte Menschen glücklicher sind, während jene, die zu Neurotizismus neigen, etwa zu Schuldgefühlen, Wut und Angstzuständen, unglücklicher sind. Das ist nicht gerade eine weltbewegende Neuigkeit und hat einen starken Beigeschmack von Tautologie. Beziehungen machen die Menschen glücklich, und Extrovertierte sind besser darin, sie zu knüpfen. Außerdem ist es so viel einfacher, extrovertiert zu sein, wenn man glücklich ist – Glücklichsein könnte der Grund für die Extrovertiertheit sein, und nicht andersherum. Wie schwer dagegen ist es, glücklich zu sein, wenn man sich schuldig fühlt, wütend ist oder Angst hat. Vielleicht wäre es zielführender, das Glücklichsein als ein unabhängiges Persönlichkeitsmerkmal anzusehen, welches einem dabei hilft, seine anderen Eigenschaften und Verhaltensweisen zu definieren.

Genau genommen könnte der Sollwert des Glücks eines Menschen eines der besten Anzeichen dafür sein, wie sein Leben verlaufen wird. Könnte ich nur ein einziges Detail von jemandem erfahren, bevor ich ihn heirate oder einstelle, ich würde wissen wollen, wie glücklich dieser Mensch bisher gewesen ist. Wenn ich einen Wunsch für ein Kind haben dürfte, wäre das die Gnade eines gut gesetzten Sollwerts des Glücks; er ist viel wichtiger, als hübsch oder klug zu sein. Attraktiv zu sein spielt nur eine kleine Rolle für das Wohlbefinden von Frauen, und überhaupt keine für Männer. Und es gibt nur geringe Zusammenhänge zwischen Intelligenz und Glück, wenn man den Vergleich um all die anderen Faktoren bereinigt, welche Intelligenz mit sich bringt.[195]

Fazit: Eine nachhaltige Gesellschaft kann eine sehr glückliche Gesellschaft sein; eine nicht nachhaltige Gesellschaft garantiert kurzfristig kein Glück, aber langfristig Elend.

Das Brutto-Nationalglück

Keiner der Indikatoren für Glück, nichts in der wissenschaftlichen Literatur, in den Aussagen kluger Leute oder aus der allgemeinen Erfahrung legt nahe, dass einem eine Milliarde Dollar, der Kauf eines Hauses oder des Traumautos, ein Lottogewinn, ein Essen in einem Sterne-Restaurant oder der Besitz eines Picassos dauerhaftes Glück beschert. Egal, was die Werbung einem erzählt – Glück kann man weder im Laden kaufen noch im Internet bestellen.

Wir haben das Glücklichsein kommerzialisiert und suchen an lauter falschen Orten danach. Unsere Gene haben sich daran angepasst, die größtmögliche Freude an jenen Dingen zu finden, die auch unseren Vorfahren zur Verfügung standen, als sie vor fünfzigtausend Jahren in kleinen Gruppen über die Erde zogen. Die schönsten Dinge des Lebens sind fast kostenlos: einfache, spontane Freuden, die Bestand haben und einen zufriedenstellen. Der Großteil des Restes ist eine Illusion und nur von flüchtiger Dauer. Der Glanz des modernen Lebens ist nicht so golden, wie es aussieht.

Wir können unsere Welt besser machen und zu mehr Glück verhelfen, wenn wir uns weniger über das Bruttoinlandsprodukt sorgen, sondern mehr dafür tun, das Brutto-Nationalglück (BNG) zu verbessern. Es existiert bereits eine bedeutsame Bewegung in diese Richtung. Das Sustainable Development Solutions Network (Lösungsnetzwerk für nachhaltige Entwicklung) der Vereinten Nationen rief 2011 das »World Happiness Project« ins Leben, um die teilnehmenden Länder zu animieren, ihre Aufmerksamkeit auf das Glücklichsein als nationales Entwicklungsziel zu konzentrieren. Das Projekt veröffentlicht den jährlichen »World Happiness Report«, der seine Daten in erster Linie von der World Gallup Poll bezieht.[196]

Der Brutto-Nationalglück-Index ist ein wesentlich besserer Indikator für langfristigen nationalen Erfolg als der derzeitige Standard des Bruttoinlandprodukts (BIP).[197] Das BIP legt den Schwerpunkt zu stark auf die Bedeutung der wirtschaftlichen Aktivitäten und unterschätzt in hohem Maße die nicht wirtschaftlichen Aktivitäten, die die Menschen jedoch am glücklichsten machen: Freizeit, Gesundheit, gemeinsame Zeit mit Familie und Freunden, Kultur, Bildung, Sport, Sicherheit und Natur. Ein Land, das sich in einem Wettlauf um Produktion und Konsum von immer mehr nutzlosen Dingen befindet, wird mit einem hohen BIP belohnt, obwohl es Ressourcen verschwendet, die Umwelt verschmutzt und seinen Bürgern die Zeit und die Ruhe raubt, das Leben zu genießen.

Warum sollte man nicht danach streben, das Pro-Kopf-Glück eines Volkes zu erhöhen, anstatt sich ausschließlich auf die Pro-Kopf-Produktion und den -Konsum zu fixieren? Das Leitbild, dass für Regierungen das Glück ihrer Bürger als höchstes Ziel gelten sollte, hat eine lange Tradition, die mit Konfuzius beginnt: Eine Regierung trägt Früchte, »wenn die Nahen erfreut werden und die Fernen herankommen.« Großbritannien, Frankreich, Deutschland, Singapur, Thailand und Südkorea haben bereits Interesse daran gezeigt, politische Entscheidungen nicht allein auf der Basis von Produktivität und Währungsreserven zu treffen, sondern auch die Schaffung »sozialer Reserven« einzubeziehen. Bhutan ist am weitesten fortgeschritten, das BNG mit Hilfe quantitativer Messungen des wirtschaftlichen Wohlbefindens, der Umwelt, der körperlichen und geistigen Gesundheit, des Wohlbefindens am Arbeitsplatz und in der Gemeinschaft sowie der Regierungsführung zu verwirklichen. Die Ergebnisse werden addiert und durch die Bevölkerungszahl dividiert, um einen »Glück-pro-Kopf«-Wert zu erstellen.[198]

In welchem Land man lebt, hat einen großen Einfluss darauf, wie glücklich man ist. Die wichtigsten Einflusswerte für Glück sind Vermögen, Lebensdauer, Gleichheit, Selbstbestimmung, Korruptionsfreiheit sowie die Sicherheit, Menschen und ein System zu haben, auf die bzw. auf das man sich verlassen kann. Das Nationalglück schwankt freilich mit der Zeit; in den vergangenen fünf Jahren stieg das Glücksempfinden in sechzig Ländern an und verschlechterte sich in einundvierzig. Während die Armut global zurückgeht, wird die Welt ein wenig glücklicher, und es gibt eine gewisse Annäherung in den Glücksraten verschiedener Regionen – wie alles andere wird auch Glück globalisiert. Die Rangfolge an der Spitze ändert sich manchmal ein wenig, aber die skandinavischen Länder, insbesondere Dänemark, führen regelmäßig die Liste an. Was gut nachzuvollziehen ist, denn sie haben eine dynamische Industrie, eine effiziente Staatsführung, ein effektives System der Gesundheitsfürsorge, ein starkes soziales Sicherungsnetz und relativ wenig Ungleichheit in der Vermögensverteilung.

Überraschend ist allenfalls, dass aus der nordischen Bevölkerung nur ein Jahrtausend, nachdem sie böse, wilde Wikinger waren, die besten und vernünftigsten Bürger der Welt geworden sind – die überdies am wenigsten gefährdet sind, gesellschaftlichen Wahnideen zu verfallen. Sie haben einst die aggressivste Wachstumswirtschaft der Welt betrieben und sind nun die besten Werbebotschafter für vernünftige Nachhaltigkeit geworden.

Andere Länder, die sehr gut abschneiden, sind die Niederlande, Schweiz, Österreich, Kanada, Australien und Neuseeland. Die Länder Lateinamerikas haben in letzter Zeit die größten Sprünge gemacht und halten sich gut oberhalb ihres wirtschaftlichen Gewichts, was mit Sicherheit daran liegt, dass sie engen Beziehungen innerhalb der Familie und der Gemeinden großen Wert beimessen. Die schlimmsten Orte, an denen man sein kann, sind die extrem überbevölkerten, von Krieg und Terror geplagten Länder des Nahen Ostens, viele Teile Afrikas sowie Afghanistan. Nachhaltiges Glücklichsein ist abhängig von Stabilität und Sicherheit.[199]

Trotz seines Reichtums und seiner Macht liegen die Vereinigten Staaten auf der Glückshitparade abgeschlagen zwischen dem fünfzehnten und zwanzigsten Platz. Während wir immer reicher werden, werden wir nicht glücklicher. Trotz eines erstaunlichen Anstiegs des Bruttoinlandprodukts und reichhaltigen Zugangs zu Konsumgütern, liegt unsere Glücksrate heute nur ungefähr dort, wo sie vor vier Jahrzehnten lag. Wegen der zunehmend ungleichen Verteilung des Vermögens verfügen die Reichen über mehr Geld, als sie je ausgeben können, während der Durchschnittsbürger gerade mal so über die Runden kommt und die Armen verzweifeln.

Wir wären als Ganzes ein weitaus glücklicheres Land, wenn wir den Reichtum besser verteilen würden und jene mit Sozialhilfe unterstützen würden, die in Armut abrutschen. Die extrem Reichen benötigen viel weniger, als sie haben, die sehr Armen benötigen einen Minimalsockel. Einkommenssteigerungen um wenige Prozent würden die Armen und die Mittelschicht wesentlich glücklicher machen als Wohlhabende. Da unsere Wirtschafts- und Steuerpolitik den Reichen erlaubt, auf Kosten von allen anderen noch viel reicher zu werden – wodurch unsere durchschnittliches Nationalglück sinkt –, wäre der schnellste Weg zu einem glücklicheren Land, große Vermögen und Wohlstandskonsum zu besteuern und die Einnahmen dafür zu nutzen, die Sozialfürsorge und Nachhaltigkeitsprojekte zu fördern. Weniger Gier ist gut; mehr Alle für Einen, Einer für Alle.

Menschen werden nicht zu Milliardären, indem sie sich Sorgen um das Glück anderer machen. Trump, einer der habsüchtigsten und raffgierigsten Menschen überhaupt, hat ein vermeintliches Robin-Hood-Steuerprogramm angekündigt, nur um sich selbst und seinesgleichen zu helfen, sich ein noch größeres Stück des Kuchens nehmen zu können. Sein Milliardärs-Kabinett verwandelt Lincolns »Regierung des Volkes, durch das Volk und für das Volk« in eine Regierung *der* Superreichen, *durch* die Superreichen, *für* die Superreichen. Natürlich ist Trump außerdem die Ikone der Welt in

Sachen Prestigekonsum. Das gilt für sein eigenes Leben wie für sein gesamtes Lebenswerk, Menschen zu verführen, vulgär extravagantes und absolut geschmackloses Zeug zu kaufen, das sie nicht brauchen. Für die weniger Privilegierten dieser Welt gilt derweil: »Sollen sie doch Kuchen essen.«

Man muss nur an den richtigen Stellen nach dem Glück suchen

Wenn du Sonne brauchst,
um glücklich zu sein, hast du noch nie
versucht, im Regen zu tanzen.

UNBEKANNTER AUTOR

Die Dinge, die uns vor fünfzigtausend Jahren am glücklichsten gemacht haben, machen uns auch heute noch am glücklichsten. Die Jahrtausende vergehen, und jede Generation entwirft neuen und raffinierten Schnickschnack, um sich die Zeit zu vertreiben, doch die Grundzutaten für ein gutes Leben sind bemerkenswert unverändert geblieben: Familie, Freunde, Sinnfindung, Dankbarkeit, Schenken, Liebe zur Natur, fit und gesund bleiben sowie eine spirituelle Wertschätzung der unglaublichen Wunder dieses Lebens. Hat man all das, spielt es letztendlich keine Rolle mehr, wie viele Dinge man besitzt; hat man all das nicht, rettet es einen auch nicht, Milliardär zu sein. Glücksstudien sind sich in dem wichtigen Punkt einig: dass wir ständig an den falschen Orten nach Glück suchen. Das Glück liegt direkt vor unserer Nase und in den einfachen Dingen des täglichen Lebens. Es entsteht, wenn man im Einklang mit der Natur und mit anderen Menschen lebt.

Es entsteht nicht, wenn man ein kleines Rad in der Wachstumswirtschaft ist, die mit Einkaufszentren und Trump-Hotels vollgestopft ist.

George Herbert, ein unauffälliger Zeitgenosse Shakespeares, schrieb nur eine Zeile, die die Zeit überdauert hat: »Gut zu leben ist die beste Rache.«[200] In der Vergangenheit hat man den Satz viel zu häufig benutzt, um genau die Art von vergoldetem Trump'schen Leben zu rechtfertigen, die sich unsere Gesellschaft nicht länger leisten kann. Vor zweihundert Jahren warnte Edmund Burke: »Wenn wir Herr über unser Vermögen sind, werden wir reich und frei sein. Wenn unser Vermögen uns beherrscht, dann sind wir wahrlich arm.«[201] Mit Reichtum kann man kein Glück kaufen, aber Armut zieht Unglück an. Reichtum kann ebenfalls Unglück anziehen, wenn er zum Selbstzweck und zu einer verzehrenden Beschäftigung wird. Glücklichsein steht bis zu einem Pro-Kopf-Jahreseinkommen in Höhe von etwa 75.000 Dollar in einer engen Wechselbeziehung mit dem Einkommen. Nach Erreichen dieses Levels macht mehr Geld nicht glücklicher.[202] Man beginnt, in einer unermüdlichen, aber ermüdenden Tretmühle zu laufen: Je mehr man hat, desto mehr meint man zu benötigen, und es wird immer schwerer, mit seiner Vergleichsgruppe mitzuhalten, an der man den eigenen Erfolg misst. Sind unsere Grundbedürfnisse erst einmal gedeckt, sind die besten Dinge im Leben unbezahlbar und können nicht gekauft werden. Zu den unglücklichsten Menschen, die ich je kennengelernt und behandelt habe, gehörten die Reichsten. Einer der Glücklichsten ist mein bester Freund in San Diego, der zwanzig Jahre lang unfreiwillig obdachlos war, aber trotzdem immer noch »die beste Zeit seines Lebens« hat, sich in Büchereien und Buchläden herumtreibt und alles über die Welt lernt, was es zu lernen gibt.

Da das Geld noch nicht so lange erfunden ist, hat die Evolution uns noch nicht mit einem gesunden homöostatischen Mechanismus ausgestattet, der das Verlangen danach regelt. Uns fehlt der Sättigungseffekt, der uns zum Beispiel davon abhält, einen Süßwarenladen komplett leer zu futtern. Bei Geld ist das anders – je mehr man besitzt, desto mehr will man immer noch haben oder meint, es haben zu müssen.[203] Geld lenkt die Menschen von den einfachen Freuden ab, die um so vieles erfreulicher sind. Einige Superreiche, die ich kennengelernt habe, verwenden so viel Zeit und Sorgen darauf, ihre prunkvollen Villen zu bauen und permanent instand zu halten, dass sie nie dazu kommen, wirklich in ihnen zu leben und sie zu genießen. Howard Hughes, ein Experte, wenn es um das spezielle Elend geht, ein Milliardär zu sein, fasste seine Lebenserfahrung reumütig in einer nicht besonders originellen, aber sehr treffenden Weise zusammen: »Glück kann man nicht mit Geld kaufen.«

Die gute Nachricht ist, dass wir keinen Glücks-Crash erleiden würden, wenn unser Bruttoinlandprodukt graduell und kontinuierlich abnähme – genau das, was passieren muss, wenn wir weltweit Nachhaltigkeit erzielen wollen. In der Zukunft gut zu leben wird bedeuten, auf kleinerem Fuße, klüger und weniger verschwenderisch zu leben. Einfach und glücklich meinen für gewöhnlich ein und dasselbe. Trump ist einer der reichsten und mächtigsten Männer der Welt, doch anscheinend ist er auch einer der unglücklichsten. Nichts, was er besitzt, und nichts, was er erreicht, scheint je ausreichend zu sein, um sich in seiner Haut wohlzufühlen.

Psychologen, die Studien zum »subjektiven Wohlbefinden« durchführen, unterscheiden zwei Arten von Glücklichsein: das Wohlbefinden von einem Moment auf den nächsten und eine langfristige Lebenszufriedenheit.[204] Das beste Beispiel, wie unterschiedlich beide Arten sein können, kann man bei Müttern beobachten. Mit Kindern zusammen zu sein ist nicht immer befriedigend, besonders wenn die Kindererziehung in eine volle Arbeitswoche gequetscht werden muss oder wenn es viele oder schwierige Kinder sind. Was jedoch nicht bedeutet, dass sie es bereuen, Mütter zu sein; Kinder zu haben ist langfristig gesehen eine sehr schöne Erfahrung, die die kurzfristigen Opfer und Unannehmlichkeiten allemal wettmacht.

Wenn wir es vermeiden wollen, gesellschaftlichen Wahnideen zu erliegen, müssen wir langfristig denken. Die Opfer, die wir heute bringen, um das Wohlergehen zukünftiger Generationen zu sichern, werden es zwingend erforderlich machen, unsere Erwartungen an unmittelbaren hedonistischen Genuss für uns selbst herunterzufahren. Aber alles für unsere Kinder und Enkelkinder richtig zu machen und die Welt als einen besseren und nicht um vieles schlechteren Ort zu hinterlassen, als wir ihn vorgefunden haben, schenkt eine tiefe Zufriedenheit. Wir alle kennen dieses Gefühl der Erfüllung, wenn wir für Familienmitglieder gut und richtig handeln. Dies müssen wir nun verallgemeinern und das Richtige tun für die langfristige Zukunft unserer eigenen Spezies, anderer Spezies und des Planeten, den wir uns teilen.

Was es bedeutet, ein Säugetier zu sein

Der Mensch ist ein Säugetier, das im Wesentlichen über die Fähigkeit definiert wird, zu lieben, Bindungen einzugehen und von anderen geliebt zu werden. Am Anfang, an Mutters Brust, am Ende, wenn man sich ein letztes Mal von denen verabschiedet, die man geliebt hat, und überhaupt immer sind unserer bedeutendsten Momente die geteilten Momente. Der mit Abstand einheitlichste Befund jahrzehntelanger Forschung lautet, dass glückliche Menschen Menschen mit Bindungen sind. Ein Mensch kann als Insel nie vollkommen glücklich sein. Doch Beziehungen kosten Zeit, die wir nicht mehr haben, wenn wir den größten Teil unseres Wachseins damit verbringen zu arbeiten, zwischen Arbeitsplatz und Zuhause zu pendeln und auf Bildschirme zu starren. Wenn wir weniger produzieren und weniger konsumieren, können wir die Zeit nutzen, um das Leben mehr zu genießen. Zudem rührt ein großer Teil unseres verzweifelten Bedürfnisses, Dinge zu kaufen, von dem Verlust des viel tiefer sitzenden Wohlbefindens her, Menschen um sich zu haben.

Beziehungen stehen immer ganz oben auf allen Listen, was Menschen glücklich macht. Ein starkes soziales Netz garantiert nicht großes Lebensglück, doch es ist eine der Voraussetzungen dafür. Die glücklichsten zehn Prozent der Menschen sind jene, die die meiste Zeit mit den Menschen verbringen, die sie lieben.[205] Dingen aus Narrengold nachzujagen, verlagert die wichtigen Beziehungen zu Menschen auf Dinge und schmälert dadurch ihre Bedeutung. Herbert Marcuses verkürzte Arbeitswoche hingegen würde unseren Reichtum in materieller Hinsicht schmälern, uns jedoch hinsichtlich unserer Beziehungen zu Familie und Freunden reicher machen.

Natürlich sind nicht alle Beziehungen gleich wichtig. Es ist die Qualität, nicht die Quantität, die zählt. Ein, zwei oder drei enge Freundschaften oder Familienbande mögen genügen; ein großes Netz an engen Freundschaften ist zwar schön, aber nicht so entscheidend. Wesentlich ausschlaggebender ist, wie wohl wir uns dabei fühlen, uns anderen zu öffnen, und auch dass andere sich uns offenbaren. Die engsten Freundschaften sind jene, die wirklich offen und ehrlich sind, in denen man teilt und zusammenarbeitet. Es ist nicht eindeutig geklärt, was Ursache und was Wirkung ist, doch trotz aller Probleme besteht eine enge Verbindung zwischen Ehe und Glücklichsein. Teils mag es damit zusammenhängen, dass verheiratete Paare oft beste Freunde sind und auch den besseren Sex haben. Obwohl es den Hollywood-Fantasien widerspricht, haben verheiratete Paare mehr Sex und genießen ihn mehr als Singles. Vertrautheit und Verfügbarkeit haben auch ihre guten Seiten. Und, wenig überraschend, korreliert ein erfülltes Sexualleben stark mit Glück und Wohlbefinden, die Evolution lässt das gar nicht anders zu.[206] Einige Menschen sind jedoch glücklicher mit Freunden als mit der Familie – oder wie George Burns sagt: »Glück bedeutet, eine große, liebevolle, fürsorgliche, eng verbundene Familie zu haben, die in einer anderen Stadt lebt.«

Sinn, Akzeptanz und Dankbarkeit

Aristoteles lieferte die erste und beste philosophische Analyse des menschlichen Glücks. Er fragt: »Was ist der Endzweck des menschlichen Daseins?« Seine Antwort: »Glück ist der Sinn und der Zweck des Lebens, das ganze Streben und Ziel des menschlichen Seins.« Aristoteles' Definition von Glückseligkeit (eudaimonia) schließt unsere flüchtigen Neigungen zwar mit ein, übersteigt sie jedoch bei Weitem. Er sah überall in der Welt einen Zweck, und der natürliche Zweck des Menschen ist es, rechtschaffen sein Potenzial voll auszuschöpfen. »Denn eine Schwalbe macht keinen Frühling, und auch nicht ein Tag. So macht denn auch ein Tag und eine kurze Zeit nicht den seligen noch den glücklichen Menschen.« Für Aristoteles bedeutete Glücklichsein, sein ganzes Leben dem Verrichten guter Taten zu widmen.[207] Damals wie heute ein guter Ratschlag. Aristoteles wäre natürlich entsetzt über jemanden wie Trump, doch er würde auch an unserer gesellschaftlichen Neigung zu flüchtigen Vergnügungen auf Kosten von Vernunft und Verantwortungsübernahme verzweifeln.

Einen tiefen Sinn im Leben zu finden, bedeutet grundsätzlich, dafür einige der oberflächlichen Vergnügungen aufzugeben. Kinder aufzuziehen bedeutet, das eigene Vergnügen gegen das ihre einzutauschen, dennoch vollziehen viele diesen Tausch bereitwillig, vielleicht zu bereitwillig, weil die langfristige Zufriedenheit mehr zählt als kurzfristige Opfer. Die zufriedensten Menschen, die ich kennengelernt habe, sind jene, die ihr Leben damit zugebracht haben, anderen zu helfen, und selbstlos eine Sache taten, an die sie aus tiefstem Herzen geglaubt haben.

Die tägliche Plackerei von Lehrern, Krankenschwestern, Sozialarbeitern, Therapeuten, Nonnen, Journalisten, Mitarbeitern nicht staatlicher Organisationen, im Ehrenamt Tätigen und anderen Menschen, die Gutes tun, ist mühsam, stressig und oft unterbezahlt. Doch ihre Arbeit kann genau deswegen so unterbezahlt sein, weil ihr zusätzlicher Lohn eine große, persönliche Zufriedenheit ist. Die unglücklichsten Menschen, die ich kennengelernt habe, waren jene, die das Gefühl hatten, ihr Leben hätte seinen gesamten Sinn verloren, Eltern, deren Kinder gestorben waren, Arbeiter, die in Rente gingen oder ihren Job verloren hatten, die sehr Reichen, die nichts haben, wofür sie leben, die sehr Armen, die nichts haben, wovon sie leben können, und die Einsamen.

Das Leben mit Freude zu nehmen, wie es ist, ist für uns alle eine tägliche Herausforderung und ein zentrales Thema in den meisten Religionen. Mein Lieblings-Gelassenheitsgebet des Theologen Reinhold Niebuhr ist das Motto der Anonymen Alkoholiker geworden: »Gott, gib mir die Gelassenheit, Dinge hinzunehmen, die ich nicht ändern kann, den Mut, Dinge zu ändern, die ich ändern kann, und die Weisheit, das eine vom anderen zu unterscheiden.« Der Daoismus spricht von »Wei Wu Wei«, wörtlich übersetzt »müheloses Tun«, was in die Sprache des Mannschaftssports übersetzt so viel heißt wie »lass dich einfach aufs Spiel ein«. Tue etwas, was jetzt und hier richtig erscheint, anstatt das Unmögliche zu versuchen. Konfuzius sagt: »In allem liegt Schönheit, doch nicht jeder sieht sie.« Mein Favorit aus dem Judaismus: »Alles hat seine Zeit und jegliches Vornehmen unter dem Himmel seine Stunde; Geborenwerden hat seine Zeit, und Sterben hat seine Zeit.« Mahatma Gandhi, ein Hindu, formulierte den berühmten Satz: »Auge um Auge – und die ganze Welt wird blind sein.« Mein Favorit aus dem Buddhismus kommt vom Dalai Lama: »Ich richte nicht über das Universum.«

Dankbare Menschen neigen dazu, niemandem etwas zu neiden, großzügig zu sein, nicht zu abhängig von materiellen Gütern zu sein sowie Kummer und Schmerz des täglichen Lebens mit größerer Gelassenheit hinzunehmen. Meiner klinischen Erfahrung nach wird eine erfolgreiche Psychotherapie oft von einem dramatischen Anstieg der Wertschätzung und Dankbarkeit eines Patienten für all die kleinen Dinge, die das Leben wunderbar oder zumindest erträglich machen, gefördert oder resultiert darin. Jeder von uns hat viel, wofür er dankbar sein kann, und das nicht nur am Thanksgiving Day.

»Geben ist seliger als Nehmen.« (Apostelgeschichte 20,35) Klingt abgedroschen, erweist sich aber als empirisch richtig. Betrachtet man die menschliche Natur aus zynischer Sicht, sind wir alle selbstsüchtige Raffer. Die Erfahrung bestätigt, dass das auf alle von uns eine Zeitlang zutrifft und auf einige von uns die ganze Zeit, man denke an Trump. Doch in unseren Instinkten ist zugleich ein genetischer Apparat für Altruismus fest verdrahtet, der einen starken Einfluss auf unser Sozialverhalten und unsere Zufriedenheit hat.

Kontroversen gibt es beim Thema, welchen Wert das Teilen für das Überleben hat. Wie kommt es, dass so viele nette Burschen im Evolutionsrennen nicht als Letzte abgeschnitten haben? Eine Richtung der Evolutionstheorie argumentiert, dass es ein kluger Schachzug meiner Gene sei, meinen nahen Verwandten zu geben und für sie Opfer zu bringen, da sie ein ähnliches genetisches Päckchen mit sich herumtragen. Meine selbstsüchtige DNA profitiert davon, dass sie mich selbstlos macht: Sie wird im Kampf ums Überleben gut abschneiden, wenn ich mich entscheide zu sterben, damit drei meiner Geschwister vielleicht überleben, obwohl ich persönlich dabei die Verliererkarte ziehe.

Eine andere, weniger populäre, aber immer noch plausible Richtung der Evolutionstheorie argumentiert, dass Altruismus auf der Gruppenebene überlebte: Die Wahrscheinlichkeit, dass sie gut gediehen, war für Stämme, die besonders gut darin waren, interne Kooperation zu fördern, höher als andere, die das nicht taten.[208] Altruismus-Gene waren vermutlich doppelt sinnvoll, da sie sowohl für das Überleben des Einzelnen als auch der Gruppe förderlich waren. So oder so machen sie uns zu besseren Menschen und sind die große Hoffnung für unsere Spezies.

Es mag kontraintuitiv erscheinen, dass Geben mehr Freude bereitet als Nehmen; fragt man nach, denken die meisten, wir wären als Empfänger eines Geschenks glücklicher. Doch die Forschung bestätigt regelmäßig das herzerwärmende »hedonistische Paradox«, dass keiner von uns einfach nur ein eindimensionaler, gieriger, selbstsüchtiger »homo oeconomicus« ist. Quer durch alle Arten von experimentellen Paradigmen berichten die Menschen, dass sie sich glücklicher fühlen, wenn sie geben. Wir sind mit einer Empathie für andere Menschen gesegnet, die uns erlaubt, sich an ihrer Freude zu erfreuen. Wie schön zu wissen, dass wir am glücklichsten sind, wenn wir jemand anderen glücklich machen – wir sind genetisch programmiert, generös und gut zu sein, nicht nur selbstsüchtig oder böse.[209]

Wenn wir anderen gegenüber freigiebig sind, sind sie auch zu uns freigiebig, was einen guten Kreislauf an Gegenseitigkeit erzeugt, der unsere verschiedenen Beziehungen und den gesellschaftlichen Zusammenhalt festigt. Gesellschaftlicher Austausch unterstützt Allianzen und fördert das Teilen von Wohlstand in harten Zeiten.

Das klassische Beispiel aus der Anthropologie waren die Potlatsch-Feiern der amerikanischen Ureinwohner im pazifischen Nordwesten, streng ritualisierte Feste anlässlich von Geburten, Hochzeiten, Todesfällen, Siegen und anderen besonderen Momenten im Leben des Einzelnen oder des Stammes. Die erfolgreichsten Männer arbeiteten das ganze Jahr über wie verrückt, um ihr Lager mit großen Mengen an Gütern zu füllen, um sie dann in einer Orgie demonstrativer Großzügigkeit an die weniger Glückvollen oder Unternehmungslustigen zu verschenken. Der »große Mann« wurde mit prestigeträchtigen politischen und religiösen Titeln belohnt sowie einem Anstieg an Macht bei der Entscheidungsfindung des Stammes. Die Gruppe wurde mit einem Redistributionssystem belohnt, welches garantierte, dass alle den Winter überstanden.[210] Ein Wettstreit darum, wer am großzügigsten ist, schlägt einen Prestigekampf mit Speeren und Fäusten um Längen. Man wird nur zum Anführer, wenn man der Beste darin ist, die Brötchen zu verdienen – um sie dann zu verschenken.

Heute haben wir ein destruktives Potlatsch-System, welches die Menschenscharen der Erde benachteiligt, damit ein paar Männer noch mächtiger werden. Glücklicherweise gibt es andere mächtige Männer, man denke an Bill Gates, Warren Buffett, George Soros, Michael Bloomberg und Marc Zuckerberg, die ihre Milliarden nutzen, um die Welt zu einem besseren Ort zu machen. Angesichts der irrsinnig ungleichen Verteilung von Vermögen können wir nur hoffen, dass noch mehr der anderen achtzig Supermilliardäre, die mehr Vermögen besitzen als die 3,5 Milliarden der ärmeren Bevölkerungshälfte der Welt, ihrem Beispiel folgen werden. Sind die Grundbedürfnisse erst einmal gedeckt, dient das Geld zunehmend als Ablenkung oder als Mittel des Status- und Machtstrebens. Wie es heute aussieht, dient zu viel konzentriertes Vermögen dem Wettstreit um den Erwerb zu vieler, enorm überteuerter und wirklich blödsinniger Dinge. Man weiß, dass mit unserem Wertesystem etwas ganz und gar nicht stimmt, wenn eine von Jeff Koons' Banalitäten sich für sechzig Millionen Dollar verkauft, während für die ernsthafte Arbeit, diese Welt besser zu machen, kaum Mittel zur Verfügung stehen.

Wir müssen zudem den guten Engel in jedem von uns ansprechen, nicht nur das große Geld der Superreichen, um in einer konzertierten Anstrengung die schwindende Fülle der Erde zu teilen, anstatt mehr zu raffen. Die öffentliche Politik sollte ehrenamtliche Tätigkeiten fördern, das Engagement in der Gemeinde und die Ausübung der Bürgerrechte. Ein faires System von Erbschaftssteuern würde helfen, jene anzustoßen, die weniger empfänglich für nichtmonetäre Anreize sind. Und das Geben darf nicht nur lokal beschränkt bleiben. Es muss eine Verbundenheit über den ganzen Planeten hinweg entstehen, denn ein Problem in Timbuktu kann sehr schnell zu einem Problem am Times Square werden. Nicht nur die Anhäufung von Reichtümern sollte das Ansehen mehren, sondern auch ihre Umverteilung; nicht nur die Ausbeutung anderer, sondern die Unterstützung dieser anderen. Wir sollten nicht die vierhundert reichsten Menschen der *Forbes*-Liste glorifizieren, sondern die großzügigsten und klügsten Geber lobpreisen. Wie bei den Ureinwohnern sollte die Zufriedenheit des »großen Mannes« daher rühren, etwas zum Wohlergehen der Allgemeinheit beizusteuern. Und jeder von uns kann auf seine eigene bescheidene Art und Weise ein »großer Mann« sein.

Der beste und natürlichste Weg vom Elend zum Glück besteht darin, etwas zu finden, woran man glaubt und wofür man hart arbeitet. Viele meiner Freunde erfahren gerade einen unerwarteten, neu entdeckten Patriotismus und große Befriedigung, sich in der größer werdenden Volksbewegung zu engagieren, um die Demokratie gegen Trumps Übergriffe zu verteidigen. Ich setze meine Hoffnung darauf, dass dieses Buch einen kleinen Beitrag dazu leistet, andere zu ermutigen, ihrem Beispiel zu folgen.

Mens sana in corpore sano

»Der größte Reichtum ist die Gesundheit«, hat Vergil vor zweitausend Jahren gesagt. Gesundheit und Glück bedingen sich wechselseitig. Gesund zu sein reicht nicht und ist auch keine notwendige Voraussetzung, um glücklich zu sein, aber es ist eine optimale Ausgangslage. Und glücklich zu sein hat einen starken Einfluss auf ein langes Leben, vergleichbar dem Rauchen. Trotz eines gegenteiligen Hypes hat es nicht den Anschein, als ob Glück die Kranken heilt oder ihr Leben verlängert, aber es scheint die Gesunden zu schützen. Aus Sicht des Gesundheitswesens wären wir ein gesünderes Land, würden wir weniger Geld auf exzessive und viel zu oft schädliche ärztliche Behandlungen verschwenden und gäben stattdessen mehr Geld aus für Sozialprogramme, die den Menschen helfen, glücklicher zu sein und sich sicherer zu fühlen. Den Index des Brutto-Nationalglücks zu steigern ist mit Sicherheit ein sinnvolleres Mittel zur Verbesserung der Gesundheit als das Streben nach einem höheren Bruttoinlandsprodukt.

Bewegung ist gut für Herz, Hirn, Seele und die Taille. Sie verbessert die körperliche und mentale Gesundheit und ist der einzige nachgewiesene Weg, um Demenz entgegenzuwirken. Körperliche Aktivität war immer ein unerlässlicher Teil des menschlichen Lebens, ist es aber heute nicht mehr. Unsere Gene, auf die durchschnittlichen Lebensumstände von vor fünfzigtausend Jahren eingestellt, erwarten von uns, dass wir uns jeden Tag stark anstrengen, um die relativ magere Versorgung mit Nahrungsmitteln sicherzustellen. Unsere paläolithischen Vorfahren waren in Topform. Das mussten sie sein. Das Überleben verlangte ihnen Tag für Tag eine ganze Reihe intensiver körperlicher Aktivitäten ab: jagen, plündern und Nahrung sammeln, die Nahrung zubereiten und kochen, Feuerholz sammeln und Feuer machen, Wasser aus einem Brunnen hochziehen und tragen, Schutzhütten bauen und erhalten, Liebesspiel, Kinderpflege, saisonale Wanderungen, Krieg und Verteidigung sowie gemeinschaftliches Singen und Tanzen. Die nachfolgenden landwirtschaftlichen und industriellen Revolutionen veränderten die Art der körperlichen Arbeit und verringerten ihre Vielfalt, verlangten und erschufen aber dennoch eine äußerst fitte Bevölkerung.

Dies alles änderte sich vor noch gar nicht so langer Zeit, als wir Muskelkraft durch fossile Brennstoffe ersetzten. Vierzig Prozent von uns sind inzwischen Couch-Potatoes, und auch der Großteil der restlichen Bevölkerung sitzt viel mehr, als die Natur und unsere Gene es je vorgesehen hatten. Bewegung, einst eine Notwendigkeit, ist zu einem Luxus geworden. Unsere Gene sind nicht auf Lebensumstände vorbereitet, die fast keine körperliche Aktivität erfordern, aber gut gefüllte Kühlschränke, Fast-Food-Buden und gigantische Portionen von Mahlzeiten bieten. Körperliches Nichtstun und übermäßiges Essen sind eine ziemlich schlechte Kombination. Es ist ein fatales Paradox, dass wir heute deutlich mehr Kalorien zu uns nehmen, obwohl sich unser Kalorienbedarf verringert hat. Das Ergebnis ist eine erhebliche Reduzierung der Muskelmasse und eine massive Ansammlung von Fettreserven, was uns alle gemeinsam betrifft.

Wir stecken mitten in einer Fettleibigkeitsepidemie, die das Rauchen als Gesundheitsrisiko Nummer eins inzwischen verdrängt hat. Zwei Drittel der Erwachsenen und ein Drittel der Kinder haben Übergewicht, ein Drittel von uns sind fettleibig. Alles muss in der Größe neu an unsere immer dickeren Körper angepasst werden, Kleidung, Flugzeugsitze und selbst Särge. Fettleibigkeit ist der Haupt-Risikofaktor vieler tödlicher Krankheiten und eine häufige Ursache für Unzufriedenheit, Stigmatisierung und niedriges Selbstwertgefühl. Die Bevölkerungsgruppen, die in der Vergangenheit am stärksten unter Mangel gelitten haben, zum Beispiel die Polynesier und die nordamerikanischen Ureinwohner-Stämme der Pimas, sind heute die Menschen mit den energieeffizientesten Körpern. Sie sind am besten in der Lage, Kalorien in Form von Fett einzulagern und somit am stärksten gefährdet, fettleibig zu werden und unter den damit verbundenen Beschwerden und Krankheiten zu leiden.[211] Die Vereinigten Staaten stehen bei Fettleibigkeit weltweit an der Spitze, doch andere Länder holen schnell auf, selbst Entwicklungsländer. Die Globalisierung des Nahrungsmittelangebots und des Geschmacks hat überall zu einer Verschlechterung der Ernährungsgewohnheiten und zu daraus resultierenden Gesundheitsproblemen geführt.

Unsere Politik macht die Sache nur noch schlimmer. Wir sollten gesunde Lebensmittel mit wenig Kalorien subventionieren. Stattdessen bringt die mächtige Lobby der Agrarindustrie unsere Regierung dazu, Milliarden in mit Fruktose angereicherten Maisstärkesirup zu pumpen, der uns in Versuchung führt, lauter falsche Sachen zu essen. Profitgier führt dazu, dass schlechtes Essen billig ist und gute Nahrungsmittel teuer. Ein großer Salat sollte ein Drittel von dem kosten, was ein Big Mac kostet, eine kleine Cola nur einen Bruchteil einer großen Cola und Riesenportionen sollten gleich ganz verboten werden. Ich glaube die Argumente nicht, die den Status quo rechtfertigen – Fettleibigkeit sei ein Bürgerrecht, wir sollten Fett-Vielfalt fördern, Fettleibigkeit sei schön, »richtige« Menschen wären eben korpulent oder Fettleibigkeit sei einfach eine Erbkrankheit. Zur Eindämmung der Fettleibigkeit müssen wir unsere Sozialpolitik und unser individuelles Verhalten ändern. Wem dies unmöglich erscheint, möge sich an das Gesundheitswunder erinnern, zu dem es kam, nachdem der Volkszorn feige Politiker zwang, endlich gegen die mächtigen Tabakkonzerne vorzugehen. Die Zahl der Raucher ging um zwei Drittel zurück. Eine ähnliche Anstrengung zu mehr Volksgesundheit könnte einen vergleichbar positiven Effekt auf die Fettleibigkeit haben. Wenn wir gesünder und glücklicher werden wollen, brauchen wir eine Politik, die deutlich mehr Bewegung fördert und der Überdosierung an Kalorien entgegenwirkt.

So wie im alten Griechenland, wo in einem gesunden Körper ein gesunder Geist wohnte, sollte körperliche Aktivität ein integraler Bestandteil unseres Schulsystems sein, vom Kindergarten bis zum Schulabschluss. Wir sollten nicht zigmillionen Dollar in eine oft unnötige medizinische Versorgung stecken, sondern Mitgliedschaften in Sportvereinen für alle Bürger mit Zuschüssen in Milliardenhöhe fördern. Es sollten im Fernsehen keine Werbespots mehr für Medikamente oder Nahrungsmittel laufen, stattdessen könnte für Sport und gesunde Ernährung geworben werden. Wir haben die direkte und lebenswichtige Verbindung zu unserem Körper verloren, die wir wiederfinden müssen. Für manche bedeutet das schlicht und einfach Training, für andere bedeutet es, zu Fuß zur Arbeit zu gehen und Treppen zu steigen, anstatt mit dem Auto zu fahren und den Fahrstuhl zu nehmen.

Es wird schwer werden, Couch-Potatoes zu den ersten Schritten zu bewegen, doch wenn sie sich erst einmal von ihrer Couch erhoben haben, beginnt eine positive Dynamik. Bewegung setzt Endorphine frei, die ein angenehmes Gefühl der Zufriedenheit vermitteln. Je mehr man sich bewegt, desto mehr möchte man sich wieder bewegen, um dieses Gefühl erneut zu erlangen. Je verbundener man sich mit seinem Körper fühlt, desto mehr möchte man ihn benutzen und gut ernähren. Ich kenne den Drill – ich führe einen täglichen Kampf gegen die Gewichtszunahme und verliere immer, allerdings nur knapp.

Nahrung für die Seele

Das riesige Universum mag zweckfrei sein, doch auf einer menschlichen Ebene müssen wir alle einen persönlichen Sinn darin finden. Ich bin kein religiöser Mensch im herkömmlichen Sinn, aber ich habe großen Respekt vor dem Nutzen, den andere aus ihrem religiösen Glauben ziehen. Religionen bieten Sinn in einer Welt, die zufällig und sinnlos erscheinen kann, Gemeinschaft in einer Welt, die sehr einsam sein kann, sie spenden Hoffnung, wenn alles hoffnungslos erscheint, Trost angesichts eines Verlusts und Mut, wenn man sich Gefahr und Tod gegenübersieht. Religiöse Gefühle sind so allgegenwärtig, dass das Potenzial dafür fest in unseren Gehirnen vorgegeben sein muss. In der harten Welt unserer Vorfahren, in der es immer ums Ganze ging, hatten diejenigen einen großen Überlebensvorteil, denen religiöser Glaube und eine Gemeinschaft von Glaubensbrüdern die Kraft verlieh, sich Notlagen zu stellen.

Untersuchungen von Gallup, Pew und dem National Opinion Research Center kamen zu dem Ergebnis, dass religiöse Menschen in den Vereinigten Staaten signifikant glücklicher sind, eine größere Lebenszufriedenheit und ein besseres Sexleben haben und niedrigere Fallzahlen von Drogenmissbrauch, Depressionen und Selbstmorden vorweisen können als nicht religiöse Menschen. Natürlich beweist diese Zuordnung noch keine Kausalität. Es könnte sein, dass unglücklichere Menschen oder solche, die mehr Schicksalsschläge erlitten haben, desillusioniert wurden und sich von ihrer Religion losgesagt haben. Und das Unglücklichsein unter den Nichtreligiösen könnte darauf zurückzuführen sein, dass sie in einem religiösen Land eine Minderheit darstellen. Die Niederlande und Dänemark gehören zu den glücklichsten Ländern der Welt – und auch zu den am wenigsten religiösen.

Organisierte Religionen haben auch ihre Grenzen und können Probleme verursachen. Viele von uns finden die Geschichten und den Glauben der verschiedenen Weltreligionen poetisch schön, aber absolut unglaubwürdig. In einem solch riesigen Universum erscheint es auch nicht annähernd wahrscheinlich, dass »kein einziger Sperling zu Boden fällt ohne den Willen eures Vaters« (Matthäus 10,29). Es ist sehr viel wahrscheinlicher, dass wir Gott in unseren Köpfen erschaffen haben, und nicht er uns. Und die Überzeugung, dass mein Gott besser ist als deiner, ist naiv und gefährlich zugleich. Es gibt keine auserwählten Menschen außer im eigennützigen Auge des Betrachters. Entweder sind wir alle Gottes Kinder, oder keiner von uns ist es. Dass Religion eine notwendige Voraussetzung für Moral sei, wird regelmäßig von tugendhaften Atheisten und unmoralischen religiösen Heuchlern widerlegt. Die Welt wäre eine bessere, wenn wir es schaffen würden, den Zwiespalt zwischen den Religionen zu überbrücken, der zu Kriegen führt, und den Fruchtbarkeitswettstreit unter den Orthodoxen, der zur Überbevölkerung führt. Organisierte Religionen können helfen, unsere gesellschaftlichen Wahnideen aufzulösen, aber sie können ebenso zu ihrer Unlösbarkeit beitragen – was in erster Linie davon abhängt, wie stark sie sich an ihr fundamentalistisches Dogma der Vergangenheit klammern, statt im Gegensatz dazu verantwortungsvoll auf die Bedürfnisse der Gegenwart und die Herausforderungen der Zukunft zu reagieren.

Wenn orthodoxe Religion eine bunte Mischung aus Fluch und Segen darstellt, dann ist Spiritualität in all seinen verschiedenen Formen immer ein Gewinn und beinhaltet ein geringeres Risiko. Das tägliche Leben besitzt seine täglichen Freuden, jedoch auch seine unausweichlichen Banalitäten und Enttäuschungen. Spirituelle Erfahrungen bereichern das Leben durch Ruhe, Seelenfrieden, die Fähigkeit, Dinge anzunehmen, und durch körperliche und geistige Gesundheit. Es ist leicht, sich im Wald der täglichen Erlebnisse zu verlaufen und die bizarren Wunder unserer Existenz aus den Augen zu verlieren. Glückshochs treten häufig dann auf, wenn wir uns auf den Moment einlassen, abgekoppelt von Reue über Vergangenes oder Zukunftserwartungen oder -ängsten.

Es gibt Hunderte, ja, vielleicht Tausende von formalen Lehren und Achtsamkeitsübungen, doch ich bevorzuge meinen schlichten Weg, einfach den Moment zu leben. Meine Spiritualität verliert sich in der Natur, ist begeistert von der Unwahrscheinlichkeit, am Leben zu sein, davon, eine großartige Zeile in *Ulysses* zu lesen, ein Lied zu hören, von Schoko-Minze-Eis, dem Lächeln eines Enkelkinds und tausend anderen Dingen, die mich faszinieren und die erhebend sind. Jeder Mensch muss seine eigene Quelle spiritueller Nahrung finden, doch das Leben ist langweilig und fad ohne einen Zugang zu einer zumindest vorübergehenden Transzendenz. Glückliche Menschen sind in der Regel spirituelle Menschen, und spirituelle Menschen sind in aller Regel glücklich.

Streben nach Glück an den falschen Orten: die Medikamentenfalle

Marx sagte, Religion sei das Opium des Volkes – sie mache für die weltlichen Probleme blind und fördere Passivität, indem sie den inakzeptablen Status quo akzeptiere. Heutzutage sind psychoaktive Substanzen die Wohlfühlpräparate gesellschaftlicher Verleugnung. In den Vereinigten Staaten nimmt fast ein Drittel aller Erwachsenen legale oder illegale Medikamente und Drogen, um psychische oder physische Leiden zu lindern. Und viele Menschen nehmen einen ganzen Cocktail von diesen Mitteln, sodass eine Überdosis an Medikamenten oder Drogen zu einer der häufigsten Todesursachen geworden ist.[212]

In *Schöne Neue Welt* hat Huxley seine Allround-Wohlfühldroge Soma genannt, ein religiösen Schriften entliehener Name, die vor 2500 Jahren in Sanskrit geschrieben wurden.[213] Soma war zugleich ein Gott und ein rituelles Getränk, gepriesen in Hunderten von Lobliedern für seine stimulierenden verhaltensbezogenen, medizinischen und spirituellen Wirkungen. Der Kick in Soma wurde wahrscheinlich durch Ephedrin ausgelöst, eine Chemikalie, die heute noch in der Medizin als leistungssteigerndes Mittel und als Rohmaterial für die Herstellung von Methamphetamin eingesetzt wird.

Huxleys Einstellung zu psychoaktiven Drogen war ausgesprochen ambivalent und veränderte sich im Laufe seines Lebens dramatisch, als er seine persönlichen Erfahrungen mit ihnen erweiterte. In *Schöne Neue Welt*, veröffentlicht 1932, ist Soma eine gefährliche Verführerin, sie betäubt unsere Seelen und nimmt uns einen Teil der Menschlichkeit. Sechsundzwanzig Jahre später, in dem Essay »Drugs That Shape Men's Mind«, sind Drogen hilfreiche Mittel, um unsere Seelen zu finden und unsere Wahrnehmung zu schärfen.[214] Genügend gute Trips können selbst den skeptischsten Abstinenzler in den stärksten Gläubigen verwandeln.

Huxley steht in der langen Tradition von Drogenanhängern. Archäologische Funde sowie die Anthropologie haben gezeigt, dass Menschen sich schon immer Rauschzustände gesucht haben. Und Tiere taten es schon lange davor. Abhängigkeit scheint eine speziesübergreifende Schwäche zu sein und nichts, was wir erfunden haben. Wann immer Mutter Natur den Barkeeper spielte, nahmen unsere Primaten-Vorfahren auch gern mal einen Drink. Durch Vergärung von Fallobst entsteht Alkohol und bietet seinen Konsumenten eine unschlagbare Kombination aus konzentrierten Kalorien und einem netten Schwips. Grüne Meerkatzen zeigen in freier Wildbahn Muster von Drogenkonsum, die unserem eigenen Verhalten sehr ähnlich sind. Jugendliche Meerkatzen betrinken sich häufiger als erwachsene, und erwachsene Meerkatzen können unterteilt werden in Abstinenzler, Gesellschaftstrinker, Spiegeltrinker und Alkoholiker im Endstadium, nicht viel anders als beim Menschen.[215] Vielleicht hat Gott Adam und Eva befohlen, nicht von der verbotenen Frucht zu essen, aus Angst, sie könnten abhängig werden. Wie lange hatte der Apfel da herumgelegen? War die Schlange der erste Dealer?

Tiere in freier Wildbahn missbrauchen außerdem eine Vielzahl anderer, natürlich auftretender psychoaktiver Substanzen, die von Pflanzen produziert werden, um sich damit gegen Parasiten und Laubfresser zu schützen. Auch wir mögen diese Substanzen. Opium stammt von Mohnblumen, Marihuana von Cannabispflanzen, Kokain vom Cocastrauch, Psilocybin von Pilzen, Nikotin von Tabak, Koffein von Kaffee, Amphetamine von Khatblättern. Pferde mögen Locoweed, Katzen mögen Katzenminze, Jaguare mögen eine psychoaktive Dschungelrebe, Rentiere mögen Pilze, Kängurus fressen Schlafmohn und Schweine mögen cannabinoidhaltige Trüffel. Einige Tiere produzieren Abwehrgifte, die ihren eigenen psychedelischen Charme haben. Affen und Lemuren berauschen sich an toxischen Chemikalien, die von Doppelfüßlern abgegeben werden. Einige Vogelarten reiben sich mit giftigen Ameisen ein – vermutlich, um sich vor Parasiten zu schützen, doch auch um sich zu berauschen. Giftfrösche können monatlich gemolken werden, um einen psychoaktiven Saft herzustellen, der einen hohen Verkaufswert hat. Die Natur ist eine bewusstseinsverändernde Apotheke.[216]

Der menschliche Einfallsreichtum baut auf die Natur, um noch stärkere Drogen herzustellen. Unsere Synapsen haben sich entwickelt, um die Wirkung von hundert oder mehr Neurotransmittern im Gleichgewicht zu halten, von denen jeder als Teamplayer in einer homöostatischen Harmonie agiert. Moderne Drogen übernehmen den Orchestergraben und überwältigen den Rest der Band. Kokain und Amphetamine hemmen die Wiederaufnahme von Dopamin an den Synapsen und lassen das Belohnungssystem an Orten in die Höhe schießen, für die es nie gedacht war.

Sobald jedoch der Dopaminhemmer abgebaut wird, sind sie Auslöser von unvermeidbaren Abstürzen und Süchten. Die eindringende externe Droge dominiert und versklavt das mesolimbische System. Hungernde Ratten wählen Kokain statt Futter, genau wie hungernde kokainabhängige Menschen, und sterben an Erschöpfung, weil sie den Hebel tausendmal pro Stunde drücken, um weiter ihren Kokain-Kick zu bekommen. Ratten überqueren für Kokain sogar schmerzhafte Elektrogitter. Genauso wie Kokainsüchtige greifen sie zu Extremen, um an ihr Zauberpulver zu kommen. Nikotin und Koffein haben eine deutlich weniger tiefgreifende Wirkung auf das Dopamin, sind jedoch immer noch mächtig genug, um Millionen Menschen von sich abhängig zu machen.

Ganz ähnlich und auf noch viel gefährlichere und potenziell tödliche Art und Weise überwältigen Heroin und verschreibungspflichtige Opioide die körpereigenen Endorphine des Belohnungssystems. Die Morphine docken an den Opioid-Rezeptoren an, sie verstärken ein normalerweise zahmes und nützliches System und erzeugen erfahrungsgemäß unwiderstehliche Gelüste auf mehr. Der Kortex möchte vielleicht aufhören, die Droge zu nehmen, doch er unterliegt im Streit mit den hungrigen Rezeptoren.[217]

Alkohol bewirkt seine Wunder und Schäden, weil es so viele Bereiche der synaptischen Transmission betrifft. Er hat eine hohe und schnelle Affinität zu den Nervenzellmembranen, unterbricht den normalen Fluss der Ionen in ihren Kanälen; er beeinflusst die Arbeit von Enzymen und dockt an Rezeptoren für Acetylcholin,

Serotonin, γ-Aminobuttersäure und den NMDA-Rezeptoren an. In Maßen ist Alkohol harmlos und unterstützt möglicherweise die Gesundheit. Doch es gibt eine dunkle Kehrseite. Ungefähr acht Prozent der Bevölkerung sind auf eine Weise alkoholabhängig, die kurzfristig zu Verhaltensstörungen führen kann und langfristig zu Demenz und Leberkrankheiten. Alkohol ist einer der Hauptverursacher von Unfällen, Morden, Selbstmorden und Krankheiten.[218]

Die Vereinigten Staaten stehen der schlimmsten je da gewesenen Epidemie von Betäubungsmittelabhängigkeiten gegenüber, die sich nun auch über die ganze Welt hinweg ausbreitet. Mehr als dreißigtausend Menschen sterben jedes Jahr an Betäubungsmitteln, und Millionen von Menschen werden jedes Jahr durch ärztliche Behandlung süchtig. Schlafmohn wird schon seit Ewigkeiten zu medizinischen, spirituellen und Erholungszwecken eingesetzt, er hat immer einen gewissen Schaden verursacht, doch nichts reicht an das derzeitige Massaker heran. Die meiste Schuld daran hat die Pillen-Treiberei der pharmazeutischen Industrie sowie die Synthese von immer weiteren, noch potenteren Opioid-Derivaten; so ist Carfentanyl zehntausendmal stärker als Morphin. Der leichtfertigen Verschreibung von Schmerzmitteln liegt die unter Ärzten und Patienten weitverbreitete Erwartung zugrunde, dass es gegen alles eine Pille gibt, eine schnelle Lösung für jeden Schmerz und jedes Leid. Sowohl individuell als auch gesellschaftlich betrachtet macht unsere Suche nach einfachen Lösungen für komplexe Probleme viele davon nur noch schlimmer.[219] Es hat in der Geschichte der Welt noch nie eine Zeit gegeben, in der der Kauf von Straßendrogen derart gefährlich war, so viele davon sind heimlich mit superpotenten, tödlichen, synthetischen Drogen gestreckt. Doch das kann den legalen und illegalen Drogenhandel nicht aufhalten, denn die Profite sind gigantisch und die Kundschaft hängt am Haken.

Auch Haschisch und Marihuana imitieren natürlich vorkommende Neurotransmitter. Sie haben ihr eigenes Gefahrenbeiwerk, doch das ist nichts im Vergleich zu den verheerenden Schäden, die Opioide hinterlassen. In einer vernünftigen Welt wäre Gras legal und verschreibungspflichtige Opioide wären illegal, nicht umgekehrt – doch die Arzneimittelhersteller verstehen sich viel besser auf politische Lobbyarbeit als die Drogenkartelle. Bundesstaaten, die Cannabis legalisiert haben, machten die Erfahrung eines schnellen und dramatischen Rückgangs an Todesfällen durch Opioid-Überdosierung.[220]

Nur wenige Vorgänge im Gehirn geschehen ohne Serotonin. Seine vierzehn verschiedenen Rezeptortypen helfen, die Arbeit aller anderen Neurotransmitter zu regulieren, die die Laune, Angst, Aggression, Sexualfunktion, Appetit, Schlaf, Lernen, Erinnern, Übelkeit und Temperaturregulierung justieren. Serotonin begann seine Laufbahn vor langer Zeit ganz bescheiden im Regenwurm, heute steht es im Mittelpunkt der meisten populären Drogen, die in der Psychiatrie – sowie einige davon in der Medizin gegen Übelkeit und Migräne – eingesetzt werden. Die Selektiven Serotonin-Wiederaufnahmehemmer (*Selective Serotonin Reuptake Inhibitor, SSRI*) sind nützlich, wenn sie von den relativ wenigen Menschen genommen werden, die sie wirklich brauchen, jedoch nutzlos oder schädlich, wenn sie zu häufig von den vielen benutzt werden, die vom Marketing der Arzneimittelindustrie dazu verführt wurden. SSRIs sind nur bei der Behandlung von Symptomen einer psychischen Störung wirksam, sie besitzen keine von Somas wundersamen Qualitäten einer Glückspille. Und Soma hatte keine Nebenwirkungen und kannte keine Entzugserscheinungen; SSRIs verursachen beides. Für die meisten Menschen bieten SSRIs nur einen sehr kostspieligen Placebo-Effekt, mit wenig Nutzen und signifikanten Risiken.[221]

Die Vereinigten Staaten sind besonders abhängig von Drogen. Wir machen fünf Prozent der Weltbevölkerung aus, aber konsumieren fünfzig Prozent aller verschreibungspflichtigen Medikamente, die weltweit verkauft werden, und achtzig Prozent der verschreibungspflichtigen opioiden Schmerzmittel. Zehn Prozent aller Amerikaner haben im vergangenen Monat eine illegale Droge konsumiert – das sind zwanzig Millionen Leute, die Gras geraucht, und fünf Millionen, die andere Substanzen genommen haben. Ironischerweise ist Alkohol die einzige Droge, die in den Vereinigten Staaten relativ moderat konsumiert wird: Wir liegen weltweit auf Rang 48 des Pro-Kopf-Konsums von Alkohol. Manche Menschen brauchen die Medikamente, die sie nehmen, dringend, um ernste psychiatrische Probleme oder Schmerzen zu behandeln. Und für die Mehrheit, die maßhalten kann, ist der gelegentliche Drogenkonsum in erster Linie harmloser Spaß. Doch für viele ist er ziemlich zerstörerisch und für einige sogar tödlich.

Durch unseren fast allgegenwärtigen Drogenkonsum riskieren wir, zu einer kranken Gesellschaft zu werden. Die Erwartung schneller, chemischer Lösungen wird prompt zur Erwartung schneller politischer Lösungen verallgemeinert. Es ist schwer, die Menschen zu reifen, belastbaren und verantwortungsvollen Bürgern zu machen, wenn ein Drittel der Bürger eine Pille oder einen Drink brauchen, um durch den Tag zu kommen. Unsere tablettensüchtige Gesellschaft unterstützt unsere gesellschaftlichen Wahnideen und macht es den Verführern der Gesellschaft leichter. Wir müssen uns schrittweise von unserer beispiellosen Drogenabhängigkeit lösen, wenn wir eine mündige Gesellschaft werden wollen, die aufhört, sich etwas vorzumachen, und der Wirklichkeit ins Gesicht schauen kann.[222]

Was zählt

Wenn du ein langes Leben gelebt hast, lernst du, was zählt und was nicht. Die Dinge, die mich glücklich machen, sind unmittelbar, fast immer kostenlos und leicht zu erreichen. Die Sonne auf meiner Haut spüren und den Wind in meinen Haaren. Meiner Frau den Inhalt der Morgenzeitung erzählen. Mit meinen älteren Enkelkindern über die Weltgeschichte diskutieren und mit den jungen Zwillingen Basketball spielen. Alte Filme ansehen. Neue Fakten lernen. Bücher ein zweites Mal lesen, die ich geliebt habe. Das äußerst befriedigende Vergnügen eines nachmittäglichen Nickerchens am Strand. Der Besuch eines neuen, unbekannten Ortes oder der erneute Besuch eines vertrauten Ortes. Pizza. Selterswasser. Ein Schokoriegel. Die Tatsache, dass ich immer noch spazieren gehen, schwimmen und einen Tennisball treffen kann. Eine Umarmung, ein Witz, ein Essen mit der Familie, ein Hundewelpe, ein orangefarbener Sonnenuntergang, die Zufriedenheit, das Richtige getan zu haben, das Kichern eines Kindes, eine schöne Redewendung oder ein schön geformter Fußknöchel. Noch nicht wirklich dement zu sein. Liebe machen.

Es ist mein Ehrgeiz, nie wieder etwas zu kaufen, was ich nicht innerhalb von ein paar Wochen konsumieren kann. Ich hoffe, den Rest meines Lebens ohne neue Kleidung, Möbel oder Nippes auszukommen. Autos und Apparate werden benutzt, bis sie am Ende sind – hoffentlich erst, nachdem ich es bin. Keine neuen mich verpflichtenden Bündnisse mit materiellen Dingen. Dinge machen einen nicht glücklich. Menschen machen einen glücklich. Mit etwas Glück werde ich an den Menschen festhalten, die ich liebe, ihnen weiterhelfen, wenn ich kann, und ihnen keine allzu große Last werden.

Wir leben in einer Zeit beispielloser Fülle, von Langlebigkeit, persönlicher Sicherheit, relativem Frieden, mit wenig Verbrechen, sauberer Luft, sauberem Wasser und technologischen Wundern. Im historischen Maßstab ist dies für die meisten Menschen der Industrienationen die beste aller Zeiten. Es ist relativ einfach, zufrieden zu sein, wenn man sanft dahinsegelt, doch niemand von uns darf erwarten, Glück würde eine Zukunft frei von Opfern bedeuten. Wir alle müssen lernen, weniger für Besitztümer und mehr für die Menschen zu leben.

Wir haben keinen Grund zu verzweifeln und keinen Vorwand, uns selbst zu bemitleiden. Es war noch nie leicht, ein Mensch zu sein, und unsere derzeitigen Herausforderungen, so schwierig sie uns auch erscheinen mögen, verblassen im Vergleich mit der Pest, dem Dreißigjährigen Krieg oder biblischen Dürreperioden. Unsere Zivilisation, und vielleicht auch unsere Spezies, kann nur überleben, wenn wir unsere egoistischen Erwartungen herunterschrauben und unsere uneigennützige Kooperation vergrößern. Das verlangt eine umfassende Veränderung unseres Verhaltens und unserer Institutionen, doch es ist ein beruhigender Gedanke, dass unsere Zukunft komplett in unseren Händen liegt – um sie zu zerstören oder zu erhalten.

Gesellschaftliche Wahnideen schützen Dinge, die es nicht wert sind, bewahrt zu werden, weil sie für wahres Glück und Wohlbefinden unwesentlich sind. Die menschliche Spezies hat immer noch ein hervorragendes Blatt in der Hand, sofern wir nur schnell genug klug werden und unsere Karten gut spielen. Wir Menschen haben eine lange Tradition der Belastbarkeit, wenn wir mit einer Krise konfrontiert sind, wir sind bei Herausforderungen wiederholt über uns hinausgewachsen und besitzen mit Sicherheit die Stärke, effektiv und in Würde mit den Opfern umzugehen, die nun von uns verlangt werden. Ich glaube immer noch fest daran, dass wir Trump nicht nur überdauern, sondern auch besiegen können – wie die gesellschaftlichen Wahnideen, die er verkörpert.

KAPITEL 9

Team Erde

Wir mögen alle auf unterschiedlichen Schiffen hergekommen sein, aber jetzt sitzen wir alle im selben Boot.

MARTIN LUTHER KING JR.

Niemand ist eine Insel

Wir Amerikaner haben so etwas wie eine gespaltene Persönlichkeit – teils wetteifernder einsamer Wolf, teils kooperierendes Mitglied eines gut organisierten Wolfsrudels. Die einsamen Wölfe werden am besten durch den Filmschauspieler John Wayne verkörpert. In 169 Filmen über einen Zeitraum von fünfzig Jahren spielte »The Duke« sich selbst, immer groß, ungestüm, knallhart, selbstgenügsam, eigenständig, seinen eigenen Weg gehend, niemanden brauchend. Amerikas Held mit größtem Kultstatus – aber nicht der liebenswerteste. Und auch nicht wirklich eine präzise Darstellung dessen, wer wir sind. Jedes Jahr zu Weihnachten sehen meine Familie und ich (und wahrscheinlich die meisten Leute) uns lieber ein anderes, zugänglicheres und ansprechenderes Porträt der amerikanischen Lebensart an. Jimmy Stewarts *Ist das Leben nicht schön?* ist eine großherzige Feier sozial gesinnter Gemeinschaftsorientierung, eine Geschichte von gutnachbarlichem Verhalten und den Freuden der gegenseitigen menschlichen Abhängigkeit. Das Happy End ist ein Sieg der ganzen Stadt – keine Belohnung für den unabhängigen Kampf und die Leistung eines einzelnen Mannes.

Individualität besitzt eine lange Tradition im amerikanischen Bewusstsein: Sie ist zentraler Bestandteil unseres Gründungsmythos und hält sich immer noch als Hauptargument der jüngsten politischen Propaganda. Wir verehren die ersten Siedler als freiheitsliebende Menschen, die in einer Neuen Welt ihr Glück gemacht und ihren Glauben praktiziert haben, frei von den Restriktionen der Alten Welt. Hollywood-Western erweiterten die Metapher auf den einsamen Cowboy, der sich auf seinen Verstand, seinen Schneid und seine Waffe verlassen hat, um Schurken, Indianern und der feindseligen Natur entgegenzutreten.

Und dann kamen die Politiker. Herbert Hoover prägte den Ausdruck »knallharter Individualismus«, um damit die Wahl von 1928 zu gewinnen, und später zur Erklärung seiner Passivität als Reaktion auf die Nöte des Landes während der Weltwirtschaftskrise. »Wir standen vor der schwierigen Entscheidung zwischen einem amerikanischen System des knallharten Individualismus oder einer völlig entgegengesetzten europäischen Philosophie der Bevormundung und des Staatssozialismus. Die Übernahme dieser Ideen hätte die Vernichtung der Selbstbestimmung durch Zentralisierung der Staatsführung bedeutet.« Hoover war überzeugt, dass staatliche Hilfe »die Initiative und den Unternehmungsgeist des amerikanischen Volkes« zugrunde richten würde.

Er lag völlig daneben. Sein knallharter republikanischer Individualismus war die denkbar schlechteste wirtschaftliche und menschliche Antwort auf die Wirtschaftskrise und machte sie noch schrecklicher, als sie hätte sein müssen. Roosevelts New Deal schuf neue Jobs, half der Wirtschaft wieder auf die Beine und milderte den Schlag für Menschen, die keine andere Form der Unterstützung hatten. Trump und die Kochs sind die modernen Hoovers, indem sie versuchen, die Schutzmechanismen für den durchschnittlichen Menschen aufzuheben, die in den New Deal eingebaut waren und seitdem von demokratischen Präsidenten immer wieder verlängert worden waren. Die Vereinigten Staaten haben ohnehin schon das schlechteste soziale und wirtschaftliche Sicherheitsnetz aller Industrienationen; die Republikaner würden es vorzugsweise komplett auflösen, um den Reichen eine weitere Steuererleichterung zu geben. Das ist es, worum es bei dem Kampf um Trumpcare letzten Endes geht.

Die Republikanische Partei liegt heute so sehr daneben wie Hoover damals. Das amerikanische Leben gründete schon immer erheblich mehr auf Kooperation denn auf Wettbewerb. Die frühen Siedler lebten in sehr rigiden, engmaschigen Gemeinden, ein Überleben außerhalb der Gruppe war nahezu unmöglich und auf ihre Zustimmung angewiesen. Und im Gegensatz zu der Darstellung in den Filmen war der wirkliche alte Westen zivilisiert, gemeinschaftlich ausgerichtet und erheblich weniger gewalttätig als viele moderne Großstädte – es sei denn man war amerikanischer Ureinwohner und sollte durch die US-Army ausgerottet werden.

Vorschriften regelten jeden Aspekt des Alltagslebens. Planwagenzüge einigten sich auf ein verbindliches Regelwerk, bevor sie in den Westen aufbrachen. Bergarbeiterstädte hatten strenge Vorschriften, die Ansprüche und Schürfrechte klar definierten. Rancher und Siedler gründeten Organisationen, um Eigentums- und Grenzstreitigkeiten beizulegen. Waffenbesitz war im alten Westen erheblich stärker reglementiert als heute: Man musste seine Ausrüstung beim Sheriff registrieren lassen, bevor man Bürger einer Stadt werden konnte. Verheiratete Frauen waren für Raufbolde absolut tabu. Die Leute besuchten sonntags die Kirche. Einzelgänger, Outlaws und Revolverhelden stießen auf geringe Toleranz. Der Friedensrichter legte das Gesetz aus, und der Sheriff und seine Truppe verschafften ihm Geltung.

Die Verantwortung der Gemeinschaft ist und war schon immer durch und durch amerikanisch. Kooperation drückt unseren Anstand aus und ist das A und O unseres Erfolgs. Es war Tradition bei den Pionieren, heute deinem Nachbarn zu helfen und davon auszugehen, dass er morgen dir helfen wird. Gemeinschaften sind mit Freuden zusammengekommen, um Häuser, Scheunen und Kirchen zu errichten. Jeder wusste, dass Glück im Leben mindestens eine so große Rolle spielt wie Anstrengung und Begabung. Der gemeinsame Austausch war wie eine Versicherungspolice gegen Not und Unglück, verteilte das Risiko und die Last auf die ganze Gruppe. Und es ist ein Märchen zu glauben, dass unsere Vorfahren als knallharte Individualisten nach Amerika kamen und jeder auf sich allein gestellt sein Glück machte. Meistens kam zuerst eine Person, wie in meiner Familie, sparte etwas Geld und holte dann sukzessive seine Brüder, Schwestern, Eltern und die erweiterte Familie nach. Alle teilten und fühlten sich für die anderen verantwortlich.

»E pluribus unum« wurde am 4. Juli 1776, dem allerersten Unabhängigkeitstag, zum Motto der Vereinigten Staaten. »Aus vielen eines«, eine Paraphrasierung Ciceros: »Wenn jeder den anderen so liebt wie sich selbst, wird aus vielen eines.« 228 Jahre später zieht Obama das gleiche inspirierende Banner hoch: »Es gibt kein liberales Amerika und kein konservatives Amerika – es gibt nur die

Vereinigten Staaten von Amerika. Es gibt kein schwarzes Amerika, kein weißes Amerika, kein Latino-Amerika und kein asiatisches Amerika – es gibt nur die Vereinigten Staaten von Amerika. (…) Es gibt keine roten Staaten und keine blauen Staaten, es gibt nur die Vereinigten Staaten von Amerika.«

Es ist jetzt die Aufgabe des Volkes, der Entzweiung durch Trump etwas entgegenzusetzen und Amerika wieder zu einem Ganzen zu machen. Wir können uns ganz sicher nicht darauf verlassen, dass unsere Politiker uns zusammenbringen, zu viele sind Sklaven der finanziellen und ideologischen Interessenkonflikte, die uns auseinandertreiben. Die meisten Polittrickser werden dem Gesamtinteresse nur dann dienen, wenn sie mehr Angst vor dem Volk haben als vor den Vertretern der Partikularinteressen, von denen sie jetzt tyrannisiert und dirigiert werden. Frauen hätten kein Stimmrecht, Schwarze und Schwule hätten keine Bürgerrechte und unsere Umwelt würde sich in noch schlechterer Verfassung befinden, würde nicht der Wille des Volkes schrittweise den Themenkatalog der Politiker formen. Der mächtige Aufschwung der Macht des Volkes, die sich gegen Trump stellt, ist unsere beste Chance auf Erholung von unserem gegenwärtigen politischen Wahnsinn.

Progressive Volksnähe hatte Erfolg, weil die Menschen bereit waren, für etwas zu kämpfen, an das sie inständig glaubten. Das bedeutsamste Glück ergibt sich aus der Arbeit für eine bessere Welt und für unsere Kinder. Viele Menschen verzweifeln daran, dass sie in unserer aktuellen Trump'schen Dystopie leben. Auf der Linken fühlt man sich geschlagen und hat keine Hoffnung für die Zukunft, auf der Rechten fühlen sich viele Trump-Unterstützer von ihm verraten und machtlos, ihr Leben zum Besseren zu verändern. Verzweiflung führt nirgendwohin, sowohl für das Individuum wie auch für die Gesellschaft. Amerikaner rücken in Krisenzeiten zusammen. Das gibt ein gutes Gefühl, und Dinge werden erledigt.

In Kapitel 6 haben wir einen Vertrag »Wir, das Volk« erörtert, der die Unterstützung der Mehrheit bekommen und vielen Bedürfnissen sowohl der Linken wie der Rechten gerecht werden könnte. Es gibt keinen besseren Weg, »Amerika wieder groß zu machen«, als Menschen für das gemeinsame Wohl zu gewinnen und Schluss zu machen mit der verfluchten Spaltung. Wir müssen für das Recht eintreten und der Macht Paroli bieten, wann immer sie falsch eingesetzt wird.

Die kleinen und großen Erfolge der früheren Politik der Volksnähe machen mir Mut. Hier einige meiner Lieblingsbeispiele. Sie inspirieren mich, und ich hoffe, sie werden auch Sie inspirieren. Jeder mächtige Fluss beginnt mit ein paar kleinen Regentropfen.

Hundescheiße

Dies ist eine kleine, aber vielsagende Erfolgsgeschichte eines von unten nach oben verlaufenden sozialen Wandels, der auf seine kleine Weise die Welt aufgerüttelt und zu einem saubereren, netteren, zivilisierteren und lebenswerteren Ort gemacht hat. Es fing alles vor vierzig Jahren an, als die Bürger einer kleinen Stadt außerhalb von New York City sich über eine sehr große Deutsche Dogge und ihre beeindruckende Menge an fäkalen Hinterlassenschaften aufregten und sich dann erfolgreich zusammentaten, um den Hundebesitzern der Stadt zu verbieten, ihre Straßen zu verschmutzen. Diese eine kleine Initiative an einem gänzlich unbedeutenden Ort setzte eine vollkommen unerwartete Kettenreaktion mit weltweiten und dauerhaften Folgen in Gang.

Die neue soziale Bewegung breitete sich schnell über den Hudson River in den Big Apple hinein aus, wo es damals eine halbe Million Hunde gab, die hundert Tonnen Kot pro Tag produzierten. Nach einigem Hin und Her und politischem Gerangel schaffte es New York City, das erste Hundekotbeseitigungsgesetz der Welt zu verabschieden, mit der vorsichtig formulierten Aufforderung: »Wer einen Hund, eine Katze oder ein anderes Tier besitzt oder beaufsichtigt, darf dem Tier nicht erlauben, auf einem Bürgersteig oder irgendeinem anderen öffentlichen Ort ein Ärgernis zu verursachen.« Empfindliche Geldstrafen konnten gegen Tierhalter verhängt werden, die es versäumten, die Verdauungsprodukte ihrer Hunde vollständig zu beseitigen. Tatsächlich wurden nur wenige Bußgelder von der Polizei verhängt, die wichtigere Aufgaben zu erledigen hatte, als diesem kaum durchsetzbaren Gesetz Geltung zu verschaffen.

Dennoch erwies sich die Verfügung als äußerst effektives Mittel, um einen starken sozialen Druck gegenüber Gesetzesübertretern zu mobilisieren und zu legitimieren. Mitternächtliche Ausreißer mochten gelegentlich der öffentlichen Anprangerung entgehen, aber nur die Unerschrockensten wagten es, ihren Haustieren bei Tag die Verschmutzung zu erlauben.

Als New Yorker Bürger ohne Hund und mit einer ausgesprochenen Sorglosigkeit beim Spazierengehen begrüßte ich die unerwartete Säuberung von Straßen und Bürgersteigen sehr. Die Hunde-Gesetze breiteten sich schnell über das Land und die Welt aus. Die Empörung über eine sehr große Deutsche Dogge in einer sehr kleinen Stadt hatte eine fast universelle Wende in den jahrtausendealten Gewohnheiten der Hundehaltung bewirkt. So unüberwindbar unsere ungleich wichtigeren sozialen Wahnvorstellungen momentan auch erscheinen mögen, in der Zukunft werden sie vielleicht doch aufzulösen sein, wenn wir erst einen Wendepunkt des öffentlichen Bewusstseins erreicht haben und die Entrüstung groß genug geworden ist.[223]

Schmutzfinken

Viele von Ihnen sind zu jung, um zu wissen, wie widerlich es sein kann, wenn überall Abfall herumliegt. Als ich noch ein Kind war, war die Welt ein Saustall. Kinos, Parks und Strände ähnelten Müllhalden, die Straßen und Rinnsteine waren verstopft mit Müll, Zigarettenkippen wurden gedankenlos in den Wind geschnipst, ob sie nun brannten oder nicht, Kaugummis lauerten unachtsamen Schuhen auf und auf den Autobahnen warfen die Leute völlig gedankenlos ihren Abfall aus den fahrenden Autos. Der Amerikaner produziert jeden Tag im Durchschnitt knapp zwei Kilo Abfall, genug, um eine ziemliche Schweinerei anzurichten. Müll in die Gegend zu werfen, schien ein unantastbares Menschenrecht zu sein, Teil des modernen Lebens, unvermeidlich, und genau wie bei unseren gegenwärtigen gesellschaftlichen Wahnvorstellungen schien es sich dabei um ein offenbar unlösbares Problem zu handeln.

Die Kampagne »Keep America Beautiful« änderte dies grundlegend, und noch dazu schnell. Eine Organisation mit kleinem Budget, aber großem Ehrgeiz, die eine Verbesserung der Situation von Gemeinden erreichen wollte, schaffte es innerhalb von gerade mal einem Jahrzehnt, einen grundlegenden Wandel des öffentlichen Bewusstseins und des Verhaltens gegenüber herumliegendem Abfall zu bewirken.

Es gab drei Schlüssel zum Erfolg. Am wichtigsten war: Es ging um eine gerechte Sache, deren Zeit gekommen war. Hinzu kam ein Heer von vollkommen überzeugten Freiwilligen an der Basis, die in über eintausend Ortsgruppen im ganzen Land organisiert waren. Und schließlich gab es eine höchst effektive und brillante, anprangernde Anzeigenkampagne – ein Meisterwerk von öffentlicher Erziehung, Propaganda und nachdrücklichem gutem Zureden. *Litterbug (Schmutzfink)* ging als Wortneuschöpfung in den allgemeinen Sprachgebrauch ein und drückt ebenso Schmach wie Empörung aus. Der Slogan »Every Litter Bit Hurts« verurteilte selbst die kleinste Unbekümmertheit oder Missachtung.

Der einminütige Fernsehwerbespot »Crying Indian«[224] veränderte schließlich alles. Es lohnt sich, danach zu googlen, und auch fünfundvierzig Jahre, nachdem ich den Spot zum ersten Mal gesehen habe, spüre ich immer noch einen Kloß im Hals. Ein ernster amerikanischer Ureinwohner paddelt einen Fluss voller Müll hinunter, die Ufer gesäumt von umweltverschmutzenden Industrieanlagen. Er zieht das Boot an Land, geht durch noch mehr Abfall und erreicht eine Autobahn. Aus einem vorbeifahrenden Auto wird gedankenlos eine Plastiktüte mit Abfällen geworfen, die dann direkt vor seinen Füßen landet und platzt. Eine einzelne, stille Träne rinnt über sein stoisches Gesicht, während der Sprecher sagt: »Menschen haben die Umweltverschmutzung begonnen, Menschen können sie beenden.«

Der Fernsehspot war eine Sensation und gab den Anstoß zu dem heute alljährlich und weltweit begangenen Tag der Erde. Eine »ecology flag«, die sich mit ihren grünen und weißen Streifen an der amerikanischen Fahne orientiert, machte das achtlose Wegwerfen von Abfällen zu einem unpatriotischen Akt. Nachfolgende Kampagnen (etwa das *Clean Community System,* später das jährliche *Great American Cleanup*[225]) erhalten die Bewegung lebendig und machen Amerika mit jedem eingesammelten Stück Abfall sauberer.

Es gibt noch eine weitere, weniger idealistisch erhebende, aber entscheidende Seite dieser auch moralisch komplexen Geschichte. *Keep America Beautiful* wird heute und wurde schon immer zu einem Teil von Lebensmittel-, Tabak- und Getränkekonzernen finanziert, den verurteilenswerten Herstellern eines großen Teils der Einwegverpackungen, die dann als achtlos weggeworfener Abfall in der Umwelt landen. Die Lösung dieses Müllproblems erforderte eine heilige wie auch unheilige Allianz. Heilig, weil es viel besser war, den ganzen Dreck von den Straßen zu halten. Unheilig, weil es klüger und billiger wäre, weniger Dreck zu produzieren. Als Beleg für die dunkle Seite mag dienen, dass *Keep America Beautiful* ein Flaschenpfand ablehnt, obwohl es für Recycling und Nachhaltigkeit wirbt, und Müllverbrennung unterstützt, auch wenn das schädlich ist für die Umwelt.

Ein Zyniker könnte *Keep America Beautiful* für einen hinterlistigen Trick der Konzerne halten, sich ein grünes, umweltfreundliches Mäntelchen umzuhängen, das doch nur die Verantwortung für eine saubere Umwelt von der Industrie auf die Konsumenten verlagert. Es wäre erheblich besser, es gäbe gesetzliche Rahmenbedingungen, die Unternehmen ermuntern, weniger Müll zu produzieren, vor allem da der Müll am Ende zwangsläufig die Luft oder unsere Meere und Flüsse verunreinigt oder auf Mülldeponien landet. De facto spornt *Keep America Beautiful* dazu an, dass jeder Einzelne verantwortungsvoll handelt, damit wir saubere Straßen bekommen, aber gleichzeitig erlaubt es den Konzernen, schlechte, schmutzige und zu viel Müll produzierende gesellschaftliche Akteure zu sein.

Die Moral von der Geschichte: Es ist nicht zielführend, zu denken, wir könnten die Welt verändern, ohne die Unternehmen mit ins Boot zu holen, aber naiv, sich auf die guten Absichten der Unternehmen zu verlassen. Ziel muss es sein, Win-win-Situationen zu schaffen, bei denen unterschiedliche Motivationen zur Deckung gebracht werden. Wir müssen die individuelle Verantwortlichkeit zur Müllbeseitigung aufrechterhalten und stärken, aber gleichzeitig Unternehmen für die Müllerzeugung besteuern.[226] Dieser Ansatz lässt sich gut auf aktuelle Bestrebungen übertragen, die auf eine Verminderung der durch die Emission von Treibhausgasen verursachten globalen Erwärmung abzielen. Ein erheblich effizienterer Einsatz von Brennstoffen schützt indirekt unsere Umwelt, während er den Konzernen ganz direkt Geld spart. Fürs Erste, unter der umweltverschmutzenden Regierung Trumps, müssen wir uns darauf verlassen, dass Konzerne die Klimaerwärmung bekämpfen, und das werden sie nur tun, wenn damit Gewinne zu machen sind.

Mit der Flasche aufgezogen

Bis in die frühen 1940er-Jahre, etwa die Zeit meiner Geburt, stillten nahezu alle Mütter ihre Babys, genau wie es Säugetiere seit Jahrmillionen völlig natürlich getan hatten. Für Mütter ohne eigene Milch oder für Babys, die nicht gestillt werden konnten, gab es seit rund hundert Jahren Muttermilchersatzprodukte aus Kuhmilch, bei deren Verwendung man einen Vitaminmangel oder Infektionen riskierte. Drei sich gegenseitig beeinflussende Veränderungen führten zu einem abrupten Wechsel von der Mutterbrust zur Flasche. Erstens waren Mütter durch den Krieg gezwungen zu arbeiten, was sich kaum mit Stillen vereinbaren ließ. Zweitens wurden bessere Muttermilchersatzprodukte und Verabreichungsformen entwickelt. Drittens, und am wichtigsten, stießen Hersteller von Muttermilchersatz wie Nestlé eine massive Desinformationskampagne an, um Mütter davon zu überzeugen, dass die künstlichen Produkte zu gesünderen Babys führten, als es mit Muttermilch möglich wäre. Weiterhin machte man Mütter unterschwellig glauben, dass langwieriges Stillen einen negativen Einfluss auf die Schönheit ihrer Brüste haben könnte. 1970 stillte nur noch ein Viertel aller Mütter ihre Babys direkt nach der Geburt, und länger als zwei Monate praktisch niemand mehr. Nestlé hatte die Natur besiegt.

Doch dieser Sieg geschickter Werbung über den gesunden Menschenverstand war nur von kurzer Dauer. Mehrere starke Faktoren hielten dagegen und gaben dem Stillen seinen rechtmäßigen Platz in der natürlichen Ordnung zurück. Zum einen entdeckten Wissenschaftler viele wertvolle und unersetzbare Inhaltsstoffe der Muttermilch, die den Babys halfen, Infektionen abzuwehren und Allergien zu vermeiden. Zweitens belegten Studien, dass Stillen eine stärkere und innigere Mutter-Kind-Bindung ermöglicht. Diese Fakten zeigten eindeutig, dass die Natur für Babys tatsächlich besser war als Nestlé. Drittens übertrieben es die Hersteller von Muttermilchersatz und wurden auf frischer Tat ertappt. Sie hatten auf beispiellose Art in Ländern der Dritten Welt gegen Muttermilch getrommelt, selbst noch nachdem ihre frei erfundenen Argumente längst eindeutig wissenschaftlich widerlegt worden waren. Die auf starke mediale Resonanz stoßenden Enthüllungsberichte öffneten auch Müttern in der westlichen Welt die Augen, die nun erkannten, dass sie bis dahin ganz ähnlich übers Ohr gehauen worden waren. Und viertens, und wichtiger noch als alles andere: Organisationen wie La Leche kümmerten sich intensiv darum, Mütter erneut über die gesundheitlichen Vorteile des Stillens zu informieren und sie an die dem Stillen innewohnende Schönheit und tiefe Befriedigung als Teil des menschlichen Erlebens zu erinnern.

Seit den 1970er-Jahren hat das Stillen ein überwältigendes Comeback erlebt. Heute stillen Dreiviertel aller Mütter ihre Kinder direkt nach der Geburt, die Hälfte nach sechs Monaten und ein Viertel noch nach einem Jahr. Die Mütter selbst und nicht die Ärzteschaft haben diesen Einstellungswandel bewirkt. Die Moral von der Geschichte: Man kann manche Frauen immer täuschen, fast alle Frauen eine Zeit lang, aber nicht alle Frauen immer. Und wenn Frauen die Wahl haben zwischen Brustform oder Gesundheit ihres Babys, entscheiden sich die meisten für das, was für die nächste Generation das Richtige ist.[227]

Schnall dich an

Als ich 1960 zum ersten Mal hinter dem Steuer eines Autos saß, gab es noch keine Sicherheitsgurte. 1968 wurden Gesetze verabschiedet, die Autohersteller verpflichteten, Sicherheitsgurte einzubauen, aber die meisten von uns hielten es trotzdem nicht für nötig, sie anzulegen. Schon bald erschienen die ersten drastischen Werbespots im Fernsehen, in denen die verhängnisvollen Folgen von Autounfällen gezeigt wurden, wobei der Wert von Sicherheitsgurten auch auf Kurzstrecken und Fahrten bei niedrigem Tempo in der Nähe des Wohnorts besonders betont wurde, weil hier die meisten Unfälle passieren. Genau wie nahezu jeder andere schenkte ich dem Thema dennoch keine größere Aufmerksamkeit und zog es vor, weiter unangeschnallt Auto zu fahren.

1984 machte New York als erster Bundesstaat das Anlegen des Sicherheitsgurts zur Pflicht und drohte bei Zuwiderhandlung mit hohen Bußgeldern. Binnen kurzer Zeit schrieben fast alle Bundesstaaten vor, dass alle Insassen eines Fahrzeugs Sicherheitsgurte anlegen mussten. Benutzten vor Verabschiedung der Gesetze zur Anschnallpflicht nur zehn Prozent den Sicherheitsgurt, sind es heute fast neunzig Prozent. Heute ist es, mit Ausnahme der verantwortungslosesten Zeitgenossen, jedem in Fleisch und Blut übergegangen, sich vor dem Fahren anzuschnallen – ein echter grundlegender Wandel in unserer öffentlichen Einstellung und unserem Verhalten.

Nur wenige Leute erhielten Bußgelder, aber die meisten begriffen, worum es ging – dass nämlich Sicherheitsgurte Leben retten, in den USA geschätzte 13.000 Leben pro Jahr. Am wichtigsten ist dabei zu verhindern, aus dem Wagen geschleudert zu werden, was in 75 Prozent der Fälle einem Todesurteil gleichkommt. Über die Hälfte der an Unfällen mit tödlichem Ausgang beteiligten Menschen sind nicht angeschnallt, und das Todesfallrisiko wird halbiert, wenn Gurte getragen werden.[228]

Trotz dieser überzeugenden Fakten gibt es immer noch eingefleischte Sicherheitsgurt-Verweigerer. Ihre Behauptung, dass Sicherheitsgurte zu gefährlicherem Fahrstil verleiten würden, ist mehrfach widerlegt worden. Verweigerer, die aus einer libertären Einstellung heraus gegen eine verpflichtende Benutzung argumentieren, ignorieren die Tatsache, dass in der Regel die Gesellschaft am Ende den Großteil der beträchtlichen Kosten für medizinische Versorgung und Invalidität trägt. Die Nutzungsgeschichte von Sicherheitsgurten verlief rasend schnell – von gar nicht vorhanden über vorhanden, aber nicht benutzt, bis zu einem wesentlichen und automatischen Bestandteil des amerikanischen Lebens. Und das alles in nicht mal fünfzig Jahren. Das Beispiel beweist, dass vernünftige Gesetze und Vorschriften Desinteresse bezwingen, Verhalten ändern und Leben retten können. Wobei Bedenken des einzelnen Bürgers wegen Freiheitseinschränkungen immer abgewogen werden sollten gegen Gesundheitsrisiken der Allgemeinheit.

Eines Tages werden wir genau die gleiche Logik bei der Reglementierung von Waffenbesitz anwenden, allerdings erst, nachdem sich die Politiker aus dem unheiligen Zustand der Hörigkeit gegenüber der National Rifle Association befreit haben und endlich anfangen, der öffentlichen Sicherheit gegenüber den Profiten der Waffenhersteller den Vorzug zu geben. Die Parallele zwischen Sicherheitsgurten und Waffenkontrolle sollte für jeden auf der Hand liegen, der nicht von der Phrasendrescherei der National Rifle Association, es gäbe eine unbegrenzte, von der Verfassung garantierte Freiheit, Waffen zu tragen, geblendet ist. Wenn wir, um Leben zu retten, an das Führen eines Fahrzeugs vernünftige Auflagen knüpfen, warum sollten wir dann für den gleichermaßen gefährlichen Waffenbesitz weniger tun?

Tabakriesen

Ich habe acht Jahre an der Duke University, North Carolina, gearbeitet, einer großartigen Bildungseinrichtung, groß geworden durch Tabak-Geld. Heute ist das Rauchen auf dem Campus der Universität so gut wie überall verboten. Vor dreißig Jahren kontrollierte Big Tobacco Washington und seine Politiker. Heute ist die Tabakindustrie ein zahnloser Tiger und ein politisches Schmuddelkind. Die Tabakriesen haben früher die Medien mit verführerischer Werbung beherrscht – virile Männer und sexy Frauen hielten Zigaretten wie Geschlechtsorgane ins Bild. Doch dann wurde die Werbung für Rauchwaren verboten, und die Antiraucherwerbung erlebte eine Blütezeit. Man zeigte welke, faltige Männer und

Frauen, die um jeden Atemzug kämpften, Auswurf husteten, ganz klar in den letzten Zügen lagen und einfach nur abstoßend anzusehen waren. Heute gibt es kaum noch Werbung, die mit Rauchen zu tun hat, weder pro noch kontra, weil das Rauchen keine so zentrale Rolle mehr spielt.

Als ich ein Teenager war, galt es als total cool, wenn man lernte, auf Lunge zu rauchen. Heute gilt Rauchen eher als liederliche Angewohnheit. Als ich ein junger Arzt war, haben die meisten Ärzte geraucht. Heute tut das keiner mehr. Rauchen war einst die Norm. Menschen rauchten in Kneipen und Restaurants, in Flugzeugen und Zügen, in Theatern und Kinos, auf Krankenhausstationen, in Hotelzimmern, in öffentlichen Toiletten, praktisch überall. Ich habe im Krankenhaus gelegentlich sogar stationäre Patienten beim Rauchen erwischt, die an Sauerstoffgeräte angeschlossen waren. Heute ist es kaum möglich, einen Ort zu finden, an dem das Rauchen noch erlaubt ist, und schier unmöglich ist es, einen Ort zu finden, an dem Rauchen cool ist. Rauchen ist fast überall in der Öffentlichkeit verboten, drinnen wie draußen, selbst am Strand oder in Parks.

Die Familie Duke leistete Pionierarbeit in der Zigarettenindustrie und beherrschte diese für lange Zeit. In den Jahren nach dem Bürgerkrieg waren sie eher unbekannte Tabakpflanzer und -händler gewesen. Gegen Ende des 18. Jahrhunderts erwarben sie eine exklusive Lizenz für die weltweit erste automatische Maschine zur Zigarettenherstellung. Innerhalb weniger Jahrzehnte bauten sie dank ihres weltweiten Monopols ein sagenhaftes Vermögen auf. Auf dem Höhepunkt des Zuspruchs rauchten die Hälfte aller Erwachsenen und Zweidrittel der Männer, und Zigarettenrauchen war für die Volksgesundheit zu einer der größten Katastrophen aller Zeiten geworden.

Allein in den Vereinigten Staaten ist Zigarettenkonsum für jährlich fast 500.000 Tote verantwortlich, weltweit sind es fünf Millionen Tote. Die ersten epidemiologischen Studien, die einen Zusammenhang zwischen Zigaretten und Lungenkrebs feststellten, wurden in den 1920er-Jahren in Deutschland durchgeführt. Während der Nazi-Zeit gerieten sie in Vergessenheit und hatten keine weiteren Konsequenzen. In den 1950er-Jahren konkretisierte Richard Doll unabhängig und schlüssig den Zusammenhang zwischen Tabak und Tod. Die britische Regierung beherzigte dies und gab eine erste öffentliche Warnung heraus.

In den Vereinigten Staaten folgte ein »Dreißigjähriger Krieg« zwischen den zunehmend alarmierenden Berichten, zusammengestellt von den Gesundheitsbehörden, und der hartnäckig mauernden Tabakindustrie. Fortschritte in der Wissenschaft zeigten unwiderlegbar, dass Rauchen nicht nur Lungenkrebs, sondern darüber hinaus viele weitere Krebsarten verursachte und ein stark erhöhter Risikofaktor für die meisten Herz-Kreislauf-Erkrankungen war. Zudem waren seine Auswirkungen an einer ganzen Reihe weiterer Krankheiten beteiligt. Die Tabakindustrie antwortete mit der Gründung eines eigenen fiktiven »Forschungsrats«, womit die Absicht verbunden war, eine leichtgläubige Öffentlichkeit mit gefälschten Befunden abzulenken und so die Arbeit unabhängiger Wissenschaftler zu diskreditieren. Exakt die gleiche Strategie verfolgen die Energiekonzerne heute mit einem atemberaubenden Zynismus und ihre willfährigen Politiker.

Der Wendepunkt für Tabak trat in den späten 1980er- und frühen 1990er-Jahren ein, als die Gesundheitsbehörde einen besonders vernichtenden Bericht über Nikotinabhängigkeit und ihre tödlichen Folgen veröffentlichte. Die Manager der Branche machten sich im Fernsehen und bei Anhörungen vor dem Kongress zum

Narren, was zu breiter öffentlicher Empörung führte. Eine Sammelklage bestätigte mit Hilfe interner Dokumente der Branche, dass Big Tobacco die Öffentlichkeit vorsätzlich über die Gefahren des Rauchens in die Irre geführt hatte. Es kam zu Geldstrafen in Höhe von mehreren Milliarden Dollar, mit denen effektive Antiraucher-Kampagnen finanziert werden konnten. Entscheidend war letztendlich der stringente Beweis, dass selbst passives Einatmen von Zigarettenrauch tödliche Risiken haben konnte und dass Kinder ganz besonders gefährdet waren.

Raucher verhielten sich nicht nur mitleiderregend selbstzerstörerisch, sie galten jetzt auch noch als aggressiv schädlich für andere. Der jähe Rückgang des Zigarettenkonsums auf 17 Prozent der Bevölkerung ist der größte Gesundheitstriumph während meines Lebens und übertrifft in der Zahl geretteter Leben alle Anstrengungen der hoch technisierten ärztlichen Behandlungen zusammengenommen.[229] Der Niedergang der einst allmächtigen Big Tobacco-Industrie, geschlagen von einer kleinen Gruppe Wissenschaftler und Verfechter der Anti-Raucher-Kampagne, sollte für die Kampfmoral der kleinen, bedrängten Gruppe Vorbild sein, die jetzt in der entscheidenden Schlacht für einen lebenswerten Planeten die mächtigen Big Energy-Konzerne samt deren korrupten Politikern herausfordert.

Das Ozonloch

Die Ozonschicht ist eine wunderbare Klimawandel-Erfolgsgeschichte – und ein weiteres perfektes Modell zur Behandlung unserer anderen, ernsteren Probleme der Umweltverschmutzung. Vor vierzig Jahren entdeckten Wissenschaftler, dass Aerosolsprays große

Mengen Fluorchlorkohlenwasserstoffe (FCKW) in die Stratosphäre freisetzten. Dies war ein beängstigendes Gesundheitsrisiko, weil FCKW die Ozonschicht abbauen, die benötigt wird, um ultraviolette Strahlung davon abzuhalten, die Erdoberfläche und damit die Menschen zu erreichen. Ohne ausreichendes Ozon in der Atmosphäre würden die Raten von Krebs und grauem Star in die Höhe schießen.

Verängstigte Konsumenten reagierten richtig, indem sie FCKW-haltige Produkte boykottierten. Die großen Chemiekonzerne verhielten sich wie gewohnt schlecht – es wurde gemauert, man versuchte, über Lobbyisten politischen Einfluss zu nehmen, bestritt die Erkenntnisse der Wissenschaft, verleumdete Wissenschaftler. Angespornt von dem öffentlichen Interesse war der Kongress in der Lage, Schutzmaßnahmen zu verabschieden, um die Ozonschicht wiederherzustellen – eine fast unvorstellbare Leistung, vergleicht man dies mit unserer Zeit des fast absoluten Stillstands im Kongress und einer beispiellosen Unterwürfigkeit des Kongresses gegenüber den Interessen nicht etwa der Öffentlichkeit, sondern der Konzerne. Nicht weniger unglaublich angesichts des späteren Verlusts an Glaubwürdigkeit und moralischem Ansehen unseres Landes, gelang es unserem Außenministerium, erfolgreich viele andere Länder zu überzeugen, zum Schutz der Ozonschicht mit strengen Gesetzen unserem Beispiel zu folgen.

Alles sah recht vielversprechend aus, bis die Regierung Reagan in Washington einzog. In einer ironischen Neusprech-Wendung schienen die von ihr in die Umweltschutzbehörde (EPA) Berufenen (wie die von Trump) fest entschlossen zu sein, alles in ihrer Macht Stehende zu tun, die Umwelt zu zerstören, für deren Schutz sie doch eigentlich verantwortlich waren – sie stießen nie auf einen chemischen Schadstoff oder einen Umweltsünder, gegen den sie sich hätten engagieren müssen. Aber Reagans reflexartiger Klimaskeptizismus konnte der unanfechtbaren Entdeckung eines wachsenden Lochs in der Ozonschicht über der Antarktis nicht standhalten. Die Bedrohung war so konkret und unübersehbar, dass sie die ganze Welt aufrüttelte. Das Montrealer Protokoll von 1989 untersagte die Verwendung von FCKW und hat unsere Ozonschicht gerettet.[230]

Könnten wir die globale Klimaerwärmung besiegen, wenn wir eine vergleichbar umfassende internationale Antwort auf die CO_2-Belastung organisierten? Vermutlich schon, aber es ist ein erheblich steilerer Berg, den es hier zu bezwingen gilt. Die Abhilfe beim Ozonloch war relativ billig und einfach. Die Abhilfe bei CO_2-Emissionen ist außerordentlich kostspielig und würde große Opfer verlangen. Und wir haben nichts, das mit den dramatischen und offensichtlichen Bildern des antarktischen Ozonlochs vergleichbar wäre, um hoffnungslose Klimaskeptiker zu überzeugen, dass die Erderwärmung kein Schwindel ist. Doch das sind lediglich quantitative Unterschiede, keine sachlichen.

Die Welt wird wahrscheinlich vernünftig handeln, wenn der durch das CO_2 veranlasste Treibhauseffekt beginnt, regelmäßige, zerstörerische, kostspielige und vorhersehbare Katastrophen zu verursachen. Die unbeantwortbare Frage lautet immer: Wird unsere Reaktion dann zu schwach sein und zu spät kommen? Zu dumm, dass es keine visuelle Entsprechung des Ozonlochs gibt, um uns jetzt sofort anfangen zu lassen, solange noch Zeit ist. Die Diagramme, welche die Kohlendioxid-Konzentration über einen längeren Zeitraum darstellen, sind ziemlich beängstigend, leider haben sie auch nicht annähernd den gleichen emotionalen Effekt.

Saurer Regen

Der saure Regen wurde vor fast fünfhundert Jahren zum ersten Mal als Kuriosum beschrieben, aber ein wirkliches Interesse regte sich erst, als die Schlote der industriellen Revolution schwefeldioxidhaltige Dämpfe auszustoßen begannen. Im Verbund mit atmosphärischem Wasserdampf fällt schließlich die daraus resultierende Schwefelsäure als saurer Regen auf die Erde zurück.

Dan Smiley stellte die vollständigste Aufzeichnung der Schwankungen während des 20. Jahrhunderts zusammen. Als engagierter Amateur-Naturforscher in der Tradition eines Henry David Thoreau versuchte Smiley, jede einzelne messbare Tatsache über das Land in der Umgebung seines geliebten Urlaubsortes in New York State zu messen, und das tat er an den meisten Tagen zwischen 1931 bis zu seinem Tod im Jahr 1989. Unter Smileys vielen Messungen befanden sich auch die Werte des täglichen Säuregehalts des Lake Mohonk, was ihm erlaubte, überzeugend zu beweisen, dass der pH-Wert des Wassers langsam aber stetig fiel. Seine Tochter, meine Freundin Anna Smiley, begleitete ihn gelegentlich auf seinen festgelegten Runden.

Smileys Befunde wurden auf der ganzen Welt bestätigt, besonders an Orten in der Nähe von Kraftwerken, die schwefelhaltige Kohle verbrannten. Der Bau höherer Schornsteine, um die direkte Umgebung zu schützen, verteilte das Problem lediglich über einen weiteren Bereich. In einigen stark industrialisierten Gegenden fiel der pH-Wert unter 3, was ausreicht, pflanzliches und tierisches Leben zu töten, den Anstrich von Brücken abblättern zu lassen und den Stein historischer Baudenkmäler zu schädigen. Durch eine umfangreiche Berichterstattung in den Medien und einen niederschmetternden Bericht der National Academy of Sciences wurde die Öffentlichkeit in den 1970er-Jahren auf das Phänomen aufmerksam. Der Kongress reagierte mit einer Verschärfung des Clean Air Act und führte ein System des Emissionshandels mit festen Obergrenzen ein, durch den der saure Regen um 65 Prozent verringert werden konnte.

Die Kosten für Wirtschaft und Konsumenten liegen leicht über einer Milliarde Dollar pro Jahr, das ist weniger als ein Viertel der Schätzungen, die während der Panikmache der Industrie im Rahmen ihrer Kampagne gegen die neue Vorschrift gemacht wurden. Die Europäische Union hat noch drastischere Schritte unternommen und verzeichnet einen noch größeren Rückgang. Das ist die gute Nachricht.[231]

Und jetzt die schlechte Nachricht: China verbrennt Kohle, als gäbe es kein Morgen. Alle fünf Jahre fügt es neue Kraftwerke mit einer Leistung, wie sie alle gegenwärtigen Kohle verbrennenden Kraftwerke in den gesamten Vereinigten Staaten erbringen, hinzu. Im Durchschnitt ist seit Jahrzehnten jede Woche ein neues Kraftwerk eröffnet worden, und jedes mit einer erwarteten Nutzungsdauer von vierzig Jahren.[232] Und andere Entwicklungsländer, die das Aufholspiel der Stromerzeugung spielen, sind ebenfalls stark abhängig von billiger und schmutziger Kohle. Saurer Regen ist der Kanarienvogel im Bergwerk – er steht für das gesamte Problem der Kohlenstoff-Umweltverschmutzung auf unserem Planeten.

Entwicklungsländer argumentieren, dass die reicheren Länder den größten Teil der bestehenden weltweiten Umweltverschmutzung verursacht haben, auf diesem Weg ihren Wohlstand erreicht haben und deshalb auch die Kosten der Vermeidung weiterer Umweltverschmutzung tragen sollten, selbst wenn sie außerhalb ihrer Grenzen stattfindet. Die Industriestaaten bevorzugen natürlich eine grundsätzlich neue Herangehensweise, was vermeiden würde, dass sie zwei- oder gar dreistellige Milliardenbeträge an Länder überweisen müssten, die heute sehr harte Mitbewerber auf den Weltmärkten geworden sind. Die Vereinigten Staaten argumentieren, dass China sein wachsendes großes Vermögen nutzen sollte, seinen eigenen Dreck zu beseitigen.

Unterdessen verbrennt die Welt Kohle, während die Bürokraten tricksen. Die Verhandlungen gestalten sich entmutigend, und bedeutsame Taten sind weiter Mangelware. Regelbefolgung ist schwer zu überwachen und durchzusetzen. Früher oder später wird es eine Übereinkunft geben – aber noch einmal: Sie kommt vielleicht zu spät.

Bürgerrechte

Bei meiner Geburt im Jahr 1942 hatten Frauen gerade mal seit zweiundzwanzig Jahren das Wahlrecht, die Rassentrennung wurde in vielen Bundesstaaten und in der US-Army streng praktiziert, Mischehen und Homosexualität galten in einigen Gerichtsbezirken als Verbrechen und in allen als Schande. Heute ist es für das Recht eine gegebene Tatsache, dass Frauen und Männer gleich sind[233], dass Schwarze und Weiße gleich sind[234], dass sexuelle und Gender-Orientierung keinerlei Bedeutung für unsere Rechte als Bürger haben.[235] Aber erst gestern waren das alles noch Kampfbegriffe.

Die Bill of Rights, die ersten zehn Zusatzartikel zur US-Verfassung, und die Verfassung selbst hatten erhaben auf die »Menschenrechte« verwiesen, dies geschah jedoch nur ganz allgemein und nicht mit konkreten Bestimmungen, welche die »Bürgerrechte« jeder Einzelperson hätten schützen können. Vor dem Gesetz waren die Menschen eindeutig nicht alle gleich, und Schwarze und Frauen wurden nicht einmal als Bürger anerkannt. Der Fortschritt in der

Sicherstellung der rechtlichen Gleichheit verlief langsam, unbeständig, schändlich lückenhaft, häufig unfair und praktisch immer turbulent – aber in den letzten sechzig Jahren auch erstaunlich erfolgreich.

Erst im Schatten eines abscheulichen Bürgerkriegs verabschiedete der Kongress den 14. Zusatzartikel zur Verfassung, der erklärte: »Alle Personen, die in den Vereinigten Staaten geboren oder eingebürgert sind und ihrer Gesetzeshoheit unterstehen, sind Bürger der Vereinigten Staaten und des Einzelstaates, in dem sie ihren Wohnsitz haben. Kein Einzelstaat darf Gesetze erlassen oder durchführen, die die Vorrechte oder Freiheiten von Bürgern der Vereinigten Staaten beschränken, und kein Staat darf irgendjemandem ohne ordentliches Gerichtsverfahren nach Recht und Gesetz Leben, Freiheit oder Eigentum nehmen oder irgendjemandem innerhalb seines Hoheitsbereichs den gleichen Schutz durch das Gesetz versagen.« Der Bundesregierung wurden damit Befugnisse übertragen, die sie zuvor nicht hatte, um Regierungen der Bundesstaaten von Diskriminierungen abzuhalten, besonders gegenüber den vor Kurzem befreiten Sklaven.

Gut auf dem Papier, aber überhaupt nicht geeignet, die Jim Crow-Gesetze zu verhindern, die erfolgreich die Errungenschaften der *Reconstruction* zunichtemachten. Der Kampf um rechtliche Anerkennung der Bürgerrechte, der im 19. Jahrhundert verloren wurde, war hart und wurde erst im 20. und 21. Jahrhundert erfolgreich geführt. Frauen, ethnische Minderheiten und Lesben, Schwule, Bisexuelle und Transsexuelle haben einen gesetzlichen Status erreicht, der noch in nicht allzu ferner Vergangenheit völlig undenkbar gewesen wäre. Die Ergebnisse sind allerdings noch viel zu oft eher de jure als de facto, aber dennoch, es lässt sich nicht leugnen, dass es vorangeht. Einen schwarzen Präsidenten zu haben zeigt, wie schnell und wie weit wir vorangekommen sind. Es bleibt noch vieles zu tun, aber es ist auch schon viel erreicht.

Die Taktik, wie auf eine Umsetzung der Bürgerrechte gedrängt wird, hat sich im Lauf der Zeit je nach Themen, Politik, Wirtschaft, demografischen Umständen und der Persönlichkeiten der Akteure verändert. Aber die Strategie ist immer ähnlich geblieben: Man lenkt die Aufmerksamkeit von Medien, Öffentlichkeit und Rechtsprechung auf die Ungerechtigkeit der Diskriminierung, auf das einfache Menschsein derjenigen, die benachteiligt werden, und auf die grundlegende Unmenschlichkeit derjenigen, die diskriminieren. Wenn es darum geht, Gerechtigkeit und Toleranz zu gewährleisten, folgen Politiker und Richter erheblich öfter der öffentlichen Meinung, statt sie zu prägen. Die am häufigsten eingesetzten Methoden zur Unterstützung des sozialen Wandels sind Demonstrationen, ziviler Ungehorsam, Basisorganisation, Kampagnen zur Wählerregistrierung, politischer Druck, rechtlicher Druck und wirtschaftlicher Druck über Boykotte gewesen. Das Ziel ist, zuerst eine kleine Gruppe der engagiertesten Einzelpersonen zu mobilisieren und über sie dann die breite Öffentlichkeit. Ungerechtigkeit im Fernsehen zu sehen, erleichtert es (fast) jedem, sich mit dem Opfer zu identifizieren und Mitgefühl zu empfinden.

Worte und Taten haben synergetisch gewirkt, gleich wichtig und ineinandergreifend, um Sichtweisen und die Politik zu Änderungen zu zwingen. Ein entscheidender Wendepunkt im Kampf um die Verabschiedung des Civil Rights Act war Martin Luther Kings elektrisierender Appell, den Rassismus zu beenden. Von den Stufen des Lincoln Memorials aus inspirierte er die 250.000 anwesenden Menschen und zigmillionen weitere vor den Fernsehern mit den Worten: »Ich habe einen Traum, dass sich eines Tages diese Nation erheben wird und die wahre Bedeutung ihrer Überzeugung ausleben wird: ›Wir halten diese Wahrheit für selbstverständlich: Alle Menschen sind gleich erschaffen.‹« King war es gelungen, den Vereinigten Staaten die selbst gesteckten Werte vor Augen zu halten, sie quasi zu zwingen, ihnen auch gerecht zu werden.

Der andere Wendepunkt ereignete sich vor dem Marsch auf Selma. Lyndon B. Johnson ermahnte King, dass der Propagandawert auch nur einer einzigen unerhört abscheulichen Diskriminierung benötigt würde, um die Sympathie der Öffentlichkeit und die Unterstützung des Kongresses für das anstehende Wahlrechtsgesetz zu gewinnen: »Bringt's ins Radio, bringt's ins Fernsehen, bringt's auf die Kanzeln, bringt's in Zusammenkünfte, bringt's einfach überallhin, und schon sehr bald wird der Kerl, der nichts anderes tut als einen Schlepper zu fahren, sagen: ›Das ist nicht richtig, das ist nicht fair.‹ Und dann wird uns das bei dem helfen, was wir am Ende durchdrücken werden.« Johnson verstand, wie Politik gemacht wird.

Die öffentliche Meinung ist, auch wenn sie häufig für unveränderbar gehalten wird, tatsächlich unbeständig und formbar, zum Guten wie zum Schlechten. Derzeit wird die Öffentlichkeit von Trump und den Akteuren des Großkapitals manipuliert, die die allgemeine Angst ausnutzen, um ihre beschränkten, egoistischen Interessen verfolgen zu können. Leider fehlt uns ein Martin Luther King, der die entgegengesetzte, alles umfassende Botschaft verkörpert, dass unsere Welt schrumpft und dass wir alle im gleichen Boot sitzen. Fortschritt wird weder einfach noch unausweichlich oder ohne Rückschläge sein – wir machten einen großen Schritt vorwärts, als wir einen schwarzen Präsidenten wählten, und dann mit der Wahl eines Rassisten plötzlich einen großen Schritt zurück. Die Trumps dieser Welt werden nicht mit einem Schlag verschwinden oder erleuchtet werden. Frauen, ethnische Minderheiten und die LGBT-Community hatten einen anhaltenden, langen und schweren Kampf auszutragen, um die Einstellungen derjenigen zu ändern, die zu einem Einstellungswandel überhaupt in der Lage sind. Wir müssen jetzt genauso lang und hart kämpfen, um unseren Planeten bewohnbar zu halten, indem wir ein weltweites Ethos der Inklusion durchsetzen, die jeden heute Lebenden umfasst und die Rechte der noch Ungeborenen schützt.

Wir sind eine Familie

In den meisten Teilen der Welt sind Nationalstaaten eine relativ neue und immer noch äußerst anfällige Form der Staatsführung. Zugehörigkeitsgefühl war im Allgemeinen erheblich lokaler angelegt. Jäger und Sammler empfanden Loyalität gegenüber ihren kleinen, umherstreifenden Gruppen. Größere politische Strukturen wurden erst nach der Agrarrevolution möglich, als die Ansammlung von Vermögen die Anhäufung von Land und Macht erlaubte. Zu den meisten Zeiten und an den meisten Orten blieb die Maßeinheit für individuelles Zugehörigkeitsgefühl die Großfamilie, das Dorf, der Stamm, die religiöse Gruppe – und nicht eine Nation.

Die gegenwärtigen Nationalstaaten variieren im Alter von gestern geboren bis sehr jung. Die jüngsten sind nur Jahrzehnte alt, sie sind durch den Zerfall der Sowjetunion und Jugoslawiens entstanden. Afrikanische Länder sind größtenteils um die fünfzig Jahre alt. Indien und Pakistan sind nur siebzig Jahre alt. Irland weniger als hundert, Deutschland und Italien weniger als hundertfünfzig, England, Frankreich und Spanien kaum fünfhundert Jahre und selbst die ältesten, China und Japan, waren in ihrer Geschichte oft gespalten in sich bekriegende Staaten.

Die meisten der neuen »Nationen« sind eher unbeholfene postkoloniale Schöpfungen mit künstlichen Grenzen, gezogen von kolonialen Verwaltungsbeamten, wie es ihnen am besten passte, oft genug mit einer fragwürdigen Logik und prekärer Stabilität. Grenzen zwischen Nationen werfen regelmäßig viele heterogene Stammes- und religiöse Gruppen in einen Topf, die gar nicht zusammen sein wollen, während gleichzeitig zusammengehörende Gruppen durch künstlich gezogene Grenzlinien getrennt werden. Das Konzept Irak oder Syrien oder Somalia oder Afghanistan oder Sri Lanka hat für ferne Politiker mehr Bedeutung als für die Menschen vor Ort.

Für die meisten von uns ist Heimat- oder Vaterlandsliebe ein natürliches und edles Gefühl. Tatsächlich handelt es sich dabei aber um eine relativ junge Entwicklung in der menschlichen Geschichte, nicht besonders natürlich und oft auch nicht besonders edel. Das Wort *Patriotismus* ist erst dreihundert Jahre alt, eingeführt als Teil des Bestrebens der Aufklärung, religiöse Institutionen durch weltliche Institutionen zu ersetzen. Eine affektive Beziehung zum Staat sollte die Loyalität zur Kirche ersetzen und sogar übertreffen. Nahezu umgehend erfolgte die Gegenreaktion, die am anschaulichsten 1775 von Samuel Johnsons extremer Behauptung ausgedrückt wurde: »Patriotismus ist die letzte Zuflucht des Halunken.« Patriotismus hat, genau wie die Religion, seine nützlichen Seiten, kann aber auch gefährlich missbraucht werden.

Der gegenüber den Vereinigten Staaten so mächtig empfundene Patriotismus ist nur halb so alt wie das Land selbst, eine unerwartete Folge des brutalen Bürgerkriegs, der es beinahe auseinanderbrechen ließ. Die Vereinigten Staaten waren gerade mal fünfundachtzig Jahre zuvor eine Nation geworden, die nun drohte, sich in zwei oder mehr Teile zu spalten. Sie war aus dem Zusammenschluss von dreizehn vormals eigenständigen britischen Kolonien entstanden, die in ihrer Geschichte, demografischen Zusammensetzung, ihren Wirtschaftssystemen, Handelspartnern, Gesetzen und Traditionen sehr unterschiedlich waren. Die Kolonien hatten ein gemeinsames Anliegen im Kampf gegen einen gemeinsamen Feind gefunden, hatten aber außer der Sprache nur herzlich wenig gemeinsam.

Nach einem langen und harten Kampf, um sich von der als Tyrannei empfundenen Herrschaft durch König und Parlament zu befreien, fürchteten sich die neuen Regierungen der Staaten davor, eine starke einheimische Zentralregierung zu bilden. Ihr erster Vertrag nach dem Unabhängigkeitskrieg, die Konföderationsartikel, war sorgfältig aufgesetzt, um die maximal mögliche Unabhängigkeit jeder früheren Kolonie zu wahren, indem sie mit den geringstmöglichen Verpflichtungen untereinander verbunden wurden. Die Vereinigten Staaten waren deshalb zunächst nur dem Namen nach vereint, erwiesen sich aber als völlig unregierbar. *The Federalist Papers,* für eine vollkommenere Union streitend, regten die Philadelphia Convention an, die sich diesem Ziel ein großes Stück näherte. Aber die Union war immer noch weit davon entfernt, perfekt zu sein, die Einzelstaaten behielten nach wie vor eine beträchtliche Freiheit gegenüber Präsident, Kongress und Bundesgerichten. Die meisten Bürger empfanden gegenüber ihrem Bundesstaat und örtlichen Institutionen die größere Loyalität, nicht gegenüber dem vergleichsweise abstrakten Konzept der Vereinigten Staaten.

Der Mangel an Klarheit zwischen einzelstaatlichen Rechten und die Kontrolle durch den Bund machten den Bürgerkrieg unvermeidbar. Und erst in der Feuerprobe dieses Krieges vereinten sich die Einzelstaaten wirklich. Vor dem Krieg wurde das Land häufig als »diese Vereinigten Staaten« bezeichnet, und der Plural wurde fast immer verwendet, um sie zu beschreiben: »these United States are …« Nach dem Krieg wurde diese Verwendung nach und nach ersetzt durch den Singular: »the United States is«; eine kleine Änderung des Artikels, aber eine große Änderung der Bedeutung. Das Zugehörigkeitsgefühl, selbst in der einstigen Konföderation, verschob sich allmählich vom Staat zur Nation. Ein fast umfassender Patriotismus wurde durch den Spanisch-Amerikanischen Krieg und den Ersten Weltkrieg zementiert. Einen gemeinsamen Feind zu haben brachte uns näher zusammen.

Im Zusammenhang mit der Erfahrung des Nationalsozialismus konstatierte Albert Einstein: »Nationalismus ist eine Kinderkrankheit. (…) Die Masern der Menschheit.« Nachhaltig nationalistisch zu sein ist heute zunehmend anachronistisch und kontraproduktiv, vor allem wenn mein Land zu lieben bedeutet, deines zu hassen und zu fürchten. Globalisierte Probleme verlangen nach globalisierten Lösungen. Damit wir unser planetares Schiff nicht versenken, während wir uns darum streiten, müssen wir unsere lokalen Loyalitäten ausweiten, damit sie die ganze Spezies umfassen.

Im vergangenen Jahrhundert wurden drei großartige Experimente in internationaler Zusammenarbeit in Gang gesetzt: der Völkerbund, der kläglich scheitere, die Vereinten Nationen, die im Begriff sind zu scheitern, und die erheblich vielversprechendere Europäische Union, die zu schnell zu groß geworden ist und jetzt in Gefahr steht, sich aufzulösen. Diese entmutigende Bilanz untergräbt jede mögliche Illusion, unsere Spezies könnte mühelos kooperieren, um das »Team Erde« zu bilden und das sinkende Schiff zu retten.

Mit Ausnahme äußerst extremer Umstände werden drängendes individuelles, unternehmerisches und nationales Eigeninteresse nahezu immer all das übertrumpfen, was zum Vorteil der gesamten

Menschheit wäre. Allerdings nähern wir uns derzeit diesen äußerst extremen Umständen. Ich bin nicht naiv genug zu glauben, wir könnten den Nationalismus aus purer Liebe hinter uns lassen, aber es ist vielleicht denkbar, dass wir aus Angst zu einer engeren internationalen Zusammenarbeit kommen. Lokale Meinungsverschiedenheiten lösen sich auf und unerwartete Allianzen bilden sich, wenn verschiedenartige Interessen sich einem bedrohlichen äußeren Feind gegenübersehen.

Zu einem Zeitpunkt, an dem Trump und Putin sich die größte Mühe geben, für maximale Uneinigkeit auf der Welt zu sorgen, und die Europäische Gemeinschaft Anzeichen zeigt, keine Gemeinschaft mehr zu sein, ist es freilich schwer, bezüglich der Einheit und Geschlossenheit der Welt optimistisch zu sein. Aber wir müssen hoffen, dass die Logik des Notwendigen sich gegen die Unlogik dieses Moments durchsetzt. Ohne globale Lösungen können wir unmöglich globale Probleme bewältigen. Die Klimaerwärmung ist eine globale Katastrophe, der nur durch globale Kooperation begegnet werden kann. Bürgerkriege beginnen in einem Land, aber Migranten, die vor ihnen flüchten, haben überall eine destabilisierende Wirkung. Epidemien kennen keine nationalen Grenzen. Und ein Versagen des Bankensystems in einem Land kann wirtschaftliches Unheil in allen anderen auslösen.

Wir kennen breits zahlreiche Beispiele erfolgreicher internationaler Zusammenarbeit in Politik, Handel, Bankwesen, Gesundheitswesen, Migration, Schiedsverfahren, internationalem Recht. Außerdem haben wir zahlreiche staatliche und nichtstaatliche Institutionen, die eine betriebsbereite Infrastruktur für globale Kooperation zur Verfügung stellen. Das Internet verbindet unsere Welt in einer engmaschigen kommunikativen Umarmung, wie sie nie zuvor möglich war. Englisch ist eine Lingua franca geworden.

Menschen überall hören die gleiche Musik, sehen die gleichen Filme, tragen die gleiche Kleidung und verwenden die gleichen Smartphones. Noch nie ist es so einfach gewesen, sich ein »Team Erde« vorzustellen, wenn wir erst einmal lokale Vorurteile überwinden. Wir sind eine Spezies, die im Begriff ist, sich selbst zu vernichten. Retten können wir uns nur als eine geeinte Spezies. Angst vor den Folgen einer uneinigen, gespaltenen Zukunft wird der beste Kitt sein, eine kooperativere Gegenwart zu festigen.

Je schneller unsere Welt begreift, dass wir im Begriff stehen, in eine Krise existenziellen Ausmaßes zu geraten, desto weniger wahrscheinlich wird diese uns überwältigen. Ich bin fest davon überzeugt, dass schon sehr bald eine erheblich größere Einheit in Zielsetzung und Handlungen möglich, ja sogar wahrscheinlich sein wird, wenn die Völker und Führer der Welt genug Angst vor der Zukunft haben werden, um endlich aufzuhören, fieberhaft an der Verfolgung ihrer egoistischen und kurzfristigen Interessen in der Gegenwart zu arbeiten.[236]

Genies und Dummköpfe

Yogi Berra, der große amerikanische Volksphilosoph, witzelte einmal: »Es ist nicht vorbei, bis es vorbei ist.« Und im großen Spiel des Überlebens der Arten ist es für die Menschen noch immer nicht vorbei. Sicher, wir durchleben derzeit ein Trump'sches dunkles Zeitalter einer atemberaubenden Arroganz und Ignoranz, eine schlichtweg fürchterliche Kombination aus hitziger Zwietracht innerhalb des Landes und gefährlicher Konfrontation außerhalb, der Wissenschaftsverleugnung und der massiven Bedienung von Einzelinteressen, eine Zeit, in der Politik und Volk die dümmste und gefährlichste Version jeder einzelnen gesellschaftlichen Wahnvorstellung unterstützt. Wir liegen weit zurück, haben aber immer noch eine faire Chance, alles wieder in Ordnung zu bringen. Wenn wir Trump und die rückschrittliche Beherrschung des Staates durch die Republikaner abgeschüttelt haben werden, wird eine neue Führungsriege uns hoffentlich dabei unterstützen, aus unserer gegenwärtigen Dystopie herauszukommen, indem wir uns der Wirklichkeit stellen und uns zu einem Team vereinigen.

Das summarische Urteil meines Vaters über mich, das er kurz vor seinem Tod verkündete (»überwiegend Dummkopf mit einem Fünkchen Genie«), trifft als allgemeinere Aussage über die Menschheit gleich gut zu. Wir sind die beste und die schlechteste aller Spezies – häufig Dummköpfe, die fürchterliche Probleme verursachen, aber bisweilen Genies, die wunderschöne Lösungen hervorbringen. Die Evolution hielt es offenbar aus irgendeinem Grund für angebracht, einen Trump hervorzubringen, aber sie hat ebenfalls Einstein und Shakespeare und Eleanor Roosevelt hervorgebracht. Die Menschheit hat einige erstaunlich dumme und selbstzerstörerische Dinge getan, und tut es noch. Wir sind gestraft mit den Erbsünden Habgier, Selbstsucht und Kurzsichtigkeit. Zugleich sind wir äußerst erfinderische und belastbare Lebewesen. Unsere besseren Engel setzen sich manchmal trotz sehr geringer Gewinnaussichten durch, vor allem dann, wenn es hart auf hart kommt. Recht triumphiert manchmal durchaus über etablierte Macht.

Unsere genetische Ausstattung ist eine bunte Mischung mit jeder Menge guter Sachen neben einigen schlechten. Wir sind Rudeltiere, vorprogrammiert, tiefe Befriedigung in der Förderung des Überlebens unseres Rudels zu finden. Wir müssen Teil von etwas Größerem sein, verantwortlich nicht nur für uns selbst, sondern auch gegenüber Familie, Gemeinwesen, Land und neuerdings, so hoffe ich, der Welt. In Gefahrensituationen bilden Rudeltiere einen schützenden Kreis, um sich selbst und ihresgleichen zu verteidigen. Wenn wir als Spezies überleben wollen, müssen wir unsere Definition erweitern, wer zum Rudel gehört und wer der äußere Feind ist. Unser Schutzkreis muss so weit ausgedehnt werden, dass er den ganzen Erdumfang umfasst, alle Orte, alle verschiedenartigen Völker, all seine vielen Arten. »Fremde« waren früher unsere Gegner, jetzt müssen sie als Geschwister und Cousins angesehen werden: Wir können ihnen nicht schaden, ohne uns selbst zu schaden, ihnen zu helfen hilft uns und verleiht unserem Leben eine Bedeutung.

Ich glaube nicht blauäugig, dass allgemeine Brüderlichkeit leicht zu bekommen ist. Wer sich auch nur etwas mit der Geschichte der Menschen auskennt, weiß, dass sie eine traurige Abfolge andauernder kleinkarierter und zerstörerischer Kriege gewesen ist. Gleichzeitig ist es tröstlich zu wissen, dass es ein natürlicher Schritt ist, gute Erdenbürger zu werden: Wir müssen lediglich die Definition unseres Rudels erweitern. Frei nach Aristoteles: »Gemeinsame Gefahr eint selbst die erbittertsten Feinde.« Gleichwohl sehen wir uns einer bekannten Reihe selbst verschuldeter Gefahren gegenüber und müssen geschlossen handeln, wenn wir die existenziellen Bedrohungen bezwingen wollen, die wir erschaffen haben. Wir können unser Schicksal nur dann beeinflussen, wenn wir uns selbst beherrschen können.

Können wir aus der Geschichte lernen?

»Die Geschichte ist ein Albtraum, aus dem ich zu erwachen suche.« James Joyce' Verzweiflung ist nachvollziehbar, doch es gilt sie zu vermeiden. Die Geschichte kennt viele Zivilisationen, die es versäumt haben, wach zu bleiben gegenüber offenkundigen Warnungen. Sie waren geleitet von der unbekümmerten Annahme, dass der Tisch der Natur endlos üppig gedeckt bliebe, dass Krieg in ruhmreichem Triumph enden würde und dass mehr immer besser sei. Warum sollten wir glauben, wir wären da so anders? Wer klug zockt, könnte darauf setzen, dass, wenn wir eines aus der Geschichte gelernt haben, es das ist, nichts aus der Geschichte gelernt zu haben – und dass unsere Spezies nach einem fulminanten Aufstieg unversehens einen äußerst verhängnisvollen Sturz hinlegen wird.

Mein Verstand sagt mir, dass dies eine egoistische, blinde und dumme Welt ist, unfähig, auf ihre nur zu offensichtlichen Probleme – massive Überbevölkerung, Umweltzerstörung, Ressourcenerschöpfung, Ungleichheit, Klimawandel und alles andere – verantwortungsvoll zu reagieren. Die Gelüste, die uns auf dem Jahrmillionen langen Marsch bis zu diesem Augenblick gut gedient haben, waren anpassungsfähig, als wir nur wenige waren und die Welt viel größer. Heute jedoch, wo wir viele sind und die Welt klein, sind sie tödlich. Mein Verstand ist Realist und befürchtet das Schlimmste.

Mein Herz bevorzugt George Santayanas optimistischere Haltung, dass der, der die Vergangenheit nicht kennt, verurteilt ist, sie zu wiederholen – was hoffentlich impliziert, dass der, der die Vergangenheit kennt, vielleicht ihre Klippen umschiffen kann. Fatalismus ist eine gefährliche selbst erfüllende Prophezeiung: Wenn wir uns in unserer Vergangenheit gefangen fühlen, werden wir unsere Zukunft nur träge neu formulieren. Unsere Vergangenheit ist schließlich auch voller nützlicher Informationen und hoffentlich auch Vorbilder, sie hält nicht nur deprimierende Erinnerungen an verpasste Gelegenheiten bereit. Wir können aus unseren Siegen lernen, müssen nicht nur blind unsere Fehler wiederholen.

Mark Twain hat es richtig verstanden, als er sagte, Geschichte wiederhole sich nicht, aber sie reime sich. Die Eventualitäten sind zu komplex, um präzise vorhersagen zu können, wie sich etwas entwickeln wird. Historische Kräfte haben einen Trump hervorgebracht, aber dass er einen unglaublich überheblichen Wahlkampf gewinnt oder verliert, war einfach Zufall (allerdings unterstützt durch die Einmischung von Wladimir Putin).

Auf lange Sicht gesehen gleichen Dinge sich aus, aber es gibt nicht immer eine lange Sicht. Ich habe genug Vertrauen in die Menschheit, um es für unvermeidlich zu halten, dass wir uns am Ende über unsere Probleme klar werden und schlaue politische und technische Lösungen für sie finden werden. Erheblich weniger Zuversicht habe ich, dass wir noch rechtzeitig aus dem Albtraum unserer Geschichte aufwachen. Der Schwierigkeitsgrad der Probleme der Welt wird eskalieren, je länger wir sie vernachlässigen. Ich befürchte das Schlimmste, hoffe aber auf das Beste.

Glaubst du an Wunder?

Vielleicht ist es meine persönliche Wahnvorstellung, zu glauben, dass wir uns der Wirklichkeit stellen, unsere gesellschaftlichen Wahnvorstellungen überwinden und uns retten. Ich mag spekulative Wetten, und es bleibt uns überhaupt keine Wahl, als auf diese spezielle zu setzen. Und manchmal glaube ich auch an Wunder. Bei der Winterolympiade 1980 in Lake Placid wurde die Eishockey-Nationalmannschaft der Vereinigten Staaten von Herb Brooks trainiert, ein bei den Spielern – fast ausnahmslos Collegestudenten im Alter von Anfang zwanzig – unbeliebter und strenger Zuchtmeister. Die amerikanische Mannschaft war gut genug, um es bis in die Finalrunde zu schaffen, aber man räumte ihr absolut keine Chance gegen ihren nächsten Gegner, den mehrjährigen Weltmeister ein. Die russische Mannschaft bestand aus einigen der weltbesten Spieler, die seit Jahren zusammenspielten und auf dem Höhepunkt ihrer Eishockeylaufbahn standen. Nur zwei Wochen zuvor hatten die Russen die Amerikaner mit 10:3 bei einem Freundschaftsspiel besiegt, das noch einseitiger verlaufen war, als das Ergebnis anzeigte.

Niemand außer Herb Brooks glaubte an seine unerfahrene und erheblich weniger talentierte US-Mannschaft. In der Umkleidekabine hielt er vor dem Spiel eine Rede: »Große Momente … entstehen aus großen Gelegenheiten. Und genau das habt ihr heute Abend hier, Jungs. Das habt ihr euch heute Abend verdient. Ein Spiel. Wenn wir zehnmal gegen sie gespielt haben, haben sie vielleicht neunmal gewonnen. Aber nicht dieses Spiel. Nicht heute Abend. Heute Abend zeigen wir ihnen, was Schlittschuhlaufen ist. Heute Abend bleiben wir an ihnen. Und wir schalten sie aus, weil wir es können! Heute Abend sind *wir* das beste Eishockeyteam der Welt.«

Und das waren sie, ihnen gelang ein irrwitziger, unglaublicher Comeback-Sieg. In den letzten Spielsekunden rief der Kommentator Al Michaels leidenschaftlich: »Glaubt ihr an Wunder?« Normalerweise tue ich das nicht, aber manchmal passieren sie einfach. Wir alle müssen an das Wunder von »Team Erde« glauben.

EPILOG

Wohin des Weges, Menschheit?

Durch einen seltsamen Zufall begann ich mit der Überarbeitung dieses Buches während eines Besuchs der Osterinsel – ein Ort, der uns alles lehrt, was wir über menschliche Größe und menschliche Fehlbarkeit wissen müssen. Die erstaunliche Zivilisation, die auf dieser winzigen Insel Rapa Nui entstand, ist Zeugnis einer brillanten menschlichen Erfindungsgabe, durch dumme menschliche Verblendung wurde sie jedoch schnell wieder vernichtet. Hochmut siegte und löste – zum Teil – den katastrophalen Absturz aus.

Die paar Dutzend Polynesier, die vor ungefähr achthundert Jahren die Osterinsel kolonisierten, müssen zu den klügsten Menschen gehört haben, die je gelebt haben. Sie navigierten erfolgreich dreitausend Kilometer über das offene Meer, wobei sie gegen vorherrschende Strömungen anzukämpfen hatten, um einen der isoliertesten und am wenigsten verheißungsvollen Orte der Welt zu besiedeln. Die Rapanui gehören zu den wenigen Völkern in der Geschichte der Menschheit, die unabhängig von anderen ein Schriftsystem entwickelt haben. Diese intellektuelle Herausforderung haben sie, und das ist einzigartig, in kompletter Isolation gemeistert – ohne den üblicherweise notwendigen Austausch von Ideen, der mit dem Warenhandel einhergeht. Sie verwandelten ihre winzige, nicht sonderlich fruchtbare Insel in einen hocheffizienten Garten, was sie zu einem exponentiellen Bevölkerungswachstum von zunächst wenigen Dutzend Menschen auf über zehntausend verleitete.

Der landwirtschaftliche Überfluss führte, wie es immer der Fall ist, zu einer stark gegliederten, übervölkerten Gesellschaft, die sich ganz darauf konzentrierte, Monumente zu errichten, um die Macht und das Prestige der herrschenden Oberschicht zu bekräftigen. Noch nie zuvor standen auf so kleinem Raum so viele große Baudenkmäler: eintausend Statuen, die ein Wunder des Ingenieurwesens, des Handwerks und künstlerischer Kreativität sind, aber auch der menschlichen Gier und Prahlerei. Zunächst waren sie kaum einen Meter hoch, wogen nur wenige Tonnen und waren grob behauen. Im Laufe der Zeit vergrößerten sich die Dimensionen zunehmend, wobei die letzten Monumente mit über zwölf Metern Höhe und einem Gewicht von achtzig Tonnen die ehrgeizigsten waren. Jede Statue musste über viele Kilometer vom Steinbruch bis zum endgültigen Standort transportiert werden, wobei ein geniales Zuglastsystem Verwendung fand, das die menschliche Zugkraft durch Hebel maximal verstärkte. Bezeichnenderweise befand sich die Hälfte der Statuen – es handelte sich um die größten – noch im Stadium der Herstellung, als die Zivilisation zusammenbrach. Dort stehen sie nun als eindringliches Mahnmal sowohl der Größe des Menschen als auch seiner mangelnden Weisheit und Selbstbeschränkung. Die Osterinsel ist heute einer der traurigsten Orte der Welt, eine karge Landschaft voller Gräser und Gestrüpp, und verstreut überall dazwischen die prachtvollsten Erinnerungen an die verlorene Herrlichkeit einer vergangenen Zeit.

Die Tragödie der Osterinsel wird von vielen früheren Zivilisationen geteilt, über alle Epochen und in allen Teilen der Welt. Das Muster ist deprimierend vertraut: Aufstieg in große Höhen, gefolgt von einem Zusammenbruch, immer ausgelöst durch Überbevölkerung, Ressourcenerschöpfung und Klimaveränderung. Historiker und Journalisten ignorieren meist die zugrunde liegenden Ursachen und konzentrieren sich allein auf die oberflächlich sichtbaren Folgen, auf Bürgerkriege, Invasionen oder politische Intrigen. Das sorgt zwar für ein dramatischeres Narrativ, unterschlägt aber die eigentliche Geschichte, dass nämlich Demografie und Klima unser Schicksal bestimmen. Jede große Zivilisation durchlief den gleichen Zyklus, bis sie schlussendlich durch ihre Erfolge in der Technologie und bei der Fortpflanzung dem Untergang geweiht war. Wir verschieben unsere Grenzen immer weiter, bis unsere Umwelt zerstört ist, unsere Bodenschätze zur Neige gegangen sind und kein Regen mehr fällt. Wenn unsere Zivilisation nicht bald zur Vernunft kommt, werden sich Archäologen in der Zukunft fragen, wie wir gleichzeitig so klug und doch so dumm gewesen sein konnten. Die Osterinsel ist das perfekte Beispiel und eine hervorragende Metapher für das scheinbar unausweichliche Schicksal der Menschheit. Ich war sehr gern dort, doch mitunter kann einen eine Metapher auch in Verzweiflung stürzen. Wir lernen von der Osterinsel, oder wir wiederholen die Osterinsel.

Für das kommende halbe Jahrhundert gibt es exakt zwei mögliche Szenarien. Entweder rauft sich unsere Spezies zusammen, oder sie wird sich selbst zerfleischen. Unsere biologische Ausstattung und unsere Sozialstrukturen sind für beide Resultate gleichermaßen passend. Wir haben »böse Engel«-Gene und Institutionen, die uns zu Gier, Wettkampf, Aggression und kurzsichtigen Entscheidungen antreiben. Wir haben allerdings auch »bessere Engel«-Gene und

Institutionen, die Altruismus, gemeinsames Wirtschaften, Verantwortlichkeit und rationale Entscheidungsfindung befördern. Die Grundlagen unserer menschlichen Natur sind stabil, doch die Art und Weise, wie wir uns verhalten, ist stark situationsabhängig. Die wild kriegerischen Wikinger von gestern sind die vernünftigen Skandinavier von heute.

Worst-Case-Szenario: Wasser und Energierohstoffe sind erschöpft. Überbevölkerung und Klimaveränderung machen Teile der Welt unbewohnbar. Stammesähnliche Gruppen bewaffnen sich bis an die Zähne und kämpfen bis in den Tod in fast ununterbrochenen Kriegen um größere Stücke eines immer kleiner werdenden Kuchens. Es ist eine Spirale aus Anarchie, Chaos, Hungersnöten, Krankheiten und der totalen Unfähigkeit, auf immer häufiger eintretende Natur- und vom Menschen verschuldete Katastrophen zu reagieren. Dieses Szenario hat sich in der Endphase des Zusammenbruchs großer Zivilisationen ständig wiederholt. In zahlreichen Beispielen der jüngsten Vergangenheit und aktuellen Gegenwart bekamen und bekommen wir mehr als nur einen Vorgeschmack auf diese mögliche trostlose Zukunft.

Best-Case-Szenario: Die großen Wirtschaftsmächte, die Vereinigten Staaten, China und die Europäische Union erkennen, dass sie im selben sinkenden Boot sitzen und eng und vorbehaltlos gemeinsam an den großen Problemen arbeiten müssen, mit denen sich die Menschheit konfrontiert sieht. Alle senken drastisch ihre Militärhaushalte, um Infrastrukturprogramme zu finanzieren, die das Müllaufkommen und die Umweltverschmutzung reduzieren sowie das Bevölkerungswachstum beschränken sollen. Gemeinsam übernehmen die großen drei die Steuerung ihrer Vorgehensweise und liefern damit ein Modell für den Rest der Welt. Kooperierende Länder werden über finanzielle Anreize und Technologietransfers mitgenommen, während der Abstand zu den nicht die neuen Regeln einhaltenden Ländern über Zölle, Sanktionen und Wirtschaftsboykotts vergrößert wird. Die großen drei schließen sich mit den weniger wohlhabenden und entwickelten Ländern weltweit zusammen, um einen nachhaltigen Planeten Wirklichkeit werden zu lassen. Das ist absolut nicht so verrückt, wie es sich vielleicht im ersten Moment anhören mag. Wir haben allen Grund, davon auszugehen, dass es so kommen wird, und in Ansätzen ist es ja bereits geschehen, nur einfach noch zu wenig. Hoffentlich kommt das Umdenken nicht zu spät.

Entweder werden wir uns zusammentun, um die Probleme der Welt zu lösen, oder wir werden sie mit einem Krieg aller gegen alle verschlimmern. Die Zukunft wird heute geschrieben, und das aktuelle Kapitel könnte kaum düsterer erscheinen. Die Vereinigten Staaten sind tief in einem höchst dystopischen dunklen Zeitalter versunken. Trump könnte durchaus ein entscheidender Wendepunkt sein – welcher entweder den bevorstehenden weltweiten Zerfall der Demokratie und eine Umweltkatastrophe ankündigt oder aber die Krise darstellt, kurz bevor das Fieber der gesellschaftlichen Wahnvorstellung schließlich aufhört. Die Möglichkeiten der Geschichte befinden sich oft in einer prekären Balance und sind sehr ausgeglichen, der Ausgang des Endspiels ist daher ungewiss und unvorhersehbar. Trump hat jeden Mittelweg beseitigt, man ist entweder für ihn und unterstützt die gesellschaftlichen Trugbilder oder stellt sich gegen beides. Dies ist nicht der richtige Zeitpunkt, sich als verantwortungsbewusster Mensch hinter Passivität oder Fatalismus zu verstecken.

Mir ist vollkommen klar, dass ein Buch allein nicht viel dazu beitragen kann, unsere schöne neue Welt zu retten, aber wir alle müssen unsere kleine Rolle spielen, damit die Gesellschaft vernünftiger wird. Wie Edmund Burke es ausdrückte: »Niemand beging einen größeren Fehler als jener, der nichts tat, weil er nur wenig tun konnte.« Wir sollten unsere Zukunft mit offenen Augen, offenem Verstand und offenem Herzen in Angriff nehmen – das Schlimmste befürchtend, aber mit all unserer Kraft daran arbeitend, das Beste aus ihr herauszuholen. Das sind wir unseren Kindern, Enkelkindern sowie allen zukünftigen Generationen schuldig. Stell dir den Tag vor, an dem dein Enkelkind dich vielleicht fragen wird: »Und was hast du getan, als Trump unsere Welt zerstört hat?«

DANKSAGUNG

Meine Frau, Donna Manning, war in jeder Hinsicht eine Partnerin, sie hat das Herz dieses Buches geliefert und den Großteil des Hirns. Meine Agentin, Carrie Kania, hat mich auf die Idee gebracht und mich dazu inspiriert, das Risiko einzugehen, gegen Windmühlen zu kämpfen. Mein Lektor, Peter Hubbard, hat mir den Weg gezeigt, wundervolle Vorschläge gemacht und mich in der Spur gehalten. Meine Kinder Craig und Bob, meine Enkelkinder Tyler, Olivia, Angelina, Jared und Jack und ihre noch ungeborenen Kinder haben mich motiviert. Mein Vater, Joe Frances, war mein Vorbild.

INDEX

ANMERKUNGEN

KAPITEL 1

1 James Hansen, Storms of My Grandchildren (New York: Bloomsbury, 2009)

2 Neela Banerjee, Lisa Song, and David Hasemyer, »Exxon's Own Research Confirmed Fossil Fuels' Role in Global Warming Decades Ago«, Inside Climate News, 16.09.2015, https://insideclimatenews.org/news/ 15092015/ Exxons-own-research-confirmed-fossil-fuels-role-in-global-warming

3 Thomas Malthus, Eine Abhandlung über das Bevölkerungsgesetz oder eine Untersuchung seiner Bedeutung für die menschliche Wohlfahrt in Vergangenheit und Zukunft, Erstveröffentlichung London 1798

4 Max Roser and Esteban Ortiz-Ospina, »World Population growth«, OurWorldInData.org, 2016, https://ourworldindata.org/world-population-growth/

5 Timothy B. Gage and Sharon DeWitte, »What Do We Know About the Agricultural Demographic Transition?« Current Anthropology 50 (2009): 649–55

6 »Syria Population«, accessed 27.12.2017, http://countrymeters.info/en/ Syria

7 John Hudson, »UN Envoy Revises Syria Death Toll to 400,000«, Foreign Policy, 22.04.2016, http://foreignpolicy.com/2016/04/22/u-n-envoy-revises-syria-death-toll-to-400000/

8 »World Population vs. World Oil Production«, YouTube video, 3:02, posted by »R. E. Heubel«, June 9, 2011, https://www.youtube.com/ watch?v=8vljIei1PwM

9 R. W. Allmendinger, »Peak Oil?«, Cornell University Energy Studies in the College of Engineering, 2007, http://www.geo.cornell.edu/eas/energy/the_challenges/peak_oil.html

10 Brian Handwerk, »Underground ›Fossil Water‹ Running Out«, National Geographic News, 08.05.2010, http://news.nationalgeographic.com/news/2010/05/100505-fossil-water-radioactive-science-environment/

11 Ein Aquifer ist eine zur Abgabe von signifikanten Wassermengen geeignete Schichtenfolge bzw. Teile derselben, einschließlich der ungesättigten Zonen, die im deutschen Sprachgebrauch nicht zum Grundwasserleiter gehören. Anm. d. Ü.

12 Water Encyclopedia, »Ogallala Aquifer«, 2016, http://www.waterencyclopedia.com/oc-po/ogallala-aquifer.html

13 Frans de Waal, »Moral Behavior in Animals«, TEDxPeachtree video, 16:52, filmed November 2011, http://www.ted.com/talks/frans_de_waal_do_animals_have_morals

14 Ricardo Fuentes-Nieva and Nick Galasso, »Working for the Few«, Oxfam Briefing Paper-Summary, 20.01.2014, https://www.oxfam.org/sites/www.oxfam.org/files/bp-working-for-few-political-capture-economic-inequality-200114-summ-en.pdf

15 Alyssa Davis and Lawrence Mishel, »CEO Pay Continues to Rise as Typical Workers Are Paid Less«, Economic Policy Institute, Issue Brief #380, 12.06.2014, http://www.epi.org/publication/ceo-pay-continues-to-rise/

16 »Power in Numbers: Lobbyists Have Congress Covered«, Face the Facts USA, 14.01.2013, http://www.facethefactsusa.org/facts/power-numbers-lobbyists-have-congress-covered

17 Sean Kane, »The Human Race Once Came Dangerously Close to Dying Out-Here's How It Changed Us«, Tech Insider, 18.03.2016, http://www.businessinsider.com/genetic-bottleneck-almost-killed-humans-2016-3

18 Michael White, »What Our Genes Tell Us About Race«, Science 2.0, 05.11.2008, http://www.science20.com/adaptive_complexity/what_our_genes_tell_us_about_race

19 Luigi Luca Cavalli-Sforza, Paolo Menozzi, and Alberto Piazza, The History and Geography of Human Genes (Princeton, NJ: Princeton University Press, 1994)

20 1. Buch Mose, 1,26. Sofern nicht anders angemerkt, folgt die Übersetzung dem Text der Elberfelder Bibel (bibelserver.com)

21 »How Many Species on Earth? About 8.7 million, New Estimate Says«,

Science Daily, 24.08.2011, https://www.sciencedaily.com/relea-
ses/2011/08/110823180459.htm

22 Rob Jordan, »Stanford Researcher Declares That the Sixth Mass Extinc-
tion Is Here«, Stanford News, 19.06.2015, http://news.stanford.
edu/2015/06/19/mass-extinction-ehrlich-061915/

23 »Current Extinction Rate 10 Times Worse Than Previously Thought«,
IFL-Science! http://www.iflscience.com/plants-and-animals/cur-
rent-extinction-rate-10-times-worse-previously-thought/

24 Douglas Main, »How Endangered Species May Fare Under Trump«,
Newsweek, 12.01.2017, http://www.newsweek.com/how-endangered-
species-may-fare-under-trump-542019

25 Karin Brulliard, »USDA Abruptly Purges Animal Welfare Information
from Its Website«, Washington Post, 03.02.2017, https://www.washing-
tonpost.com/news/animalia/wp/2017/02/03/the-usda-abruptly-removes-
animal-welfare-information-from-its-website/?utm_term=.a6a477cbc148

26 George Orwell, 1984, Erstveröffentlichung London 1949

27 Matt Shuham, »The NSA Leaks: A Summary«, Harvard Political Re-
view, 11.08.2013, http://harvardpolitics.com/united-states/the-nsa-
leaks-a-summary/

28 Dana Priest and William M. Arkin, »The Secrets Next Door«, Washing-
ton Post, 21.07.2010, http://projects.washingtonpost.com/
top-secret-america/articles/secrets-next-door/print/

29 Edwin Black, IBM und der Holocaust. Die Verstrickung des Weltkon-
zerns in die Verbrechen der Nazis

30 Amanda Li, »9 Pros and Cons of Surveillance Cameras in Public Places«,
Reolink, 16.04.2016, https://reolink.com/pros-cons-of-surveillance-
cameras-in-public-places/

31 Michael P. Lynch, The Internet of Us (New York: Norton, 2016)

32 »Gun Violence by the Numbers«, Everytown, https://everytownrese-
arch.org/gun-violence-by-the-numbers/

33 Marty Langley and Josh Sugarmann, »Firearm Justifiable Homicides and
Non-Fatal Self-Defense Gun Use: Analysis of Federal Bureau of Investiga-
tion and National Crime Victimization Survey Data«, Issuelab, 01.04.2013,
https://www.issuelab.org/resource/firearm-justifiable-homicides-and-
non-fatal-self-defense-gun-use-an-analysis-of-federal-bureau-of-investi-
gation-and-national-crime-victimization-survey-data.html

34 »Defense and Arms-Statistics & Facts«, Statista, https://www.statista.com/topics/1696/defense-and-arms/I

35 Ray Kurzweil, Menschheit 2.0: Die Singularität naht

KAPITEL 2

36 Platon, Phaedrus

37 Charles Darwin, Der Ausdruck der Gemütsbewegungen bei dem Menschen und den Tieren, Erstveröffentlichung London 1872

38 Sigmund Freud, Abriss der Psychoanalyse

39 Michael Lewis, Aus der Welt: Grenzen der Entscheidung oder Eine Freundschaft, die unser Denken verändert hat

40 Thukydides, Der Peloponnesische Krieg

41 Aristoteles, Der Staat der Athener

42 Edward Gibbon, Verfall und Untergang des Römischen Reiches, Erstveröffentlichung London 1776

43 Jared Diamond, Arm und Reich. Die Schicksale menschlicher Gesellschaften

44 Niles Eldredge, »Darwin's Other Books: ›Red‹ and ›Transmutation‹ Notebooks, ›Sketch,‹ ›Essay‹, and Natural Selection«, PloS Biology 3, no. 11 (November 2005): e382, https://www.ncbi.nlm.nih.gov/pmc/articles/PMC1283389/

45 Quelle: http://www.zeno.org/Philosophie/M/Locke,+John/Versuch+über+ den+menschlichen+Verstand/Zweites+Buch.+Von+den+Vorstellungen/ 1.+Von+den+Vorstellungen+im+Allgemeinen+und+deren+Ursprunge

46 John Locke, Versuch über den menschlichen Verstand, Erstveröffentlichung London, 1690

47 Daniel Kahneman, Schnelles Denken, langsames Denken

48 Nick Lane, Leben: Verblüffende Erfindungen der Evolution

49 Jean-François Gariépy, »Why Do Nervous Systems Use Slow Voltage Changes Rather Than Fast Electric Currents Along Wires?« BrainFacts.org, 19.08.2014

50 Michael W. King, »Biochemistry of Neurotransmitters and Nerve Transmission«, themedicalbiochemistrypage.org, last modified November 23, 2016, http://themedicalbiochemistrypage.org/nerves.php

51 Stephanie Pappas, »Oxytocin: Facts About the ›Cuddle Hormone‹«

Live Science, 04.06.2015, http://amp.livescience.com/42198-what-is-oxytocin.html

52 R. J. R. Blair, »Considering Anger from a Cognitive Neuroscience Perspective«, Wiley Interdisciplinary Reviews Cognitive Science 3, no. 1 (January-February 2012)

53 Thomas Hobbes, Leviathan, Erstveröffentlichung London 1651

54 Walter Mischel, Yuichi Shoda, und Monica Rodriguez, »Delay of Gratification in Children«, Science 244, no. 4907 (1989): 933–38

55 T. Sharot et al., »Neural Mechanisms Mediating Optimism Bias«, Nature 450, no. 7166 (01.11.2007): 102–5

56 Optimism: A Report from the Social Issues Research Centre, February 2009, http://www.sirc.org/publik/Optimism.pdf

57 David Hecht, »The Neural Basis of Optimism and Pessimism«, Experimental Neurobiology 22, no. 3 (2013): 173–99

58 Frieder R. Lang et al., »Forecasting Life Satisfaction Across Adulthood: Benefits of Seeing a Dark Future?« Psychology and Aging 28, no.1 249–61

59 Catherine A. Hartley and Elizabeth A. Phelps, »Anxiety and Decision-Making«, Biological Psychiatry 72, no. 2 (2012), https://www.ncbi.nlm.nih.gov/pmc/articles/PMC3864559/

60 D. R. Oxley et al., »Political Attitudes Vary with Physiological Traits«, Science 321, no. 5896 (19.09.2008): 1667–70, https://www.ncbi.nlm.nih.gov/pubmed/18801995

61 Philip A. Gable, Bryan D. Poole, and Eddie Harmon-Jones, »Anger Perceptually and Conceptually Narrows Cognitive Scope«, Journal of Personality and Social Psychology 109, no. 1 (2015): 163–74

62 Iddo Gal, »Adults' Statistical Literacy: Meanings, Components, Responsibilities«, International Statistical Review 70, no. 1 (2002): 1–52, https://www.stat.auckland.ac.nz/~iase/cblumberg/gal.pdf

63 Kendra Cherry, »What Is a Confirmation Bias? Examples and Observations«, Verywell, 22.06.2016, https://www.verywell.com/what-is-a-confirmation-bias-2795024

KAPITEL 3

64 Ein Baseball-Bild von Ann Richards über George H. W. Bush 1988

65 Carl Schurz: Lebenserinnerungen, Bd. 3, S. 373, Berlin 1912

66 Alexis de Tocqueville, Über die Demokratie in Amerika, Erstveröffentlichung Paris 1835
67 Thomas Morus, Utopia
68 William Shakespeare, »The Booke of Sir Thomas Moore« (unpublished manuscript, c. 1601–04), British Library collection, https://www.bl.uk/collection-items/shakespeares-handwriting-in-the-book-of-sir-thomas-more; dt. Die Fremden
69 William Shakespeare, Der Sturm
70 Gottfried Wilhelm Leibnitz, Metaphysische Abhandlungen
71 Jonathan Swift, Gullivers Reisen
72 Voltaire, Candide oder der Optimismus
73 »The Mayflower Compact«, 1620, http://mayflowerhistory.com/mayflower-compact/
74 John Winthrop, »City Upon a Hill« sermon, 1630, http://www.digitalhistory.uh.edu/disp_textbook.cfm?smtID=3&psid=3918.
75 John M. Barry, »God, Government, and Roger Williams' Big Idea«, Smithsonian, January 2012, http://www.smithsonianmag.com/history/god-government-and-roger-williams-big-idea-6291280/
76 »Frame of Government of Pennsylvania«, 05.05.1682, http://avalon.law.yale.edu/17th_century/pa04.asp
77 Declaration of Independence, http://www.ushistory.org/declaration/document/
78 John Locke, Ein Versuch über den menschlichen Verstand
79 Aristoteles, Nikomachische Ethik, 8. Kapitel
80 Thomas Jefferson Quotes, https://www.goodreads.com/author/quotes/1673.Thomas_Jefferson
81 William Faulkner, Requiem für eine Nonne
82 Mark Twain, Die Abenteuer des Huckleberry Finn
83 Mark Twain, autobiographical dictation, 13.09.1907, in Autobiography of Mark Twain, vol. 3 (Berkeley: University of California Press, 2015)
84 @realDonaldTrump, 17.02.2017
85 Ebd., 04.02.2017
86 »World Service Global Poll: Negative Views of Russia on the Rise«, BBC 06.04.2014, http://www.bbc.co.uk/mediacentre/latestnews/2014/world-service-country-poll
87 Eric Brown, »In Gallup Poll, the Biggest Threat to World Peace Is …

America?« International Business Times, 02.01.2014, http://www.ibtimes.com/gallup-poll-biggest-threat-world-peace-america-1525008

88 Aldous Huxley, Schöne neue Welt. Ein Roman der Zukunft. Erstveröffentlichung London 1932

89 George Orwell, 1984, Erstveröffentlichung London 1949

90 Sinclair Lewis, Das ist bei uns nicht möglich, Erstveröffentlichung New York 1935

KAPITEL 4

91 Jeremy Rifkin, »New Technology and the End of Jobs«, Converge.org., http://www.converge.org.nz/pirm/nutech.htm

92 Gwynn Guilford, »Everything We Thought We Knew About Free Trade Is Wrong«, Quartz, 2016, https://qz.com/840973/everything-we-thought-we-knew-about-free-trade-is-wrong/

93 Ben Casselman, »Manufacturing Jobs Are Never Coming Back«, *FiveThirtyEight*, March 18, 2016, https://fivethirtyeight.com/features/manufacturing-jobs-are-never-coming-back/

94 »Impacts of Technological Change on Productivity«, Boundless.com, https://www.boundless.com/economics/textbooks/boundless-economics-textbook/economic-growth-20/productivity-98/impacts-of-technological-change-on-productivity-370-12467/

95 Ebd.

96 Harold L. Sirkin, Michael Zinser, and Justin Rose, »The Robotics Revolution: The Next Great Leap in Manufacturing«, bcg.perspectives, 23.09.2015, https://www.bcgperspectives.com/content/articles/lean-manufacturing-innovation-robotics-revolution-next-great-leap-manufacturing/

97 Wolfgang Lehmacher, »Don't Blame China for Taking U.S. Jobs«, *Fortune*, November 8, 2016, http://fortune.com/2016/11/08/china-automation-jobs/

98 David Rotman, »How Technology Is Destroying Jobs«, *MIT Technology Review*, June 12, 2013, https://www.technologyreview.com/s/515926/how-technology-is-destroying-jobs/

99 Jesse Eisinger, »Trump's Treasury Secretary Pick Is a Lucky Man. Very Lucky«, *ProPublica*, 01.12.2016, https://www.propublica.org/article/trumps-treasury-secretary-pick-steven-mnuchin-is-a-lucky-man

100 David Bier, »President Trump's 6 Biggest Threats to Liberty«, *Learn Liberty,* 20.01.2017, http://www.learnliberty.org/blog/president-trumps-6-biggest-threats-to-liberty/

101 John Bohannon, »Scientists to Trump: Torture Doesn't Work«, *Science,* 27.01.2017, http://www.sciencemag.org/news/2017/01/scientists-trump-torture-doesn-t-work

102 »Full Text: Donald Trump Announces a Presidential Bid«, *Washington Post,* 16.06.2015, https://www.washingtonpost.com/news/post-politics/wp/2015/06/16/full-text-donald-trump-announces-a-presidential-bid/?utm_term=.e0972165142e

103 Alex Park, »These Charts Show How Ronald Reagan Actually Expanded the Federal Government«, *Mother Jones,* 30.12.2014, http://www.motherjones.com/mojo/2014/12/ronald-reagan-big-government-legacy

104 Allen Frances, »A Debate on the Pros and Cons of Aging and Death«, *Huffington Post,* 24.12.2016, http://www.huffingtonpost.com/allen-frances/a-debate-on-the-pros-and-_b_13843296.html

105 Michael Kruse, »The 199 Most Donald Trump Things Donald Trump Has Ever Said«, *Politico,* 14.08.2015, http://www.politico.com/magazine/story/2015/08/the-absolute-trumpest-121328

106 Theodor W. Adorno, The Authoritarian Personality (New York: Harper, 1950), dt. in: Studien zum autoritären Charakter, 1973

107 Matthew MacWilliams, »The One Weird Trait That Predicts Whether You're a Trump Supporter«, *Politico,* 17.01.2016, http://www.politico.com/magazine/story/2016/01/donald-trump-2016-authoritarian-213533

108 Bobby Azarian, »A Neuroscientist Explains What May Be Wrong with Trump Supporters' Brains«, *Raw Story,* 04.082016, http://www.rawstory.com/2016/08/a-neuroscientist-explains-what-may-be-wrong-with-trump-supporters-brains/

109 Peter Beinart, »Fear of a Female President«, *Atlantic,* 16.10.2016, http://www.theatlantic.com/magazine/archive/2016/10/fear-of-a-female-president/497564/

110 Abigail Geiger, »Number of Women Leaders Around the World Has Grown, but They're Still a Small Group«, Pew Research Center, 08.03.2017, http://pewresearch.org/fact-tank/2017/03/08/women-leaders-around-the-world/

111 Michael D'Antonio, »Is Donald Trump Racist? Here's What the Record Shows«, *Fortune,* June 7, 2016, http://fortune.com/2016/06/07/donald-trump-racism-quotes/
112 Jacob Bogage, »Whom Are You Voting For? This Guy Can Read Your Mind«, *Washington Post,* June 23, 2016, https://www.washingtonpost.com/news/the-switch/wp/2016/06/23/whom-are-you-voting-for-this-guy-can-read-your-mind/?utm_term=.966847d609e5
113 Jason Le Miere, »Did the Media Help Donald Trump Win? $5 Billion in Free Advertising Given to President-Elect«, *International Business Times,* 09.11.2016, http://www.ibtimes.com/did-media-help-donald-trump-win-5-billion-free-advertising-given-president-elect-2444115
114 Lorraine Boissoneault, »How the 19th-Century Know Nothing Party Reshaped American Politics«, *Smithsonian.com,* 26.01.2017, http://www.smithsonianmag.com/history/immigrants-conspiracies-and-secret-society-launched-american-nativism-180961915/
115 Tina Irvine, »The Striking Parallels Between Trump's Xenophobia and the Americanization Movement of the 1910s«, *OMNIA*, 08.09.2016
116 Jane Mayer, Dark Money: The Hidden History of the Billionaires Behind the Rise of the Radical Right (New York: Doubleday, 2016)
117 Jeff Nesbit, Poison Tea: How Big Oil and Big Tobacco Invented the Tea Party and Captured the GOP (New York: St. Martin's Press, 2016).
118 Robert Reich, »Why the Republican's Old Divide-and-Conquer Strategy-Setting Working Class Against the Poor-Is Back ring«, *RobertReich.org,* January 9, 2014, http://robertreich.org/post/72770488951.
119 Seth J. Hill und Chris Tausanovitch, »A Disconnect in Representation? Comparison of Trends in Congressional and Public Polarization«, *Journal of Politics* 77, no. 4 (October 2015), http://www.journals.uchicago.edu/doi/abs/10.1086/682398
120 Ilyana Kuziemko und Ebonya Washington, »Why Did the Democrats Lose the South? Bringing New Data to an Old Debate«, National Bureau of Economic Research, November 2015, http://www.nber.org/papers/w21703
121 »The Polarization of the Congressional Parties«, Voteview.com, 21.03.2015
122 »Partisanship and Political Animosity in 2016«, Pew Research Center, 22.06.2016, http://www.people-press.org/2016/06/22/partisanship-and-political-animosity-in-2016/

123 Carroll Doherty, »7 Things to Know About Polarization in America«, Pew Research Center, 12.06.2014, http://www.pewresearch.org/fact-tank/2014/06/12/7-things-to-know-about-polarization-in-america/

124 Jennifer Agiesta, »CNN/ORC Poll: A Nation Divided, and Is It Ever«, *CNN,* 27.11.2016, http://www.cnn.com/2016/11/27/politics/cnn-poll-division-donald-trump/

125 Roger Sollenberger, »The Electoral College Is Pointless and Unfair, and Has Been That Way for 200 Years«, *Paste,* 16.12.2016, https://www.pastemagazine.com/articles/2016/12/the-electoral-college-is-pointless-and-unfair-and.html

KAPITEL 5

126 Mike Godwin, »Sure, Call Trump a Nazi. Just Make Sure You Know What You're Talking About«, *Washington Post,* 14.12.2015, https://www.washingtonpost.com/posteverything/wp/2015/12/14/sure-call-trump-a-nazi-just-make-sure-you-know-what-youre-talking-about/?utm_term=.1a4452d34fc0

127 Erica Chenoweth, »How Social Media Helps Dictators«, *Foreign Policy,* November 16, 2016, http://foreignpolicy.com/2016/11/16/how-social-media-helps-dictators/

128 Maria Konnikova, »Revisiting Robbers Cave: The Easy Spontaneity of Intergroup Conflict«, *Scientific American,* 05.09.2012, https://blogs.scientificamerican.com/literally-psyched/revisiting-the-robbers-cave-the-easy-spontaneity-of-intergroup-conflict/

129 Maureen B. Costello, *The Trump Effect: The Impact of the Presidential Campaign on Our Nation's Schools,* Southern Poverty Law Center, https://www.splcenter.org/20161128/trump-effect-impact-2016-presidential-election-our-nations-schools

130 Jim Goad, »The Progressive Glossary«, *Taki's Magazine,* 20.05.2013, http://takimag.com/article/the_progressive_glossary_jim_goad/print

KAPITEL 6

131 »Lux: Why the Darkness Will Pass and Progressive Populism Will Light the Way Forward«, Democratic Strategist, December 14, 2016, http://thedemocraticstrategist.org/2016/12/lux-why-the-darkness-will-pass-and-progressive-populism-will-light-the-way-forward/

132 Saul David Alinsky, Rules for Radicals: A Pragmatic Primer for Realistic Radicals (New York: Vintage Books, 1971)

133 Bonnie Azab Powell, »Framing the Issues: UC Berkeley Professor George Lakoff Tells How Conservatives Use Language to Dominate Politics«, UC Berkeley News, 27.10.2003, https://www.berkeley.edu/news/media/releases/2003/10/27_lakoff.shtml

134 Robert Cruickshank, »Why Aren't Progressives as Good at Politics as Conservatives?« Daily Kos, 22.05.2011, http://www.dailykos.com/story/2011/5/22/978274/-

135 »A Short History«, MoveOn.org, http://front.moveon.org/a-short-history/_.W5g5GeGOUk

136 »Indivisible: A Practical Guide for Resisting the Trump Agenda«, https://www.indivisibleguide.com/

137 SwingLeft website, https://swingleft.org/

138 Liz Kennedy, »Voter Suppression Laws Cost Americans Their Voices at the Polls«, Center for American Progress, 11.11.2017, https://www.americanprogress.org/issues/democracy/reports/2016/11/11/292322/voter-suppression-laws-cost-americans-their-voices-at-the-polls/

139 Emma Green, »These Conservative Christians Are Opposed to Trump – and Suffering the Consequences«, Atlantic, 11.02.2017, https://www.theatlantic.com/politics/archive/2017/02/conservative-christians-disagreement-trump/516132/

140 Ronald E. Riggio, »Narcissism and the U.S. Presidency«, Psychology Today, October 2016, https://www.psychologytoday.com/blog/cutting-edge-leadership/201610/narcissism-and-the-us-presidency

141 Jimmy Carter, Address to the Nation on Energy and National Goals: »The Malaise Speech«, 15.07.1979

142 65 Prozent der Amerikaner sind der Ansicht, dass der Klimawandel ein reales Problem darstellt, und tun etwas dagegen. »New Poll: Most Americans Want Government to Combat Climate Change, but Voters Deeply Divided Along Party Lines on Paying for Solutions«, Associated Press-NORC Center for Public Affairs Research, Sept 14, 2016, http://www.apnorc.org/PDFs/EnergyClimate/Press Release_EPIC AP-NORC Energy Policy Poll_Final.pdf

143 84 Prozent der registrierten Wähler ziehen alternative Energiequellen Öl und Gas vor. Evan Lehmann, »Many More Republicans Now Be-

lieve in Climate Change«, Scientific American, 27.04.2016, https://www.scientificamerican.com/article/many-more-republicans-now-believe-in-climate-change/

144 63 Prozent der Amerikaner befürworten eine Anhebung der Besteuerung der Reichen, 67 Prozent eine der Unternehmen. Frank Newport, »Majority Say Wealthy Americans, Corporations Taxed Too Little«, Gallup, 18.04.2017, http://www.gallup.com/poll/208685/majority-say-wealthy-americans-corporations-taxed-little.aspx

145 63 Prozent der Amerikaner befürworten eine Politik, die eine gleichmäßigere Verteilung des Vermögens zum Ziel hat. Frank Newport, »Americans Continue to Say U.S. Wealth Distribution Is Unfair«, Gallup, 04.05.2015, http://www.gallup.com/poll/182987/americans-continue-say-wealth-distribution-unfair.aspx

146 80 Prozent der Amerikaner befürworten einen Erhalt des Sozialversicherungssystems. »The Importance of Economic Issues«, Associated Press-NORC Center for Public Affairs Research, February 2016, http://www.apnorc.org/projects/Pages/the-importance-of-economic-issues.aspx

147 58 Prozent der Amerikaner sind der Ansicht, der Staat sei verpflichtet sicherzustellen, dass alle Bürger krankenversichert sind. Jocelyn Kiley, »Public Support for ›Single Payer‹ Health Coverage Grows, Driven by Democrats«, Pew Research Center, 23.06.2017, http://www.pewresearch.org/fact-tank/2017/06/23/public-support-for-single-payer-health-coverage-grows-driven-by-democrats/

148 77 Prozent befürworten den Erhalt von Medicare. Mire Norton, Bianco DiJulio, and Mollyann Brody, »Medicare And Medicaid at 50«, Kaiser Family Foundation, 17.07.2015, http://www.kff.org/medicaid/poll-finding/medicare-and-medicaid-at-50/

149 70 Prozent der Amerikaner fordern eine Verhandlung über die Preissenkung von verschreibungspflichtigen Medikamenten. David Nather, »STAT-Harvard Poll: Dismayed by Drug Prices, Public Supports Democrats' Ideas«, Harvard University, November 2015, http://www.harvard.edu/media-relations/stat-harvard-poll-dismayed-by-drug-prices-public-supports-democrats-ideas

150 77 Prozent der Amerikaner fordern eine Reduzierung der Verschwendung von Staatsgeldern und eine Verringerung des Haushaltsdefizits. Brian

Montopoli, »Poll: Americans Split on What to Cut from Government«, CBS News, January 14, 2011, http://www.cbsnews.com/news/poll-americans-split-on-what-to-cut-from-government/

151 85 Prozent der Amerikaner befürworten eine Reform der Wahlkampffinanzierung. Nicholas Confessore and Megan Thee-Brenan, »Poll Shows Americans Favor an Overhaul of Campaign Financing«, New York Times, 02.06.2015, https://www.nytimes.com/2015/06/03/us/politics/poll-shows-americans-favor-overhaul-of-campaign-financing.html

152 78 Prozent sind der Ansicht, der Kongress sei zu parteiisch und festgefahren. Lydia Saad, »Gridlock Is Top Reason Americans Are Critical of Congress«, Gallup, 12.06.2013, http://www.gallup.com/poll/163031/gridlock-top-reason-americans-critical-congress.aspx

153 67 Prozent der Amerikaner sind der Ansicht, die Verbesserung des Bildungssystems gehöre zu den Staatsaufgaben, die politisch oberste Priorität haben sollten. Pew Research Center, »Public's Policy Priorities Reflect Changing Conditions at Home and Abroad«, 15.01.2015, http://www.people-press.org/2015/01/15/publics-policy-priorities-reflect-changing-conditions-at-home-and-abroad/

154 73 Prozent der Amerikaner sind für die Anhebung des Mindestlohns. Bruce Drake, »Polls Show Strong Support for Minimum Wage Hike«, Pew Research Center, March 2, 2014, http://www.pewresearch.org/fact-tank/2014/03/04/polls-show-strong-support-for-minimum-wage-hike/

155 64 Prozent der Amerikaner sind für die dringende Reparatur der amerikanischen Infrastruktur in Form einer Arbeitsbeschaffungsmaßnahme. Frank Newport, »Americans Say ›Yes‹ to Spending More on VA, Infrastructure«, Gallup, 21.03.2016, http://www.gallup.com/poll/190136/americans-say-yes-spending-infrastructure.aspx

156 79 Prozent der Amerikaner sind dafür, die Steuern für jene Unternehmen und Hersteller zu senken, die in den Vereinigten Staaten Arbeitsplätze schaffen, sowie 72 Prozent dafür, ein staatliches Arbeitsbeschaffungsgesetz zu verabschieden, durch das mehr Staatsgelder in ein Programm fließen, das eine Million neuer Arbeitsplätze schafft. Jeffrey M. Jones, »Americans Widely Back Government Job Creation Proposals«, Gallup, 220.03.2013, http://www.gallup.com/poll/161438/americans-widely-back-government-job-creation-proposals.aspx

157 77 Prozent sind dafür, striktere Gesetze einzuführen, die Menschen davon abhalten, ihre Visazeit zu überschreiten; 72 Prozent sind dafür, Kinder illegaler Einwanderer, die in den Vereinigten Staaten geboren sind, zu erlauben, im Land zu bleiben; 62 Prozent sind dafür, einen Weg zu finden, der den meisten illegalen Einwanderern, die bereits im Land leben, erlaubt, auf legalem Weg zu bleiben; 73 Prozent lehnen eine staatliche Unterstützung für unqualifizierte, illegale Einwanderer ab; 73 Prozent wollen keine Mauer zu Mexiko; 61 Prozent sind dafür, sorgfältig geprüfte Flüchtlinge aufzunehmen, die vor Gewalt und Krieg fliehen; 58 Prozent möchten mehr hoch qualifizierte Menschen motivieren, in die Vereinigten Staaten einzuwandern, um dort zu arbeiten. Bob Suls, »Less Than Half the Public Views Border Wall as an Important Goal for U.S. Immigration Policy«, Pew Research Center, 06.01.2017, http://www.pewresearch.org/fact-tank/2017/01/06/less-than-half-the-public-views-border-wall-as-an-important-goal-for-u-s-immigration-policy/

158 67 Prozent der Amerikaner sind für die Senkung der Kosten medizinischer Versorgung. Ashley Kirzinger, Bryan Wu and Mollyann Brodie, »Kaiser Health Tracking Poll: Health Care Priorities for 2017«, Kaiser Family Foundation, 06.01.2017, http://www.kff.org/health-costs/poll-finding/kaiser-health-tracking-poll-health-care-priorities-for-2017/

159 60 Prozent der Amerikaner befürworten eine weitere staatliche Finanzierung von Planned Parenthood (Non-Profit-Organisation für bewusste Familienplanung). »Majority Says Any Budget Deal Must Include Planned Parenthood Funding«, Pew Research Center, 28.09.2015, http://www.people-press.org/2015/09/28/majority-says-any-budget-deal-must-include-planned-parenthood-funding/

160 59 Prozent der Amerikaner sind für die Beibehaltung der Legalität von Abtreibungen. Michael Lipka and John Gramlich, »5 Facts About Abortion«, Pew Research Center, 26.01.2017, http://www.pewresearch.org/fact-tank/2017/01/26/5-facts-about-abortion/

161 69 Prozent der Amerikaner sind für die Reduzierung der Anzahl der Gefängnisinsassen. »ACLU Nationwide Poll on Criminal Justice Reform«, ACLU, 15.07.2015, https://www.aclu.org/other/aclu-nationwide-poll-criminal-justice-reform

162 87 Prozent sind für die Entkriminalisierung von Drogenabhängigkeit und psychischen Erkrankungen. »ACLU Nationwide Poll on Criminal Justice Reform«, ACLU, 15.07.2015, https://www.aclu.org/other/aclu-nationwide-poll-criminal-justice-reform

163 67 Prozent der Amerikaner befürworten eine adäquate Behandlung von Drogenabhängigkeit und psychischen Erkrankungen. »America's New Drug Policy Landscape«, Pew Research Center, 02.04.2014, http://www.people-press.org/2014/04/02/americas-new-drug-policy-landscape/

164 Douglas Keene, »Solution Aversion: Denying Problems When We Don't Like the Solutions«, Jury Room, 09.01.2015, http://keenetrial.com/ blog/2015/01/09/solution-aversion-denying-problems-when-we-dont-like-the-solutions/

KAPITEL 7

165 »World Population Clock«, Worldometers, http://www.worldometers.info/world-population/

166 Max Roser and Esteban Ortiz-Ospina, »Global Extreme Poverty«, OurWorld InData.org, 2016, https://ourworldindata.org/world-poverty/

167 Max Roser, »Fertility«, OurWorldInData.org, 2016, https://ourworldindata.org/fertility/; Anm. d. Ü.: Das Ersatzniveau entspricht der Parität von Geburtenrate und Sterberate

168 »Country Comparison: Birth Rate«, The World Factbook, Central Intelligence Agency, 2016, https://www.cia.gov/library/publications/the-world-factbook/rankorder/2054rank.html

169 »China Experiencing Baby Boom Now That One-Child Rule Is Lifted«, South China Morning Post, 29.12.2016, http://www.scmp.com/news/china/policies-politics/article/2057945/china-experiencing-baby-boom-now-one-child-rule-lifted

170 David Canning, »The Causes and Consequences of the Demographic Transition«, (working paper, Harvard School of Public Health, July 2011), http://citeseerx.ist.psu.edu/viewdoc/download?doi=10.1.1.698.4763&rep=rep1&type=pdf

171 Kim Parker, »Parenthood and Happiness: It's More Complicated Than You Think«, Pew Research Center, 07.02.2014, http://www.pewresearch.

org/fact-tank/2014/02/07/parenthood-and-happiness-its-more-complicated-than-you-think/

172 »World Population Projected to Reach 9.7 Billion by 2050«, United Nations Department of Economic and Social Affairs, 29.07.2019, http://www.un.org/en/development/desa/news/population/2015-report.html

173 F. Brinley Bruton, »Turkey's President Erdogan Calls Women Who Work ›Half Persons‹«, NBC News, 08.06.2016, http://www.nbcnews.com/news/world/turkey-s-president-erdogan-calls-women-who-work-half-persons-n586421

174 »Zika Virus and Complications: Questions and Answers«, World Health Organization, updated 15.11.2016, http://www.who.int/features/qa/zika/en/

175 »Family Planning Strategy Overview«, Gates Foundation, http://www.gatesfoundation.org/What-We-Do/Global-Development/Family-Planning

176 John Michael Greer, »How Civilizations Fall: A Theory of Catabolic Collapse«, 2005, http://ecoshock.org/transcripts/greer_on_collapse.pdf

177 »Household Final Consumption Expenditure, etc. (% of GDP)«, World Bank, 2016, http://data.worldbank.org/indicator/NE.CON.PETC.ZS

178 Tim Worstall, »Keynes' 15 Hour Work Week Is Here Right Now«, Forbes, 16.10.2015, https://www.forbes.com/sites/timworstall/2015/10/16/keynes-15-hour-work-week-is-here-right-now/

179 Herbert Marcuse, Der eindimensionale Mensch. Studien zur Ideologie der fortgeschrittenen Industriegesellschaft

180 Herbert Marcuse, Triebstruktur und Gesellschaft

181 Torbin M. Andersen et al., »The Nordic Model: Embracing Globalization and Sharing Risks«, Research Institute of the Finnish Economy (ETLA), 2007, https://www.etla.fi/en/publications/b232-en/

182 Peter Dockrill, »Ants Respond as a Collective ›Superorganism‹. When They Sense a Predator«, Science Alert, 13.11.2015, http://www.sciencealert.com/ants-respond-as-a-collective-superorganism-when-they-sense-a-predator

183 E. O. Wilson, Biophilia (Cambridge, MA: Harvard University Press, 1984)

184 Linnie Marsh Wolfe, John of the Mountains (Madison: University of Wisconsin Press, 1979)
185 Life After People, TV series, directed by David de Vries, 2009–11, http://www.imdb.com/title/tt1433058/

KAPITEL 8

186 Lukrez, Über die Natur der Dinge
187 Epikur, Brief an Menoikeus, http://www.epicurus.net/en/menoeceus.html. Dt: Geschichte der Philosophie, Band III, Malte Hossfelder, Die Philosophie der Antike 3, Stoa, Epikureismus und Skepsis (München: C. H. Beck)
188 »Stoicism vs. Epicureanism«, Academy of Ideas, https://academyofideas.com/2014/03/stoicism-vs-epicureanism/
189 John Stuart Mill and Jeremy Bentham, *Utilitarianism and Other Essays* (Harmondsworth, England: Penguin Books, 1987)
190 Sigmund Freud, Jenseits des Lustprinzips
191 Simon Moss, »Set Point Theory«, Sico Tests, 17.07.2016, http://www.sicotests.com/psyarticle.asp?id=399.
192 Sonja Lyubomirsky, »Hedonic Adaptation to Positive and Negative Experiences«, in *The Oxford Handbook of Stress, Health, and Coping,* ed. Susan Folkman (Oxford: Oxford University Press, 2011); deutsch: http://anchukoegl.com/studie-glueck/
193 Jennifer Welsh, »Happiness Is U-Shaped: It Drops in Middle Age, Rises Later«, *Live Science,* 19.04.2011, http://www.livescience.com/13788-happiness-lifetime.html
194 Carol Graham and Soumya Chattopadhyay, »Gender and Well-Being Around the World: Some Insights from the Economics of Happiness«, (working paper, Human Capital and Economic Opportunity: A Global Working Group, University of Chicago, May 2012), http://humcap.uchicago.edu/RePEc/hka/wpaper/Graham_Chattopadhyay_2012_GenderandWellBeing.pdf
195 Brianna L. Kirkpatrick, »Personality and Happiness« (honors thesis, University of San Diego, 2015), http://digital.sandiego.edu/cgi/viewcontent.cgi?article=1013&context=honors_theses
196 11. J. Helliwell, R. Layard, and J. Sachs, eds., *World Happiness Report 2016,* vol. 1, update (New York: Sustainable Development Solutions

Network, 2016), http://worldhappiness.report/wp-content/uploads/sites/2/2016/03/HR-V1_web.pdf

197 »Bhutan's Gross National Happiness Index«, Oxford Poverty & Human Development Initiative, http://www.ophi.org.uk/policy/national-policy/gross-national-happiness-index/

198 Richard Florida, »Income Inequality Leads to Less Happy People«, *Citylab,* 21.12.2015, http://www.citylab.com/politics/2015/12/income-inequality-makes-people-unhappy/416268/

199 Keith Breene, »The World's Happiest Countries in 2016«, World Economic Forum, November 14, 2016, https://www.weforum.org/agenda/2016/11/the-worlds-happiest-countries-in-2016/

200 George Herbert, *Jacula Prudentum; or, Outlandish Proverbs, Sentences, &C.* (London: T. Maxey for T. Garthwait, 1651)

201 Edmund Burke, *Letters on a Regicide Peace,* vol. 3 of *Select Works of Edmund Burke,* (Indianapolis: Liberty Fund, 1999), http://oll.libertyfund.org/titles/burke-select-works-of-edmund-burke-vol-3

202 Elizabeth W. Dunn and Michael Norton, »Don't Indulge. Be Happy«, *New York Times,* 07.07.2012, http://www.nytimes.com/2012/07/08/opinion/sunday/dont-indulge-be-happy.html

203 Betsey Stevenson and Justin Wolfers, »Subjective Well-Being and Income: Is There Any Evidence of Satiation?«, Brookings Institution, 29.04.2013, https://www.brookings.edu/research/subjective-well-being-and-income-is-there-any-evidence-of-satiation/

204 Richard M. Ryan and Edward L. Deci, »On Happiness and Human Potentials: A Review of Research on Hedonic and Eudaimonic Well-Being«, *Annual Review of Psychology* 52 (February 2001): 141–66, http://psych415.class.uic.edu/Readings/Ryan, Happiness – well being, AnnRevPsy, 2001.pdf

205 Debra Umberson and Jennifer Karas Montez, »Social Relationships and Health: A Flashpoint for Health Policy«, *Journal of Health and Social Behavior* 51, suppl (2010): S54-S66, https://www.ncbi.nlm.nih.gov/pmc/articles/PMC3150158/ – !po=0.349650

206 R. C. Rosen et al., »Sexual Well-Being, Happiness and Satisfaction in Women: The Case for a New Conceptual Paradigm«, *Journal of Sex and Marital Therapy* 34, no. 4 (2008): 291–97, https://www.ncbi.nlm.nih.gov/labs/articles/18576229/

207 Aristoteles, Nikomachische Ethik; http://www.uni-konstanz.de/philosophie/files/aristoteles.pdf, S. 13, 2. Zeile

208 Natasha Gilbert, »Altruism Can Be Explained by Natural Selection«, *Nature,* 25.08.2010, http://www.nature.com/news/2010/100825/full/news.2010.427.html

209 Maria Konnikova, »The Psychology Behind Gift-Giving and Generosity«, *Scientific American,* 04.01.2012, https://blogs.scientificamerican.com/literally-psyched/the-psychology-behind-gift-giving-and-generosity/

210 Ojibwa, »The Potlatch«, *Native American Netroots,* 13.08.2010, http://nativeamericannetroots.net/diary/631

211 A. Krosnick, »The Diabetes and Obesity Epidemic Among the Pima Indians«, *New Jersey Medicine* 97, no. 8 (2000): 31–37, https://www.ncbi.nlm.nih.gov/pubmed/10959174

212 »Mental and Substance Use Disorders«, Substance Abuse and Mental Health Services Administration, lasted modified 08.03.2016, https://www.samhsa.gov/disorders

213 Aldous Huxley, Schöne neue Welt. Ein Roman der Zukunft

214 Aldous Huxley, *Drugs That Shape Men's Minds* (New York: Knopf, 1962)

215 F. R. Ervin et al., »Voluntary Consumption of Beverage Alcohol by Vervet Monkeys: Population Screening, Descriptive Behavior and Biochemical Measures«, *Pharmacology Biochemistry and Behavior* 36, no. 2 (June 1990): 367–73, https://www.ncbi.nlm.nih.gov/pubmed/2356209.

216 Sarah Tse, »Natural High: Animals That Use Drugs in the Wild«, *The Science Explorer,* 26.10.2015, http://thescienceexplorer.com/nature/natural-high-animals-use-drugs-wild

217 *Wikipedia,* »Effect of Psychoactive Drugs on Animals«, https://en.wikipedia.org/wiki/Effect_of_psychoactive_drugs_on_animals

218 Edith V. Sullivan, R. Adron Harris, and Adolf Pfefferbaum, »Alcohol's Effects on Brain and Behavior«, *Alcohol Research & Health* 33, no. 1–2 (2010): 127–43, https://www.ncbi.nlm.nih.gov/pmc/articles/PMC3625995/

219 »CDC Guideline for Prescribing Opioids for Chronic Pain-United States, 2016«, *Morbidity and Mortality Weekly Report,* posted 15.03.2016, https://www.cdc.gov/mmwr/volumes/65/rr/rr6501e1.htm

220 Allen Frances, »Opioid Companies Lobby Against Medical Marijuana«, *Huffington Post,* 12.09.2016, http://www.huffingtonpost.com/allen-frances /opioid-companies-lobby-ag_b_11287182.html

221 Alan Frazer and Julie G. Hensler, »Serotonin Involvement in Physiological Function and Behavior«, *NCBI,* 1999, https://www.ncbi.nlm.nih.gov/books/NBK27940

222 »Drug Trafficking by the Numbers«, The Recovery Village, https://www.therecoveryvillage.com/drug-addiction/drug-trafficking-by-the-numbers/

KAPITEL 9

223 Eillie Anzilotti, »Cities Have Been Trying to Curb Dog Poop for Centuries«, Citylab, May 3, 2016, http://www.citylab.com/navigator/-2016/05/a-brief-history-of-dog-poop-etiquette-campaigns/480870/

224 https://youtu.be/j7OHG7tHrNM

225 https://www.kab.org/our-programs/great-american-cleanup

226 Bradford Plumer, »The Origins of Anti-Litter Campaigns«, Mother Jones, 22.05.2006, http://www.motherjones.com/mojo/2006/05/origins-anti-litter-campaigns

227 Natalie Angier, Woman: An Intimate Geography (Boston: Houghton Mifflin, 1999)

228 John Moore Williams, »The Hotly Contested History of the Seat Belt«, Esurance (blog), http://blog.esurance.com/seat-belt-history/

229 Committee on Secondhand Smoke Exposure and Acute Coronary Events and Board on Population Health and Public Health Practice, Secondhand Smoke Exposure and Cardiovascular Effects: Making Sense of the Evidence (Washington, DC: National Academies Press, 2010), p. 109, https://www.nap.edu/read/12649/chapter/7

230 »The Environmental Movement's Greatest Success Story: Ozone Layer Begins to Heal«, United Nations Environment Programme,29.07.2016, http://www.unep.org/stories/story/environmental-movement's-greatest-success-story-ozone-layer-begins-heal

231 Richard Kerr, »Acid Rain Control: Success on the Cheap«, Science, 06. 11. 1998, http://science.sciencemag.org/content/282/5391/1024.full?ck=ck

232 Zachary Davies Boren, »China's Coal Bubble: 210 New Coal-Fired Power Plants Were Approved in 2015«, Greenpeace, March 2, 2016, http://

energydesk.greenpeace.org/2016/03/02/china-coal-bubble-210-power-plants/
233 Bonnie Eisenberg and Mary Ruthsdotter, »History of the Women's Rights Movement«, National Women's History Project, 1988, http://www.nwhp.org/resources/womens-rights-movement/history-of-the-womens-rights-movement/
234 Borgna Brunner, »Timeline: Key Moments in Black History«, Infoplease.com, http://www.infoplease.com/spot/bhmtimeline.html
235 »The American Gay Rights Movement: A Timeline«, Infoplease.com, http://www.infoplease.com/ipa/A0761909.html
236 John Breuilly, ed., The Oxford Handbook of the History of Nationalism (Oxford: Oxford University Press, 2013)